U0528786

末代皇族纪实系列

末代皇妹韫龢

贾英华 著

人民文学出版社

图书在版编目(CIP)数据

末代皇妹韫龢/贾英华著.—北京:人民文学出版社,2011.12
(末代皇族纪实系列)
ISBN 978-7-02-008854-6

Ⅰ.①末… Ⅱ.①贾… Ⅲ.①爱新觉罗·韫龢(1911~2002)—生平事迹 Ⅳ.①K827=7

中国版本图书馆 CIP 数据核字(2011)第 252393 号

责任编辑　赵　萍
装帧设计　李思安
责任校对　刘晓强
责任印制　王景林

出版发行　人民文学出版社
社　　址　北京市朝内大街 166 号
邮政编码　100705
网　　址　http://www.rw-cn.com

印　　刷　北京天来印务有限公司
经　　销　全国新华书店等

字　　数　472 千字
开　　本　680×1000 毫米　1/16
印　　张　31.75　插页 3
印　　数　1—20000
版　　次　2012 年 8 月北京第 1 版
印　　次　2012 年 8 月第 1 次印刷

书　　号　978-7-02-008854-6
定　　价　43.00 元

如有印装质量问题,请与本社图书销售中心调换。电话:01065233595

目　　录

序　一 …………………………………… 韫龢 1
序　二 …………………………………… 郑爽 2

第壹章　两代帝王之家 …………………………… 3
　一　醇亲王府秘辛……5
　二　祖父奕譞和四位祖母……8
　三　宣统"逊位"前出生的二格格……11

第贰章　父亲载沣和母亲瓜尔佳氏 ………… 17
　一　载沣被慈禧强逼退婚……19
　二　祖母对她几位父辈的评价……26
　三　母亲瓜尔佳氏——荣禄的掌上明珠……30

第叁章　幼年生活 …………………………… 35
　一　溥仪罕为人知的乳名……37
　二　童年趣事……43
　三　"精奇"德妈……47
　四　一日三餐……52

第肆章　醇亲王府内 …………………………… 55
　一　祖母的"陪伴儿"……57
　二　风水宝地思谦堂……61
　三　淘气的二格格……66
　四　王府的迷人传说……72

第伍章　王府习俗 …… 77
一　繁缛的旧规矩……79
二　一年到头过节……86
三　"任真堂"的刻板私塾……93

第陆章　进宫会亲 …… 99
一　去见"皇上"哥哥……101
二　最爱吃"梨"犯了"忌"……106
三　"皇上"竟是一个小孩儿……110

第柒章　祖母讲述的亲历故事 …… 119
一　祖母口中的慈禧……121
二　载沣提议释放汪精卫并会见孙中山……124
三　袁世凯托人说媒欲将女儿嫁溥仪……128
四　瓜尔佳氏力主溥杰与张勋之女联姻……130

第捌章　晚清后宫 …… 135
一　珍妃之死是端康太妃的心病……137
二　"皇后"变"皇妃"……141
三　跟婉容学会吸烟……146

第玖章　王府内的繁琐礼仪 …… 153
一　皇上的"称谓"……155
二　溥仪的真假生日……159
三　在终日玩耍中长大……165

第拾章　紫禁城"伴驾"溥仪 …… 169
一　宫内禁吃牛肉……171
二　亲历母亲瓜尔佳氏自杀……174
三　回姥姥家——荣禄家探亲……180
四　端康太妃屡邀醇亲王府后人进宫……182

第拾壹章　溥仪被逐出紫禁城前后 …………………… 187
 一　端康太妃去世……189
 二　溥仪被逐出宫……192
 三　载沣躲至西什库教堂避难……197

第拾贰章　举家迁居天津 …………………………… 201
 一　祖母病逝……203
 二　英租界十三号路一六六号……208
 三　正式上学……213

第拾叁章　津门琐事 …………………………………… 219
 一　敢拿溥仪的乳名开玩笑……221
 二　陪婉容学京戏逛街购物……225
 三　溥仪被球拍打破脑袋……228

第拾肆章　静园生活 …………………………………… 231
 一　杰二哥婚变……233
 二　水果篮里的炸弹……236
 三　溥仪派川岛芳子护送婉容赴东北……240

第拾伍章　伪满岁月 …………………………………… 245
 一　恶里巴心……247
 二　过"整千秋"……252
 三　伪满后、妃……255

第拾陆章　溥仪指婚 …………………………………… 259
 一　初识"额驸"……261
 二　婉容亲为韫龢张罗婚事……266
 三　溥仪请"蹲儿安"露怯……268

第拾柒章　赴英留学 …………………………………… 273

一 《紫禁城的黄昏》在英才的摇篮边诞生……275
二 脾气古怪的庄士敦……282
三 庄士敦患膀胱癌病逝海岛……286

第拾捌章 英国归来 …… 291
一 泡在盐仓里的"咸龙"……293
二 溥仪再披"龙袍"……296
三 内廷秽闻……300
四 载沣无奈离"新京"……305

第拾玖章 赴日留学 …… 309
一 溥仪寄来的怪信……311
二 "皇弟"的婚事内幕……314
三 "护军事件"的背后……318

第贰拾章 伪满末日 …… 323
一 德妈病逝……325
二 "康德"的最后召见……327
三 婉容写给溥仪的最后一封信……331

第贰拾壹章 流浪临江 …… 335
一 "皇妹"被搜身……337
二 "临生"……340
三 二嬷在"通化暴动"中去世……342

第贰拾贰章 东北飘泊 …… 347
一 "额驸"成了"灵仙儿"……349
二 改名"金欣如"……351
三 离开新滨……356

第贰拾叁章 初返京城 …… 363
一 露玉轩栖身……365

二　变卖醇亲王府……372
　　三　父亲载沣病逝……375

第贰拾肆章　迈入新社会 …………………… 381
　　一　学会过平民日子……383
　　二　毛主席托章士钊打听三格格……386
　　三　重逢御医和宫女……391

第贰拾伍章　自食其力 …………………… 397
　　一　创办托儿所……399
　　二　邂逅老太监李长安……404
　　三　怕被扣留不敢探监……408

第贰拾陆章　"皇帝"特赦以后 …………………… 413
　　一　溥仪与英才掰腕子……415
　　二　陪溥仪观赏三妹演京戏……419
　　三　毛泽东和周恩来关怀溥仪兄弟……423

第贰拾柒章　二嫂归国和大哥新婚 …………………… 427
　　一　"七夕"之盼……429
　　二　兄嫂团圆前后……433
　　三　大哥溥仪神速的新婚……435

第贰拾捌章　"文革"中的皇族 …………………… 441
　　一　子女的普通生活道路……443
　　二　红卫兵抄家……445
　　三　溥仪丢失与毛泽东的合影照片……451

第贰拾玖章　劫后皇族 …………………… 457
　　一　鼓楼西大街……459
　　二　半个多世纪后重游故宫……464
　　三　见证历史……467

尾　声 …………………………………………… 473

后　记 …………………………………………… 486

附　录　韫龥简历 ……………………………… 492

序　一

[手写序言]

我是溥仪的胞妹。自从八十年代初贾英华采访我之后，一直保持了多年交往。一九九五年六月，他开始按提纲录下我一生的回忆，加以考证，撰写成书。这是我们双方的共同愿望。随着大哥、二哥①的先后去世，我成了末代王朝和（醇）王府衰落最年长的见证人。

我的真实经历和这本书，如果使世人能够了解一段历史沧桑，就是完成了我的一个心愿。

特亲笔作序。

九十一岁金欣如（爱新觉罗·韫龢）

二〇〇一年五月三号（印章）

---

① 序中"大哥、二哥"，系指韫龢的胞兄溥仪、溥杰。

序 二

郑 爽[1]

贾英华先生要我为他写的《末代皇妹韫龢》写序。作为她的女儿我责无旁贷,因此仔细看了书稿并做了一些修改,我认为写的是比较客观真实的。

在一般人的眼中和一些书籍的描述中,我的母亲是一个具有男人气魄的、敢作敢为的人。是能帮助我的舅舅溥仪处理一些事情,并能起重要作用的人。但是在我们几个孩子的眼中,她却是一个非常慈爱的,有着一颗童心的妈妈。

在我的童年时代,虽然她几乎每天下午和晚上,都要去"宫内府"溥仪那里,但是她还是用很多的时间陪我们,教会我们很多东西。每到春天,她都要带领我们几个孩子,亲自在院子里种花;夏天,带我们到公园和郊外去玩,甚至和我们一起下到河里,捉小鱼虾拿回来养;还教我们骑自行车,从一个斜坡上扶着我们滑下去,半路她放开手,我们就自己骑下去了;冬天,她带着我们在结冰的河里推着椅子练习溜冰;说来可笑的是,她自己既不会骑车也不会滑冰,可是我们在她的带动下全都学会了。她还从溥杰舅舅家抱来一只小狗给我们养。她培养了我们热爱生活、热爱动物、热爱大自然的品格。

她在八十多岁高龄时,还在家里养了一只小乌龟。奇怪的是那只小乌龟只听她的呼唤,只要她叫"龟乖!龟乖!",小乌龟就会从沙发或床底下爬出来,吃她手上拿的肉。而别人无论怎么叫"龟乖!"小乌龟都不会出来,也不肯吃别人喂的碎肉。

小时候每当我们生病,她都会极其耐心周到的护理。她并没有学过医学,但是她平时会很有兴趣地看医学方面的书。在我父亲晚年因为阑尾炎开刀住院时,八十三岁的她,每天一定要亲自去医院护理。连医生和护士都说:"这个老太太自己都应该有人照顾了!还要来照顾病人!"她对别人的照顾就是不放心,甚至连我们都不能替代她。

---

[1] 郑爽,韫龢的次女,当代著名画家。

她是坚强的，特别在东北逃难的那三年里，有她和爸爸的坚强，我们几个孩子受他们的影响，都从没气馁过，都能坚强而平静地挺了过来。她曾经说过她最宝贵的就是她的孩子们，所以，当那些金银财宝被没收后，她从没有掉过眼泪，因为孩子们都平安无事，所以没有对生活失去信心。

她做幼儿园老师的时候，因为一个孩子发烧，并说"腿疼"，她马上意识到可能是脑膜炎。因为早年她曾看过一本德国拜耳药厂的书，上面说病人发烧伴有腿痛是脑膜炎的症状。于是她第一时间把孩子送到了医院，并通知了家长。医生一检查，果然是脑膜炎，当时就说："亏得你们送来的及时，不然这孩子的病就耽误了！"当家长赶到医院时，非常感激地说："要不是金老师，我们以为是感冒，给吃点小药，那可就误了大事啦！"

在她年近六十岁时，"文化大革命"后期，因为她的出身，不让她做幼儿园的工作了。被转到工厂当了工人。每天要在车间里不停地走，绕线轴。她常常说累，但她仍然做得非常认真。她绕的线轴质量好，特别好用，很多工友都爱用她绕的线轴，私下里找她要。

她从一个娇贵的格格变成幼儿园的保育员，再变成一个普通的工人。这个转变一定是很艰难的，但她都做到了，而且做得很出色，做得无怨无悔……

她在一系列的工作中都极其认真和努力地去做，因而实现了她的人生价值。为此她常常感到自豪。晚年的她又经受了两个女儿的早逝和丈夫的去世。她一生境遇坎坷，历经大喜大悲，从荣华富贵到一贫如洗，再到自食其力，她都能平静地面对，坚强地生活过来。

二〇〇二年二月十六日凌晨两点，她清醒地对外孙丁强和保姆说："别害怕……你们别害怕……"而后溘然去世。时年九十一岁。

适值她诞辰一百周年来临之际，我写下这篇序文，也是对母亲的深深的怀念。

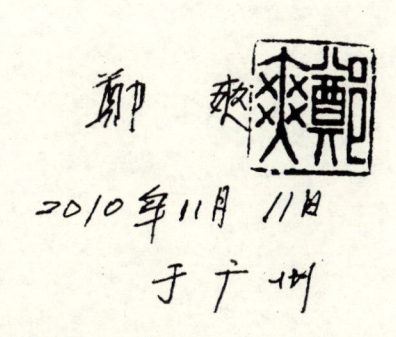

郑 爽

2010年11月11日

于广州

独家秘辛忆亲历，皇室衰微映百年。

暮年渐临，两鬓染霜的末代皇妹——溥仪胞妹爱新觉罗·韫龢与丈夫郑广元，相濡以沫，在皇城脚下正义路附近一幢普通居民楼里，默默地过着寻常百姓的生活。

寒来暑往，我数年间携录音机和摄像机，前去倾听年逾九旬的韫龢老人娓娓道来如烟的晚清和民国往事——人所罕知的宫廷轶事、醇亲王府的种种"规矩"，乃至颠沛流离的坎坷经历，以及她所熟知的溥仪人生背后的故事。

每当她追忆这些"亲历"时，总是不免微微抬起头，由衷地发出叹息：

"聊起昔日往事，真是恍如隔世啊！……"

第壹章 两代帝王之家

* 两代醇亲王的婚姻，无一摆脱慈禧太后的阴影。她祖父奕譞的福晋叶赫那拉·婉贞，是慈禧的胞妹。

* 慈禧风闻醇亲王坟有一棵白果树。"白"字下边加一个"王"字，不就是"皇"吗？慈禧遂亲手示范，派人砍掉韫龢祖父坟上的白果树。这个故事，韫龢听祖母刘佳氏述说过另一种版本。

* 其胞妹死后，慈禧居然让醇亲王府上上下下在雨中跪接，又发狠踩了一遍陪葬的珠宝："如果是假的，给我立马扔掉！"

* 难以置信的是，她嫡祖母叶赫那拉·婉贞所生的四个子女，居然有三个饿死在钟鸣鼎食的醇亲王府。谜底何在？

图片说明：从左至右：韫龢的母亲瓜尔佳氏、庶祖母李佳氏、亲生祖母刘佳氏、父亲载沣

一 醇亲王府秘辛

迟暮之年,韫龢追忆起似水流年的往事,恍如隔世。

末代皇帝——爱新觉罗·溥仪,是她同父同母的大哥。慈禧太后的胞妹叶赫那拉·婉贞,是她的嫡祖母,而醇亲王载沣则是其生父。

她,就是醇亲王府的二格格爱新觉罗·韫龢。

提起她的家世,蛮有意思。人所皆知,晚清三代,醇亲王府竟然出了两辈"皇上"、一朝"摄政"。应该说,两代醇亲王的婚姻,无一能摆脱慈禧的阴影。这似乎应从她的祖父那辈儿说起。

她的祖父,名叫奕譞。老北京人对他丝毫不陌生,京城人称老醇亲王,是道光皇帝第七子,也就是咸丰皇帝的"七弟"。其六哥,就是人称"鬼子六儿"的恭亲王奕訢。

自从道光皇帝"驾崩"之后,奕譞的四哥当上了咸丰皇帝。她的祖父奕譞亦被封为"郡王"。同治皇帝继位后三年,封她的祖父为"亲王"。待奕譞的第二个儿子载湉,继承同治的皇位,她的祖父奕譞又被晋封为世袭罔替亲王。

说起奕譞的嫡福晋,更是颇有来历。她是慈禧太后的胞妹——叶赫那拉·婉贞。她先后生下四个儿子,因长子早夭,次子载湉则依照慈禧的"懿旨",过继给慈禧太后当儿子,成了名副其实的"儿皇帝",也就是人们常说的"光绪皇帝"。

而她的祖父奕譞,却没能看到儿子——载沣长大成人,当载沣年仅八岁时,奕譞倏然辞世。自然,韫龢更是从没见过祖父。

颇有意思的是,从幼年起,韫龢就清楚地记得,为了避"讳",祖母刘佳氏总是一再叮嘱家人,在王府内绝不允许说"环"字。譬如,京城有一种点心叫"套环",在府里他们不能这么说,只能叫"套圈"。由此可见其祖父在王府至高无上的地位①。

---

① 笔者不解的是,经查字典,韫龢的祖父名字——奕譞的末字,读音念"xuān"。但据韫龢说,不知为何,醇亲王府里却将这个字念作"huán"。兹实录备考。

据父亲载沣对韫龢说,她祖父感到平生最得意的,即襄助慈禧坐稳了天下。奕譞时常对后辈兴奋地说起:

"当年我二十一岁,就在密云拿过肃顺……"①这,大概是她祖父一生中最值得夸耀的往事。

细细品味起来,奕譞一生的命运与清末独掌大权的慈禧太后密不可分。

咸丰十年,即一八六〇年,奕譞年仅十九,仍在尚书房读书时,便秉承慈禧太后的旨意,与其胞妹叶赫那拉·婉贞成婚,由此成了慈禧的天然至亲。

诚如奕譞所言,一八六一年八月二十二日,咸丰皇帝"驾崩"于承德避暑山庄,十一月,奉旨亲擒肃顺,鼎力助慈禧挫败肃顺等"顾命八大臣"的图谋,在皇族中一举成名。

其实,在当时微妙的宫廷斗争环境下,慈禧为了维护并巩固其统治,只能任用奕譞这样的近亲,而奕譞也一再以各种方式表白对慈禧的耿耿忠心,以使她彻底解除猜忌。例如,奕譞将其王府内的居室和亭台分别命名为"退醒斋"、"九思堂"、"恩波亭"等,足以表明其对宫廷感激涕零且毫无野心。

还有两件外人所不知的小事儿,也许更足以说明奕譞为人谨慎小心。

据韫龢所知,慈禧赏赐过奕譞一件黄马褂,他至死也一直没穿。慈禧还曾赏给他一乘杏黄大轿,他始终没敢妄坐过一次。

最能说明奕譞复杂而矛盾心理的是,一八七五年,同治皇帝病逝,慈禧立奕譞次子载湉为咸丰之嗣,继位为光绪皇帝。这本来是一个莫大喜讯,谁知,当慈禧向奕譞宣布载湉进宫承继"大统"时,奕譞听后却大惊失色,伏地磕头痛哭失声,以致昏厥倒地,无法起身,人们勉强才把他搀扶退下。

次日,奕譞竟呈上一份奏折,掩盖其真实的心态。尔后,奕譞不止一次陈述说过以下内容:臣前日瞻仰遗容,五内崩裂,已觉躯体难经,犹思立继艰难,近侍听命,忽蒙懿旨下降,择定嗣皇帝,仓促之间昏迷惘之所措,归家之后,身颤心摇,如痴如梦,以致引发肝疾等旧症……

在奕譞笔下自己昏迷失态的原由,是因为念及同治"驾崩",心里万分难过,而并非因儿子承继皇位之事。慈禧听后,认为他情词"恳顿",出于至诚而没有深究,相反,倒总是百般抚慰。这从中不难发现奕譞潜在的政治智慧。

韫龢幼年时,曾在祖母刘佳氏的卧室里见到一柄象牙镇纸,上面镌刻着祖

---

① 肃顺是咸丰皇帝临终前钦定的赞襄顾命八大臣之首,在史称"辛酉政变"中,奕譞在密云半壁店生擒其人,从而襄助慈禧稳定了政权。

父的亲笔题词：

"闲可养心，退思补过。"

她初时不解，直到长大成人，才明白了当时祖父题词的寓意和奥妙心境。

在醇亲王府内外人们的眼中，她的祖父为人谦逊，凡事谨慎小心，所以，在慈禧和光绪之间周旋多年竟平安无事。奕譞在卧室和子女的屋里都挂上了他亲笔书写的一幅"治家格言"，其内容曾在爱新觉罗家族内外广为传诵①。

对于这幅治家格言，韫龢等几个兄弟姊妹自幼就被要求背诵，烂熟于心。直到暮年，她仍然能够记得丝毫不差。

起初，奕譞看中京西妙高峰一块风水宝地，想作为将来的茔地。

恰巧，慈禧不知听谁说，妙高峰风水绝佳，醇亲王祖坟上还有一棵高大的白果树。"皇"是"白、王"二字的重叠——白果树的"白"字下边若加一个王爷的"王"，无疑是一个"皇"字。慈禧遂派人砍掉她祖父坟上的白果树，显然听信了别有用心之人的迷信说法②。

在韫龢听祖母说的另一种版本中，慈禧纯属出于女人的嫉妒心企图锯这棵白果树，然而，光绪拼死反对，屡劝她绝不要这样。别人也不敢砍，此事遂陷入僵局。

谁料，慈禧竟亲自带人前去，又亲手拿斧头示范砍了几下，继而又让手下从根底锯掉，反正是绝不能让那棵树再活。据说锯掉之后，树根底下居然钻出来好几百条长虫，也不知是真是假。

另外，韫龢还听说一个世人罕知的细节——慈禧最后下令连树根都刨掉了，为冲风水，她居然在树根底下撒了一泡尿，惟恐它再生根发芽。光绪虽极为气恼，却束手无策，为此事竟失声痛哭一场。

以上这两则或许并非空穴来风的故事，是她祖母刘佳氏睡午觉时讲述给她的。那次老祖母躺在床上，深深叹了一口气，颇有感而发：

"你想想，慈禧有多么歹毒！实际上，光绪皇帝是慈禧执意抱到宫里去的，连溥仪也是她强迫要去的呀。"

她从祖母口中听说，慈禧虽然砍掉了醇亲王祖坟上的白果树，但对妹夫一家却始终视为"自己人"，采取的手段主要是控制加笼络。她祖父经历尽管坎坷不平，但处境毕竟胜过一度炙手可热的恭亲王奕訢，这与他一再逊让和毫无

---

① 具体内容，参见拙作《末代皇弟溥杰传》。
② 这种说法，始源于溥仪的《我的前半生》。

野心并非毫无关系。

奕譞卒于一八九一年——光绪十七年,这是她家第一代醇亲王。

当奕譞逝世之后,被加封一个"贤"字,遂称之"醇贤亲王",葬在京西温泉往北不远的妙高峰下。这座古香古色的醇贤亲王墓,至今依然吸引着各方游人前来观赏或凭吊。

二 祖父奕譞和四位祖母

论起来,韫龢的祖父奕譞,先后娶有一妻三妾。也就是说,韫龢一共有过四位祖母。

不消说,奕譞的嫡福晋叶赫那拉·婉贞,即是一般人所知的光绪的生身母亲。她祖父的第一侧福晋,是叶赫颜札氏。她的亲生祖母刘佳氏,位居第二侧福晋。三祖母李佳氏,则是第三侧福晋。

所谓"嫡",自然是福晋的第一位。据说,她的嫡祖母与其胞姐慈禧比较起来,性格恰恰相反,行事拘谨,头脑里旧观念根深蒂固,夏天连花园也轻易不敢去,说是惟恐踩死蚂蚁。

只是韫龢多年后看到溥杰撰写的文章里说,叶赫那拉·婉贞虽然夏天不敢进花园,怕踩死蚂蚁,但打起人来很凶,甚至亲手打过侧福晋。她甚至用藤条打过府内的太监,使这位老太监终生面部抽搐。

但是,她的祖母刘佳氏从没跟她谈起叶赫那拉·婉贞的负面往事。

据说,同治皇帝殡天后,慈禧曾召她的嫡祖母进宫一同看戏,哪知,婉贞却双目紧闭,不发一言。见此,慈禧恼怒地质问妹妹:

"你为什么闭上眼睛?"

此时,她的胞妹理直气壮地顶撞起慈禧:

"你难道不知?此时正值'国丧',穿孝时不能看戏!"

当即,慈禧被妹妹气得当场大哭不止,一场大戏遂被冲散。

在她的祖母刘佳氏看来,慈禧姊妹之间关系并不算太好。她的胞妹恪守宫规,颇重礼仪,与慈禧霸道的做派截然相反①。

据韫龢回忆,嫡祖母叶赫那拉·婉贞与她的亲生祖母刘佳氏关系颇好,从

---

① 据说,溥仪在写《我的前半生》时,韫龢曾向溥仪讲述了祖母向她所述说的这段真实故事,溥仪据此写入了书内。

没闹过矛盾。当叶赫那拉·婉贞去世之后,每逢祭日,刘佳氏必前去给她磕头祭拜,可见两人感情非同一般。

她的祖母刘佳氏长期患病,死因实际是患乳腺癌。她父亲曾先后请来意大利和法国大夫为其治病,却始终也没治愈。细述起来,刘佳氏病逝的诱因,倒跟慈禧的妹妹——叶赫那拉·婉贞去世有关。

她的祖母刘佳氏曾对韫龢追忆说,光绪二十二年①五月初八,叶赫那拉·婉贞去世之后,慈禧亲赴醇亲王府吊丧。

因循往日府规,刘佳氏必须跪接。谁料,那天正赶上大雨滂沱,刘佳氏依然按照王府规矩,带着大伙儿在院子里冒雨"跪接",任谁也不敢起身,一直等候慈禧"驾到"。据说,慈禧故意挑了这样一个坏天气而来寻衅。

然而,慈禧进府后拒不发话让大家起身,众人只得直溜溜儿地跪伏于大雨之中,敢怒而不敢言。

从怒气冲冲闯入醇亲王府起,慈禧就事事找茬儿。当时,慈禧走进九思堂横眉端坐,继而大发雷霆,而仍然让刘佳氏在屋外淋着大雨,久跪地上。

眼看慈禧闹腾了半天,醇亲王府一家人整整几个小时跪地没动窝儿。随后,慈禧吵闹着把叶赫那拉·婉贞屋里最值钱的珠宝首饰,统统拿出来,扔弃在地下,发狠地跺着脚踩了一遍。据说,这既是她发泄怒气,也在检查珠宝首饰的真伪。当时。慈禧的任何一句话,都被视作不可违抗的圣旨:

"真的踩不碎,立即放进棺材陪葬。如果是假的,必须立马扔掉!"

面对慈禧的专横跋扈,醇亲王府上上下下惊恐不已。

那天,慈禧在府里待多久,她的祖母就在大雨中跪伏了多久。由于时间过长,刘佳氏从此身患风湿性关节炎,而落下一个腰腿疼的病根儿。

事后,她的六婶——载洵福晋,亲手做了黄豆泥与醋合成的"醋饼儿"——一种"偏方"送来,让其烧热之后焐腰,还一直为她捶腰揉背。哪知,刘佳氏的腰腿疼病,终生也没能治愈。

据说,她祖父的第一侧福晋叶赫颜札氏,长得特别漂亮,因而格外受到奕譞的宠爱,可惜十八岁便早逝,也没有留下任何后人。

韫龢的祖母刘佳氏,在嫡福晋叶赫那拉·婉贞逝世之后,从此开始掌家,但因载沣"指婚"等问题上,多次受到来自慈禧突如其来的刺激,不幸患上了神经错乱症。

---

① 光绪二十二年,即公历1896年。

第三侧福晋李佳氏，向来极为爱戴载沣，也十分疼爱溥仪和兄妹几人。李佳氏曾生下一个女儿——醇亲王府的人都管她叫"姑姑"，长大嫁给马神庙一户人家，遂改称"马神庙大妹妹"，据说，婚后始终不太舒心，年纪轻轻，竟患上神经病抑郁而死。

韫龢从没与之见过面，不过，她曾亲耳听祖母刘佳氏心疼地叹息说：

"咳，你三祖母就生下这么一个女儿，年纪轻轻就没啦……"

"马神庙大妹妹"曾生养过一个女儿，韫龢管她叫"大妹妹"，这个"大妹妹"一副瘦长脸，身材极苗条，头上时常梳着一个短鬏，时常穿着普通老太太的蓝布褂。直到暮年，韫龢仍然记得她的模样，尤其难忘那一双大大的漂亮眼睛。"大妹妹"盛年病逝，这一脉就彻底绝了后。

按照醇亲王府的规矩，韫龢平时称大福晋为嫡祖母、颜札氏为大祖母，其他祖母则依次排序。她的亲祖母刘佳氏，被称为二祖母——原是王府的汉族侍女，她父亲载沣便是其亲生。李佳氏则被称之三祖母。

当时，按照皇族的规矩，满汉虽不能通婚，纳妾却不在此例。

起初韫龢不知，为什么二祖母和三祖母的名字里，都有一个"佳"字，直到长大成人，才晓得王府所娶汉族之女，必须履行入"满八旗"的手续，无例外地要在汉姓下加一个"佳"字，被称为"佳氏"，就算属于"满八旗"的人了①。

她的嫡祖母叶赫那拉·婉贞，总共生下四个儿子，光绪皇帝是其第二子。除光绪进宫多年后病逝外，令人难以理解的是，其他三个男孩儿，皆因"营养不良"——未成年就很早过世，据说，竟然都是被活活饿死的。

谁能相信，钟鸣鼎食的醇亲王府居然能活活饿死孩子？然而，这确是遗憾的事实。

据韫龢所了解，世人罕知嫡祖母叶赫那拉·婉贞还生有一女，一直活到六岁，不知为何，竟也不幸夭折。

光绪的长兄自幼夭亡，而光绪向来身体羸弱，进宫后一直病病恹恹。光绪底下还有两个弟弟——老三和老四。不知是哪辈儿传下来的习惯，大人总怕撑着孩子，每顿都不敢让孩子吃饱，连一个虾米也得掰成两半吃。所以，醇亲王府里的孩子，大多营养不良，抵抗力异常低下，凡遇着一点儿病灾，就难以挺过去。

---

① 据考，根据满族惯例，汉人姑娘嫁给满族人，在原姓氏前边加一个"佳"字，即意味着"加"入满籍。如刘佳氏、李佳氏等。

结果，府里几个孩子无一不饿得皮包骨头，都患上了营养不良的疾病。仆人看见孩子饿得可怜，便偷偷地送来一点儿食物，反而受到严厉斥责。这两个男孩儿遂先后被活活饿死，以致酿成悲剧，因而嫡祖母的孩子除"光绪"外，一个都没能长大成人。

于是，她的祖母刘佳氏不管王府那些旧规矩，索性让孩子想吃什么就吃什么，其他几个孩子反倒活了下来。她的父亲载沣行五，连同六叔载洵、七叔载涛，哥仨活得也都蛮健康。

虽然，韫龢没见到过祖父，却自幼在祖母刘佳氏身边长大，一老一小感情极为深厚。她的祖母个子不高，长得颇端正，圆圆的脸颊，一双明亮的大眼，看上去体态丰满——也可以说身材稍胖。平时，她身穿旗袍，却不常梳满族妇女那种"两把头"，头上只挽着一个发髻，脚上则是旗人惯穿的厚底鞋或半厚底鞋。

虽说刘佳氏是赫赫有名的醇亲王府的侧福晋，可打扮得并不出众。冷眼瞧上去，充其量不过一个普通的满族妇人而已。

三 宣统"逊位"前出生的二格格

宣统三年，即一九一一年十一月二十四日①，醇亲王府悄然降生一位格格——韫龢，她在溥仪的妹妹当中行二。

这恰逢"宣统皇帝"下台前不久。也就是说，她出生后不久，溥仪便在紫禁城"逊位"。

而在外人看来，此时的醇亲王府并没有多大变化，依然显赫一时。

坐落在什刹海畔的醇亲王府，坐北朝南，占地八十余亩，辟为正院、住宅、花园以及马圈四部分建筑。王府西侧大多是住宅，由宝翰堂、九思堂、思谦堂等组成。

在王府西路正中间，她父亲载沣拥有五间书房——宝翰堂，被府内人们称之为"大书房"，也是两代醇亲王的客厅。屋里最具特色的是一座多宝阁，上边摆放着珍贵的官窑粉彩瓶和青花瓶以及红珊瑚、白珊瑚、玛瑙、田黄等珍稀摆件。

醇亲王府东半部是祠堂和佛堂、神殿。最后一排叫思谦堂，穿过一道廊

---

① 1911 年 11 月 24 日，即宣统三年阴历十月初四。

子，前面便是九思堂，再往前有一座巨大的影壁，后头有一扇大门，穿过去就是钟灵所。

这是内外院的交汇之处，仿佛一条明确的分界。每当晚上，钟灵所就锁上大门，任谁也不准进来，待次日清晨再打开。

走出钟灵所，外边就是她父亲载沣的大书房——"宝翰堂"。历来，这是她父亲载沣接见尊贵宾客的地方。

走出宝翰堂，经过钟灵所就可以抵达九思堂。这是她祖父奕譞曾经居住之地，屋内皆金砖墁地，擦抹得锃亮，摆设也极为考究。

位于后院的思谦堂，是她父亲载沣和母亲的住所——北房五间、东西厢房各三间。院里种植着牡丹和芍

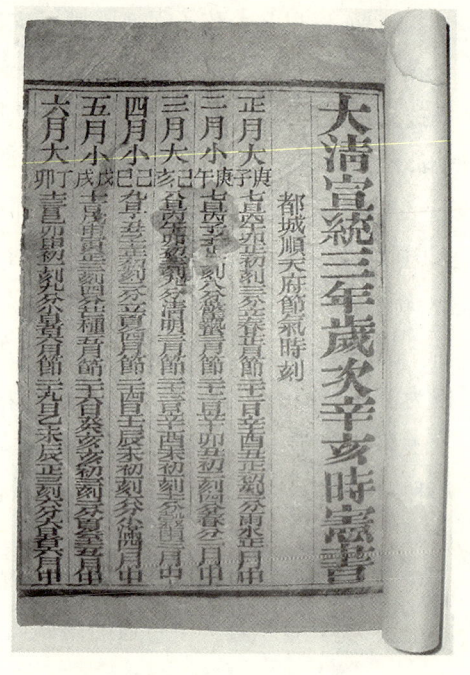

贾英华收藏的宣统逊位当年的"辛亥年"宪书

药。值得一提的是，溥仪和溥杰都出生于思谦堂东里间。

虽然，九思堂和思谦堂内也摆放着一些逼真的盆景，却绝非真花。这是不为外人所知的。

院里四周建有宽阔的长廊，下雨时可以放下遮雨的竹帘雨搭。每逢雨季，她和兄妹总爱在廊子里来回穿梭，奔跑玩耍。

院内东侧砌了一圈砖台，里边栽种着一池茂盛的牡丹，正中央一棵极其珍贵的墨色牡丹，亭亭玉立。院落中间搭有一架藤萝，每当开花时节，一瓣瓣终日散发着扑鼻的花香。

她祖母总让人从九思堂前的大藤萝架上采摘下藤萝花，在院内采下玫瑰花、牡丹花，让府外的点心铺做成酥皮儿点心，再将这些藤萝饼儿、玫瑰花饼儿或牡丹饼儿，适时分给府内外的亲朋好友。往往离得老远，人们就可以闻得见沁人心扉的香味。

最显眼的是，硕大的花池前，摆放着两盆硕大的无花果。平时，她总和三妹韫颖围绕着它，欢快地蹦蹦跳跳没个完。

花园门口两侧，长年搁放着两个盛满清水的太平桶，专为防火所用。花匠

养育着一箱箱蜜蜂,时常给她祖母拿来一罐罐蜂蜜。抬眼望去,花园的边角处,还栽种着不少老玉米和各种蔬菜。

让幼年的韫龢感到饶有趣味的是,思谦堂院内一棵被戏称为"合欢树"上,竟然奇妙地结出两种水果,半边结沙果,另半边结香果。每次走到树下,她总会嗅到不同的果香。她素知,母亲十分喜爱园艺,这是其亲手嫁接的。

她的母亲瓜尔佳氏曾下工夫钻研花卉栽培,种植过不少稀有品种,如其中一种叫荷包牡丹,远远望去,宛似风姿绰约的妙龄少女。

再往西边便是王府花园,里边有两座古香古色的典雅戏台——大戏台和小戏台。

府内住宅东跨院的任真堂,是她和兄妹读书的地方。迎门处供奉着一座大佛龛,上面的牌位写着"至圣先师孔夫子之神位"。

再往后边,是信果堂和树滋堂。她小时住在五间北房的树滋堂,外头有一间大玻璃房子,四周都是透明瓦亮的玻璃,她管这儿叫玻璃房子,时常前来玩耍。其实,这是玻璃温室,里边平常栽养着各色鲜花,每逢阴历八月八,满室盛开着黄色菊花。

别具匠心的是,里面连摆设的桌、椅,都是竹制的。韫龢和溥杰、大格格天天在玻璃房里吃饭,推开一扇门,走进去便是韫龢的温馨卧房。

由于东西游廊相通,穿越树滋堂,经过长廊就是九思堂。在王府里,九思堂算是一座正殿。后来,她的祖母一直住在九思堂——古人云,"君子有'九思'",所以起了这么一个颇具典故的堂名。她的祖母有一个老习惯,在王府里一般不轻易走出钟灵所。但凡兄妹要见祖母,便要穿钟灵所而入。

信果堂是她祖母一度居住过的院落,院内左边种植着一棵细高的臭椿树,高度甚至超过了房顶。右边是一棵榕树,结着粉红穗儿。臭椿树前边有一棵高大的枸杞树,每逢结果,她就和姊妹一起摘下鲜红的枸杞生吃,味道不仅有点儿酸甜儿,据说还对身体有"滋补"的药效。高大的枸杞树前,还栽种了一些红白两种颜色的"姑蔫儿",像小红灯笼似的,也可以食用,白色果实稍有一点儿酸味,她和姊妹们自小就爱吃。

北房的西墙底下,用秫秸圈成了一个小圈儿,里面喂养着不少小鸡。她小时候每年都买几只小雏鸡养着玩儿,最多的时候,曾养过七八只,等长大以后再送到下房。

王府东半边的神殿、祠堂和佛堂院里,竖立着两尊与宫内一模一样的日晷,不仅可以替代钟表,也是王府特权的象征。院内还竖立着一根"神杆",上边总是搁着一点儿肉来喂乌鸦①。据说,这是因为乌鸦救过努尔哈赤的"驾"。

从幼小起,她就被大人屡屡叮嘱,院内的神杆影儿是绝不能踩的,必须小心翼翼地躲着走。否则,便可能惹祸上身。②

她经常见到几个干瘪的小老太太——萨满太太在那里住,她们个子矮小,一律梳着小两把头。不知怎么,她从小起就惧怕萨满太太,虽然她们每天诵经不止,而在她看来却像巫婆似的,从没有过好感。

祠堂院里种植着不少枣树,她对此始终记忆犹新。后院的一棵大枣树,结下的红枣儿特别甜。每到果实成熟的季节,祖母就带着她和姊妹几个去打枣儿。太监从树上往下打枣,她们就在树底下拣,因为红枣个儿大,落在脑袋上挺疼。她不仅不哭,反而一个劲儿嬉笑不止。

王府与外边不同的是,老妈子和保姆平时居住的下房,竟是三间北房。她祖母的保姆住在北屋的正房,她和大格格的保姆,则住在东厢房。院里还有一棵酸枣树,每年都能结不少小圆酸枣儿,这成了她幼年经常惦记的美食。

还应提及,王府内东边最初还有一座家庙,叫"龙华寺"。此时,只残留下一个依稀可辨的遗址。

自从溥仪进宫之后,醇亲王府里一度只剩下了韫龢和大格格以及杰二哥。原本她住在母亲屋里,但祖母身边没有小孩儿,觉得十分寂寞,便唤韫龢前去陪伴身边。

她的祖母始终怀有一个心愿,就是祈盼着早日见到孙子。然而,载沣家偏偏女孩儿多,除了溥仪和溥杰以外,只生下一个三弟溥倛,却在很小时夭亡,直到她的四弟溥任出生才算又有了一个孙子。所以,祖母经常拿韫龢当做男孩儿看待。

她家曾留存着一幅褪色的旧照片,是在九思堂院里拍摄的。照片上有她和溥杰、大格格、三格格、四格格、五格格以及四弟溥任。在那幅照片上,她身穿蓝色衣服,是祖母让她有意扮作男装照的。似乎,只有这样才能满足老人再想要几个孙子的愿望。

幼年时,韫龢始终梳着一根大辫子,额头前剪着一绺"刘海儿"。等稍大以后——在天津,她才按照祖母的意愿,剪成了短发,偶尔头上戴着鲜艳的花朵——一种手工做的绢花或纸花。有时,府里走进来卖花的小贩,匣里插着各

---

① 另一说不是乌鸦,而是喜鹊。
② 立杆祭神是满族萨满教信仰的突出标志,关于神杆所祭之神有"祭天"和"祭乌鹊"之说。

式各样的鲜花,让她们随意挑选。

虽然,允许她们从中选择,却仍是祖母说了算,须拿到屋里请祖母最终确定,挑中什么就是什么。卖花人总向她推荐鲜艳诱人的红色、粉色……祖母却大多为她挑素色,因喜欢她扮作男孩儿。从这件小事儿,也不难看出祖母晚年的执拗心思。

然而,她却丝毫不怕祖母而畏惧母亲瓜尔佳氏。见到韫龢时而淘气得厉害,祖母往往搬出瓜尔佳氏吓唬她:

"你再闹,我就请奶奶①去了。"

于是,她便立时蔫了,不敢再闹。

她从小性格活泼,不爱文而喜武,所以,祖母时常说,韫龢虽是女儿身,现实却应当是男孩儿,连性格也颇相似。祖母时常让她穿上男装,也正因为特别喜欢她这身打扮,总是不错眼珠地瞧着她蹦蹦跳跳的淘气样子,宠爱地笑着说:

"你真是错托生的,错托生的啊……"

---

① 满族人管祖母叫"太太",称母亲为"奶奶"。

第贰章 父亲载沣和母亲瓜尔佳氏

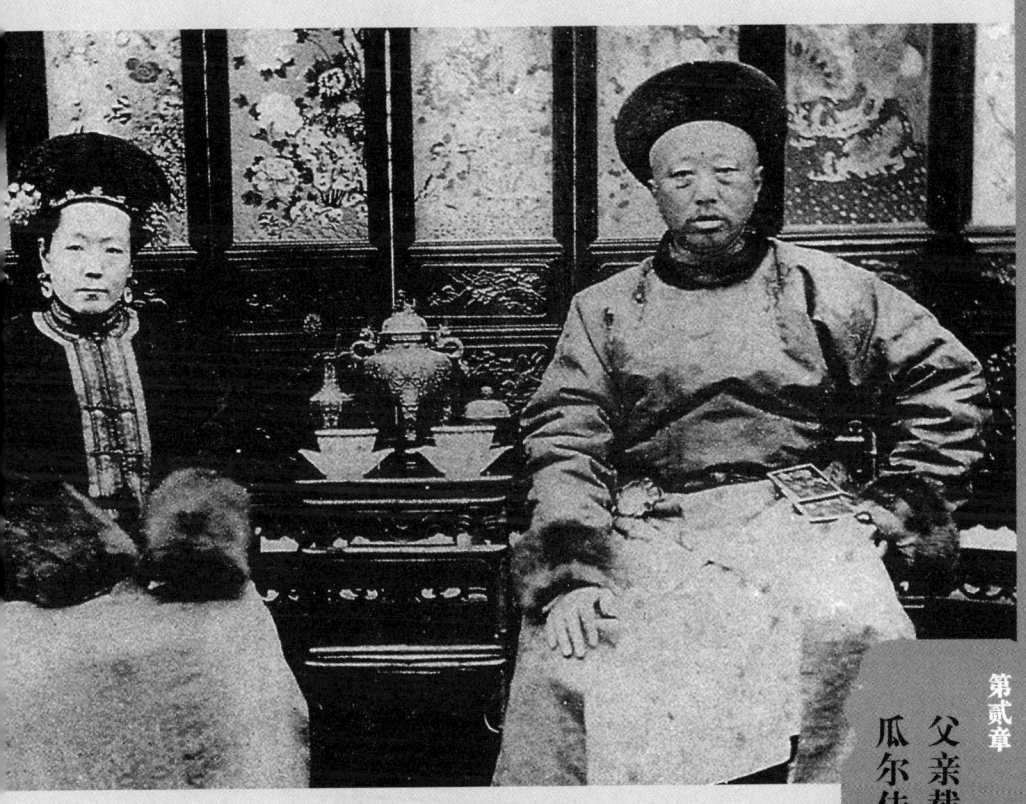

*韫龢的父亲载沣福晋——瓜尔佳氏,既是慈禧宠臣荣禄的独生女儿,也是慈禧的养女。其实,载沣早已订婚,但慈禧太后非逼其退婚,再跟荣禄的女儿订婚不可。

*辛亥革命爆发,隆裕被吓昏了头,重新启用袁世凯。其中关键,是大太监小德张被袁世凯重金贿赂。小德张多次诱劝隆裕:

"老主子,所谓'共和'只是去掉摄政王的权力,太后的尊严和待遇还是照旧的……"

图片说明:从左至右:韫龢的祖母、慈禧太后的胞妹
叶赫那拉·婉贞和祖父醇亲王奕譞

一 载沣被慈禧强逼退婚

韫龢的父亲——爱新觉罗·载沣，是祖父奕譞的第五个儿子，自幼便世袭醇亲王爵位。

然而，载沣并非嫡出，而是奕譞的第二侧福晋刘佳氏所生。韫龢自幼起便与刘佳氏一起相伴生活。据说，刘佳氏极为欣赏第一侧福晋叶赫颜札氏，且时常赞不绝口，而韫龢却从来没见过。因在她出生前，叶赫颜札氏便早已去世。

她父亲载沣兄弟三人——包括六叔载洵、七叔载涛，皆为刘佳氏亲生。直至长大成人，在爱新觉罗"载"字辈中，她只与六叔载洵、七叔载涛夫妇稔熟。

其他载字辈的老人，大多非近亲，平时往来较少。譬如一个叫载瀛的长辈，见了面仅彼此请过安，连一句整话也没说过。仅从此例，亦不难看出醇亲王府与外界相对封闭的程度。

外界罕知的是，她父亲载沣的嫡福晋——瓜尔佳氏，既是慈禧宠臣荣禄[①]的独生女儿，也是慈禧的养女。

不言而喻，慈禧指定荣禄的女儿瓜尔佳氏与载沣结婚，显然怀有明确的政治目的。她父亲载沣明知袁世凯[②]曾通过荣禄出卖光绪皇帝和维新派，对于荣禄实在没有一丝好感。不过，慈禧在"西逃"回銮途中，指令载沣非与荣禄的女儿成亲不可，他无法抗旨，只能唯唯从命，但内心深处却抱有极端抵触情绪。

[①] 荣禄，苏完瓜尔佳氏，满洲正白旗人，是清开国五大臣之一费英东的后裔。咸丰年间在任户部银库员外郎时，被查出贪污，差点儿被肃顺砍了头。后来花钱捐成直隶候补道员。光绪年间，升至工部尚书，又被告发贪污受贿，被革职降级调出京城。由于受到慈禧太后偏袒，官至兵部尚书、直隶总督、军机大臣，他力荐袁世凯小站练兵，成了铁杆上下级。据德龄等人记述，荣禄还很可能是慈禧的情人。1903年病逝于北京。

[②] 袁世凯，字慰庭，号容庵，1859年9月16日出生于河南项城县。早年科举不第，弃文投军。1892年，袁随军入朝鲜平乱，受李鸿章保举为驻朝总理大臣。1895年受命督练"新式陆军"，历任山东巡抚、直隶总督兼北洋大臣、军机大臣、外务部尚书等。1912年3月，当选中华民国临时大总统，随后被推举为中华民国首任总统。1915年12月宣布恢复帝制，建立中华帝国，改元"洪宪"。八十三天后，被迫宣布撤销帝制，恢复民国。1916年6月6日，患尿毒症病逝于北京。

据说,她的祖母刘佳氏早已亲自为她的父亲载沣订婚。但是,慈禧不答应,非逼迫她的父亲退婚,再跟荣禄的女儿瓜尔佳氏订婚。她的祖母刘佳氏为了难,左思右想的结果,只得贸然进宫当面向慈禧太后禀告:

"禀太后,载沣早已订过婚……"

没想到,慈禧太后异常蛮横地打断了她的话:

"那不行,订了婚也得退喽!"

在慈禧百般威逼之下,她的父亲载沣迫不得已退掉婚约。据说,突遭退婚的姑娘闻讯后,竟含恨自杀。当时的社会习俗是,一女不嫁二夫——一旦姑娘许配人家,就不能再嫁给别人。于是,这个姑娘的悲剧成了京城的一大新闻。

悲剧与喜事几乎同时发生。

光绪二十八年,即一九〇二年八月,她的父亲载沣与瓜尔佳氏隆重成婚。

韫龢的父亲正式结婚那一天,醇亲王府张灯结彩,热闹非凡。当年,载沣整整二十岁,仅比妻子瓜尔佳氏大一岁。韫龢听祖母说,载沣一连多日,脸上始终没有一丝笑容。

笼罩在阴影下的婚姻,显然无法幸福。新婚之后,她的父亲与母亲之间感情长期难以融洽。瓜尔佳氏自从当上醇亲王福晋以后,生活变得更为奢侈,不仅好吃、好穿,而且好玩儿会玩儿,经常独自去剧场听戏、逛商店购物,出府一般也不带仆人。即使去赶庙会、看赛马,也仅仅带着她的过继兄弟。

每逢瓜尔佳氏外出,总有许多人围观这个闻名京城的新派人物。载沣听说之后,觉得有失体统,有一次,仗着胆子以呵护的口气劝说她:

"你常到城南一带去,也不带几个人,这样好吗?"

"欧洲的皇后和皇妃都是这样,"瓜尔佳氏脸色陡然一变,以强硬的口吻顶撞说,"我照着她们的样子做,有什么不可以呢?"

载沣唯唯诺诺地应答不上来,此后,再也不敢多说什么。

在韫龢的眼中,瓜尔佳氏自尊心极强,绝不允许别人说她半个"不"字。她待人十分严厉,对晚辈和仆人成天没笑脸。

虽说她跟载沣关系并非如漆似胶,却生下二男三女五个孩子:长子溥仪,次子溥杰,长女韫瑛,次女韫龢,三女韫颖。

长大成人之后的韫龢,对母亲瓜尔佳氏的印象,倒是颇为中肯:

"我的母亲瓜尔佳氏为人机敏,性情孤傲,争强好胜,对晚辈和亲属都十分严厉……"

自幼,孩子们在瓜尔佳氏的威严之下生活,无不惧怕三分,自然与她关系疏远。

她的父亲载沣生于旧府（俗称南府）——亦是光绪出生地。后来，这座位于北京西城太平湖的旧王府，改做光绪的"潜龙邸"——现中央音乐学院所在地。

之后，醇亲王府迁至什刹海北岸。再后来，溥仪当上了宣统皇帝，这里又成为"宣统潜龙邸"，所以，虽确定把中南海西花厅东边那幢宅院①充当摄政王府，然而，府门上的朱漆刚刷好，还没搬进去，溥仪就在"辛亥革命"浪潮中被赶下了历史舞台。

她的父亲载沣，固然世袭醇亲王的爵位，却一生为人忠厚谨慎，脾气酷似其母，一向温和待人，极少动怒，平时见人连话也不多。尽管时代在变迁，他每天早晨向母亲请安的老规矩却始终没改变。每年，祖母过生日时，她的父亲载沣非亲自操办不可，足见其孝顺。

平时，她的父亲衣着不甚讲究，以至几十年不变样，只是称得上干净罢了。仅从这一点，也可以看出她的父亲是一个朴实、憨厚的老实人。

醇亲王府的人无人不知，载沣最喜欢吃"天福号"的酱肘子夹烧饼，从不挑食，无论好坏反正都吃，从没有暴饮暴食，也向来不挑三拣四。以至于，北府的菜肴做得愈来愈差。

载沣偶尔着急时，甚至显得有些慢结巴。但他的书法颇有功力，却不擅绘画，更连一句京戏也不会唱，只是喜欢欣赏。尤其是杨小楼、梅兰芳和谭鑫培的京戏，他有一段时间几乎场场不落，且观戏成瘾。

若与她母亲活跃的性格相比，父亲载沣则显得过于呆板，兴趣爱好不多，只是喜欢每天一味读书，天天必看各种书报杂志，经常读的是史书，尤其是《资治通鉴》。载沣晚年自号"书癖"，还藏有一方图章，刻的即是"书癖"二字。载沣多年订阅《大公报》以及《顺天时报》、《京报》等几种报纸，早晨起床后，总是极有规律地照例看报或读书。

从小时起，溥仪和溥杰兄弟俩就颇喜欢读书，这与家庭的影响并非无关。

父亲载沣性情温静平和，对子女表现得极富耐心，不仅为孩子选择家庭教师，还经常亲自为孩子讲述故事，充任启蒙教育。

平时，载沣不仅酷爱读书，还尤其喜欢研究天文星象。他兴致一来，时常在晚上把几个子女唤在一起，站在院内仰观宇宙的浩瀚星河。

---

① 现为国务院常务会议室所在地。

炎夏的晚间，载沣总是向他们指点着天空的星座，讲解星象。他有几个当时极少见的特大望远镜，时常拿在手里观察星空，还让她和兄妹轮流拿在手中，向其娓娓讲述太空中星座的位置，又兴趣盎然地教他们夜观天文星象变幻。

每逢日食或月食出现，他便兴致勃勃地将韫龢这几个兄妹聚拢在一起，教他们采用涂黑的玻璃观察星空，同时不厌其烦地讲述太阳或月亮移动的天文原理。事后，载沣还把日食、月食经过的天象如实记录在日记上，而且附上用工笔精心绘画的图像。

恰与他相反，府里的看妈①特别迷信，总是嘱咐韫龢这几个姊妹，在月食那天别吃东西，等月食刚开始出现，就让这几个孩子拼命敲锣，甚至拿出洗脸盆来胡乱敲打。

"咣咣，咣咣咣……"

这时，王府里一片喧闹声。据说，这是为了吓唬走天狗以救月亮。

当然，她的父亲载沣根本不赞成这种迷信做法，但也无可奈何，只是淡然地说：

"怕天狗吃掉月亮？这不是迷信嘛……"

因为载沣颇通天文，深知个中三昧。兄妹几人，曾经背着父亲在一起议论过：

"如果父亲不当摄政王，专门从事天文学研究，说不定会成为天文学家呢。"

据韫龢所知，她父亲载沣虽任过清末监国摄政王，却始终没什么实权，相反糊涂地下令让袁世凯托"脚疾"返乡养病，表面剥夺了其军权，实际上却纵虎归山。载沣是个老实人，跟她祖父一样，把权力看得很淡，再加上庆亲王奕劻②极力主张重新起用袁世凯，这样，袁世凯便渐渐篡夺了军权。

据说，光绪临终前，让隆裕皇太后把亲笔遗诏——"必杀袁世凯"交给摄政王③，由于顾忌许多陆军将领和各省督抚大多是袁世凯的亲信，或多或少与之秘密勾结，载沣即使作为"监国摄政王"也仅徒有虚名。

---

① 看妈，即王府内负责看护小孩儿的保姆。

② 奕劻，乾隆帝第十七子永璘之孙，袭辅国将军，历封贝子、贝勒。1903 年，荣禄病死，奕劻入军机处任领班军机大臣，管理财政处、练兵处事务，集内外大权于一身。1911 年，清廷裁撤军机处，奕劻任"皇族内阁"总理大臣。武昌起义后，竭力主张起用被罢黜的袁世凯。不久，袁世凯入京代他为内阁总理大臣，重新组阁，奕劻改任弼德院总裁。溥仪退位后，奕劻避居天津租界，1917 年病逝，葬于北京昌平庆王坟。

③ 另一说法，是光绪将"杀袁世凯"的手谕，亲手交给了载沣。

面对复杂的棘手问题,载沣因受到父亲奕𫍯的逊让性格及"好义为事"①的影响,迟迟下不了杀袁世凯的决心。

武昌起义爆发之后,清廷无奈之下,只好再度起用袁世凯。不出所料,袁世凯出山之后,俨然成了载沣的仇人。在王府内,韫龢这几个姊妹由于深受父亲和祖母的影响,从小起就痛恨袁世凯,凡见到画报上有袁世凯的照片,必马上用手抠下眼睛,以解其恨。

只是她母亲瓜尔佳氏由于荣禄与袁世凯的特殊关系,曾极力反对这种恶作剧,而这几个子女却死活不听。在醇亲王府里,似乎形成了观点不一的两派势力。韫龢则成了坚决的"杀袁"派。

这里有一个不被外人所知的内幕。

据韫龢的祖母说,一九一一年十月,辛亥革命爆发之后,隆裕皇太后被吓昏了头,在反复犹豫之中,为保住皇太后的地位,居然采信奕劻和那桐②的主张,决定重新起用袁世凯。其中一个关键,就是大太监小德张被袁世凯不惜重金贿赂而收买。于是,小德张多次当面劝说隆裕皇太后:

"老主子,所谓'共和'只是去掉摄政王的权力,太后的尊严和待遇还是照旧的……"

没想到,政治上极端幼稚的隆裕太后信以为真,马上颁布醇亲王"不予政事"的懿旨。得知这个消息之后,载沣愤然进宫,本想与隆裕太后就起用袁世凯之事争论一番,可当面见到隆裕太后,又结结巴巴说不清楚,只得郁闷地返回醇亲王府。

不久,隆裕太后又召开御前会议,讨论如何镇压革命军以及"逊位"问题。

会议炸了窝。一时,王公遗老各抒己见,"主战"和"主和"两派,各不相让。惟独她父亲载沣表现出令人难以置信的冷漠,无论众人如何争论,他却旁若无事,始终一言不发。

结果,一贯受人摆布愚弄的隆裕太后,糊里糊涂地颁布了"宣统逊位"诏书。

显然,韫龢的大哥溥仪"下台",在醇亲王府内外赫然引起了"地震"。

---

① 此句"好义为事",是韫龢形容其父亲载沣的原话。
② 那桐,叶赫那拉氏,满族镶黄旗,历任内阁大学士、户部尚书、外务部尚书、总理各国事务衙门大臣、军机大臣、皇族内阁协理大臣、弼德院顾问大臣等。1911年,奕劻成立皇族内阁,任内阁协理大臣。同年袁世凯内阁成立,任弼德院顾问大臣。清华大学校门内的"清华园"即为其亲笔题字。溥仪退位后,那桐移居天津,病逝。

但她的父亲载沣与别人态度截然不同,在辛亥革命以后,他返回家中,异乎寻常地对家人说:

"这下可好了,从今天起可以轻松了。我可以回家抱孩子啦……"

说完,载沣轻轻抱起了溥杰。

据祖母对韫龢说,当时,她母亲瓜尔佳氏见到载沣回到醇亲王府的反应之后,痛哭不已,为丈夫丢掉监国摄政王的头衔极度悲伤,不禁号啕大哭一场,此后,仍一个劲儿责备载沣:

皇上溥仪

"你呀,真没出息……"

为此,瓜尔佳氏反复叨唠了不少日子,总是一味责难丈夫。而她父亲全然不睬,倒是心安理得地过起了平民的生活。

瓜尔佳氏与载沣截然相反。她在政治上不甘心清朝覆灭,一直痴迷于复辟大清王朝,时常用"恢复祖业"这句话来训诫子女。

民国之后,她父亲载沣极力回避复杂的政治斗争,一家人仍不声不响地居住在北府。

载沣本是个淡泊之人,每天早晨起床向她祖母请过安,便躲在北府的宝翰堂书房读书或练习书法。中午,夫妻俩一起共进午餐之后,又到书房继续攻读,而对于瓜尔佳氏的终日絮叨,置若罔闻。

傍晚,载沣往往回到内宅,跟妻子一起吃过晚饭,又到她祖母处请晚安,然后夫妇俩聊一会儿闲话,就结束了一天的平淡生活。在日复一日的普通百姓生活中,载沣已全然失去了对政治的兴趣。

其实,她的父亲生性就不愿在政界混日子,此前,曾自封一个号,叫"退叟"。从这里也可以明显看出,她父亲之志一向不在于此。

她父亲不仅不愿过问政治,连王府的日常开支也不闻不问,府中的一切事项都由她祖母全权管理。他只知道取钱花钱,想要什么,仆人给买来,也不懂得问多少钱,手里更从没拿过钱。上行下效,包括韫龢在内,这些兄弟姐妹也一向如此。

虽然瓜尔佳氏使载沣一直头痛不已,而他感到欣慰的是,在纳邓佳氏为侧福晋的问题上,瓜尔佳氏尽管不情愿,却依照"女子不妒便是德"①,成全了载沣与邓佳氏的婚姻。即使是荣禄的"千金"也还是要从规从德。

从幼时起,她就称父亲"老阿玛"——当面则称阿玛。她的父亲有一个特点,任何事情都照着老规矩办,叫做"照例"。无人不知,载沣的生活极有规律,一天到晚总是吩咐一句话:

"照例。"

早在载沣当监国摄政王时,每逢下属向他请示,回答亦大多是那句老话:

"照例去办吧。"

对于书面请示,载沣仍一律批复"照例速办"或"照例急办"。无论什么季节,对于他的饮食起居、穿戴、发型乃至吃药,仆人都无需请示,因为他们知道王爷的回答一定是"照例"。

卸任后的载沣,对任何人照例淡漠、敷衍,最讨厌应酬和交际。众人皆知,凡来北府的人无论在府里待多久,从来不留吃饭。他也从不到别的王府去聊闲天,若本家亲戚发生什么喜庆和吊唁的大事,他无非照例露露面,寒暄几句,就连忙起身告辞。

王府里的佣人都知道,无论什么事,只要她父亲一句"照例",无疑按照老规矩办就是了。在日常生活中,载沣依然"照例"。夏至起,他开始剃平头,立秋时,便留分头。穿衣服、喝茶等,都是按照季节行事。这在他每天的日记上,都留有确切记载。

载沣既不吸烟也不喝酒,只是嗜茶,尤其讲究四季变幻——春、夏、秋、冬,他都要喝不同的茶。夏天,他饮碧螺春,冬天喝红茶——自称"暖胃"。他还特别讲究明前茶、明后茶,爱喝"毛尖"。据说,这无一不是按照老规矩来办的。

平时,王府里有两名太监伺候载沣。晨起,他先不吃饭,而是要先痛饮一顿"热酽"——意味着不仅是热茶且须沏得浓酽,之后再吃早点。

载沣对饮食方面一向不怎么讲究,每顿饭照例八菜一汤,还有几个凉菜,必不可少的却是一盘炒青菜。

宛如这盘无滋无味的炒青菜,无官一身轻的载沣,在清淡平静的生活中打

---

① "女子不妒便是德",即韫龢回忆的原话。

发着时日。

二 祖母对她几位父辈的评价

韫龢细想起来,祖母刘佳氏对她父亲载沣的看法似乎再中肯不过。

每逢祖母刘佳氏谈起她父辈兄弟三人的不同性格,就笑个不停。她观察到,祖母总是避免提及"光绪",每逢忆及与此有关的往事,便笑意全无,顾左右而言他。

据她猜想,这可能怕引起昔日悲惨的追忆吧。刘佳氏曾谈起,拿每天的早点来说,一般都少不了烧饼。一次,载沣与六弟载洵、七弟载涛一起吃烧饼时,六弟载洵灵机一动,出了一个馊主意:

"咱们分着吃吧。"

于是,载洵选择专吃烧饼盖——上边有芝麻。

"那我吃烧饼瓤。"载涛反应极快。

这时,只剩下她父亲载沣光吃又硬又少的烧饼底儿,可载沣连一句不满的话也没说过。她的祖母刘佳氏深有感触地评价说,仅从这一点小事儿,也不难看出载沣为人忠厚。

另一件小事儿——"点菜",也是老祖母刘佳氏对她讲起的。

当时,她祖母刘佳氏规定载沣三兄弟每人轮流点一天菜。她六叔和七叔无一不是美食家,点的菜肴都极为讲究,轮到她父亲载沣点菜时,却总是每天点一道"炖熏小鸡"。有一次,大伙儿实在忍不住了,劝阻他:

"别总点这一样儿了,您就换一个新鲜花样儿吧。"

于是,她的父亲载沣便点了一样熏小鸡炖白菜。结果,端上来大家一尝,纷纷皱起眉头:

"怎么这么难吃呢?"

她的父亲载沣挺纳闷儿,悄声询

韫龢的祖母刘佳氏

问起六弟载洵和七弟载涛：

"这是怎么回事呀？"

此时，六弟和七弟一齐笑个不停，载洵忍不住说：

"您应该点鸭架子熬白菜，哪儿能点熏小鸡炖白菜啊？"

"熏小鸡炖出来的汤是腥的，"载涛插话说，"鸭架子熬出来的汤炖白菜，那才好吃嘛。"

事后，六弟和七弟总以此说事儿，笑话她的父亲。载沣却不急不恼，总是一笑了之。

当祖母刘佳氏讲述完这个故事，笑着对韫龢说：

"从这两件小事儿可以看出来，你六叔头脑灵活，七叔精明能干，而你的父亲是个敦厚的老实人，连菜都不会点哟。"

在韫龢看来，父辈兄弟几人各有特点。六叔载洵擅绘画，书法也颇具功力，真、草、隶、篆各种书体，无一不擅长，而且性格活跃，精通京戏，差不多什么戏都会唱两下子。载洵尤其喜欢听尚小云的旦角戏，时常邀其来家里唱堂会。一次，她的六叔载洵还与一向崇拜的尚小云同台饰演过《梅龙镇》——《游龙戏凤》。在她看来，六叔家规矩特别大，凡去他家必要三跪九叩，连吃饭也比别的王府讲究得多。

她的七叔载涛，堪称多才多艺，而且亦擅绘丹青，尤善于画马，瞧上去栩栩如生。七叔不仅老生、武生，文武昆乱不挡，猴戏也竟然饰演得活灵活现，甚至丑角他亦扮得惟妙惟肖。就连当代京剧名家李万春，也是他手把手教出来的徒弟。

据韫龢亲眼所见，一次，载涛在醇亲王府演出《打花鼓》这出京戏，其扮演的纨绔大少爷，博得戏台下一片热烈掌声。他还能饰演许多文武戏，甚至反串"青衣"，彩唱过梅派名剧《贵妃醉酒》，使经多见广的王公贵族听得如痴如醉。

有一次，她跟随祖母刘佳氏去东城宽街的荣寿固伦公主府看戏，祖母和三祖母坐在屋里炕上观赏，她和一些晚辈则坐在廊子上看戏。载涛彩妆登场之后，大家再次被他在舞台上扮演的活灵活现的猴戏和反串"青衣"的角色，逗得哈哈大笑。

每逢她的祖母过生日——"千秋节"，王府便大唱堂会。这时，大家挨个给她的祖母磕过头，热闹的堂会就算开了场。

在父辈里，数六叔家烹饪手艺高超，载洵经常给醇亲王府带来一些美味佳肴。而七叔最拿手的是做西餐，为此，他常到厨房亲自掌勺，其中最具水准的是一种西式奶酪——奶乌图①,像薄冰似的,刚一放进嘴里便融化。

这些成了她和姊妹几个时常想往的中西餐美味,也总惦念着六叔和七叔来醇亲王府串门。

然而,六叔家香火不旺。六婶性格活泼,嗜大烟如命,六叔管也不管。而且,六婶闲时特别喜欢养猫,家里的猫多得数不过来。其中有一只猫叫"大黄",颇有灵气,每当她去串门,它就跑过来,围在她身旁,蹿来蹿去。

她的六叔总共一子、三女,却无一人出人头地,只能称得上平庸之辈。

六叔的儿子溥侊结婚许久,始终无后,年纪未老便去世。他的大女儿很早夭折,也没有孩子。他家的二女儿,跟广东一个姓麦的男人结婚后,没多久又离了婚,因患子宫癌而病逝,连后代也没留下。其三女儿与溥仪同岁,乳名叫丽格,初识韫龢时只有十三岁,倒先后生下几个子女,只是与她一直没有过多来往,当六叔去世后,便从此断了联系。

相形之下,她七叔家倒是人丁兴旺。载涛膝下有六个儿子,其中一个尚未起名便已夭亡。七婶是个老实人,成天看着七叔喂养的几十只鸽子。韫龢幼年时,经常去七叔家观看他喂养的各种宠物。七叔家的鸽子窝颇大,是多层的铁笼子。每天早晨,载涛都乐呵呵地放飞那群鸽子,这在整个北京城颇有名气。

她的父亲载沣特别喜欢家中的几个女儿,每逢高兴起来就跟她们逗着玩儿。当她幼年时,父亲总是双手扶着她肩膀,让她拉长声音说:

"啊……"

同时,又一晃悠她的肩膀,这样,当她说"啊"时,便会发出颤抖,"啊、啊、啊……"于是声音就变成了"哦哦……"

每当此时,她的父亲就大笑起来。当她说话还不太利索时,载沣就时常唤她和姐儿几个过来哄着玩儿:

"哦哦一个……"

在父辈之中,她父亲载沣对子女显然比较溺爱,性格极像她的祖母刘佳氏那样,禀性温厚。自幼,韫龢极少见到父亲生气或发脾气。

早晨,有时父亲带着家里几个孩子去逛什刹后海的荷花市场,品尝新上市的鲜杏仁儿、核桃等,而菱角则用荷叶托着拿回家。什刹后海北岸有一家著名的"荟仙堂"饭庄,王府每逢过年节时,往往从那里叫来整席饭菜。

---

① 据韫龢回忆到奶乌图时,特意说,姐妹们在天津生活时,更多的是用英语——"wochi"来称"奶乌图"。

平常,她和兄妹一般都在树滋堂吃饭。溥杰和大格格以及韫龢,都单独有一张小饭桌,其他几个妹妹则围在一张饭桌旁。后来,府里改成了一个大圆桌,几个子女便围坐一起吃饭。她和父亲一样,对于吃饭不怎么讲究,从不挑食。

往常,她的父亲吃饭极其简单。载沣素来喜欢吃炸酱面,只不过要求"面码"齐全:香椿、黄豆、豆芽,还要再往面条里搁一点儿醋,偶尔,还要吃一顿京味打卤面。

在所有菜肴之中,她印象最深的是一道炒木樨肉,因为父亲载沣最爱吃这道菜,甚至百吃不厌。冬天,府里时常吃薄薄的春饼和火锅,夏天便吃"菜包子"——这是满族普遍喜欢吃的一种家常菜,用白菜包上米饭、生白菜叶、切成碎丁的熏肉。每当姊妹几个手捧菜包子时,载沣总不忘提醒格格们要注意"吃相"。

在王府里,韫龢特别爱吃一道烧羊肉拌面,即在碗里浇上肉汤,再搁一点儿小萝卜缨儿,红绿相间,显得格外水灵诱人。

以往,王府里管冬天吃的火锅,叫"菊花锅",就是全家人围坐一桌,把白颜色的菊花搁在锅里一起涮着吃。菊花锅是银质的,体积很大,锅里分成一格格,里面放进生鱼片和羊肉等各类特色食品。这有一个规矩,每人毫无例外都要用公勺和公筷,个人的筷子绝不能伸进银锅里去,格外讲究饮食卫生。

京城无人不知,涮羊肉的佐料最讲究。放在各人面前一只小碗里的佐料,由韭菜花、芝麻酱、酱豆腐、酱油和醋,反复搅拌而成。若再洒上几滴"小磨香油",足以使满室飘香。

席间,还可以根据个人喜好,浇一点儿用炒勺新炸出的滚烫的辣椒油,再吃上一头糖蒜,实在称得上美滋美味。这顿涮羊肉吃到最后,银锅里还要添进一些白菜、粉丝、土豆片以及冻豆腐等。说来,这是王府厨房保留的一道真正老北京风味。

最使韫龢开心的是,火锅汤里往往煮着一些小鸽子蛋,颇有营养,据说是她母亲的发明。她的父亲素来不喜欢吃葱和蒜且讨厌葱蒜味,每当闻到这种异味,就用手使劲扇个不停:

"真恶心……"

所以,不仅她和姊妹平时不吃蒜,连醇亲王府的佣人都不敢吃蒜,因吃完第二天仍然有味,惟恐被载沣发现而受到训斥。

相比之下,她祖母倒好得多,有时还吃一点儿葱、蒜。当时没有芥末,府里吃饭时,只有酱油、醋、香油等佐料。

她的父亲每天按时去给母亲刘佳氏请安,早晚各一次,一天不落。来到母亲的屋里，他总侧坐在母亲对面的书案边，一条腿跪在太师椅上，规规矩矩地面对母亲交谈。

据祖母说，最早，载沣的怀里往往怀抱着韫龢或三格格，让她俩坐在自己的腿上。跟随而去的她母亲，从来没有座位可坐，总是垂着双手默默站在载沣背后。

稍微长大之后，王府里的孩子要每天排着队，逐个到长辈屋里请安。这时，她才能见到母亲。母女之间似乎没有过多可交谈的，孩子更不敢随意说笑，母亲问什么答什么，天天如此。

载沣在孩子面前尤其注意礼貌，平常跟母亲谈话时也毕恭毕敬，从不打断其谈话，直到母亲全部说完，才敢张嘴答话。

醇亲王府里规矩森严，高兴时不能大声说笑，连走路也不能大步，吃饭不能跟大人一起，更不能吃一样的饭菜。那时，长辈都认为小孩儿吃得太好会"折福"。有时，祖母送来一盘菜肴，她必须赶快站起来答谢：

"谢太太赏。"

她偶尔还喜欢跟祖母刘佳氏开个玩笑，对父亲载沣却万万不敢。

三 母亲瓜尔佳氏——荣禄的掌上明珠

韫龢一直挺纳闷儿，母亲瓜尔佳氏，从小就是外祖父荣禄娇生惯养的掌上明珠，京城人称"八妞"。究竟如何排行的？明明母亲在家里排行老三，而不是行八，除二舅和三舅比她大，其他几个舅舅都比她小。到末了，她始终也没弄明白。

据她祖母说，她的母亲瓜尔佳氏自幼便被慈禧太后认为养女，没结婚时，就可以随时出入宫禁，短不了进宫觐见慈禧太后，说话仍直来直去。一次，慈禧太后曾当面对她母亲不无褒意地说：

"你这闺女真厉害，连我都不怕呀。"

所以，当慈禧太后把荣禄的女儿指婚给已订亲的载沣，她祖母刘佳氏为此着实急得不善。据说，慈禧与她祖母一向不和，总变着法子折腾她。看来，这只算是二人失和的一出"小戏"。

与她母亲显然不同，载沣则最喜欢无官一身轻，从不提什么"恢复祖业"，而愿意悠闲自在。她从小就经常见到父亲总是白天手捧一部线装书，晚上仰观天文星象，终日一副潇洒自如的神态。

众人皆知，她的母亲瓜尔佳氏，容貌端庄，一副长形脸，个子高挑，一双大眼格外有神,格外讲究打扮,脸上时常擦粉抹胭脂。一眼看上去,她跟载沣个子差不多,如果穿上花盆鞋,明显比载沣还高一些。溥杰个子则随父亲,不算太高,其他几个姐妹外形倒紧随母亲,在当时都属于高个子。

瓜尔佳氏脾气火爆,常常板着脸严厉地呵斥仆人,连载沣也多少惧她三分。常人一般都感到她的性格"古怪",因她喜欢别人把她当成男人看待,称呼她为"老爷子"。她的祖母说,在这一点上,瓜尔佳氏倒跟慈禧的性格多少有点儿相似。

虽说是亲生母女,韫龢却与母亲一向感情疏远。相比较而言,她一辈子都不怕祖母,却极为惧怕母亲,始终没有对祖母那么亲热。因为她从满月就开始离开母亲身边,而按照王府的规矩由祖母抚养成人。

她历来知道母亲规矩大,眼睛也大,一瞪眼她就怕得要命。她们姐儿几个,从小到大没挨过打,只要大人一瞪眼,就立时变得老实听话,不敢再淘气。所以,祖母时常拿母亲来吓唬她:

"再闹,我就告诉奶奶去。"

她的母亲是满族人,从小没缠过足,而十分酷爱女扮男装。她性格活泼,虽平常梳着一根大辫子,若出门扮成男装,则头戴一顶帽子,再将一袭旗袍换成大褂,走在街上,一般人根本看不出来她是谁。

但她却是京城人关注的热门人物。有时,她带着三舅等一些人出去玩儿,人们往往指着她的背影说:

"瞧,那就是摄政王的夫人啊!"

韫龢在民国出版的小册子上,也曾看到过记载——摄政王的夫人时常出入闹市以及酒楼等地。可见,瓜尔佳氏的随心所欲,已成了京城众所周知之事。

其实,连王府里的佣人也同她一样,不怕载沣而惧怕瓜尔佳氏。

她记得,母亲时常在屋里招陪嫁过来的"陪房"——四个保姆一起打牌。其中,有两个是她母亲的贴身仆人,一个叫方妈,一个叫卢妈,性格差不多,平时少言寡语,却十分听从她母亲的话。

另外两个佣人地位稍微低一点儿,平时仅在她母亲屋里做一些粗活儿。其中的张妈,个子细高,后来她母亲让其去伺候三格格,而当上了看妈。

当时,醇亲王府的住房窗户已安上了玻璃,每到晚上都要再加安一扇纸窗户遮挡,白天再摘下来。若是她父亲在家,佣人则不一定在意,如果她母亲在家,佣人就很注意,总是彼此提醒。有一天傍晚,载沣从宝翰堂出来,问起佣人:

"怎么还没上窗户呢?"

"奶奶还没回来呢。"太监回答说。

载沣只是哼了一声,既没说什么,也没表示气恼。

另一次,傍晚时母亲从外边归来,见到纸窗户还没安装,就厉声喝问:"怎么还没上窗户呀?……"

这时,载沣听见之后,赶紧用手指着窗户,焦急地对佣人说:

"去,快去……"

由此可见,载沣平时老实巴交,连佣人也不惧怕他。

恰与祖母的古板性格不同,她的母亲瓜尔佳氏极为"新潮",还有时穿着载沣的男装骑马照相。她擅打牌,会喝酒,最喜欢抽"三炮台"牌香烟。与此相反,她父亲则比较保守,衣着朴素,甚至从来烟酒不沾。

有一个张太监,专门负责在屋里伺候瓜尔佳氏。王府里还有一个太监叫贺德元,负责伺候溥杰。同时,溥杰和三格格还各有一个妈妈伺候。管理溥杰日常生活的陈妈,是一个矮小的老太太。不知怎么,溥杰给她起了一个外号,叫"齿儿妈",韫龢和姊妹也都起哄似的跟着喊了起来。

素常,她很少见到父亲和母亲待在一起,只有早晨去请安时,才能见到这一情景。此时,母亲总要对兄妹说一些勉励的话:

"好好念书啊,听你爷爷的话①……"

但母亲从不跟她们闲聊天。韫龢见到父母彼此很客气,向来没见过二人吵架。她曾回忆说:母亲绝不是胡搅蛮缠那种人,但多少有一点儿得理不让人。

看得出来,平时,她父亲载沣不招惹瓜尔佳氏,总是事事迁就。父母之间自然闹过矛盾,但她从没见过,即使有也只是偶然发生过。

起初府里的饭菜做得还算可口。当大厨房的老厨子去世后,其子来接班,仍沿用父亲的名字,却根本不懂厨艺,也不会做饭,质量愈来愈差,简直无法下咽。但她的父亲绝不挑食,无论菜肴好坏,总是一碗米饭,再嚼几口馒头、喝一碗粥就算饱了。

她的祖母吃饭也从不挑食。大厨房上什么菜,她就吃什么,仆人都说她格外容易伺候。祖母的所谓佳肴,不过是刘妈清炒咸菜水疙瘩片,或是炒咸菜干疙瘩片而已。

她的父亲载沣总是跟随着祖母吃这些普通菜肴,不赞成各人再设一个小厨房。但是,她母亲瓜尔佳氏极挑食,由于吃不惯北府的饭菜,总是叨唠不停:

---

① 此处的"爷爷",系指祖母刘佳氏。据韫龢回忆,对其他祖母则称"太太"。兹录待考。

"这些饭菜太难吃啦。"

不久,她便独自设立了一个小厨房。厨师分工挺细,有做中餐的,也有做西式的,居然还能做出一桌地道的西餐。起初,她的祖母执意反对,载沣虽内心不满,却一直没敢明说。后来,她的母亲无论做什么好菜,譬如可口的菜肴或牛排,总短不了给她祖母端去,往往还要说上几句好听的话:

"请额娘尝尝。"

她祖母虽然不太高兴,久而久之,尝过菜肴觉得味道不错,到末了儿,见木已成舟,也就不好再说什么了。这也算封住了她祖母的嘴。

她从小时起,就知道母亲久患胃炎,一犯病就不停地吐酸水,所以一日三餐对于母亲尤为重要。她还知道一个小秘密,母亲之所以能将小厨房摆弄得有声有色,皆因她时常跟有钱的三舅讨要,有求必应。这使她有"活钱"可以不断补贴小厨房,而得到府里齐声赞许。

以往,韫龢最喜欢吃小厨房自制的"团盒"和"八样肉"。府里吃饭有一个规矩,桌上若摆放着饭菜,孩子们不能用眼睛盯着瞧,否则要受到责备。只能眼睛向下,低头倾听长辈谈话。

一次,韫龢去母亲屋里请安,见母亲正和三舅一起吃早点。母亲随手用筷子夹起一块火腿肉,上边是瘦肉,下边是肥肉和肉皮,让韫龢尝尝,她不想吃,却不敢不吃,只能勉强含在嘴里,半天也咽不下去。可是,她抬头看到母亲却吃得津津有味。

当时,韫龢嘴里含肉,不敢吐出来,只得赶紧请完安,一溜小跑走出屋外,从嘴里吐给了德妈。哪知,好心的德妈将那块肉嚼了嚼,坦然咽进肚里,微笑着说:

"我可不嫌二格格脏。"

韫龢始终觉得,母亲心眼儿不错,就是脾气太大。从小时起,母亲就时常教诲这几个子女:

"你们是醇亲王府的后人,绝不能小家子气,一点儿都不大方……"

她的母亲反复叮嘱孩子,凡是大人不问就不能说,长辈若问话,就得马上清清楚楚地回答才行。这是府里一条最基本的规矩。

韫龢作为王府的格格,堪称大门不出、二门不迈,极少单独出去游玩。她一家初次去动物园①,简直成了醇亲王府的一件大事。王府上下"总动员",统

---

① 当时称为"三贝子花园"。

共出动了十多辆大车,浩浩荡荡而去,比过年还热闹几分。

她和溥杰、大格格、三格格坐在一辆大车上,德妈则在车边把守着。前头有赶马车的车夫,旁边有骑马的保镖,一路跟随护送。在动物园里,她和溥杰、大格格还顽皮地拿着几根香蕉喂起大象。

走出动物园大门,她仍然觉得没玩儿够,非闹着去中央公园——中山公园游玩。一次,她和家人一起去颐和园乘坐人工划桨的大船览胜。荡漾在昆明湖上,德妈将其紧紧地抱在怀里,惟恐她落入水中。

无疑,韫龢受到很大影响。成年后,二哥溥杰对她说过,幼年如果想要什么东西,说一声,仆人就给买来,从没摸过钱,甚至没见过钱什么样。有一次,溥杰随口询问一件物品的价钱,她母亲听到之后,狠狠地挖苦了他一顿:

"你应当有远大志向,根本不应当打听钱的事儿。"

从此,韫龢便认为钱也许不是好东西,不然,母亲怎么那样讨厌呢?

她从小没拿过钱,想要什么,就让德妈买来。那时,她只知道买东西花的是铜子儿、洋钱。所谓洋钱,就是上边镌有袁世凯大头像那种,还有一种是站立着的人像。直到长大许久,她手里仍然没拿过一块银元。

仿佛约定俗成,在醇亲王府里,从来不允许她们提及钱,也不准提"钱"字。这,成了醇亲王府一则不成文的规矩。

表面性情古板的父亲,由于受到七弟载涛的影响,忽然买来一辆卧车,但是,却从没让她和兄弟姊妹乘坐过。那时,她年纪尚幼,只见父亲端坐在那辆卧车上,表情郑重地照相留念。见此,溥杰悄悄地询问身边长着一副扁脸的王府管事张文治——满族名字叫喀拉玛阿:

"这辆汽车是多少钱买的?……"

没想到,溥杰又受到父亲载沣一顿狠狠奚落:

"怎么又提钱?真没出息。"

这时,静静伫立一旁的韫龢听到后,禁不住暗自掩口而笑。

第叁章 幼年生活

* 外界鲜知的是，载沣的侧福晋邓佳氏先后生下两子、四女，其中三子溥伈，年仅三岁便意外夭亡，使载沣悲伤至极。

世人罕知，溥仪的乳名叫"午格"。因为他的出生，占了三个"午"字：属马——"午马"，丙午年、午时出生。载沣在其出生后反复考虑，拟出几个乳名，交由她祖母亲择而定。

* 溥仪进宫后，陪隆裕太后逛中南海，太监递给他一个馒头喂鱼，溥仪饥饿至极，趁人不备，狼吞虎咽地吃掉了馒头。

* 溥仪的六叔载洵和七叔载涛过继出去的原因，一般史书乃至溥仪都持此说——因慈禧欲报其妹早夭之仇，强行让载洵和载涛过继他人。而韫龢却道出一个似乎更为贴切的说法。

图片说明：童年的韫龢（右）与三妹韫颖

一 溥仪罕为人知的乳名

醇亲王府可谓人丁兴旺。

她的父亲载沣先后有过四个儿子、七个女儿。载沣的嫡福晋瓜尔佳氏,生下了五个子女,即:长子溥仪、次子溥杰、大格格韫瑛、二格格韫龢和三格格韫颖。

而其他两子、四女,则是侧福晋邓佳氏所生,即三弟溥倛、四弟溥任、四格格韫娴、五格格韫馨、六格格韫娱、七格格韫欢。

然而,外界鲜知的是,邓佳氏所生的三子溥倛,年仅三岁却不幸意外夭亡。据说,当时载沣悲伤至极,过后许久谈起时,仍落泪不止。

显然,载沣从没有男尊女卑的歧视念头。他曾多次平和地对韫龢说过:"我对男孩儿和女孩儿一视同仁,对每个子女都是疼爱的。"

载沣这些子女的名字,大多为世人所知。而他们在府里称呼的乳名,外界则罕知——每人名字的最后一个字,都是"格"字。

溥仪,乳名叫"午格"。为什么叫午格呢?因为溥仪的出生,至少占了三个"午"字——溥仪属马——"午马",丙午年、壬午月出生,又是午时降生的。

其实,溥仪的乳名,是父亲载沣在其出生后反复考虑,拟出几个名字,由她祖母亲自挑选择定的。

在孙子辈儿之中,祖母对溥仪格外疼爱,时常叨念起他幼年的生活琐事。

祖母经常自豪地说起,溥仪是她从小抱大的。按照醇亲王府的老规矩,长孙归祖母教养,因溥仪是她的第一个孙子,所以,刚过满月就被抱了过来。

仅比溥仪小一岁的溥杰,则一直在母亲瓜尔佳氏身边抚养,大格格归她祖母这边。二格格本应归母亲抚养,可是,溥仪由于被抱走进宫,只剩下大格格一人,祖母嫌闷得慌,等韫龢刚过满月,就把她抱到了自己身边。可巧,她又淘气又会哄人,即使她再调皮,祖母也蛮高兴,会变得稍稍舒心一些。

据祖母回忆说,每天晚上睡觉时,她总惟恐溥仪的被窝没裹好,一夜总要起床几次。夜里,祖母怕吵醒长孙,往往把鞋脱掉,仅穿一双袜底,去悄悄察看溥仪睡得好不好,惟恐宝贝孙子着凉受病。

平日,祖母在卧室的桌上摆放着一只直径足有一尺的康熙粉彩大瓷果盘,里头一年四季摆放着硕大的苹果。大床旁边有一架硬木多宝阁,上面插着一柄不大的玉雕芙蓉如意,简直像一个大牙签插在上头。多宝阁上的花盆里,还栽种着鲜灵灵的水仙花。

据说,康熙粉彩大果盘里,还经常摆放着宫内太妃赏赐的各种水果。果盘里衬着一个软垫儿,祖母经常让幼小的溥仪,光着屁股静静地坐在里边逗着玩耍,直到进宫为止。祖母则往往坐在旁边微笑地瞧着,仿佛是一种安慰似的。

当溥仪将近三岁[①]时,被慈禧派人抱走,进宫当上"宣统皇帝"。她的祖母曾多次回忆说,溥仪临走之前,仍坐在粉彩大瓷盘里,始终大哭不止,死活不愿意离开奶妈。结果,只得让乳母王焦氏从醇亲王府抱着溥仪进宫的。

祖母眼瞧着溥仪被慈禧下旨抱走,当时就昏迷过去。因为此前有"光绪"为例,她怕溥仪进宫也像光绪那样受气。一天晚上入睡前,祖母哀叹着对韫龢述说:

"同治本是慈禧的亲儿子,她还跟他闹不和,跟儿媳妇关系也很僵。同治殡天之后,她

乳名叫"午格"的溥仪(中坐者),幼年在建福宫假山

---

① 确切地说,溥仪是两岁零九个月被抱进宫的。

对儿媳妇更是不依不饶,仍然欺负她,给她气受,结果同治皇后无法活下去,只得悲愤地自杀身亡……"

此后,她的祖母时常对二格格反复叨念起,当年溥仪在大果盘里玩耍的有趣情形。

看得出,溥仪进宫,对于年迈体弱的祖母来说,不啻莫大刺激。听说,祖母当时大哭得背过了气,从此,忧心忡忡,心情每况愈下,也成为她日后患精神病的诱因。

据她的祖母回忆,溥仪进宫第二天,慈禧便一命呜呼。据说,慈禧因患痢疾,无法治愈。奇怪的是,光绪与慈禧之死,仅仅相隔一天。而光绪先于慈禧去世,有人则认为,很可能是慈禧给光绪下了毒药,光绪纯属被害致死。醇亲王府的人们,无疑大多持这一种观点。韫龢由于深受祖母影响,也倾向这一种说法①。

她不止一次听祖母说起,溥仪登基时,一直哭闹着要回家,父亲载沣哄他说:

"一会儿就完了,一会儿就完了……"

连醇亲王府的人们,也无不纷纷议论说:

"这话多不吉利呀……"

然而,韫龢长大成人之后,却屡次听父亲载沣驳斥这种传闻,而且对她说,他当年抱着溥仪登基时,根本没说过那样的话,而是柔声哄着溥仪:

"快好了,快好了……"

谈到此事时,载沣曾十分动怒地说:

"这种说法,其实是把清朝灭亡的责任嫁祸于我,纯粹是别有用心!"

由于溥仪在写《我的前半生》时,父亲已过世,自然也不可能听到来自父亲角度的回忆,所以,按照坊间流传的说法而写入书内。

在韫龢看来,此事孰是孰非,已难以分辨。然而,父亲载沣的话,确为她所亲闻。

据祖母对韫龢说,溥仪进宫之后,直到九岁仍吃乳母的奶水。当溥仪刚进宫时,每到晚上,依然寻找醇亲王府的乳母,直到被乳母王焦氏抱在怀里才不哭闹。所以,溥仪自幼就很听从乳母的话,若淘气时,乳母走过去,就马上见效。

在宫内,因乳母与太监吵架,老太妃借机将王焦氏轰出了宫。溥仪伤心至极,

---

① 据最新科学化验结果表明,光绪皇帝确被过量砒霜毒死。

因年龄太小,做不了太妃的主,内心痛苦万分。可见,溥仪与乳母感情之深。

溥仪从幼年起,就极为挑食,遇到爱吃的便吃很多,不爱吃则根本不动筷子,由于时饱时饥,所以经常犯胃病。

往日,溥仪进膳时,只摆两桌饭菜,但一时兴起,就让太监抬来六七张八仙桌,摆满菜肴（冬天则另设一桌火锅）,菜肴主要是猪、羊肉,也有鸡、鸭、鱼、肉。早餐时,还增添饭、粥、咸菜,以及点心等,总共十几种。

每当进膳时,餐桌当中大多摆放着一个黄瓷盆,里面有鱼翅汤、燕窝汤,每个盛菜的盘子里都搁着一副小银牌,以让太监事先尝膳,试过无毒才让皇帝就餐。

起初,溥仪进膳时,还有隆裕太后赏赐的菜肴,当隆裕太后去世后,其他几位太妃仍接着送菜,她们都有各自的膳房,从国内挑选最好的厨师送进宫来,每餐二三十样菜肴,还有一些各式点心。

相比之下,御膳房的菜肴显得毫无特色,在膳桌上总被摆放在远处,不过做个摆设而已。这是晚清宫廷"进膳"时,并不为外人所知的一个小奥秘。

宫内无人不晓,溥仪饭量颇大。太监必须随时向四位太妃汇报,皇上一日三餐的进膳情况——宫内管吃叫"进",譬如一餐进了几个馒头,进了几碗粥。天天如此,一天不落。

至于进得香否,只有溥仪自己知道。实际上,他幼年不可能"进得香",因为久患严重的胃病,始终没能治愈。

据说溥仪六岁时,有一次吃栗子,由于吃得过多,竟被撑出一场大病,难以下床。病愈之后一个多月,隆裕太后只允许他喝糊米粥,溥仪天天喊饿,根本没人理睬。

一天,溥仪陪着隆裕太后逛中南海,太监递给溥仪一个馒头让他喂鱼,当时他饥饿至极,趁人不备,狼吞虎咽地偷吃掉了喂鱼的馒头。

等众人发现,馒头已经吃光。从此,隆裕太后再也不让溥仪去观鱼喂鱼。

还有一次,溥仪实在饥饿难忍,一连吃下六个春饼,太监见到之后,又被吓坏了,怕溥仪像以前吃栗子那样撑出病来,便想了一个办法,两个太监一边一个拎着溥仪的胳臂,像砸夯似的在地上墩了一阵,说是这样可以助消化。

打这儿之后,溥仪吃饭时总是千方百计躲避着太监,这成了他幼年的怪癖。

无独有偶,溥仪的贴身太监李长安,后来还对韫龢讲起自己亲历的一个真实故事。

李长安才十几岁时,曾跟随光绪皇帝贴身当差。李长安一副长乎脸儿,个子不高,身材精瘦,嘴巴宽大,脾气温厚,从没见他发过火。有一次摆完膳,光

绪还没来,饥肠辘辘的李长安瞅见餐桌上码着五个一摞的豆包,就把顶尖那个豆包吃掉了。这时,光绪皇帝走进屋一看,顿时生疑:

"哎,这豆包怎么少了一个呀?"

"我饿了,就吃了一个。"

光绪皇帝瞅他十分害怕的样子,没有丝毫斥责之意,反而和善地笑了:

"下回呀,你要饿了就跟我说,可不能私下偷着吃喽。"

因李长安年纪尚小,还不懂事,光绪皇帝不仅没怪罪,又赏赐他一个豆包吃。后来老太监们议论说:

"这孩子胆子也忒大啦。"

"是啊。"

众太监一哄而起,纷纷拿李长安开起了玩笑:

"你小子,怕不是饿死鬼托生的吧?……"

光绪皇帝闻声走了过来,太监们一哄而散。

李长安对韫龢讲述之后,还顽皮地给她做了一个鬼脸,逗得她咯咯笑个不停。

韫龢最欣赏李长安的一个绝招——吃鱼不仅不挑刺,而且连刺都能全部咽下去,一点儿也扎不着嘴。她见到他的绝技之后,悄悄告诉溥仪:

"李长安真是一个怪人,我曾经亲眼看到过他生吃一条活鱼。"

而溥仪不信,随即唤来李长安询问。没过一会儿,溥仪吃午饭时,当众拿来一条活鱼让他表演,李长安嘻嘻哈哈地笑着,吃得极快,连一根刺都没吐掉,全部咽进肚里,笑呵呵地瞧着溥仪。这时,溥仪看呆了,惊讶地说:

"嘿,这可真奇怪啊。"

当时,宫内还有一个侍卫能生吃螃蟹,溥仪听到觉得奇怪,便叫他来当即表演。那个侍卫称得上干净利索,用手轻轻掀开活螃蟹盖儿,在溥仪面前,竟迅速将整整一只活螃蟹生吞了下去。

韫龢在一旁看得目瞪口呆,随即对溥仪说:

"这样吃下去,身体不会有事儿吧?"

溥仪笑而不答,嘴里只轻声吐出一个字:

"赏……"

然而,韫龢每当回到醇亲王府内,就像换了一个人似的,成天担惊受怕。那当儿,醇亲王府内的人们,无一不惧怕老祖母犯病。

若祖母犯病便不得了,说哭就哭,就闹就闹,没个谱儿。老太太一会儿欲上天,一会儿又说要入地,胡乱念叨个没完,还让韫龢和大格格韫瑛一左一右搀着她,一步步地往前挪动,——"上天入地"……

刚开始,这阵势把全家人确实吓得够呛。每逢老祖母犯病,非得请来一个山西姓杨的大夫——人称杨老西,进府给老太太扎针才能缓过来。

每次,杨老西照方抓药,给她祖母用针扎人中穴,再给她的祖母配制一些中药。往往,祖母吃完药就呼呼大睡,几天之后,又慢慢恢复得跟平常人一样。

但老太太若碰上不高兴的事儿,弄不好又会犯病。所以,祖母的贴身太监冯乐亭①总是让韫龢千方百计哄着祖母,让她多笑一笑,只为使祖母少犯病。

因祖母时常犯病,根本顾不了养育子女,到后来实在没辙,府里只好把她的六叔载洵和七叔载涛过继了出去②。

可以说,她的童年生活异常刻板孤独。每天早晨都要到祖母和父亲、母亲屋里去请安,说几句什么今天天气不错的话,待几分钟就走。自然,长辈们之间也客客气气,很少能体会寻常人家的质朴亲情。

王府内沉闷的生活,使她觉得憋得慌,所以,最喜欢府里来客人串门。她尤其愿意与六叔载洵家性格活泼的三姐——丽格一起玩耍,她俩时常在一起玩儿小布娃娃。丽格还给韫龢梳满一头小辫子,又抹上胭脂,乍一瞧,打扮得跟新疆姑娘似的。

六叔的妻子——六婶,为人特别老实,由于长年抽大烟,脸色惨白,还患上了慢性胃病。一双眼睛虽然不大,却很会说话,只要见到她们就异常热情地打招呼。

往常,韫龢有时跟随父亲载沣去探望著名京戏演员雪艳琴,这是常人所不知的。每当此时,她总是在雪艳琴家里乱哼乱唱,欢蹦乱跳。渐渐,她跟雪艳琴关系也变得非常融洽,但她从没见过雪艳琴来府里串门。

溥杰却不同,总是喜欢去三舅连魁家玩儿,因支持溥杰吸烟的母亲去世后,父亲便不愿意让溥杰再吸烟,所以,溥杰喜欢去三舅家玩耍,到了那里可以撒开吸烟,没有任何人来管。三舅家有两个姨太太,家里异常阔绰,摆设也极为讲究。若依她看来,荣禄的旧宅倒比末世的醇亲王府经济上强过几分。

韫龢多次听父亲载沣说,溥杰吸烟上瘾,最初是由于母亲溺爱,后来则是

---

① 太监冯乐平,号乐亭,本名叫冯顺福。
② 据溥仪的《我的前半生》记载,过继的原因与韫龢所述截然不同。慈禧见她祖母最疼小儿子载涛,就把载涛过继出去,之后把载洵也过继出去,结果祖母受到强烈刺激。笔者认为,在当时历史背景下,溥仪将一些"罪名"统统推到慈禧身上,也不一定十分客观。或许,韫龢的说法更贴近史实一些。姑留待考证。

三舅纵容的结果。说归说,却已无济于事了。

二　童年趣事

然而,在她刻板的童年生活中也有一些趣事,譬如"放生"。

每逢祖母过生日时,韫龢就按照长辈的吩咐,买来一些小鸟放生,同时还要由僧侣为小鸟念诵"枉生咒"。当时,宫里和醇亲王府年年施行放生,每逢皇帝或王爷过整生日或祝寿时,都要把买来的小鸟放归大自然,以示积德行善之意。

她的祖母四十岁生日那天,北府唱大戏为其祝寿,同时也照例放归一批小鸟,谁想,这批小鸟因在笼子里关得过久,变得难以飞翔,放生之后大多倒卧在地上翻滚扑腾。这时,幼小的溥杰见此情景,一边抹着眼泪,一边跺着脚,生气地说:

"小鸟死了,都死啦。"

"小孩子怎么尽胡说八道一些不吉利的话?杰儿这小孩子真是不懂事呀!"

哪知,溥杰脱口而出的几句犯忌话,随即遭到母亲的大声申斥。

从这件事,她顿然明白,放生时绝不能说出不吉利的言辞。

韫龢跟随着祖母过日子,每天早晨六点钟就要起床,稍微偷一点儿懒都不行。照例,她要随祖母早晨出去溜达一圈,回来之后再吃早点。早餐时,祖母必吃两个新鲜的煮鸡蛋,却不许她喝牛奶,说怕小孩儿喝了上火,仅给她吃烧饼夹"油炸鬼"①。

她一直陪着祖母吃早餐,天天照例从府外买来两套烧饼夹油炸鬼——两个瘪皮烧饼、两根油条,再把长形的炸焦圈儿夹进烧饼。餐桌上依例要摆几样小菜,像炒花生米、酱萝卜咸菜、萝卜干,其他则是府里厨房现做的,像煲粥——比较常见的是玉米糁粥。

也有时,佣人端上来一吊勺砂锅煮的杏仁茶,偶尔也上一两碗白米粥,桌上往往摆着两盘炒素菜。早餐时,她仅吃一碟咸菜、一包炸花生米,而且花生米还是由德妈单独买来的,吃完便上学去,天天如此。

有意思的是,她从小时起就最爱吃花生就咸菜,以及咸萝卜干,却不喜欢喝水。德妈总是另外再给她和三妹买一些好吃的,像熏小鸡等,每次都让她吃

---

① 当时,醇亲王府的人都俗称油条叫"油炸鬼"。

够了。长大成人之后,韫龢每当想起德妈就感动不已。

可笑的是,韫龢见一个面部白净的太监嘴上没有胡须,误以为是宫女,就张嘴管他叫姐姐。那个太监也不明说,只是微笑着哄她玩儿。直到后来德妈俯耳相告,她才明白,原来那些不长胡子的男人都是太监。

如果韫龢患病,往往服用汤药,时常喝一两碗德妈熬的"焦三鲜"。同时,德妈还将存放多年而变黄的白米,炒过之后熬老米粥让她喝,在她看来,数这种老米粥最难以下咽。

她的祖母素来不饮酒,但一直吸烟成瘾,一杆细长的小水烟袋长年叼在嘴里,抽的烟名叫"兰花烟",闻起来味道喷香。满族人一般允许年轻人吸烟,连未成年的孩子吸烟也不反对。由于祖母的纵容,对她这方面更是宽松,所以,她从很小起就在祖母那儿尝过"兰花烟"。

正如溥仪的《我的前半生》描述的那样,王府里吃饭有"定例",规定一天多少两银子,是绝不能超支的。据韫龢看来,府里吃饭一天至少得几十两银子,如果吃火锅、薄饼等风味食品,也向来不另外添钱,只是折算进照例的饭钱里罢了。

通常,她们吃饭照例是"八菜一汤",其中最具北京特色的,要数炒麻豆腐,吃时还需洒一些辣椒油,再搁一点儿韭菜末,不然,尝不出地道的京城风味。

王府另有一道特色菜——"烧小整猪",也总使她馋得直流口水。这须把猪皮炸得外焦里嫩,蘸着酱油嚼,别有一番滋味。韫龢这些小孩儿牙齿好,时常吵着要吃这道菜。

而按照祖母的吩咐,府内这些小孩儿每天必吃粗粮不可,早餐吃玉米糁粥——用一种砂锅熬的,偶尔也会吃上一顿小米粥。

她的祖母还有一个习惯,每当炎夏来临之际,总要包一次烧鸭子馅饺子。吃饺子时,老祖母总是慢条斯理地叨唠一句:

"吃这种鸭子馅饺子,去火哟。"

除此之外,祖母还让他们在夏天吃莲蓬,藕和菱角,名曰"尝时鲜"。

或许是潜移默化的影响,渐渐,连饮食习惯,她也和祖母变得差不多了。

每逢夏天,韫龢总爱吃一些凉的食物。七叔载涛时常在伏天送来一些"奶乌图",冰激凌似的,放进嘴里就融化,在夏季尤其爽口。再有,就是由一种栗子面轧成粉,再用奶油拌和而成的奶制品,她吃起来觉得别有一番滋味。

她尤其爱吃牛奶做成的奶酪和奶酪干。盛夏之季,蒙古王爷经常给醇亲王府送来奶酪、奶啜子、奶饽饽这类食品。其中有一种叫"奶裹裹",是大块黄油似的奶制品,她觉得非常可口。她和三妹还喜欢一种叫"奶馓子"的食品,是用一个个模子倒出来的圆形奶油制品。此外比较奇特的,还有一种叫"硬面镯子"的圆圈形状的奶制品,小孩儿无不抢着吃,刚摆上餐桌,没一会儿便被一扫而光。

韫龢感到最厌烦的,则是一种叫"二五眼"的点心——往两边转圈儿的椭圆形状,这通常被作为神殿上的供奉。一个满脸褶子的老太监在殿上专司此事,每逢初一、十五就将其撤下贡桌,全部交给祖母,再由祖母分给他们这些小孩儿品尝。

虽然,这还有一个好听的名儿,叫"沾福气",但兄妹们任谁也不愿吃这些冰凉梆硬、落了不少尘土的点心。然而,不吃也得吃,这些是神圣的供品,照祖母的话来说,是要这些晚辈沾一点儿先祖的"恩惠"。

饶有特色的是,王府里吃的蜂蜜,都是没晾过的。一天,韫龢由德妈陪着,好奇地参观了酿蜜的全过程。她见到蜂箱里有一个方形木框,被隔成一格格,刮开上边一层蜡,倒出来的就是香甜的蜂蜜,其中不仅有枣树花儿酿的枣花蜜,还有槐树花酿的槐花蜜,味道各有不同。王府里历来长幼有序,据说这要先让长辈品尝过,才能分给晚辈的。

王府内做的榆钱儿糕,亦颇有特色。这要先采下榆树上没结籽的嫩榆钱儿叶,再拿干面洒上水,蒸成一层层的榆钱儿糕,然后像炸酱面似的用炸酱拌着榆钱儿吃,便被称为"榆钱儿糕"。

另有一种做法,即先将榆钱儿叶用水洗过,再掺上一些菠菜叶,裹上干面放到锅上蒸熟之后,就可以用酱油和醋、蒜一起拌着吃,也蛮有老北京风味。

在她的童年记忆里,无论什么季节,大人都要带着子女尝个鲜。有时,她还在德妈带领下,去花园挖"苣荬菜"①,虽然叶子带点儿苦味儿,稍微焯一下,拌上香油和酱油也很好吃。许久以后,她才知道,久居宫中的溥仪,竟然最喜欢吃凉拌苣荬菜。

与常人不同的是,她祖母最酷爱喝豆汁儿,若再用煎饼裹上炸油条、辣咸菜丝,吃起来特香。但这种小吃往往要等到冬天降临时才有,而且时常在午睡醒来之后。需要说明的是,这些统统不让孩子吃,仍然说是怕子女上火。

炎夏,她还时常喝一点儿"井不凉"——从西花园井亭的甜水井打上来的。她尤其爱吃冰镇的食物,却从来不敢吃冰核儿,因为祖母时常告诫她,从

---

① 苣荬菜,即一种野菜。属草本植物,边缘有不整齐的锯齿,花黄色,茎叶嫩时可食。

护城河拉来的冰太脏,上边往往沾了不少淤泥。

由于深受祖母影响,每到夏季,她偏爱生吃"老鸡头"——又叫"鸡头米"的水果。它外表像一只小刺猬,浑身是刺,拨开之后里面是一粒粒果实。祖母极爱吃这种水果,韫龢经常讨好地帮她剥皮。

其实,府内另有一种吃法,即糖水煮老鸡头,可谓香甜可口。她长大离开王府,便再也没吃到过这种水果,此是后话了。她幼年最怕患病,但凡病倒,大人总是说她吃多了,免不了又叫她挨几天饿、吃老米粥,待病好之后,再让她过渡几天,以咸菜或酱豆腐充做菜肴。

她吃过不少糖葫芦,大多是府里的厨房做的,而且还能吃上槽子糕、玫瑰饼以及"火筒儿"。那时,轻易不让她这么幼小的格格去逛庙会,自然,她也吃过德妈从隆福寺买回的足有一米多长的糖葫芦。

王府院里种的八宝儿,长着绿叶儿,盛开小粉花。俗话说"八宝儿开花儿,老叫花子抱肩儿",即指这种八宝。也就是说,等到八宝一开花儿,气候就会变冷,老叫花子便被冻得双手抱肩。

每逢冬天下雪,小孩们总是喜欢到户外堆雪人玩儿,却不敢乱打雪仗,因长辈反对。祖母时常趴在窗户上,笑呵呵地瞧着她在外头玩耍。

王府里极为保守。她听说,祖母即使长了乳疮,也不能脱光上衣,只能在胸前的衣裳上挖一个洞,再让大夫来瞧病。

有一次,三妹的脚碰伤化了脓,找来一个外科大夫,叫哈瑞川。按照旧规矩,王府的女子不能当众脱袜子,只能在袜子上挖一个窟窿,露出脚趾头,勉强医治脚病。因为这有乳母的前例可援。

似乎,王府里有一个不成文的规矩,即使没患任何病,她也得在夏天吃一点儿药——大多是避暑药,还短不了吃点儿"万银锭"以防暑。那种药像一个小橄榄,也有点儿像圆圆的仁丹,外面涂有一层金色。

每到夏天来临,宫里的老太妃就依例派人给她祖母送来一些暑药。其中,有一种叫"紫金锭",但这种药不能吃,只能专用于被蚊子叮咬之后,涂抹在皮肤上。

每当她头疼,祖母便让她找来一些院里栽种的薄荷或八宝叶,砸烂后,贴在脑门上。倒也真管用,不用多久,症状就会明显减轻。

偶尔,她的手划破,向来不抹药,而按照德妈的嘱咐,用屋外窗台上的细土糊上一点儿,居然从未感染过,她认为确是怪事。若被蚊子叮过,她也拿薄荷叶或八宝花贴上,过不了几天就会好。

尤其让韫龢记忆犹新的是一种药,叫"红灵丹"。无论谁用鼻子一闻,就马上打喷嚏,据说这是宫廷秘方,专门用于夏天上下通气。醇亲王府上上下下,无不将此奉为"神奇"的灵药。

可是,她从小就怕吃药,连蜜丸药也难以下咽。她眼瞅着三妹吃蜜丸药像吃糖果似的,感到挺纳闷。相比之下,韫龢宁可捏着鼻子服用水药丸。

此时,德妈总是两眼一眨不眨地盯着她咽进肚里。

三 "精奇"德妈

从出生那刻起,韫龢便有三个佣人伺候在身旁。一个是喂奶的奶妈,另一个是洗衣服、收拾房间的水妈,还有一个叫"精奇"——德妈,只是专门伺候她穿衣服、梳头,教习各种王府礼仪。三个妈妈都有明确分工,只是由于府里经济愈来愈拮据,后来才减为两个妈妈。

她自幼就挺纳闷儿,为什么府里大人管看妈叫"精奇"——德妈便被称作"德精奇",数祖母叫得欢。长大之后,她才明白,一般的妈妈不够资格,只有妈妈的头头儿才叫精奇,原来最初这是一句满语。

她从小就有一个奶妈专门喂她奶水,直到奶妈的乳汁没了,才离开王府。从此,她改吃瓶装的牛奶,这时,德妈恰巧开始接手照顾她饮食起居。

其实,德妈真正姓什么,她并不晓得,只知她是满族旗人,自幼看护自己。她们姐儿几个,无一不是跟奶妈最密切,惟独她与看妈——德妈关系最好。

论起来,恰是德妈管得最严,她从内心惧怕,因为德妈规矩大,经常教她恪守王府的礼节。而水妈不太管她,所以,她在水妈面前一向很随便。

按照德妈的说法,从进府那一天,就把北府当成自己家,将韫龢当成了亲生女儿。德妈是九月走进醇亲王府的,而韫龢出生于十月。由此,德妈时常对她半开玩笑地说:

"我可比您先来的北府哟……"

这倒的确不假。

当韫龢出生之前头一个月,德妈就走进醇亲王府,一直等候她降生。等她刚过"满月",母亲便抱着她来到祖母屋里,交由德妈看护。

德妈年近半百,细高的个子,长脸形,只有细细观察才能发现,她的鼻子上稍微有几粒细白麻子。平时,德妈梳着满族女人的两把头,既说不上丑也不算俊,是一个很普通却打扮利落的老太太。

德妈年轻时生有两子一女,家境其实并不算差,只因丈夫死得早,在家里憋闷得慌,便想找一个规矩人家做事,遂偶然走进醇亲王府。从看护韫龢的第一天起,德妈就把全部精力和挚爱倾注在了小主人身上。

正如溥仪所回忆的那样,如果说,他幼年时感受到的一种母爱,是从乳母身上得到的话,那么,韫龢自幼获得的母爱感受,则更多是从德妈身上获得的。

她在王府奢侈的生活中娇生惯养,从小只知衣来伸手、饭来张口,随便动一剪子都不行,连自己剪指甲也得不到允许。可笑的是,脚指甲也不让她剪,而由德妈代她动手。甚至,洗脚也成了德妈的专责,直到十几岁,韫龢才开始自己洗脚。

水妈在"旗",是京郊西二旗的乡下人,在府里只负责洗衣服、收拾屋子之类的杂事。不知怎么,府里的人们大多称她"傻妈"。溥佺见到她什么事儿都好问,憨头憨脑的样子,活像《红楼梦》里的刘姥姥,就笑指她和韫龢:

"看哪,这不是一个傻妈抱着一个傻格格嘛……"

醇亲王府里一些人实在看不惯水妈长着一对烂眼边,从不讲卫生,而且总是不时地擦眼。水妈跟韫龢在一起时,常拿擦烂眼边的手绢给她擦眼,有时干脆就用手擦,奇怪的是,她却从没染上过眼病。

王府里的人们无不说水妈头脑简单,大多直呼其"傻妈"。谁知,溥佺的话,竟成了王府里众人的一句口头禅。

然而,谁都瞧得出来,傻妈跟韫龢感情格外好,总是将她抱在怀里哄着玩儿。

但是,韫龢身边最迷信的也是傻妈。按照分工,傻妈只管洗衣服,可她隔一些日子就撂下活儿,开始犯"撞口",即胡诌一些谁都听不懂的话,还自称是"附体下凡"。

每次,祖母都毫不客气地将此斥为"犯病"。奇怪的是,水妈睡过一觉便好,醒来竟浑然不知头天发生了什么事儿。

自幼起,韫龢最怕水妈犯病。每次水妈类似"狐仙爷"附体——乱说胡话,她就被吓得够呛,害怕地缩在屋角……平时,德妈若下班休息,就将她交给水妈,比起德妈来,水妈管得松得多。可韫龢总短不了欺负水妈,譬如夏天来临,总让水妈不停地用扇子给自己扇凉风,稍停一会儿都不行。

兼做杂活儿的李妈,每天专管做三顿饭,为人憨厚,不太爱说话。韫龢见李妈是个小矮个儿妇人,丝毫不怕,总是随着大人没大没小地唤她"小李"。

日久天长,她似乎一刻也离不开德妈了。每当德妈轮休时,韫龢就觉得没着没落。她曾好奇地跟随德妈去过其居住的地方——水房。那是一个不小的院落,院内最明显的是一棵高耸的大枣树。院里有正房和东房,她祖母的保姆住在正房里,她和大格格的保姆住在东厢房。溥杰和三格格、四格格、五格格的保姆则住在外院。多年来,这些房子从没听说过漏雨。

德妈平时不仅管她梳头、洗脸、穿衣服,教她礼节,连吃饭和睡觉也是由德妈陪伴。虽然大格格脾气大,但也有时被淘气的韫龢逗哭,这时,德妈总是狠狠地数落她一顿:

"哪儿有妹妹招姐姐哭的?……"

如果,德妈见她仍然不收敛,就拿出做针线的大长针,佯作恶狠狠地吓唬她:

"要是下次再淘气,我就拿膏药糊住你的嘴,再拿大针扎你……"

虽然,德妈连一次也没实施过,她却从心底里惧怕德妈的膏药和针,往往吓得再也不敢吱声。

她每天早晨六点钟起床,晚上八点钟睡觉,一年四季作息时间始终不变。每天晚上,德妈放下帐子,就督促她早睡觉而不许再说话。

平时,她虽和德妈睡在一起,德妈却并不躺在炕上,而在炕边搁了一条木头长凳——"更凳",大约一尺宽,近两米长,睡一个人没问题。

大多时,她都是在德妈的故事中沉入梦乡的,同时,也是在德妈讲述的故事中渐渐长大的。

晚上,这一老一少躺在炕上,她总是缠着德妈讲故事。有时,德妈讲着讲着,韫龢就睡着了。之后,德妈往往躺在紧挨着炕的更凳上,让她睡在炕里边,时刻不离,连她夜里翻个身,德妈都会醒来,生怕她掉下炕。

屋外的廊子里有一个专门烧火的火口,冬天时,砖炕可以烧火取暖。炕上悬挂着帐子,夏天是纱帐,冬天则挂棉帐,春天或秋天就换成夹帐。冬天比较冷,因那时府里还没有热水袋这类物件,德妈就把砖头烧热,再用布包上搁在被窝里为她取暖。

韫龢从小起,就被德妈灌输了劝人行善的信念。一次,德妈躺在床上,给她讲起了"老牛破车"的故事:

"我讲的是一对哥儿俩的故事。弟弟是傻子,嫂子对他不太好,尽欺负他……"

韫龢听着听着,竟然不知不觉哭泣起来。

德妈还讲过另一个故事。从前,有三个儿媳妇经常受婆婆气。后来,婆婆患了重病,于是大儿媳和二儿媳都来伺候她。她俩听说要将一块人肉煮熟搁

在药里掺着吃,病就会痊愈。奇怪的是,惟独三儿媳妇躲着不见婆婆,顿时婆婆生了气:

"'大儿媳和二儿媳都来了,三儿媳呢?'她叫来三儿媳,拿棍子打她,没想到一棍子正打在三儿媳的伤口上,结果,三儿媳疼得哭起来,说:'妈,您打我不要紧,可别打我的伤口呀……'"

"婆婆一看,才知道入药的肉是从三儿媳身上割下来的。婆婆病好之后,从此不再让三个儿媳受气,尤其对三儿媳更是好上加好……"

韫龢听后,一直哭个没完。德妈从此再也不敢给她讲悲惨的故事,只给她讲述一些诸如狼外婆、天河配——牛郎织女的故事。那时,她每天非要听完故事才入睡,不然就睡不着。

也真难为德妈,要讲完一个个故事,她才能渐渐坠入梦乡……

算来,数德妈跟她最亲近。每个月,德妈仅挣二两银子——后来又折成两块钱,除了抽烟、喝茶、再由裁缝做件衣服以外,她每月都要拿出一半钱给韫龢买吃的。

寒冬腊月里,青菜价格昂贵,韫龢竟能吃上炒扁豆、炒黄瓜等最时鲜的蔬菜。后来她才知道,这大多是德妈添的"贴己钱",悉数花在了自己身上。

平时,德妈抽一种水烟袋锅,韫龢每当德妈拿起水烟袋,就起着哄帮她吹水烟袋的眼。祖母亲手送给韫龢一个纯银的小烟袋,足足有近一尺长,她时常当成一个小玩意儿拿在手里,模仿着德妈吸烟的姿势。不同的是,韫龢抽的是一种劲儿不算太大的兰花烟。

韫龢被德妈当成了亲生女儿。德妈的妹妹进府来看望时,捎来一只熏小鸡,德妈先紧着韫龢吃——非眼看着她吃够之后才肯尝一点儿。月底,即使德妈剩下一点儿钱,也要带着她去隆福寺、白塔寺等一些热闹地方,去买点儿零食或玩意儿才行。

而韫龢却觉得心安理得,似乎德妈对自己如何好也是应该的。直到成年回想起来,她才感到德妈待人如此之好,确是世间少有。

不知怎么,韫龢对德妈又爱又怕。她不听话时,德妈往往大声吓唬她:

"你要不听话呀,我就不干了,请长假走喽……"

德妈一边说,一边往出走。这么一来,她就不敢再闹了。从小时起,她就怕德妈走或说从此不管她,这成了镇住她的法宝。

其实,德妈多年来休说一次长假,连隔夜假也几乎没请过。只有一次,德妈的弟弟去世,才请了两天假,完事儿当天便返回京城。当德妈离开那天夜

里,韫龢始终无法入睡,总是用脚蹬着被子大声叫嚷:

"我热呀,热呀……"

就在德妈回乡那两天,她和三格格在家里反了天,乱打乱闹,还总欺负看管她的李妈,叫她不停地用扇子来扇风。三妹在里屋炕上睡觉,见二姐不睡,便偷偷地跑出来,爬到她的床上玩耍。

分工看护三格格的高妈,根本管不了这姊妹俩,她俩整整闹了一通宵没睡觉。德妈刚回到府里,李妈就神情不定地找来告状:

"您可回来了,二格格和三格格这几天整夜不睡觉呀……"

德妈归来之后,狠狠地数落她一顿,又马上收拾了乱糟糟的屋里屋外。府里人,都知道她是一个极讲究卫生的老太太。

德妈并非每天都梳"两把头",只有遇到重大场合才如此。她平时讲究打扮,连头上的首饰无不是按照四季变化轮换戴。夏天戴白玉的,冬天则换成黄澄澄的金饰品,韫龢一直没弄清那是包金还是纯金。

韫龢虽当面顽皮,背后却一再对祖母称赞德妈:

"德妈可真是好人,再也找不到对我这么一心一意的人了。"

每当她患病,总会情不自禁地叨念起德妈。她每当吃"撑"了,德妈就叫大夫来开一剂"焦三鲜",为她消食败火。

德妈特别尽心,但凡看到她身体稍不舒服,就立马把儿科专家周奂子——中医周大夫请来,给她号脉。平时她若着凉,只要周奂子来看两次往往就会治愈。

当她第一次见到周奂子时,居然惹出了笑话。那天,韫龢偶患感冒,德妈赶紧找来周奂子。她躺在床上,见到一个矮矮的干瘦小老头儿俯身为自己号脉时,竟然跟他开起了玩笑,脸上却一本正经:

"周奂子请坐。馒头两个,只许你吃,不许你咬破。"

一时,周奂子愣住了,竟不知如何是好。

韫龢也不敢大声,只是手捂着嘴,小声地说:

"这呀,是我给你破个'闷儿'①……"

伫立一旁的德妈,见此,佯装生气地用双眼直直地瞪着韫龢,不让她继续胡说,又轻声对周奂子解释说:

"咳,她说的哪儿是什么闷儿?就是小孩儿吃的奶头儿。您瞧,她有多淘

---

① 闷儿,即老北京土话,即谜语。

气呀。"

听罢,周奔子哈哈大笑。

顿时,韫龢被这突然的笑声吓蒙了。那年,她还不到十岁。

平时,她从来不像溥杰和大格格那样酷爱读书、绘画。她除了和祖母"磨烦"以外,总跟德妈泡在一起玩儿。信果堂院里有一幢大宅,前头一面全是大玻璃,她时常在那里拿木枪和木刀跟德妈在玻璃前舞枪弄棒地对打玩耍。无论她想出什么花样儿,德妈总陪着她一直玩儿到累了为止。

她极淘气,见窗子的玻璃上趴伏着一只蜜蜂,就拈了一根小棍儿上前按住,把蜜蜂的两个须子和翅膀剪了下来,心想,它这可蛰不着自己了,就托在手上玩儿。没想到,蜜蜂的尾部狠狠蛰了她一下。她惟恐大人发现,不敢嚷嚷也不敢哭。德妈见她满脸憋得通红,顿时明白了怎么回事,佯作板起脸对她说:

"看来,你又淘气了吧?"

说着,德妈跑过来一看,韫龢的手掌心被蜜蜂蛰了,赶紧在院里掐下一点儿薄荷和八宝叶,捣碎后糊在她的手掌心上。自然,德妈也没告诉她的父母,惟恐她再饱受一顿训斥。

韫龢跟着德妈在王府的训诫声中一天天长大。

四 一日三餐

凡事无论大小,在王府里都有一定之规。即使一日三餐,也依然如此。

每逢年节或祖母过生日时,爱新觉罗家族之人便齐聚醇亲王府。此时,她的六叔和七叔便携全家人而来,载沣往往在九思堂摆设一张大长桌,连各家的小孩儿算上,最少也有几十口人围拢餐桌旁。

然而,她事先被告知,餐桌上的菜肴谁也不能伸手乱夹,每个孩子身后伫立着一个妈妈或保姆,就餐时一句话也不能随便乱说——王府里讲究食不语、寝不言,更不能一边吃一边笑,只能在旁边听着大人聊天,还绝不能随意乱搭话茬儿。

她时常被提醒,不允许咀嚼时出现叭叭叭叭的声音,得抿着嘴慢慢吃。甚至连吃面条或喝汤也不许吸溜吸溜地发出响声。她记得,载沣曾对她和姊妹屡屡嘱咐:

"在外国也是这样,要拿刀子或叉子切食物,喝汤不许出声儿。这完全是出于礼貌。"

她被一再郑重告诫,在府里不仅吃饭,任何事情都必须十分规规矩矩。在这一点上,她的母亲倒是与父亲看法一致,经常板起面孔叮嘱她们:

"吃饭出那么大声儿干吗?这叫'下作'。"

每天,她和祖母在一起时常吃菊花锅,称得上百吃不厌。从幼年起,饭前怕她们弄脏衣裳,每人都要在胸前系一个方形的花篮状围嘴,上边有一个银勾,挂在上衣前。直到她们长大后,就餐才不再系围嘴。

或许与性格有关,家中兄妹几人,饮食爱好各不相同。溥杰喜欢吃清蒸鸭子,大格格则一向偏爱吃素,像龙须菜等,其中尤其爱吃木樨翅子,即用鸡蛋裹上木樨爆炒的一道素菜。韫龢自称最好打发,惟独喜欢吃烩鸡丝这道菜。

等到春天来临,对虾和黄花鱼上市,兄妹们便没了各自喜好,不约而同地抢吃这两种海鲜。可见,即使在豪华的王府里,生猛海鲜也算一种稀罕物。

王府的规矩与民间迥然不同。席间,大人之间彼此互不敬酒,自有佣人站在旁边给主人斟酒。端上餐桌的,大多是黄酒或绍兴酒,在冬季时,务必烫热之后再饮。她听老人说,这样最有利于滋养身体。

王府一般每天三顿饭。一年四季的早餐总是吃瘪皮火烧,焦圈则是长形的。德妈知道她爱吃咸的,而不喜欢过甜的食物,所以时常掏钱给韫龢买一些花生米。见她爱吃小酱萝卜和酱疙瘩,德妈又亲手腌了一种萝卜干,而且在里边再滴一点花椒油,总是边做边说:

"这么吃起来,倍儿香。"

无论谁有病,府里就让光吃白米粥,喝杏仁茶。但她特别讨厌喝杏仁茶,因为过于甜腻。但凡她患病,就得吃"万能粥",这是无法逃脱的。所以,她患病向来隐瞒不报。

她也不爱饮茶,但早晨起床之后,德妈总是非让她喝不可。王府里一年四季饮的大多是茉莉花茶,很少有红茶及碧罗春这类绿茶。

外人所不知的是,府里每个孩子吃饭都要向大厨房交钱,一天二十个铜子。她有时花零钱太多,交饭钱不够,德妈总短不了给她添钱。

每逢下雨阴天,府里大多吃"爆三样"——羊肉、羊肝、羊腰子,用马蹄烧饼夹着吃,她尤其喜欢,总是嚼得满嘴流油。见此,德妈不时讥笑她:

"瞅,二格格这个吃相,简直活像一个小子嘛。"

最初,她和溥杰、大格格韫瑛一起到树兹堂的大厅里吃饭,团团围坐在一个大圆桌旁,只有三格格在她母亲屋里吃饭。到后来,他们不在一起聚餐,便改成在各自屋里吃饭。德妈恪守府规,从来不跟格格同桌就餐,总是端着饭碗独自去水房吃饭。

王府里管煮饺子叫煮饽饽,头伏饽饽——饺子、二伏面、三伏烙饼摊鸡蛋,当时民间确如此。夏天之际,府里大体也照着京城风俗这么吃。

每当夏季,府里还喜欢做烧羊肉拌面,上边再搁点儿水灵灵的小萝卜缨儿。而炮羊肉的做法,则必须采用不超过一两岁的小羊羔,现做现吃,还要放入一些葱段和薄如蝉翼的姜片当佐料。大凡吃烤鸭,都是从府外精选买来的,现烤完端来,还热乎着,用刀片过吃正好。

按照府里规定,她只能每天领两吊咸菜钱。做饭的大米则由大厨房统一发放,而且大厨房还按照祖母的吩咐,每顿送给他们一样热菜,大多是熬白菜这一类的普通素菜。

依她看来,大厨房的菜肴简直味如嚼蜡。她吃得最多的是,大锅炒白菜里再放一些肥肉片。祖母惟恐后人从小过于享受,长大受罪,所以平时只给子女每餐一个热菜、两个馒头,远不如德妈亲手炒的小锅菜好吃。

可能出于一种偏爱,她觉得,德妈炒的菜远比李妈的手艺味道好得多。尤其她做的一种羊肉熬白菜,别具风味。实际上,她只是在肉汤里搁一点儿酱和酱油,味道却显得格外鲜美。偶尔,李妈歇假时,德妈代做一顿饭菜,她吃一口就能尝出来。

德妈所做的面条等家常饭,也跟别人大不一样,譬如炸酱,味道别具特色。入夏之后,德妈尤其喜欢做芝麻酱拌面条,再放上一些黄瓜丝、胡萝卜丝、黄豆或豆芽菜、香椿等一些作料。临近寒冬,德妈的拿手菜——酸菜熬冻豆腐,顿顿端上餐桌,竟使她终生回味无穷。

府里还有一个不成文的奇怪规矩,她们每天吃饭时,非得吃完一碗米饭才让吃面食,譬如馒头或包子。她常吃一种颜色发黄的大米,府里管它叫"老米饭"。所谓老米饭,其实是搁陈了的,极其难吃。直到许久之后,府里才不吃老米饭,改吃白米饭。据她猜测,可能是库存的"老米"吃光了。

德妈素知她爱吃面食,仅给她盛半碗米饭,然后就允许她吃馒头,反正变着法子偏向她。

譬如稍具营养的食品,像牛奶、鸡蛋等,府里一律不让小孩儿吃,说怕上火,倒是准许吃炒菜以及饺子、炸酱面等。

王府内森严的规矩,倒使她养成了终生的好习惯,像吃饭时,餐桌上连一颗饭粒都不许剩下,而照德妈的话来说:

"这可不只怕浪费,而是怕'折福'啊!"

第肆章
醇亲王府内

* 韫龢幼小时，祖母见她心里有火，就故意找岔儿招其大哭一场。等长大之后，她才知道，这是醇亲王府给孩子"败火"的一个绝招，连溥仪也没能"例外"。

* 她听祖母说，王爷爷和王妈妈救过努尔哈赤的"驾"，醇亲王府遂专设一座神殿供奉两人的神像。每逢夫妇俩的生日，醇亲王府上上下下，必须前去恭敬地磕头、叩拜，无一可免。

* 罕有人知，王府内的日常生活用语，显然有别于民间——形象地管脑袋叫"老屋子"，称脸蛋儿为"老苹果"，眼睛是"老果果"，嘴叫"老樱桃"，手叫"老香香"，脚叫"老丫丫"。其中，并不排除有些是大人哄小孩儿的亲昵用语，诸如洗手，就说洗洗"老香香"，洗脚则叫洗洗"老丫丫"。自幼起，她就知道，如果要想让大人抱一下，就撒娇地冲着大人说：

"请请、请请……"

显然，这就是"抱一抱"的意思。保姆若想抱抱她，就说"我请请、请请"，说着，就将她抱起来。自然，佣人只对醇亲王府的小孩儿这样说。

图片说明：韫龢（右一）与大姐韫瑛（左一）、三妹韫颖（中）在宫中

一 祖母的"陪伴儿"

每天午间,韫龢便能听到钟鼓楼传来报时的午炮声,这时恰好十二点钟。此外,她对外界似乎一无所知。

她就像关在笼子里的金丝鸟,有吃有穿,饿不着冻不着,却连随意出入王府的自由都没有。

似乎,"辛亥革命"对醇亲王府的生活方式没有带来丝毫变化。高墙里仍是老样子,人们一天天消磨着如流的岁月。

只是自从她出生之后,王府里早已不用煤油灯,而改成了电灯照明。

她自幼长在王府,堪称与世隔绝,除了偶尔跟随着大人去几个亲戚家串门,此外,一年到头极少迈出府门一步。没有长辈允许,甭说迈出门槛,就连去花园找兄弟姐妹一起玩儿,也得祖母点头才行。

每年,外边往府里送来几个姑娘,机灵的就留下,其余便打发回家。王府里的丫鬟无一例外,都是旗人充当。宫里老太妃曾赏给她祖母一个宫女,叫小顺儿,也是京城的满族人,长着俊俏的圆脸,是个乖巧的小姑娘。

祖母刘佳氏从内心不愿她和小顺儿一起玩儿,而让她静心绣花。那时,女人都穿绣花鞋,于是,祖母便叫仆人贴上各式花样让她绣,她虽然从心里头腻歪,却不得不依从。小顺儿才十几岁,最喜欢与她一起玩儿过家家,祖母却偏偏不让。

等祖母睡午觉时,她就偷偷唤小顺儿来一起玩耍。祖母睡醒之后,偶尔溜达到她屋里,小顺儿闻声便吓得马上躲藏门后。因为府里无论说话还是做事都有规矩,祖母惟恐她受到外边不良影响,所以,严厉杜绝她跟府外交往。

她听故事上瘾,没事儿就陪着祖母躺在床上,缠着老人讲故事,尤其喜欢听她翻来覆去讲述父亲载沣与六叔、七叔分吃烧饼等老掉牙的故事。

一次,七叔载涛走进醇亲王府,见到韫龢之后,笑着对祖母说:

"二格格这孩子挺好,我看她真懂事,总是陪着爷爷嘛。"

在王府里,嫡、庶划分得极严格。载沣的侧福晋邓佳氏,外貌虽算不上漂亮,眼睛却挺大。她们去给父亲请安时,侧福晋很少说话。

自幼起,韫龢就感觉出,她祖母刘佳氏的娘家人跟醇亲王府嫡福晋的家人比起来,似乎明显低人一等。

譬如,祖母刘佳氏的娘家人若来醇亲王府,子女就都要躲开,不能相见。久而久之,她感到祖母有意不让这些晚辈见到祖母的娘家人。

偶尔,祖母的四弟——官称"四爷",来到王府求见,冯乐亭前来禀告祖母:

"四爷给您请安来了。"

于是,祖母就马上吩咐她和三格格去外边玩儿,而单独约见四爷。因为祖母刘佳氏是侧福晋,她作为王府的格格,见了四爷不好称呼,也不能叫他舅老爷。历来,王府有一个约定俗成的规矩,那就是娘家人不能管四爷叫舅舅,要等四爷走后,她才能出来。

她曾好奇地扒窗透过玻璃瞅见,所谓四爷不过是一个普通老头儿,跟祖母说了一会儿话,就悄悄走了。

那年,她才不到十岁。

久而久之,她才明白,在王府的旧规矩里,"嫡"和"庶",有着天壤之别。

她祖母的丫鬟是一个贫苦出身的善良姑娘,十八岁时,被已经三十一岁的载沣"收房",又重新起了一个名字——邓佳氏。她和三格格起初叫她"姑

韫龢的祖父奕譞的侧福晋叶赫颜札氏、载沣的生母刘佳氏(中)、庶母李佳氏

娘",后来邓佳氏生下四子溥任,她便改口叫她"弟弟娘",即使当面也这样称呼,而其他府里的人则称她"侧姨儿"。

邓佳氏平时在载沣面前很少说话,见面也不向载沣请安,作为长辈自然也不用向她请安,彼此见面,顶多说上几句客气话而已,从不聊天。

韫龢和兄妹给父亲请安时,邓佳氏往往在一旁静坐,向来不插言。请过安,她的父亲再说几句天气如何,也就再没什么话可说,只是偶尔询问一下子女念书怎么样,然后说上一句例话:

"你们玩儿去吧。"

按照王府的陋规,子女请安后,临走竟可以不用跟弟弟娘打招呼。足见,王府内"嫡""庶"等级森严。

依照王府的旧规矩,四弟溥任称嫡福晋为奶奶,称侧福晋为额娘,载沣管她祖母也叫额娘。七叔载涛过继给三太太之后,一直称其"干额娘"。

一般,满族人管祖母叫"太太",称母亲为"奶奶"。刚开始,韫龢一直随大格格管祖母叫"爷爷",后来见到溥杰称祖母为太太,便改称祖母为"老太太"。以致六叔家的三姐,也淘气地学着称她祖母为老太太。

很明显,北府的老房高出附近民宅许多。他们习惯了,屋里一般只笼一个煤球炉子,也没烟囱,倒从来没人被熏着过,确是怪事。想来想去,可能是房子高大的原因。大人始终叮嘱她说,炉子燃起蓝火苗时可不能端进炉子,非要等炉子冒红火苗时才行。

在王府里,无论谁走入一间不常去的房子拿东西,打开殿门之前,必须大喊一声:

"殿神爷,开殿啦!……"

王府里传说得挺神,愣有人说看见过殿神爷,还形容殿神爷个子很高。以致连打扫尘土的仆人,也得尊敬地招呼一声"土地爷、土地奶奶,您活动活动",之后,才能动手打扫老宅。

似乎是个不成文的规矩,差不多每年春夏之交,她都要跟随祖母等人,乘坐马车去一趟动物园游玩。

她记得,第一次是祖母刘佳氏和三祖母李佳氏走在前头,她父亲和母亲紧随其后。溥杰和她这一群孩子,包括大格格、三格格、四格格紧跟在后头,远远望去,这群人排成了一长串。那一年,她才十岁出头。

俨然成了习惯,六叔和七叔家的几个哥哥和姐姐,隔一段日子,就要来看望一趟祖母刘佳氏,也曾一起跟随着祖母去逛过三贝子花园。

她记忆犹新的是,三贝子花园子把守门口的,是俩卖票的大高个儿,最少也有两米多高。每次都是太监先跑去买票,她站在门口仰着头,好奇地望着这两个把门的巨人。

她跑进大门玩儿起来就没够,跑前跑后地喂大象、喂猴、喂水鸟……虽然动物不算很多,仍使她极为兴奋,漂亮的孔雀见到这一群人走来,竟然展翅开起屏来。一时,她和兄妹忘情地拍起巴掌来。

走进动物园不远处,路旁竖立着一人多高的哈哈镜,她和三妹往镜前一站,居然照出了不同的小矮人和大高个儿,忽胖忽瘦,别有趣味。大伙跟着祖母在动物园里转悠,一路走马观花,她和几个妹妹由太监监护,任谁也不准落下。于是,游玩成了一件令她索然无味的事儿。

有时,她跟着祖母去逛北海公园,就更没什么意思。无非这一大群人乘坐着马车去,妈妈跑在前边提前买好门票,走进公园之后,他们跟在祖母后头到处逛游,慢悠悠地东张西望,实在没有什么可玩儿的。他们去过北海许多次,因怕人多落水,连一次船也没敢划过。

在祖母带领下,他们还一起去逛过中山公园——当时叫中央公园。她没有特别的印象,只依稀记得公园里,有一个"五色土"的土台,她被告知,那是个神圣之地,绝不能随意去踩踏。

她一直纳闷儿,祖母在世时,父亲载沣从没有单独带这些孩子出去玩儿过一趟。姊妹几个,确乎成了养在王府人未识的"千金"。

极少有人知道,祖母有一个特殊癖好,高兴时总喜欢去妇产医院参观"洗三"。

那次,韫龢和几个妹妹跟随祖母身后,走进妇产医院。她见到房梁上吊着一个摇车,上边插着五彩旗,许多长穗儿晃来晃去。一些降生不久的小弟弟和小妹妹睡在里边,摇车一开始晃悠,一名大约六十岁、长得干巴瘦且打扮利索的吉祥妈妈,就在旁边抑扬顿错地念起歌谣:

"摇车晃一晃,哥哥在炕。摇车晃两晃,合合二心。摇车晃三晃,三羊开泰。摇车晃四晃,四季平安。摇车晃五晃,五子登科。摇车晃六晃,六六大顺。摇车晃七晃,七子八婿……"

这样,吉祥妈妈一直念到"摇车晃十晃"才结束。之后,产妇把小孩儿抱出来,搁在吉祥妈妈腿上,就开始给小孩"洗三"。

此前,产妇要抬手举向额上三次,算是给她祖母行礼。屋中间搁着一大盆清水,旁边有一圈儿小碗。还堆着一些银锭、小如意以及桂圆、花生、栗子、红枣……这些都可以用勺捞,于是,吉祥妈妈恭敬地先请祖母捞一勺放进水盆里。

接着,吉祥妈妈口中念念有词,捞一勺说一句,无外乎什么"捞清水,水灵灵,连生贵子,早生贵子"之类的吉祥话,待小孩儿洗完,便马上包裹起来。

祖母告诉韫龢,一定要记住,女孩儿降生第三天,必须扎耳朵眼。扎完之后,还要用一根红线穿过去,而且要每天抻一抻,以免长死。有意思的是,当时不讲究消毒,不仅她,连任何小孩儿都没发生过感染。临走,祖母还指着韫龢说:

"你生下来之后,就是在这里扎的耳朵眼。"

据祖母说,吉祥妈妈初次给她扎耳眼一下没成功,又重新扎了第二次,没想到,耳环仍戴不上,然而,在祖母的亲自目视下,终获成功。

"呵呵呵……"她的祖母抚摸着她的耳朵,笑着走出了妇产医院。

二 风水宝地思谦堂

无疑,思谦堂堪称王府的风水宝地。

从溥仪开始,溥杰、大格格韫瑛、韫龢和三格格韫颖,无一不出生在思谦堂东屋里间。

一般,四弟和五格格等人都在额娘院里居住,六格格、七格格则住在三太太住的那排房后楼里。

起初,韫龢居住在树滋堂——五间排房最西头外边这间卧室。溥杰住在北屋东边那间房里。那时,祖母住在信果堂,大格格遂与祖母住在一起。临到溥杰结婚时,她祖母把房子腾出来,迁往思谦堂。于是,韫龢便随祖母搬进这里。

幽静的思谦堂庭院,有两个大水池,正中央摆设着两个太平桶。据说,这是专门用来储水防火用的。夏天,她见到水池里游动着能变蚊子的小虫儿,就颠颠儿地跑去告诉祖母。

"傻孩子,那叫孑孓。"

祖母告诉她,这还是从她父亲载沣口里听到的。从此,她记住了小虫儿的学名。

旁边的浅池被称作"牡丹池",缘因池旁植有一棵淡雅的墨牡丹。她见池里的蚯蚓,足有手指头粗,德妈却一再嘱咐不让她挖,说那是"地龙"。不仅如此,府里的任何东西都不让她随意动,这仿佛成了束缚她的一条死规矩。

王府的花园里有一条廊子,颇像颐和园的长廊,通往府内四处,下雨时可以沿此廊漫步庭院,任凭雨下多大也淋不着。园里甬路都是石子铺成的,上边镶嵌着各式各样的花卉图案。园里还有一片绿色竹林,旁边有一口古井,上边盖了一间雅致的井亭。

往常,她祖母的屋里,只有她和一个太监——冯乐亭。或许,因冯乐亭经常与祖母为伴儿,祖母总是亲热地叫他"冯伴儿",倒很少叫他的本名——顺福。

府里的小孩儿也随之称他"冯伴儿"。他是祖母屋里的头目,管理着所有佣人。他手下还有两个年轻太监,一个叫韩振喜,另一个叫马长青,专门为她祖母干一些打扫庭院卫生、擦玻璃、扫地这类杂事儿。

可想而知,祖母终日带着幼小的她,委实劳神费力。但是,府里让她陪伴祖母的目的却不在于此,而是另有原因。凡见到她祖母情绪不好,有可能犯病时,贴身太监冯乐亭就往往急火火地唤她前去。她仿佛成了祖母的"救星"。

她听到,宫里甚至有人竟直呼"冯伴儿"为"阉子",始终觉得挺纳闷儿。

直到祖母告诉她,宫里还有一个大太监白禄——贴身伺候溥仪,穆阉子则是永和宫里的首领,早年宫内大多当面称李莲英为李安达,在背后却称呼其"李阉子"。此时,她才对"阉子"这个词儿,不再感到奇怪。然而,真正理解这个词的实质,还是她成年之后的事儿。

风景秀丽的醇亲王府花园(贾英华摄)

那时,韫龢随着大人,成天没大没小地叫他"冯伴儿"。他是外地农村人,长得四方大脸,说话有点儿怯口音,但平时特别爱笑,脸上总是堆着傻乎乎的笑意。他为人禀性忠厚,心眼儿挺好,对祖母忠心耿耿,从早到晚总是寸步不离,连吃饭时也站在她祖母身后随时候着。

她听祖母说起,冯伴儿原是醇亲王府里"回事的"①,单独住在钟灵所外头一间房子里,由两个小太监住在外院负责伺候他。据说,冯伴儿在府外的"同兴堂"百货店入了股,所以手里颇有些闲钱,时不时给韫龢买回一些能跳动的小木偶之类的玩意儿,为的是让她听话,以拿她哄祖母高兴。

时常,冯乐亭从"同兴堂"拿回一个小包裹,让她祖母从中挑选。一次,她见到其中有一个圆眼睛的小娃娃,异常喜欢,非让祖母买下不可,虽然价格不菲——十五块钱,末了儿,祖母仍为她买到了手。

那个玩具小娃娃蛮有意思,眼睛居然能一眨一眨地闪动,她没事儿就给小娃娃穿衣裳,脱了穿,穿了脱,一玩儿就是半天。祖母见到她高兴,自然也笑容满面。

府里尽人皆知,冯伴儿待人格外和气,见她的祖母喜欢韫龢,便竭力哄得她滴溜乱转。虽然,他整整比二格格大三十岁,却恰巧与她同月同日生,俩人相处得几乎形影不离。他时常微笑着对她说:

"哎呀,论起来,我俩真是投缘啊。"

明显看得出来,他绝非表面敷衍,而是发自真心喜欢她,还经常找她去在祖母面前逗乐子,为使祖母忘却烦恼免得犯病。这招儿倒果真灵验,屡试不爽。

此后,她见到两个年轻太监被调走,又来了两个"老太太"专管打扫卧室卫生。两个"老太太"之中,其中一个姓宋,另外一个虽然满脸褶子,说话却细声细气。她仰起脸,好奇地询问:

"人家老头儿都长胡子,你怎么不留胡子呀?"

宋老太监听了十分尴尬,一脸苦笑,无话可答。

正巧,德妈站在旁边,一把将她拽过来,佯作生气地数落了她半天:

"真是的,你这个格格什么都问,什么都管。问这干什么?……"

事后,她才知这两位"老太太",竟然都是府里的老辈儿太监。

说起来,王府里的太监可算不少。其中辈份最高的叫牛达达,是从前两辈上留下来的,在太监里数他个子最高,平时在府外居住,只有逢年过节才来府里一趟,大家倒很尊重他,连祖母对他也格外客气几分。她幼年经常见到这位

---

① 王府里专门负责禀报内外事项的太监。

步履蹒跚的老太监,等她长大后,便很少见老人进府了。

有一次,冯伴儿在祖母面前跟韫龢开玩笑,说:

"将来呀,给你说一个麻脸婆婆,一只脚大、一只脚小,还瘸……"

幼小的她,尤其喜欢逞强。只要冯伴儿一提"麻婆婆",她就立马回应:

"王伙计……"

因为,韫龢想起冯伴儿曾经有一个佣人叫王伙计,于是不仅拿王伙计当成了拌嘴的作料,接着又跟冯伴儿逗开了贫嘴:

"你瞧,你那王伙计长着一脸麻子,一只脚小、一只脚大,还瘸着腿给你端来一碗饭……"

祖母听后,乐个没完,插嘴说:

"如果那样,碗里的饭还不全洒了?……"

冯太监仍丝毫不介意,继而与祖母一起笑个不停。

只要祖母情绪稍微好转,不再犯病,众人便皆大欢喜。她瞧出了门道,变着法儿给祖母讲笑话,倒真成了医治祖母犯病的一剂"良药"。

因她从小起就跟随祖母过日子,彼此感情深厚,祖母也特别疼她,凡遇闷得慌就立马让人唤她去陪伴:

"老太太叫二格格快去哪……"

她去了,无非为博祖母一笑,消愁解闷儿而已。于是,她遂成了无可替代的"陪伴儿"。

按照府里的老规矩,她每天早晨必须与溥杰和大格格、三格格,一起排着队去给祖母请安,然后再去三祖母李佳氏——府里人称三太太那儿请安:

"三太太吉祥。"

而平时,她与三祖母接触不多,只是每天请安那一会儿。每当请安时,她就和兄妹们在屋里规规矩矩地站成一排。三祖母坐在炕头上问一句,他们答一句,无非是扯点儿普通的家常话。但谁也不能多嘴多舌,否则就会挨说。

不同的是,六叔和七叔家里的哥哥和姐姐管李佳氏叫太太。大格格最初不管她叫爷爷,而称为三太太。起初祖母住信果堂时,三太太就宿在信果堂后边的五间排房的头一个套间里。

在王府里,无论上午或下午请安,都是定时的,不能随便前去。惟有二格格例外,想何时去就去,名曰请安,其实无非跑去玩耍而已。

她深知三祖母酷爱养猫,屋里至少十几只之多。请安时,那一群猫就蹲在旁边大眼瞪小眼地瞧着他们——这成了请安中惟一有趣之事。有时,她去三

祖母屋里请安前,开玩笑地对三妹说:

"咱们看猫去啊。"

走进屋里,兄妹照例只等着三祖母吩咐一句:

"你们玩去吧……"

然后,他们还要去给父亲和母亲挨个请安,四处请过一遍之后,便走出屋,再到祖母那儿回话:

"请安请完啦。"

有时,她不愿径回卧室,而喜欢去祖母身边"起腻"。别人若想去她祖母屋里,总得有时有晌,只有她极为随便,想去就跑去,她祖母从不限制。如果遇到祖母正睡午觉,她就撒娇说:

"我想跟您一起睡觉……"

"睡就睡呗,来吧。"

祖母往往依着她,让她像一只小猫似的躺卧在身边。她还时常缠着祖母讲故事,虽然德妈心里不愿意,嘴里总数落着:

"这二格格呀,净出馊主意……"

却也无可奈何。到了晚上,德妈大多时只能把她抱走,不然,祖母睡不好觉便容易犯病。有时,她晚上会突然提出来:

"我想上爷爷那儿睡觉去。"

"等等,"德妈虽然显得极不高兴,也只好拿着她的被窝当面询问她祖母:

"您看行不行?"

"来吧。"

往往,祖母乐得她前来陪睡。于是,跟在德妈身后的她,随即麻利地蹿上祖母的大床。

她即使钻进被窝也总不老实,时常淘气地挠祖母的脚心,但她祖母并不生气,仍挺疼爱她。

祖母平时睡在大炕上,德妈便在炕边搭一个宽木凳,让韫龢睡卧在炕上,有时睡到早晨,她醒后就偷偷爬到炕上挠祖母的脚心。祖母一下就笑醒了,依然不舍得说她,似乎拿她丝毫没办法。反正有她在旁边,祖母就很少犯病,谁都乐得高兴。

等起床之后,祖母漱口时,韫龢时常站在身边说笑话,为祖母逗乐。她将德妈给她讲过的一个个故事的主人公,改换成溥仪和溥杰,绘声绘色地学给祖母听。

"从前有哥仨,全都闹眼睛。老大溥仪长秃疮,老二溥杰总流鼻涕,老三是烂眼边,也不让揉。溥仪事先约好兄弟俩,事先说好不许擦也不许挠。可他们三人都实在忍不住要挠痒痒。"

"溥仪说,'我讲一个故事。七叉八叉梅花鹿,'"说着,韫龢用手在头顶上比划着鹿犄角的样子,"'溥仪就借机挠头上的痒痒。'溥杰说,'我来拿枪来打,'就势擦掉了鼻涕。老三连说,'没那么回事,'借故揉了揉眼睛……"

没等韫龢说完,祖母笑得前仰后合,嘴里的漱口水,"噗"地一下喷了出来。

见到她祖母吃完饭,她就和溥杰、大格格赶紧乖巧地分别递上餐巾、漱口水。接着,她便张嘴向祖母讨吃的,祖母往往笑着夹一筷子菜搁到她的嘴里。溥杰和大格格谁也不敢这么放肆。她从小儿就跟祖母生活在一起,耍贫嘴惯了,居然习惯成了自然。

以致后来,祖母简直到了离不开韫龢的地步。她若不去,祖母就让李妈去唤她,或叫她和溥杰一起前来陪伴,其实是来给她解闷儿。渐渐,她才明白,连祖母也觉得王府里实在憋闷得慌。

她时常背着祖母淘气,若见了溥杰和大格格,就抢先大叫一声"溥杰……"然后,便对大姐韫瑛开玩笑地喊一声:

"大王大屁股……"

那次,祖母碰巧听见了,就假装嗔怪地说:

"这样哪儿行?得管管她呀,这么胡说可不行!"

她见祖母板起面孔,赶紧闭住嘴。接着,祖母便模仿德妈黑着脸吓唬她:

"你如果再不改,我可要管教你了。你瞅瞅我兜里有膏药,还有针。再乱说呀,我就拿针给你嘴缝上,再贴上膏药,你就说不出话来啦,看你还敢满嘴胡沁?……"

她果真害了怕,从此再也不敢随便乱说。

三 淘气的二格格

她淘气地圆睁双眼,不解地观察着醇亲王府内的"奇奇怪怪"。

奇怪的是,王府里讲究颇多,每月阴历逢"三"、逢"八"吃斋。据说,这意味着消除"三灾八难"。

在那两天,王府里的人们都要吃素,即使恰遇春节期间也要吃素,连饺子都是素馅的。

她祖母更是"奇怪"——迷信得厉害，每天梳洗之后就拿起一本佛经念诵，叫"做功课"，一天不落。此时，任谁也不能跟她说半句话。

谁知，韫龢竟触犯了这一规矩。一天早晨，她去祖母屋里，见她手里正拿着一本经书，站着念经。她瞅着觉得挺奇怪，就淘气地追着祖母转着圈盯住脸看，祖母转过身去，依然不停地念经，丝毫不理睬韫龢。

她反而愈发觉得可笑，继续紧贴在祖母身旁绕圈，顽皮地对着祖母的脸瞧个没完。等念完经，她的祖母实在忍耐不住，不禁大声地训斥了她一顿：

"你怎能这么淘气？你记住，这是有正经事儿的时候！……"

她极少见到祖母发脾气，立时被吓跑了。事后，祖母又狠狠骂了她一顿。从此，她再也不敢在祖母念经时捣乱。

长大成人之后，她才明白，拜佛念经被祖母视为一生最大的正经事儿。

每年除夕拜佛，她仅是为让祖母高兴，不然她才不去磕头。一次，韫龢好奇地问起溥杰：

"二哥，你信佛吗？"

"我不信佛。"溥杰言出恳切。

问来问去，姐儿几个结果竟然没有一个真信佛的。

她和全家人一样惟恐虔诚信佛的祖母犯病，每逢此时，她总害怕至极，为使祖母少犯病，韫龢只得迁就着，尽量哄祖母高兴。

她和姊妹几人，甭说从小谁也没挨过打，连遭大人批评也视为奇耻大辱，马上会变得脸色绯红。尤其她母亲瞪起双眼时，她更是怕得不行。祖母则不同，见到她有时淘气，觉得挺好玩儿，总在一旁抿着嘴乐。但她如果不听祖母的话，依然会惹得老太太勃然大怒。

从小时起，韫龢的性格便活泼好动。她有一把非常小的胡琴，拉起来呲拉呲拉响，像挠玻璃似的，听着特别碜人。她祖母最怕听到这种声音，她却偏喜欢抽冷子拉两下。每当此时，她祖母便厌烦地说：

"听着这种声音啊，特牙碜！"

她硬是不听，继续拉琴，还故意观察祖母尴尬的表情。见此，她祖母往往摆摆手，痛苦得说不出话来，实在无奈时，就厉声吓唬她一顿：

"你如果再闹，再不听话，我就叫你奶奶去！让她说你！……"

于是，韫龢便害怕起来，可过后没一会儿，就又忘在了脑后。

有一次，她果真惹祖母生了气。那天正吃早饭，一只小狗要抢她手里的烧饼,她刚说了一个字——"瞅……"

顿时,她祖母的脸变得绯红。祖母有一个习惯,大凡生气就顿时脸红——可能是患血压高,这时难免犯病。而韫龢丝毫没察觉,仍淘气地说:

"我看呀,小狗儿脸红了。"

听到韫龢的话,祖母以为她在骂自己,顿时气恼万分,大哭不止。她见祖母犯了病,无论怎么劝也没用,被吓得赶紧给祖母磕头不已。

当时,她的母亲恰巧没在家,到别处做客去了,于是,家人只好请来载沣解劝。这时,载沣匆匆跑来,顿足捶胸地喊着:

"额娘,额娘……"

她内心变得格外恐惧,只知道跪在地上一个劲儿磕头不止。这时,非按照老习惯找来杨大夫——杨老西儿,为祖母扎针灸,然后再吃一些中药才能缓解。

每次,载沣总要等到她的祖母苏醒后才敢离去。打这次起,韫龢长了记性,再也不敢惹祖母生气。

此后,祖母因时常犯病而变得神经愈发不正常,有一阵儿,韫龢只好经常被送往姥姥家去居住。

尽管如此,她仍然跟祖母特别亲,却与母亲不显得那么亲近。一是,她的母亲规矩特别大,对下一辈人异常严厉。二是,从小起她和大格格韫瑛就由祖母抚养,她的母亲负责抚养二哥溥杰和三妹韫颖。

韫龢从小起,就特别不爱哭。然而,祖母见她心内有火,就故意找茬儿招她大哭一场,说是让她消消火。她好像看透了祖母的心思,紧紧咬住嘴唇就是不哭出声音,含着泪说:

"我不哭,就不哭,就不哭……"

她祖母觉得挺可笑,就愈发想招儿逗她哭,这当儿,祖母往往耐心地对她说:

"你有火了,拔了吧?拔了吧……"

当时,韫龢并不懂什么"拔了吧"的含义,只知大哭一顿才算完事。她虽然嘴硬,正说着不哭,然而,眼泪却不由自主地淌落下来。

此时,祖母若越劝说她"别哭了,别哭了",她反倒越哭越厉害,在大人眼里显得尤为可怜。

后来,她听人说,所谓"拔了,拔了"可能是满语,意思是"别哭了,别哭了"。她始终不知这种解释对不对。到最后,祖母见她眼泪一滴滴往下掉,总是慈祥地对她说:

"这就败了火啦……"

自幼起,韫龢就特别爱模仿别人,亦曾闹过不少笑话。一次,她偶尔在院里碰上一个仆人的媳妇——银柳儿。见韫龢向自己微微隆起的肚子投来疑惑的眼光,银柳儿便客气地对她说:

"二格格,您大喜,我有了……"

第二天,她在院里碰到祖母,于是顽皮地模仿前一天听到的话,说:

"您大喜,我有了……"

"啊?……"

她祖母听后,大惊失色,待问清怎么回事之后,又气又恼地呵呵笑着对她说:

"你这孩子怎能什么话都学呀?下次可千万甭学了。这么大的姑娘,总是胡沁,多让人家笑话呀。"

韫龢愣住了,不知错在哪儿,只是明白以后不能再乱说了。直到长大成人,她才明白那句话的含义是怀孕的意思,每当回想起来,就觉得好笑又好玩儿。

她自幼喜欢问长问短,所以时常挨说。母亲每次狠狠"呲"她时,都异常严厉。而德妈提醒她时,无外乎那几句老话:

"府里的格格,哪儿有这么淘气的?碰到什么都要问,嗯?……"

惟有祖母批评她时,大多轻描淡写,笑着说她几句就算完事儿。

她的祖母平常不苟言笑,除非韫龢逗乐,祖母才会笑出声来。每当祖母早晨漱口时,韫龢总短不了在旁边说起笑话。

"哎哟"一声,祖母时常乐得把漱口水喷出来,可并不生气,反倒显得挺高兴。当她成年以后才明白,祖母平日实在过于孤独。

韫龢仅比三妹韫颖大一岁多。幼年时,她和三妹并不住在一起,因三妹韫颖平时在母亲的院里住,当母亲去世后,才搬到祖母院里。这样,韫龢才与三妹韫颖天天见面,来往渐多。但是,她俩见面就免不了拌嘴,刚打完架又彼此在一起玩耍个没完,弄不好刚一碰面,就又吵起架来,简直像一对"冤家"。

三格格长着一双漂亮的大眼睛,韫龢总是叫她"大眼儿贼"。韫龢幼年比较胖,所以三妹韫颖时常直呼其"肥肉丁儿"。溥杰见她俩总在一起拌嘴,无可奈何地开玩笑说:

"我看你俩呀,一会儿好,一会儿坏,谁也离不开谁。这臭姐儿俩……"

瞧上去,韫龢和三妹个子高矮差不多,在当时都算是高个儿,平时连衣裳也总穿一个样式的。如果溥杰说谁不对,她俩就会彼此袒护而跟溥杰闹个没完,弄得二哥无所适从。

大格格韫瑛比韫龢大三岁,禀性温和。而三格格表面老实,实际经常"蔫儿淘"。大格格脾气大,短不了说她,但三格格敢招惹她,即使大格格生了气也不怕,因为大格格非常疼爱她。

在兄弟姊妹里,数溥仪个子最高,大约一米七五。按照韫龢的说法,因母亲瓜尔佳氏个子较高,所以,溥仪的个子长得紧随母亲。溥杰的个子却随父亲——载沣个子不高,溥杰的个子因此也不算高。在韫龢看来,她与三格格和溥杰个子高矮差不多。

有一次,她和三格格穿上高跟鞋与溥杰比个子,竟然比二哥高出不少。所以,溥杰总是不愿让她和三格格穿着高跟鞋与他合影,非要换上平跟鞋才肯。

她家历来如此——哥哥跟妹妹说话时总是称"您",她见了溥杰和大格格还要叫一声二哥、大姐,只不过不向二哥请安,只给姐姐请安。在皇族中,弟弟日常要给姐姐请安,过年还要磕头,可是妹妹却不必给哥哥请安,也从来不用给哥哥磕头。但是,妹妹却要给溥仪恭敬地请安,而且必须请双安。

然而,皇族女子结婚坐轿子时,哥哥要给妹妹扶轿杆儿,这是约定俗成的规矩。那时,家族里就有人曾对韫龢开玩笑说:

"你可别跟二哥闹翻脸,不然,你结婚时,溥杰就不管扶轿杆儿了。"

谁想,韫龢竟然毫不在乎地笑着回答:

"等我结婚时,就坐汽车喽,根本就没什么轿杆儿可扶啦。"

哪知,韫龢这句玩笑话,竟成了多年之后的准确预言。

如果按照保姆高妈的说法,韫龢与三格格性格截然不同,韫龢是"明淘气",时常受到大人训斥。而三格格的"蔫淘气"则属于另类。

一次,祖母患病,她的六叔载洵前来看望。这时,大伙都在外间屋坐着聊天。六叔家的三姐拽着三格格的胳膊,手拉着手转圈儿跑,六叔见了,连忙阻止说:

"别跑啦,小心抻了胳膊!"

三格格听了,仰着脸反问起六叔:

"如果真抻了胳膊——胳膊折了,是不是'脉'就掉出来了?"

当时,三格格以为"脉"是一种有形之物。大家听后,无不笑得前仰后合。

那时,六叔载洵家的儿媳妇赵琼与婆婆一向不和,人又比较老实,婆婆平时尽给她气受。祖母听说之后,当着众人的面说:

"要是赵琼太太和婆婆来这儿,没准儿说几句话就得吵起来。"

韫龢向来喜欢耍贫嘴,这时,猛不丁插了言:

"不要紧,谁要跟赵琼太太在这儿打起来,我来帮忙。"

三格格听见了,赶忙插嘴说:

"打起来不要紧。我给她们泼水呀!我这儿一泼水,她们不就全都散了吗?……"

当时,祖母抬起头,一声没吭,只是狠狠瞪了三格格一眼。事后,祖母幽默地对韫龢说:

"当时我听见你三妹的话,心里直劲乐呀,狗打架才泼水呢。"

不久,韫龢将祖母的话学给大家听,人们顿时哄堂大笑:

"咳,三格格净说那些奇奇怪怪的话。"

六叔载洵听说之后,半开玩笑地给三格格起了一个别名,叫"奇谈"。

由此,"奇谈"这个外号就成了韫龢与三妹吵架或玩笑时的口头禅。

每当韫龢过生日时,她祖母、三祖母和她的父母、子女,以及六叔、七叔家的孩子,总是团团围坐在长条桌前聚餐。德妈站在她身后,伏身给她夹菜,却阻止她起身淘气,说:

"你老是这么顽皮,哪儿像王府的格格啊?"

其实,她不像王府格格的地方着实不少。韫龢与七叔家的三弟挤坐在一起,上边伸筷子吃饭,底下俩人的双脚却不老实,因不想让大人看见,就在桌底下彼此踢打得一塌糊涂……

吃过饭,她见到三弟在院里爬树,也跟着爬上了树杈。

德妈从远处跑过来,狠狠训了她一顿:

"你瞧你这样儿,哪有格格爬树的?……"

于是,她很快爬下大树,撒腿就跑。见此,德妈边追边大喊:

"二格格,你再这么淘气,我就不管看你了……"

谁想,这一句话震住了韫龢,她这才止住脚步,乖乖地跟随德妈回到屋里。

韫龢自小就喜欢听妖魔鬼怪的故事,却又叶公好龙似的怕得要命。她遇事总爱刨根问底,德妈最烦她这个毛病,素来不喜欢让她打听这些怪事,她偏偏不听。有时,晚上在溥杰的屋里,她跟杰二哥、大姐、三妹脊梁对着脊梁地在炕上围坐一圈,听佣人讲故事。

一次,溥杰的佣人陈妈给她们讲故事时,绘声绘色地指着屋顶的房梁,说:

"你们瞧,上边有一个'小媳妇'。"

"是真的吗?……"

她们齐刷刷地抬眼一瞧,倒被吓呆了。再仔细一看,原来房梁上趴着一只耗子。她仗着胆子,佯装满不在乎地说:

"咳,不就是一只耗子嘛。"

"可不能叫它耗子,"陈妈说,"越说这个词它越闹,叫它'小媳妇',它就乖了……"

每当回想起女佣在晚上讲的那些"鬼"的故事,她的脊梁后头就直冒凉气。

平时,德妈绝不让佣人给她讲这类故事,怕吓着她,自己也不在晚上讲鬼怪的故事,而总在白天讲一些她父亲载沣小时候的真实故事。她偏不答应,总是纠缠着德妈给她讲"闹鬼"的刺激故事。

为了哄她玩儿,德妈只好给她们讲述了府里一个"小亮奔儿"的故事。它仅有一巴掌大小,经常躲藏在墙旮旯里,跟鬼似的,每到深夜就跑出来,吐出长舌头吓唬人。自打讲过这个故事后,大格格变得害怕极了,韫龢却不像大格格那么胆小,有时还一吐舌头,猛地冲大格格喊上一句:

"小亮奔儿!"

这时,大格格便被吓得一阵乱嚷:

"哎哟,哎哟!……"

四 王府的迷人传说

醇亲王府最神秘的地方,莫过于佛堂和神殿。

直到韫龢十几岁时,里边还有"萨满太太"①居住着。平日,不仅殿内大梁上吊着一块肉,殿外还竖着一根长长的大竹旗竿,通常被叫做"神竿",上边也总是悬挂着一块肉,专门用来喂喜鹊。

自幼起,府里的老人就告诫过她,神殿可不能随便进入,连殿旁神竿的影子也不能随便踩踏,必须绕开走,否则就违犯了府规。

在爱新觉罗家族中,流传着一个古老的传说,即一只喜鹊②曾救过爱新觉罗祖先——努尔哈赤。据说,在一次部落战争中,努尔哈赤惨遭兵败,只得躲在草垛里藏身。敌兵见有一只喜鹊静静地站在草垛上,就没搜查这个草垛,以

---

① 萨满太太,即专门从事萨满教仪式的满族女巫师。
② 韫龢的回忆为喜鹊,而另一说为乌鸦。据考,清代宫廷世代相传,宫中竖起一根杆子,俗称"祖宗杆子",上边吊着一块肉,专门喂乌鸦(喜鹊)。

为准没人,不然喜鹊早就被吓跑。因此,这些追兵就奔往了别处。

从此,努尔哈赤念念不忘喜鹊的救命之恩,随后颁布了一道指令,不仅不能猎杀喜鹊,还在军营中竖起一根旗杆,常年在上边绑上肉饲喂喜鹊。这类有趣的传说,大多是祖母在睡午觉时讲给她的。

自打记事儿起,她就清楚记得神殿里供奉着王爹爹和王妈妈的画像。供案上还供奉着她祖母从小缝做的小鞋、靴子,这些都敬奉在精致的玻璃盒子里。祖母叶赫那拉·婉贞亲手做的皮靴,也在那儿供奉。

她曾听祖母动情地述说,因为王爹爹和王妈妈早年救过努尔哈赤的"驾",所以王府里专门建筑了一座神殿来供奉这对老夫妻。多年来,管理神殿的萨满太太专门负责按时祭祀。

每逢王爹爹和王妈妈的生日,醇亲王府上下无论什么人,都必须前去恭敬地磕头、叩拜。尤需说明的是,这方面有一个特殊的规矩:她父亲载沣作为爱新觉罗家族的继承人,必须一个人单独去磕头祭拜,然后,再让这些小孩一个个去行磕头礼。

据说,王府里最早有一座小庙儿,她父亲载沣每年都要到那儿拜"仙家",以保佑家人平安。有人传说,载沣前去叩拜时,一只黄鼠狼竟受不住叩拜,突然蹿了出来。其实,她父亲载沣根本不信这一套。韫龢更是不信邪,质疑说:"不可能,黄鼠狼怎么能老老实实在庙里待着?单等我父亲刚一跪下,黄鼠狼就被吓得跑出来?我可不相信。"

无论人们怎么说,她始终不信有这类怪事。

她细想起来,王府里确有怪事儿。她们一年到头极少洗澡,大人总是让格格时常换衣裳,非等到伏天才能洗浴。而且平时也不洗头,只是每天用篦子篦头泥,篦子两边均有密齿,再后来才换用一种黑色的化学梳子。

她自然平常也不洗头,只是每天用刨花捋头,梳头时再用篦子梳头,因长年不洗,头发又黑又亮。但逢盛夏的伏天,她们才洗澡、洗头。不过洗澡时,澡盆里总要搁一点儿麻蝇菜①,据说这样不长痱子。王府里没有专门的浴室,她往往在卧室里用大搪瓷盆,让德妈来给自己全身洗浴。

罕有人知,王府内的日常生活用语,显然有别于民间的习惯说法。乃至府里对于人的各类器官,亦另有称呼。譬如,人们形象地管脑袋叫"老屋子"②,

---

① 麻蝇菜,北京方言,学名"马齿苋"。
② 据恭亲王曾孙毓继明先生回忆:在恭亲王府,平时称脸为"老屋子"。这些日常用语的别称,可能各王府之间略有不同。姑实录待考。

称脸蛋儿为"老苹果",眼睛是"老果果",管嘴叫"老樱桃",管手叫"老香香",管脚叫"老丫丫"。

无疑,有些可能是大人哄小孩儿的亲昵用语,诸如洗手,就说洗洗"老香香",洗脚则叫洗洗"老丫丫"。自幼起,她就知道,如果要想让大人抱一下,就撒娇地冲着大人说:

"请请、请请……"

显然,这就是"抱一抱"的意思。保姆若想抱抱她,就说"我请请、请请",说着,就将她抱起来。自然,佣人只对醇亲王府的小孩儿这样说。

虽然贵为王府格格,因王府房子较高,冬天虽然烧煤球炉子,屋里仍很冷,所以她幼年时每年冬天都冻脚。一次,德妈为她治脚冻疮。把山里红烤熟后,掰开两半,拿来擦冻疮,她疼得龇牙咧嘴,居然蛮管用。

她玩儿心忒重,直到十一二岁,仍然酷爱斗蛐蛐,时常捧着喂养的蛐蛐,带着三妹一起去跟溥杰的蛐蛐斗个没完没了。

她煞费时机,积攒了不少蛐蛐罐儿,里边放着大大小小数十只蛐蛐。她去花园里逮到蛐蛐之后,先放入蛐蛐罐,再放进大鱼缸。到最后,整个大鱼缸竟然码满了蛐蛐罐,每到夜间,蛐蛐叫唤得异常起劲。

她的父亲载沣在正房听着总嫌闹得慌,时常被吵醒,硬逼着韫龢拿走了。

养蝈蝈,也是她起的头儿,杰二哥和大格格、三格格由此受到影响,纷纷养起了蝈蝈。这与养蛐蛐不同,她专门买来一个葫芦养蝈蝈,上边有一个雕花的盖儿,又保暖又透气。没想到,招人喜爱的蝈蝈在里边居然可以越冬,一直活到新春来临。

这虽给她带来不少乐趣。可是,养蝈蝈声音毕竟太吵,父亲载沣听到总显得不高兴。但因她姊妹几人都在养,所以他也没办法,只得皱皱眉头,不再吭声。

除了养宠物,兄妹还时常坐在一起,比赛谁手中的雨花石色彩鲜艳、个头大。彼此手里攥着各种彩色石子,经常一起比着玩儿。那时,小市上有卖彩色雨花石的,形状大小各异。看得出来,溥杰特别疼爱她和三格格,天天下午都来看望这姐俩儿。杰二哥虽然只比她大四岁,她却不敢招惹他生气,多少心存敬畏之心。

偶尔,她俩商量好哄抢溥杰手中的雨花石,二哥既不着急也不气恼,还抽暇教她俩绘国画,她俩只得罢手。在姊妹当中,三格格画得比她稍强一些,但不拔尖,却总是淘气,非但不很好学绘画,且总招大姐生气。大格格若生起气来,往往火冒三丈,追得三格格满院子乱跑乱叫。

韫龢喜好广泛,从小起,就爱积攒香烟盒上的洋画,直到整整攒了一大匣。

德妈见她喜欢，还专门给她买来，为的是哄她高兴。有时，她和大格格、三格格一起比赛谁的多、谁的好看。溥杰却从不喜欢这些，只是偏爱念书、写字这类儒雅之事。

虽然她怕虫子，王府里养蚕之后，她倒变得胆大起来。最初，她养了十几条，觉得很好玩儿，时常掐下院里的桑叶喂它们。她在小箱里铺上一个小方垫，过不多久，就被蚕丝缠满，感觉蛮有趣。

她越发对养蚕产生兴趣，从不敢接触以致将"蚕宝宝"捏在手里玩儿。继而，经过德妈指点，她将蚕丝做成墨盒里的丝绵垫儿，讨好地赠送父亲，居然意外得到了夸奖。

闲暇之际，她和姊妹几个还学过风琴。而琴师是溥杰认识的一个满族朋友，叫关良，不仅擅修风琴，也会演奏钢琴。有时，他还去宫里为溥仪表演钢琴独奏，还当过几天"逊帝"的钢琴教师。

自幼起，兄妹就跟着奶妈过日子，所以，大都跟奶妈关系非同一般。即使溥仪也不例外，素来与其乳母王二嬷①亲若母子。此外，另一名个子不高的陈妈，始终跟随溥仪，被官称为"陈精奇"。溥杰的奶妈是阎嬷，三格格的奶妈是高妈。只有韫龢例外，而是由看妈——德妈终日看护，只因她从小奶妈就没了奶。

谁都看得出，祖母特别疼爱聪明伶俐的二格格。显然，兄妹四人之中，母亲瓜尔佳氏较宠爱溥杰和三格格。因为俩人从小在母亲的院内长大。韫龢则从小跟着祖母长大。说起来，三格格长相漂亮，吸收了父母的优点，眼睛像母亲，脸形酷似父亲。这是府内外所公认的。

母亲在世时，溥杰和三妹都跟随着母亲瓜尔佳氏过日子。母亲去世后，溥杰便跟三妹过到祖母屋里生活。往日，祖母总是叮嘱她和溥杰：

"三格格年纪小，你们就多让着她一点儿嘛……"

她时常与三妹一起玩耍。一次，她俩学演一首木偶戏的歌曲——《跑旱船》：

"大年初一头一天，小妹妹给姐去拜年。她说姐姐新年好呀，一奶同胞拜个什么年……"

这样，三格格跟随着她哼哼，没一会儿就学会了。才隔一天，看护三妹的张妈急匆匆来找她的祖母：

"三格格哭得不行，说忘了一句词儿，非找二姐去教不可。谁说都不行，哭着闹着要找二姐……"

---

① 王二嬷，即溥仪的乳母王焦氏。

此时，王府各院不能随便串门，姊妹之间若聚在一起玩儿须经祖母允许才行。祖母听完张妈的话，马上对韫龢说：

"你快去吧，教完三格格赶紧回来。"

她走进门时，三格格仍在哭个不停。见她来了，三妹马上破涕为笑，高兴地对她说：

"二姐啊，你赶快给我再唱一遍吧。"

她刚唱完两句，聪慧的三格格猛然想起唱词，兴奋地跟她一边唱，一边扭起了"跑旱船"。

她感到饶有兴趣的是，几个小姐妹时常在府里玩"过家家"。此时，大格格俨然成了长辈，在她指使下，她们把饭桌上的一些小碟小碗摆来摆去，还模仿着做起饭，拿黄豆泥揉饽饽……

有一度她们迷上了"炼丹"。她和三妹偷偷将小铁锅架在火上烧，又把香烟锡纸放进里面，居然"炼"出了一点儿"锡老"。几个人拍手称快，兴奋地跑去告诉祖母，哪知，却受到一顿狠狠训斥。

一次，她和大格格、三格格在府里摘石榴时，正巧，七叔载涛走进府里。韫龢忙挑出一个酸石榴，拿给七叔：

"七叔，您吃石榴吧，挺好吃的。"

载涛接过石榴刚尝了一口，就被酸得一缩脖，这才知道吃的是酸石榴，立时吐了一地。她和三格格站在一旁，反倒淘气地乐个不停。

那时，醇亲王府早已安装上了电话，但并非拿起电话就能拨号，而要先拿起电话机向电话局说明要接通的电话，再由接线员接过去。她和三格格时常淘气地拿起电话制造恶作剧。

一天，七叔载涛正在她祖母外间屋向府外打电话。当时，分别安装在内外两间屋的电话机是相通的。哪料，三格格在里屋抄起电话筒，大声对接线员说：

"把我的手绢拿来。"

电话局的接线员听后，不知是怎么回事。正在外屋打电话的七叔，在外屋自然也听到了，十分纳闷儿地说：

"电话里声音怎么不对呀？……"

载涛连忙走进里屋，见到三格格还没放下电话机，佯装气恼地对她说：

"不许在电话里淘气……"

她和三妹四目相视，扭过头一阵坏笑。

第伍章　王府习俗

*王府的许多"潜规矩",历来为外界所不知。平常说话必须避开一些忌讳的字眼,诸如不能说"完了",要说"得了",不能说"死",得说"喜"。否则,便犯了王府的"大忌"。

*你可知道,晚清末年醇亲王府的暖壶和原始冰箱什么样吗?……

*大年三十晚上,祖母嘱咐韫龢洗干净一个苹果,放在枕头底下,又叮嘱她起床之后,要把苹果放在头上顶着,先咬一口苹果才能说话。没想到,大年初一早晨,祖母追问起她:"苹果呢?"

"哟,我头天晚上,就把苹果吃了……"

图片说明:醇亲王府邸花园,1962—1981年宋庆龄在此居住

一　繁缛的旧规矩

若依大清朝的规矩,只有皇帝的女儿才能称之"公主",而她和姊妹作为醇亲王的"千金",只能称为"郡主"。换言之,亲王的女儿也是绝不能称之为公主的。

幼年时,从来没人跟她说起这些复杂的规矩,她只知被人们称之为"格格",亲王的男孩则被叫做"阿哥"。

按照韫龢的说法,晚清时真正能称得上公主的,只有荣寿固伦——她是恭亲王奕䜣的亲生女儿。慈禧太后当年为了拉拢奕䜣,遂认其女为干女儿,于是,她便成了京城名副其实的大"公主"。

据韫龢回忆,荣寿固伦公主时乖命蹇,刚刚订亲,还没成婚,丈夫却突然病逝。也有人说其婚后而死,反正她没有血缘后裔,则是无争议的。那时,荣寿固伦公主不能再婚,所以就成了"望门寡",一直孤守至死。

荣寿固伦公主的寡妇名分,使其不宜过分

晚清时真正称得上"公主"的荣寿固伦公主

涂脂抹粉,一年到头总是素面朝天,一身素色旗袍,梳着旗人的两把头,面容显得异常衰老。她有一个干女儿,韫龢一直管她叫姑姑。她和姊妹一律称奕訢为"六玛父",即六祖父。

在韫龢的眼里,荣寿固伦公主的外貌实在不敢恭维,个子不高,鼓鼓的金鱼嘴加上大包牙,仅从长年守寡来看,二格格始终觉得她怪可怜的。

平时,荣寿固伦公主不常来醇亲王府,只是逢年过节或她的祖母生日才来一趟。她们都尊称她"公主姑姑"。平时,荣寿固伦公主住在东城宽街路西的一幢深宅大院——现在的北京中医医院,老北京人都称之为"荣寿固伦公主府"。

每次来到醇亲王府,荣寿固伦公主总跟她祖母并排坐在一起,接受晚辈的请安、"道乏"。早年,韫龢和三格格以及太监冯乐亭曾跟随祖母一起去荣寿固伦公主府听过京戏,演员大多是从京城请来的名角,演出场面颇为壮观。

有一次,韫龢去荣寿固伦公主府看戏时,被台上哇哇大叫的"大花脸"吓坏了,回家发烧做梦不止,一连病倒了几天。从此,德妈再也不让她随便外出听戏。

荣寿固伦公主的过继子叫林侊,先后娶过三房姨太太,一个赛一个漂亮。每次,韫龢等人去荣寿固伦公主府时,这三个姨太太便身穿旗装列队而出,拿

荣寿固伦公主府旧址,即在现在东城区北京中医医院

起糖和瓜子一个劲儿地劝她们吃。

而林佴的正房媳妇，人称林大奶奶，长着一副大长脸，撅着厚嘴唇，虽然外貌难看，却能炒一手好菜。林大奶奶跟韫龢颇熟悉，关系历来不错，时有往来。林大奶奶曾生下两个儿子，一个叫孙琪，一个叫孙凯，这哥儿俩经常去醇亲王府请安。兄长个子矮小，其弟反倒人高马大，见了面，韫龢短不了跟他俩开个玩笑，彼此倒谁也不气恼当真。

逢年过节，数醇亲王府最热闹不过。许多平时见不到的人，这时都能见到。譬如，一些年老的奶妈、保姆以及老太监，虽已回家退休养老，无论多远也会返归府里看望载沣夫妇。

王府仍然按月发给他们退休金，让其颐养天年。这些耄耋老人前来给韫龢这些小孩儿请安时，她们都必须毕恭毕敬地双手接安——像搀扶似的，表示不敢当。

每当韫龢这几个孩子称呼老人时，都要尊称"您"，而不能称"你"，还要说上几句吉祥或祝福的话：

"祝您硬硬朗朗的，福如东海，寿比南山……"

这些美好的祝愿，往往使为醇亲王府效过力的老人高兴异常。

幼年时，韫龢印象最深的有这么几个人：一个是她父亲载沣的奶妈——蔡大妈，是个"老北京"，大胖子，住在阜成门外的平房里，从小起就伺候载沣，等载沣长大之后，她便专管端洗脸水等轻松杂活。

每天早起，蔡大妈就去给她祖母和她父亲请安，却不给她这些晚辈请安，可见在府里她显然是一个特殊人物。韫龢对她极为尊重，始终尊称她"老妈"。

另外一个姓单的老妈子，也是北京人，能说一口纯正的老北京话。她是小矮个儿，也是一直从小伺候她父亲载沣。说来，载沣跟她再熟悉不过，还以她的姓作谐音，给她起了一个外号，叫"扇风台"。据韫龢所知，这俩老妈子虽早已回家养老，府里仍然照例发给"月银"。

似乎成了一个规矩，直至韫龢长大之后，逢年过节或她父母过生日时，两个老妈子仍然要从府外赶来恭贺一番。为人厚道的载沣，总是援例发给俩老妈子"赏钱"，使她们高兴而归。

韫龢的母亲瓜尔佳氏还有一个"陪房"——卢妈，是结婚时从娘家荣禄处带过来的保姆，卢妈个儿不高，常年穿着一双厚底儿鞋。自幼起，她就管卢妈叫"哈气儿妈"，据说，因为韫龢生下来异常瘦小，始终怕冷，卢妈总是怀抱着她,冲她哈热气儿。直到长大成人,她见面仍没大没小亲热地叫她"哈气儿妈"。

府里还有很多"潜"规矩,平常说话务必留神,要力求避开一些忌讳的字眼。诸如不能说"完了",要说"得了";不能说"死",得说"喜",否则,就犯了王府的"大忌"。

在她记忆深处,醇亲王府的老辈儿佣人,若聊起府内的吃喝拉撒睡来,名堂着实不少,大多为外界所鲜知。

那时,醇亲王府里没有现代的暖壶。为使开水保暖,往往把瓷茶壶放进一个竹藤制作的圆篓,里边有一层厚厚的棉衬垫包裹着,顶上的盖儿也用棉垫捂严。早晨倒进开水,直到晚上喝也不会变凉,这就是王府所谓的土"暖壶"。

夏天时,府里专用一个底下垫有木头架子的冰桶——方木桶,把冰块搁进里边。其实,那些冰块并不算太干净,都是从护城河里凿下运来的。如果需要冰水,则要将开水晾凉,再放入一个绿瓷桶,周围用许多大冰块包裹严实。这便是王府里的原始"冰箱"。

还须提到醇亲王府内的一眼甜水井。那眼井上,专门建了一座雅致的井亭,堪称王府的"天然冰箱"。

炎夏时节,府里若吃凉西瓜,先要把西瓜用冰块镇过,再用网兜系着将西瓜放入这口古井,适时再吊上来,围坐在石桌旁品尝。切开冰镇西瓜时,瓜瓤表面总浮着一层冰霜,这往往成了王府一道饶有特色的消夏佳肴。

外人不知,王府内还另有一眼苦水井,打上来的井水冰凉寒彻,但无法作为饮用水,只是专门用来充当天然冰箱或浇花所用。

说起醇亲王府日常所"吃",有这样一个真实的故事。韫龢的母亲瓜尔佳氏非常喜欢交往,因其早晚两餐须与载沣同桌而食,载沣必得从宝翰堂赶来一起就餐。所以,醇亲王府从来不留客人吃饭,这似乎成了约定俗成的规矩。

据说,有一天,皇后婉容的外祖母——朗贝勒[①]福晋来醇亲王府做客,临别时,跟韫龢的母亲开起了玩笑:

"听说您这儿西餐做得挺好。既然您不留我吃饭,那就做上几样拿手菜,送给我尝尝好不好?"

尽人皆知,韫龢的母亲是个外场人,见人家直爽地点出醇亲王府向来不留客吃饭,只得不好意思地答应下来,微笑着说:

---

① 朗贝勒,即润朗,曾任中国第一任警察总监。

"承蒙您看得起鄙府,那当然可以了。"

于是,瓜尔佳氏吩咐小厨房精心烹制几样西式菜肴,打包送给了朗贝勒福晋,因而获得朗贝勒夫妇的交口盛赞。原来,这几个手艺高超的厨子,是她母亲让她三舅从外头临时雇来的。可见,瓜尔佳氏用心之良苦。

其实,婉容的继母仲馨①跟韫龢的母亲交往不多,倒是朗贝勒福晋与瓜尔佳氏时常见面。朗贝勒福晋个子不高,是一个富态的老太太,极好交际。她有五个女儿、一个儿子,其中婉容的母亲,排行老二,颇具个性。虽说其他几个姊妹也都长相不俗,尤数婉容的大姨在社会上活跃,五姨最为靓丽,京城人称"五格格"。

婉容(左)与继母仲馨

韫龢最佩服五格格擅长打扮,平时穿得非常考究,细高的个子,肤色很白,时常找婉容一起探讨如何化妆。谈起穿着打扮来,京城各王府,无人不晓这个官称"五格格"的漂亮姑娘。

至于醇亲王府内人们的衣着打扮,历来早有严格规定,必须按照上下尊卑之序,一年四季换穿服饰。

如果依照王府的规矩,成年男人若穿礼服就必须穿靴子,女子长大成人之后,在公众场合则要穿花盆底的厚底鞋。实际上,如果平时不练习,穿上这种鞋根本无法走路,一抬步就往前栽跟头。只有历练过后,才能行走自如,否则

---

① 仲馨,又名恒馨。

连王府的门槛也休想迈出去。

韫龢从小起,向来是冬天穿皮、棉,春秋穿单衣或夹衣,夏天穿纱——府里叫做"皮、棉、单、夹、纱",依循四季替换衣饰。王府里还有一个老规矩,老妇和寡妇只能穿素衣,而不能穿花枝招展的服饰,若逢祖先的祭日,则必须全部换上素服才行。

每当年节,女佣要按例穿上绛紫色坎肩,去给她祖母等长辈磕头拜年。不仅女佣人,连太监和保姆也都要穿上绛色坎肩。似乎,这成了醇亲王府逢年过节的标志。

可以说,德妈是王府女佣中穿衣打扮的标志性人物。她浑身上下透着干净利落,成天梳着旗头,冬夏换季时,头上的翡翠扁方总要换成不同质地,夏天大多是白玉,冬天则换成金质,这完全遵照王府的一定之规,连换季衣饰也十分讲究"礼数"。

依照府规,她祖母一年两次按时给佣人定做衣服。所以,醇亲王府连佣人平日都打扮得整整齐齐。

若说起韫龢,身上一年四季的衣服,则大多是府里的裁缝亲手所做。这些裁缝专为主人缝制衣裳,据说是世代相传,老一辈故去下一辈接班,可是质量越做越差,连厨子也是照方抓药,其后代接班,也许根本不会做饭,世袭的裁缝概莫能外。

平时,她脚上穿的是普通布袜子、双脸鞋。夏季来临,家里让她上身只穿一件小褂,下身穿上连脚单裤,这倒有一个说道,怕她夜里踹开被子着凉。

王府里的旧习惯蛮奇怪。小孩儿从幼年起,便不让穿皮衣服,据说小孩儿火力大,怕上火。直到十岁以后,冬天才让她穿上羊皮衣服。脚上穿的棉鞋大都是府里仆人亲手所做,没认脚的——即不分左右脚,鞋形则是直筒状。

隆冬季节来临,祖母总催促韫龢赶紧穿上棉质连脚裤。气候再渐冷,就让她穿上厚棉袜和"毛窝"①。这大多是韫龢过生日时,保姆事先做好送来的。王府做的棉窝一般都是缎子面,中间有一道"脸",又被老北京人叫做一道脸的"毛窝"。与府外不同的是,中间那道脸多为花色,缎子面上还绣着花儿。

临近炎夏——当时府内没有凉鞋和拖鞋,她便开始换上王府自做的双脸单鞋,这种单鞋素颜色居多,式样简单。

小时候,她偶然见到六叔载洵家的姐姐都穿认脚鞋,就觉得她们打扮时

---

① 早年,北京时行的一种棉鞋,俗称棉窝或毛窝。

髦。若再与六叔家和七叔载涛家的姐姐相比,醇亲王府的姐儿几个就显得"土"多了。六叔家的姐姐大多梳辫子,头上还系着蝴蝶花,令她羡慕有加,她祖母却不让她模仿,至多允许她头扎红辫根——红头绳,底下系着红辫穗子,再时髦可就不行了。

一句话,姊妹们只能是祖母让穿啥就穿啥。譬如穿旗袍,无一不是老样式。她们平日穿衣服,里边从不戴乳罩,只是一件小薄坎肩一直裹到腰间,胸前勒得极紧——当时讲究越紧越好,就是把胸勒得平平的。见常年如此,韫龢满腹牢骚地议论说:

"说一句不夸张的话,谁猛然出一口大气,就能把扣子挣崩掉。"

她们姊妹几人见到街上时髦的姑娘之后,背地里不止一次私下议论说:

"幸亏咱们不是汉族,如果再缠足、裹小脚,那还了得呀?"

幼年时,她们穿的旗袍无不肥肥大大,两侧也没有开叉,即使此后微有变化,也不像府外的时髦女人高开叉、露着大腿,更不像后来演变得窄腰裹臀。当时,府里旗袍开叉只允许到小腿肚,衣裳也很肥大,根本瞧不出体形和腰身肥瘦。这倒好,姐儿几个走在一起,身材倒都显得差不多。

使她稍感宽慰的是,衣服的颜色倒是允许不同花色。她时常上身穿坎肩,或穿一件小马褂,甚至连睡觉时,里边仍贴身穿着连脚裤。老辈儿人都知道,连脚裤上边还有一个背带系在身上。她自嘲地说,这是整个儿一个"五花大绑"。

平时,姊妹们并不经常做新衣服,只有出门去各王府拜年时才穿上新衣饰,算是给醇亲王府撑门面。待她们长大一些,出门时允许梳辫子,头上还可以戴一朵花,若是头上戴帽子,帽檐也可以插一朵鲜花,帽后还能拖一条穗子以作装饰。长大成人后,帽子上就不能再戴鲜花,否则会受到众人嘲笑。

王府里还有一条不可逾越的规矩。那就是凡未"出阁"的格格,一律不准描眉,也不准择眉毛,只有逢年过节,才能在脸蛋上涂抹一些淡淡的胭脂。直到结婚之后,她才允许描眉,且有专人教她梳洗打扮,仍然不能随心所欲。

府外的人总好奇,打听醇亲王府里的厕所什么样?其实,在韫龢看来与外边并无太大差别。

不过,王府内分为东西两个厕所。一般,她的祖母和溥杰在王府东边的厕所,她和大格格、三格格,还有妈妈们都在西边如厕。厕所里陈设极简单,里边是蹲坑,坑外两侧各搁放两块灰色方砖,厕坑上边也没有任何盖子。炎热的天气里,照样有苍蝇飞来飞去。所谓卫生措施,不过在厕所内撒一些生石灰而已。

但有一样死规矩,醇亲王府主人的厕所,太监和仆人一律不准进去。其他诸如王府侧院也有厕所,即府里佣人如厕的地方,这是决然不能混同的。

颇有意思的是,隔壁便是她念书的任真堂。每当炎夏,淘粪工来淘粪时,课堂上总会隐隐飘来阵阵臭味,兄妹无不掩鼻屏息。

这成了每年的固定一"景"。

二　一年到头过节

她自幼深感,醇亲王府里节日尤其繁多。一年之际,似乎是一个个节日挨过来的,其中最讲究的莫过于庆贺生日。

这首先要从长辈说起。她祖母的生日是旧历七月二十六,其生日殊与常人有别,往往被称作"过千秋"。她父亲的生日是正月初五,母亲是旧历三月十三。每逢她的父母过生日时,整个王府都会张灯结彩,热闹非凡。

醇亲王府过生日,大体分为两种——"散生日"或"整生日"。"散生日",一般在小孩儿一、二、三、四、六岁。韫龢这些小孩儿过生日时,祖母和父母一般都不送礼物,只是由德妈这些佣人给她们买一些鞋、袜等日常用品算作客情。

韫龢幼年过散生日时,必须穿新鞋,总是循例让德妈等人凑钱,从外边买来一个黄色的方盘子,里边搁着一些肥皂、布袜子、布单鞋、棉鞋、手巾、手纸等日常用品,足够一年日常使用的。其中也有德妈等人亲手做的布鞋和绣花的花盆鞋,算是送给韫龢的生日礼物。

每逢她过生日那天,德妈还会买回三只烧鸭,分送给她祖母和父母各一只,再送给她一只,另外还有一些寿桃、寿面和生日小礼物。其实,事后她的祖母和父母还要回赏德妈,赏钱无疑总会超过她花钱的数额。

德妈每次讨回赏钱之后,不仅要给她祖母、三祖母和她的父母磕头谢恩,也要照例对几个子女依次磕头。临到最后,德妈等仆人还要一起给她这个过生日的小孩儿磕头贺寿。

"整生日",即每逢五、十、十五、二十岁……以至五十、六十大寿等。对于整生日,无论大人还是小孩儿,王府都尤为重视,除正常开销之外,还要再多加一只烧小全猪,算是额外的生日寿礼。

或许约定俗成,一年四季无论哪个节气来临,王府里都要吃一种标志性的风味食品。

醇亲王府过年,早在腊月里便已开始,最具标志性的,算是"腊八"节。每逢腊八那天,王府的佣人先将熬好的腊八粥,盛在大瓷罐里,又依次把颇具风味的腊八粥一罐罐送往其他王府。实际上,早在腊八之前,京城就形成了各王府彼此互赠腊八粥的热闹景象。

她小时候最喜欢吃粥果儿。据说,京城各王府公认,婉容的母亲仲馨熬的腊八粥最好吃,那是用红枣儿熬成的汤,煮出的粥别有一番味道。

而醇亲王府内,则由祖母带着几个妈妈和保姆煲粥果儿,里边不仅有葡萄干儿、山楂条,也搀有事先剔出枣儿核的红枣儿。

复杂的是,还需事先泡好核桃,拿镊子一点点儿除去内皮,露出核桃肉,再放入鸡头米、莲子、薏仁米等,熬上多时。这些程序虽麻烦,祖母却很有耐心,亲自带着几个妈妈煲成几大锅粥果儿。

腊八那天,祖母还要让仆人腌泡许多腊八蒜,为的是预备春节蘸饺子吃。

腊月二十三,是祭灶的日子。府里要拿来一些上好的关东糖和芝麻糖搁在火炉上,给灶王爷上贡,以使它"上天言好事,回宫降吉祥"。祭灶时,她仍不能忘记带上关东糖和芝麻糖,去佛堂磕头。其实,她父亲载沣根本不信这一套,只是哄母亲高兴而已。

腊月二十四,既是府内打扫房屋的日子,也是进入过年的标志。

按照分工,保姆从来不管这事儿,而由太监拿着长长的掸子打扫房顶尘土,老规矩是每年一次,不然,顶棚就会发黄。窗户仍每年糊一次,而顶棚却是隔年糊一次,否则屋里总不免有异味。

醇亲王府也有年根底下的规矩。一年之中,王府惟有一天不许灭灯,那就是阴历大年三十这一夜。之前,祖母总是不忘叮嘱她说:

"你可要记住啊,三十晚上无论如何不能灭灯。"这是多年传下的王府旧风俗,任谁也不能违背。

临到阴历大年三十那天,府里要提前在地上铺满芝麻秸儿——长芝麻秆,在地上踩碎,这叫"踩岁"。

大年初一,府里便传令不让任何人扫地,留着芝麻秸儿,生怕扫走"财神"。

若按照迷信的说法,她还要在铺满地的芝麻秸上走一趟,才可以免灾。此后,兄妹们需去祖上的祠堂祭祀,再到祖母和三祖母以及父母屋里磕头。

当然,她少不了收到压岁钱。通常,这种所谓"压岁钱",大多是两串纸糊的小毛钱,上边印着:岁岁平安。

大年三十当晚,她的祖母从不守夜,至于她父亲和母亲那边守不守夜,她就说不清了。据祖母对她说,淘气的溥仪可能也不守岁,玩累了或困了倒头便睡,并没那么多礼数。

特别有趣的是,大年三十晚上,祖母总不忘嘱咐韫龢,务必洗干净一个苹果,然后放在枕头底下。第二天早晨,即大年初一起床之后,祖母不允许她说任何一句话,让她把苹果放在头上顶着,先要咬一口苹果才能开始说话。显然,这在预祝她新的一年里:

"干干净净,平平安安。"

没想到,她闹了一个大笑话。大年初一早晨,祖母刚起床,就问起韫龢:

"那个苹果呢?"

"哟,我头天晚上,就把苹果吃了……"

原来,韫龢比划着把苹果搁在头上顶了一会儿,见没人管,索性将苹果吃进肚里。祖母听后,无可奈何地笑了。

王府还有一个老规矩,在这一天早晨,无论是谁,下床之后绝不能饮茶,先要喝糖水。苹果没了,她只能喝下一杯糖水。

春节期间,无论大姐韫瑛或杰二哥来到韫龢屋里,她照例要送上一杯白糖水。她若去兄妹屋里,也照旧如此。当然,只有春节才这样。

此间,祖母还要依例分给兄妹每人一个攒盒,里头分成一格格,搁着各式各样的干果。

按照王府的规矩,从大年初一到初五,照例要吃五天饺子,年年如此。之前,要包好饺子冻上,到时只需煮着吃就行了。除夕守岁包饺子,大年初一吃饺子,初二吃馄饨,剩下的饺子汤,叫元宝汤,全家人都要喝个一干二净才算吉利。

她的祖母总是喜欢吃素馅饺子。她则爱吃荤馅饺子,其中有猪肉白菜、羊肉白菜、菠菜等。还有一种黄瓜馅儿尤具特色,但早在夏天便要把黄瓜切成条儿晾好,待春节时,再拿出来包饺子,还可以搁一点儿香油和醋,若蘸着腊八醋吃,味道更是独特。

因受载沣的影响,醇亲王府内从不吃韭菜馅饺子,嫌有异味儿。这也算王府的一种饮食"禁忌"。

值得一提的,是一种干菠菜馅饺子。在鲜菠菜刚下来的季节,晾干之后搁起来,年根儿底下再做成馅,在她看来,这种馅比鲜菠菜还好吃。此外,还有一种野菜——一般人称之麻绳菜,王府里则称长寿菜,似乎是在借一个"吉利"

字眼儿。

府里过年还有一个陈年老规矩,就是从大年初一开始,五天之内不许拿剪子,也不许做针线活儿,待过了初五才允许动。

通常,老北京人管正月初五叫做"破五"。而她的父亲载沣却不准府里说"破五"这俩字,因为他的生日是"初五",所以,忌讳"破五"的提法。

初一至初五,女子一般不能去别人家拜年,非得过了"初五"才能迈出府门。

正月初八,传说这一天是众星下界之日①。循例,王府里要举行别具一格的仪式——"祭星星",韫龢这些小孩儿觉得挺好玩儿,而大人们却一本正经,传说这关乎一年的"流年"是否吉利。

据说,这天晚上天空星斗最多。载沣作为长辈,素来喜欢伫立院中,给她和几个兄妹指认天上的繁星。她从中倒领悟了父亲在天文学方面的渊博学识。

每到正月十五这天,宫廷都要赏赐醇亲王府一大匣子元宵,分给众人品尝。宫里御膳房做的御制元宵馅异常细腻、新鲜,有奶油、山楂白糖、莲蓉等各式品种。韫龢这些小孩儿根本不吃其他饭菜,全拿元宵当饭吃。府里给每人买了一盏灯笼,他们打着灯笼四处玩耍。晚上,院内各处无不点燃灯笼,整个王府变得一派灯火辉煌。

正月二十三,是祭灶之日。醇亲王府每年照例举行仪式,尤其大厨房更有一套祭灶礼数。事先,德妈还教会了韫龢一段歌谣:

  灶王爷本姓张,

  一碗凉水三炷香。

  上天言好事,

  回官降吉祥。

德妈除了让她"鹦鹉学舌"地念这一套旧词儿,又把关东糖的糖瓜儿,搁在煤球炉上。这成了她和德妈祭拜灶王爷的独特仪式。

二月初一,全府上下都要纪念太阳生日,这一天又被称作"中和节"②。她

---

① 据《燕京岁时记》记载:"初八日,黄昏之后,以纸蘸油,燃灯一百零八盏,焚香而祀之,谓之'顺星'。"

② 据唐书记载:唐时,李泌曾上书请立二月初一日为中和节,百官进农书,以示务本。德宗照准。《春明岁时琐记》记载:"中和节今废而不举。"

好奇地发现,从早晨起,王府的佣人就在院里设置香案,供奉上江米粉做的太阳糕,随即,全家人朝着太阳升起的东方焚香遥拜。下午开始,她这些小孩儿还要分吃撤下的"太阳糕",即穿成一串串、像糖葫芦似的小点心。同时,长辈还要将五彩挂钱揭下焚化,这被称之给太阳星君送"太阳钱粮"。

虽然,老北京人讲究立春吃春饼,严冬之际也将此作为主食。

王府里吃春饼极讲究,里边裹着各种小肚、熏小鸡、酱肉、火腿肉、粉丝、摊鸡蛋,还有攉攉菜——六月菜。另外,还可以把两张饼一齐烙,吃的时候再揭开,将炒韭菜、炒菠菜等各式菜肴拌在一起,用薄饼卷起来吃。还有一种极薄的面饼,即把鸡蛋、葱和甜面酱卷在一起吃,这种叫鸡蛋饼,她和姊妹们吃起来就没够。

冬天吃涮羊肉,最诱人的仍是"菊花锅",此外还有普通铜火锅,专用来涮羊肉,里边放进粉丝、白菜、豆腐,还要将芝麻酱、韭菜花儿和酱豆腐拌在一起,蘸着这些作料吃。另外,再将糖蒜作为火锅的调味品,其实这与府外京城百姓的吃法没什么两样。

历来,醇亲王府内的传统熟食,最讲究从百年老店购买。虽然,羊肉也是从外边街上采买的,但仅购自固定的羊肉店。另外,像酱肘子,也只挑最有名的商号,如"天福号"。前去店铺购买时须明说,这是给醇亲王府的王爷置办的,店里自然挑最好的部位卖给他们。

每逢下雨阴天,府里往往派人买来一种鼓盖的烧饼和火烧,吃爆三样——炒羊肉、肝儿和腰子。据说,这是载沣百吃不厌的京味菜肴。

二月初二,是传说中的"龙抬头"。那天府里上上下下必须吃面条,叫做"挑龙须"。同时,府里还吃一种面饼,被叫做"龙鳞"。她和家人欢快地吃着与"龙"有关的食品,似乎早已忘却自己是"真龙天子"的胞妹。

四月初一,送圆豆儿——即煮熟黄豆和青豆之后,送往京城各王府,又被叫做"结缘豆儿"。她的祖母总是再三叮嘱,要让醇亲王府的众人都有一份"结缘豆儿",全能吃得着。祖母让仆人在圆豆上边放上香椿,再由她和众姊妹奉祖母之命给六叔、七叔家送去,寓意显然是祝福家族和和圆圆。

五月初五,是端午节,府里的人们不仅要吃粽子,还要在门口贴上"五毒"的剪纸画。同时,还要把老虎图贴在自家的门上,意在避邪。过节时,她还把府里包的小粽子,用线串起来,挂在大门两侧,看上去蛮有气氛。

过五月节时,王府的人无一例外,都要饮上几口雄黄酒。有意思的是,大人还要用雄黄酒,在小孩儿的脑门上抹一个"王"字,再把炕四周和各个炕角遍洒雄黄酒,在各门贴上"五毒"画,而且在每个门口插上长长的驱避蚊虫的艾蒿。

在"五月节"那天,她还由大人教会了剪木楞,做成一串串用丝线缠绕的小粽子似的小玩意儿。她最感兴趣的是品尝各式各样粽子,咸的、甜的、枣泥儿的、豆沙的等等,都是由府里的厨房剥好端来,放在瓷盘里让小孩儿任意挑着吃。

七月初七,传说是天上牛郎和织女相会的美好日子。白天,德妈出了一个主意,让她在太阳底下晒一盆水,把针放进去,看谁能以最快速度捞上来,比谁的手巧:

"拿着针尖就是手巧,拿不着是'棒槌',那就算手笨。"

她当然不甘示弱,却大多以失败告终。当繁星闪烁的夜晚,德妈还带着韫龢去葡萄架下偷听牛郎和织女的悄悄话。可是,她听了许久什么也没听见,疑惑地问起德妈:

"我怎么什么都没听见呀?"

"你别说话,接着静心听……"

自然,她没能听到牛郎和织女的私房话,便进入了梦乡。她是实心眼儿,丝毫没认为这是一个神话。第二天早晨,她一觉醒来,趴在床上又问起德妈:

"您听到了吗?"

德妈笑而不答,告诉她:

"你睡得太早了,明年晚点儿睡,没准儿就能听到哪。"

七月十五,府里照例要点莲花灯。那天,她和姊妹几人都要提着一个莲花灯在府里四处玩耍。天刚擦黑,韫龢就自告奋勇点燃莲花灯,满院子兴奋地乱喊乱嚷,一边跑,一边唱着奶妈教的一首歌谣:

"七月七,莲花灯,今儿个点了明儿个扔……"

正值炎夏季节,厨师往往用洗干净的菜叶包上饭,将各样的熏肉和炒菜,拌在一起用菜叶包上——叫菜包,让大家用手捧着吃。据说,这纯粹是"满八旗"遗留下来的一种传统吃法。

八月十五,是"中秋节"。每逢这一天,供桌上都要摆放一些月饼、水果,以及府里栽种的毛豆和西瓜等供品,叫"供月儿"。然后,在院子里放上棉垫儿,每人都要按照长幼之序在上边磕头,叫做"拜月"。之后,她就与祖母和父母一起,在贡院一边赏月一边品尝月饼和蜜贡。

这天,她的祖母照常例让太监给兄妹按辈分大小挨个分发月饼。月饼摞在供桌上,越往上越小,最底下是最大的,她和姐儿几个要按顺序拿月饼。这里有一个府外所不知的奥秘,最大的月饼要留给溥杰吃。显然,男尊女卑的传统观念在这里暴露无遗。

每逢九月九——重阳节,仿佛约定俗成,王府里必宰杀全羊。就在醇亲王府西花园的南山上,有一座雅致的小凉亭,形状酷似一把打开的扇面,在王府里数这儿地势最高。韫龢这些小孩儿吃过花糕之后,少不了跟着祖母和父母来这里登高览胜。闲暇时,她还曾和大人一起坐在凉亭的石椅、石凳上,围着石桌悠闲地品茗。

她幼年时,经常和姊妹去花园玩耍,没事儿就愿意登上石桌踮着脚往院外眺望,好奇地瞅着外边川流不息的行人、肩挑手提做买卖的……平时隔着大墙,她根本不知外边是什么样子,站在石桌上瞧着,总是不愿下来,而想多看看外边的多彩世界。

直到长大之后,她才明白王府过年节并不简单,大多具有象征意义。其中,府里最重视的是新年和春节。这时,她和姊妹们就仿佛成了磕头虫。

每逢过新年,她除了见大人迎来送往,便晕晕乎乎磕了不少头。她眼瞧着祖母亲手将各样干果掺合在一起,再搁进一格格的漆盘里,当面嘱咐她和姐妹一起给六叔和七叔家送去,同时前去拜年。

那时,她见到大多是六婶娘和七婶娘独自在家,虽然,她们要给婶娘磕头,但仍被尊称为"姑奶奶"。出于对于女孩儿的尊敬,她们往往被让到上座,还总是坐在右边,婶娘一般都坐在左边相陪,主宾中间隔着一个小炕桌儿。亲热地聊过一阵之后,她和姐妹收过六叔和七叔家的回礼,便欢快地打道回府。

春节时,白天府里的客人比新年多得多,她和姊妹又得给长辈磕不少头。晚上,她总是陪祖母围着炕桌玩牌。祖母屋里的炕上,有一个大理石面的方桌,白天如果不出去,大家就在一起玩儿,但从来不熬夜守岁,到时就关灯睡觉。

每逢欢度新年和春节,祖母带着她们这些小辈儿在府里打牌或掷骰子时,总是喜欢用一种小毛钱团儿掷骰子。韫龢历来有一种心理,如果施舍穷人一些零钱,她不心疼,可掷骰子时却怕输钱,每当输钱,她就急得仿佛火上房。每当瞧着她焦急的模样,祖母就呵呵乐个不停,取笑她:

"财迷,你真是个财迷啊。"

韫龢最怕新年和春节过后,吃那些祭祀撤下来的供品。家里大人非逼着让她吃,还不厌其烦地说是让她沾一下祖宗的光,她却死活不愿意。她的借口并非没道理,供品上边沾着很厚的尘土,瞧上去太脏,有的足足搁了几个月,摸上去梆硬梆硬的。

尤其是一种点心,叫"二五眼",又硬又脏,她宁愿扔给德妈,也不肯多尝一口……

王府里撤下来的供品,成了她从小最腻歪的东西。

三 "任真堂"的刻板私塾

韫龢从九岁开始上学。她在府里念私塾的地方叫"任真堂"。

也就是说,走出内外院分界的钟灵所,就是宝翰堂,隔壁便是她平日读书的任真堂。

对于她而言,祖母无疑是其识字的启蒙老师。每月祖母发给的零花钱,她大多买了印有不少图画的《小朋友》、《儿童世界》等一些杂志。

每天闲着没事儿,祖母就教她一个个地认字,给她从府外买来印刷的识字方块,又耐心为她制订了春夏秋冬四季的作息时间表。毫不夸张地说,从小时候起,祖母就有意培养她读书的兴趣。

若按照王府的旧规矩,皇族格格不能跟平民的孩子一起上学,于是,府里请来一位叫赵世骏的私塾老师,专门教她和兄弟姐妹念书。

启蒙老师赵世骏是一个老夫子,由帝师陈宝琛介绍来府里教书的。赵老师祖籍江西,始终没做过官,晚清以来一直在国史馆任闲职。

第一天开学的清晨,她和二哥溥杰、大姐韫瑛、三妹韫颖换上了全身新衣服、新鞋帽,诚惶诚恐地跟随着父亲去拜见赵老师。此前,载沣特别叮嘱他们:"记住,这位赵老师是陈师傅[①]举荐来的,你们可要好好跟他读书啊。"

走进宝翰堂,她见一位道貌岸然的老头儿,头戴一顶瓜皮小帽儿,身穿蓝袍青褂,早已静静坐在那里等候。父亲载沣与他互相作揖,分宾主就坐。

这时,兄妹四人一本正经地站在父亲的背后,倾听两人交谈。载沣恭敬地说了一番话,意思是希望赵老师对这几个学生严加管教。赵老师则一再表示才疏学浅,自当尽力而为等客套话。

接着,拜师典礼开始。她和溥杰、大姐、三妹走入任真堂,依次跪在蓝布棉

[①] 陈师傅,即陈宝琛,曾任溥仪的汉文老师。

垫上向老师磕了三个头，老师跪在旁边还礼，然后，又一起向孔圣人牌位磕了三个头，这就算行过了拜师礼。

任真堂，位于宝翰堂东边一座幽静的小院。院内有五间北房，在正中间那一间房，靠北边和南边各有一个砖炕，上面的白毡子外边包着蓝布，又铺上一层垫子，上面搁放着两个蓝布棉垫，炕中间摆了一张炕桌。

炕北边的东头供奉着孔夫子的牌位，南边的炕桌亦如此。溥杰坐在正中间的炕桌边念书，大格格坐在西边炕桌边，韫龢和三妹则分别坐在东边炕桌两边读书，正巧对着孔圣人的牌位。

他们照例每天要行这套旧礼，虽然作揖挺深，赵老师却只是微微一抱拳，便开始教书。于是，兄妹四人就在炕上盘起腿来，正襟危坐地跟着赵世骏老师，念一些不知所云的《四书》、《五经》。

每天早晨，兄妹四人去读书，总是空手徒步而行，另有两个太监拎着书包。到了钟灵所，便有两个老头儿从太监手里接过书包——那两个老头儿不是太监，一个叫冯小铃，一个叫许代。冯小铃是一个白胡子老头儿，而许代是一个胖老头儿，脸上却没有胡子。随即，这俩老头儿引领兄妹四人走进任真堂。这似乎成了课前必不可少的仪式。

在懵懂之中，她听赵老师陆续讲授过《三字经》、《千字文》、《百家姓》，后来又教过《论语》——分上《论语》和下《论语》以及《大学》、《诗经》。多年之后，溥杰曾一再追忆说，作诗和作文都是那时打下的基础。

或许是爱新觉罗家族的传统，刚一上学，赵老师就让兄妹四人学起了绘画。祖母还赠送每人一本《芥子园画谱》，吩咐每天仿照临摹。

大格格喜爱绘画，很快便入门，画技突飞猛进。韫龢仅比大格格小三岁，由于淘气，学画不用功，纸上画得乱七八糟，大格格就笑话她：

"你画得太差了，画的这些都是什么呀……"

她的脸上有点儿绷不住了，赶紧伏身作画。老师从开始就夸大格格天资聪慧，一教就会，其实大格格不仅具有艺术天分，也颇为用功。溥杰亦属刻苦的学生，由于绘画不错，俩人时常受到老师褒扬。

韫龢休说学绘画，连盘腿都感到不习惯，蜷坐在炕上，总是闲不住地乱动不已。上课时，她须盘腿坐在炕上，但仅坐一会儿就感到累了，想伸腿又不敢，因为一伸腿就可能踢到对面的老师。有时腿坐得麻木了，简直站不起身来。

她在课堂上经常偷着玩耍。课前，她把一只小雏鸡偷偷放进衣兜里，瞧老师稍不留神，就掏出来玩儿。大格格见了，生气地批评她：

"你呀,简直就是一个小活猴儿。"

而溥杰则在一旁欣赏地瞧着她,一言不发,似乎并无责备之意。

一次,赵老师在前边讲课,她在桌底下又拿起小玩意儿玩耍,赵老师见怎么说她也不听,突然,"啪"地一拍桌子,大声喊道:

"请王爷去!"

当然,赵老师只是吓唬她,也没真想请她父亲到课堂上来。实际上,赵老师没在课堂上处罚过任何人,她也从来没挨过打。谁想,敲山镇虎这一招,倒果真把她"镇"住了,韫龢被吓得要命,连连告饶:

"赵老师,我改了,我一定改……"

从此,她再也不敢在课堂上调皮。

字还没认几个,兄妹四人便开始练习书法。先从描红模子开始,然后仿照着写。这留给韫龢的印象最深不过,直至暮年,她仍然十分清晰地记得临摹的内容:

"一去二三里,烟村四五家。亭台六七座,八九十枝花……"

当初步练熟,她又开始写仿格和"跳格",即只临写上半部,而下半截笔画空着。再过一些日子,赵老师瞧他们有了进步,才开始让他们临帖,首先临的是欧阳询的《九成宫》,临摹最多的是虞世南的《庙堂碑》,以致溥杰后来多次追忆说,其书法风格从小受虞世南的影响颇深。

在赵老师教诲下,兄妹四人又开始练写"白折子",即把宣纸折成一个个小格,在上边书写小楷。据说,陈宝琛任溥仪的汉文老师时,管教颇严,赵世骏老师是其举荐而来,或许因这个原因,对待这些学生也异常严厉,她和大格格都觉得他性格古板,始终心存惧怕。

在赵老师的严厉督导之下,兄妹的书法都有了长足进步。

老太监李长安瞅兄妹四人书法练得不错,遂叫每人为他书写一幅扇面,留作纪念。自然不排除只是哄他们玩儿的说法,但兄妹当了真,练习书法更来了劲儿。

在兄妹四人中间,数溥杰进步最快,不久,竟成了她们的书法小老师。

在韫龢看来,兄妹日复一日的私塾课,似乎多少有点儿被强制。他们每天从早晨八点到中午十一点,下午一点到四点都要来此念书,放学以后还要向父母和祖母禀报读书的进度,接受学习成绩的检查。

放学后,韫龢还得回到祖母房里背诵一遍所学功课,检验书法成绩。有时,老师在她写的毛笔字上打上杠子,表示写得不好,她只能认头。然而,老师画的圆圈儿表示"尚可",若画椭圆圈儿则表示写得不错。她就悄悄擅自将圆圈儿改成椭圆圈儿,祖母却从没发现过。不仅她姐仨,连老实的溥杰也干过这种蠢事儿。

刻板的学习对于她这个活泼的小姑娘来说,显得十分乏味。有时,祖母觉得她学习不够努力,就训斥说:

"再不好好念书,我就把你送到外边去上学,天天让你爬楼梯……"

恰恰相反,祖母原本想用爬楼梯吓唬她,殊不知她对墙外的世界始终向往,从心底里愿意去爬楼梯。可那不过是祖母吓唬她的一句空话。

不久,赵老师因患重病,变得更是和气多了。这时,韫龢不止一次懂事地安慰他安心养病,不要着急授课,还劝三格格听从老师的话。于是,赵老师渐渐变得喜欢起韫龢来了。

正当她念到《诗经》时,赵老师突然病重,返乡回家。他们一度没人授课,但因溥杰和大格格学习特别好,老师虽然不在,依然可以带着她们练习做诗、写字。韫龢当时尚未练会写诗,仅仅刚学对对子。

不久,传来赵世骏老师病逝的消息。她听到之后,心情十分悲痛,回想起当初在课堂上调皮的旧事,一个劲儿懊悔不已。

由于其他几个妹妹年龄尚小,都没跟赵世骏老师念过书。而四格格、五格格等都由魁老师授课,她听说,魁老师对学生管理并不算太严。为赶上时代潮流,崇尚时髦的母亲极力主张让儿女学习一些英语:

"学会了英语,长大以后一定有用。"

于是,她母亲便让三舅介绍来一位英文老师。他原先是三舅的英文老师,叫金汤,最显眼的标志是,额头上长着一个显眼的大包。

看上去,金老师脸色黝黑,矮矮的个子,是地道的北京人。平时,他总是一身长袍马褂,待人和气,据说他祖上属满族,不像赵老师管教那么严厉。兄妹四人因从未学过英文,金老师只好从英文字母教起。

那时,老师在任真堂里坐着授课,四个学生也是坐着听讲。不同的是,炕桌改成了一张长桌。她和三格格总故意发错音,老师一再耐心纠正,她俩仍然顽皮地说错,有意气老师,甚至连回答问题也不站起来,毫无规矩可言。

然而,溥杰和大姐坐在前边,学习倒蛮认真,韫龢和三格格坐在后边,却总变着法儿淘气。见此,金老师叹了一口气,无可奈何地说:

"你俩要是不想认真学习,尽可以在那儿坐着,不要打扰别人……"

于是,金老师干脆撇开她俩,扭过头只教溥杰和大格格英语。在她俩一味淘气之中，英文虽然学了几年，仅学会一些简单的语言，却总用英语彼此开玩笑。

没多久，韫龢就带头给金老师起了一个外号叫"勾素"，还卖弄地说，这是英语"gold soup"的译音，"勾得"是"金"，"素普"就是喝汤的"汤"——勾得素普，简称就是"勾素"。三格格见金老师的额头长着一个大包，像瘤子似的，便故意用胶水把一张吸墨纸在自己脑门上粘成一个大包，从屋外跑进来，公开戏弄老师。

金老师见到之后，脸色陡变，却没严厉批评她，只是让她摘下就算完事儿。因金老师性格温厚，她和三妹不专心念书，金老师丝毫没辙，只能佯装没瞅见。有时实在忍不住，金老师索性对她俩说：

"你俩要是再不好好念书，就到桌子那边玩儿去。"

这时，她俩见老师发火，便稍微安静一会儿。凡发现姊妹在课堂上不听课，金老师就讲起故事。讲着讲着，她们才听出来，其实老师是在借故事"损"她俩，就起哄地说：

"请老师再讲一个。"

于是，金汤仍故作不知，又微笑着讲述起另一个故事……

实际上，金汤英语水准不低，能用流利的英语与溥仪的洋师傅庄士敦[①]交谈，庄士敦一再夸他英语发音准确。她的母亲非常愿意子女学习英文，即使韫龢和三格格如此淘气，也从来没向她父亲告过状。

当金汤六十六岁那一年，其大女儿却意外死亡。在课堂上，他不禁伤感地对韫龢和三格格说：

"唉，六十六，不死掉块肉……"

当时，幼小的她俩尚不懂事，无法理解老师的亡女之痛，仍然一再小声重复金老师的话——"六十六，不死掉块肉。"

在课堂上，溥杰和大格格生气地瞪着她俩。下了课，溥杰气愤地对她和三妹说：

"你俩怎么这样不懂事？在赵老师那儿，你们怎不敢那么闹呀？"

[①] 庄士敦，原名霍金纳德·弗莱明·约翰斯顿，1874年出生于苏格兰首府爱丁堡。1894年毕业于爱丁堡大学，考入牛津大学，主修现代历史、英国文学和法理学。1898年，庄士敦考入英国殖民部，同年以见习生身份被派往香港，先后任辅政司助理和英国港督的私人秘书、威海卫政府秘书等职。此后，庄士敦作为学者兼官员在中国生活了三十四年。庄士敦入宫后，成为溥仪的英文教师，曾捐款加入康有为组织的"孔教会"，担任过最末一任威海卫行政长官长达十六年。著有《紫禁城的黄昏》一书。1938年3月6日逝世，享年六十四岁。

不久,大格格年届十五岁,按照王府的规矩便不再上私塾。

一天,金老师没来上课,载沣却招兄妹四人一起来到了宝翰堂,悲伤地说:"金老师去世了。"

她这才知道,也许是过度悲伤的缘故,金汤老师竟倏然病逝。

也就是说,直到金老师去世,她除了能识别二十六个英文字母之外,没学懂几句英语。

第陆章 进宫会亲

＊"我喜欢梨。"没想到,韫龢进宫会亲,回答庄和太妃时,竟犯了宫中忌讳。

＊她没见到溥仪之前,在想象中,"皇上"应该是一个头戴冠冕、一绺长须的老头儿。没想到,眼前却是一个身穿长袍马褂的小孩儿。

＊谁知,横生波澜——敬懿太妃发起的会亲,先是受到端康太妃讥讽,尔后她又忽然派人屡宣醇亲王府进宫会亲。由此竟埋下了祸根。

图片说明:韫龢(右二)与婉容(右四)、文绣(右五)、
　　　　　大姐韫瑛(右三)、三妹韫颖(右一)、四弟
　　　　　溥任(前)等

一 去见"皇上"哥哥

韫龢自出生以来,从没见过溥仪,只知宫内有一个"皇上哥哥"。

当她六岁那年,祖母和母亲带着她和溥杰以及大格格、三格格进宫会亲,她才第一次见到大哥溥仪。

其实,此前的第一次会亲仍是敬懿太妃发起的,那是在一九一六年三月十五日。溥仪的祖母刘佳氏和母亲瓜尔佳氏携溥杰和大妹韫瑛进宫会亲。那次,韫龢没有被带去。直到敬懿太妃问起溥仪的其他几个妹妹,她这才和三妹韫颖一起被带入宫内。这是一九一七年六月二十六日(阴历五月初八)。

自从溥仪继承同治兼祧光绪而成为清朝末代皇帝,便与醇亲王府的父母及弟、妹仿佛隔绝于世。逊位之后,溥仪虽然过着"关门天子"的逍遥生活,家人却有了进宫探望的可能。

本来,皇后以下的宫眷亲属被召进宫,叫"会亲",但对前几朝皇帝来说却无所谓会亲,因为清朝的皇帝差不多都是父嗣子继,在宫外不可能有直系亲属。

光绪皇帝虽从醇亲王府进宫,却以弟继兄名义当上皇帝,慈安和慈禧两宫皇太后自然成了抚育他的母亲,而真正的生母叶赫那拉·婉贞反而无法见到他,所以,光绪皇帝从被抱入宫门那天起,便面临母子生离死别的怪状。

溥仪入宫之后,允许亲眷进宫会亲,皆因清王朝统治被民国政权所替代,"宣统"早已逊位,无法因循过去的老规矩。当时,宫内承担所谓"养母"职责的有四位老太妃,即同治的妃子敬懿、庄和、荣惠太妃,以及光绪皇帝的妃子端康太妃。

实际上,这四位太妃无不各自心怀鬼胎,欲独自拉拢溥仪,借以提高其地位。彼此间的明争暗斗,已成了宫中人所共知之事。

此时,敬懿太妃居住太极殿,溥仪住在长春宫。两人相距较近,敬懿太妃就利用这种便利条件竭力接近溥仪,于是想出一招,接溥仪的祖母和母亲瓜尔佳氏进宫"会亲"。

因事发突然,醇亲王府内乱成一团。韫龢的祖母紧张地对瓜尔佳氏说:

"这回可真要见着'他'了。"

这个"他",无疑指的是溥仪。说着说着,老人落下眼泪,眼圈骤然变红。瓜尔佳氏虽然没哭,不像祖母那么激动,却也显得手忙脚乱起来。

那天一早,瓜尔佳氏就让溥杰和大格格到廊下去恭迎"天使",自己和刘佳氏在屋里静候宣旨。

韫龢清楚地记得,每逢宫里会亲,都是宫里的太监——"天使"前来传旨。这时,她祖母要带着醇亲王府上下这些人,提前跪在地上静候圣旨。没过一会儿,天使就在醇亲王府的太监首领牛祥——牛奔子陪同下,一本正经地走进府内。

"敬懿主子传醇亲王府进宫会亲……"

只见天使头戴金顶,身穿蟒袍,慢腾腾走进祖母所在的信果堂,神气十足地站在堂屋中间的方桌旁。韫龢见到他,觉得既奇怪也很可笑,便小声对三格格嘀咕说:

"那个'天使'不就是过去伺候二哥的小太监刘得顺吗?他怎么又跑到宫里头去了?……"

这时,她祖母赶紧带领兄妹几人面对方桌,往空中遥向太后恭请圣安,然后又退到桌子西边站成一排,恭听刘得顺煞有介事地传达敬懿太妃的旨意,传老福晋、福晋带阿哥溥杰和几位格格,进宫会亲。

说完,刘得顺便把敬懿太妃赏赐的礼物——成匹的绸缎、玉佩、荷包等摆放在桌上。祖母领着他们面向南望空叩了三个头谢恩。太监宣过旨,具体叮嘱过哪一天进宫,众人这才站起身来。

之后,刘得顺又恢复了从前在她家当太监的身份。兄妹四人虽年纪尚小,刘得顺仍然给每人依次请跪安。这当儿,韫龢听溥杰悄声附耳嘀咕说:

"那个'天使'刘得顺,已经改名叫'刘三顺'了。"

因为是头一次会亲,刘得顺再次详细交代了一些注意事项,诸如进宫可以带几个妈妈、几名太监,以及能居住宫内几天。还告诉她们,太妃准备赏赐溥杰花翎,要提前做好准备。

说完,刘得顺逐一请安后,告辞离府,众人才算结束这次迎接"天使"的礼仪。

以往在府里,晚辈提起溥仪,都称他"皇上哥哥"。进宫之前,祖母唤兄妹四人进屋,反复嘱咐:

"你们进宫之后,务必要听大人的话,严守宫规。记住了吗?"

"记住啦。"

兄妹四人彼此交换着眼色,一起回答祖母。

当时,王府的女眷冬天进宫,大多身穿大氅。往往大氅上边缀有一层层红色绣花,显得十分鲜艳夺目,但走起路来却不太利落,因为大氅几乎拖至地上。

进宫时,她祖母外边身穿一件长旗袍,里边套着一件紧身坎肩。这几个幼小的"皇妹"进宫,倒是无须穿礼服,只是身穿着各式鲜艳的花衣裳。小时候,她总穿花旗袍,帽子上大多插着两朵鲜花。长大之后,她头上梳成辫子,便不再戴帽子,只戴一朵鲜花作为装饰。

平时,韫龢经常是身穿肥大的灰色旗袍或蓝色旗袍,外边罩着一件带大襟的坎肩。大辫子上扎着一根红绳儿,底下垂着红辫穗儿。杏黄色的帽子上绣着缎子的"寿"字,若是平巾,上面便绣着花儿。

醇亲王府的男人进宫也有规矩。戴的翎子分成几眼花翎,有着严格的等级规定。她父亲载沣戴的是宝石顶子,其他人戴的大多是珊瑚顶子,还有蓝顶儿、金顶儿等。她父亲的顶戴,平常搁在衣箱里,只有进宫时才戴上。

自从刘得顺走后,醇亲王府上下整整忙了两三天,眼看渐渐临近进宫的日子。

进宫那天早晨,兄妹四人起床后即去"狮子院"集合。

其实,狮子院只是个俗称,它是王府的一座独立院落,门口有一个特殊标志——左右两座龇牙咧嘴的石狮子。她祖母和母亲在这里各乘一顶八人抬大轿,缓缓走出府门。

不同的是,韫龢和溥杰、大格格韫瑛、三格格韫颖分别跟着妈妈坐上大鞍车①——马鞍较高,车底下的木轮包着铁圈儿,在震得脑袋发疼的马车里,这一行人紧紧跟随在两乘大轿子后头。

他们乘坐的大鞍车,车前有一匹高头大马,还配有一个赶车的马夫。在马车两边,一些仆人随车徒步行走。

坐在轿子上的祖母和母亲,梳着两把头儿,身穿蟒袍,胸前挂着朝珠。溥杰穿戴着红顶官帽,蓝袍褂,脚下是一双黑缎子官靴。大格格没有朝服,只是穿着满身锦绣的旗袍和坎肩儿。

韫龢坐在铁皮轱辘的马车上,感觉颠簸得厉害,便尽量紧靠在车里。而德妈坐在车沿一边,从外面贴护着她,生怕她颠下去。车上方有一个顶棚儿,车

---

① 据说,韫龢所谓的大鞍车,就是一种车轮比较大的马车。

前遮有一扇放下来的布帘。马车行驶起来,里面的垂帘就放下来,从外边看不见车里任何情形。

大鞍车两侧各有一扇玻璃,可以望到外面。她见到马路上有一领席子,一端仅露出两只脚,其他部分则用破草席遮盖着,感到特别奇怪,便好奇地问起德妈:

"这是什么人,怎么在地下躺着,还盖着席子呀?"

"那是'倒卧儿'。"

"席子底下怎么还有两只脚呀?……"没等德妈说完,她又继续追问。

"那些'倒卧儿',就是被饿死的人……"坐在车沿上的德妈,扭过头对她说。

"那他们家里怎么没有吃的呢?……"她感到更加奇怪。

"他们家里穷,没吃的呀……"德妈悄声地告诉她。

后来,她才发现街上和便道上的野狗,正撒欢儿地追着大车跑。当她听德妈说,那些野狗敢吃死人,竟被吓了一跳。

"别看了,那些'倒卧儿',肚子里没食儿,身上又冷,是冻饿而死的。"德妈说,"这些'倒卧儿'死在街上没人管,只盖着一领席子,说不定什么时候就给拉走了。"

路上,德妈还对她说,虽然王府外有舍粥棚,可是有钱人的舍粥里有不少沙子……

这次,水妈也跟随韫龢进宫,谁知乐子可大了。水妈是秃顶,为了梳两把头,先要在头顶贴上薄黄饼儿,再粘贴一些头发作为假发。韫龢见到水妈正坐在大鞍车上,突然大鞍车簸颠起来,水妈头上的黄饼儿颠了个儿,当然假发也掉了下来,这可把韫龢笑坏了……

通往故宫沿途都是土道,可谓无风一尺土,下雨满街泥。她下雨天没出去过,大多闷头待在府里,大风刮过,屋里的桌上往往洒满一层土,都能在上边写字。京城刮风也是刮土,府里的窗户,大多是高丽纸卷窗,若刮风时就卷上去挡土,不刮风就卷下来,用小线儿绑在窗框上。

那次乘大鞍车进宫途中的所见所闻,直到多年之后,她仍记忆犹新。等到第二次进宫,他们改乘胶皮轱辘马车进宫,就感觉舒服稳当多了。

她乘坐的大鞍车上,专门搁着一个黄包袱卷儿,里边包着被褥、衣服等日常穿戴,还有洗脸盆等,可以说一应俱全。

这一行人途经银锭桥,在王府太监和随从的前呼后拥下,沿鼓楼大街前

故宫神武门。韫龢跟随祖母即从此门进宫会亲

行,一直到故宫神武门前才下车。这时,宫里走出来一群小太监,带着这一行人走进神武门,换上只能乘坐一人的小轿儿①。

这时,所有人都必须下马步行,王府的下人都被阻止在外,若需要照料的事儿都由太妃派来的太监接过来。王府跟来的只有少数几个妈妈和太监,允许跟随其后。两名醇亲王府的佣人,抬着八个巨大的黄盒——"贡品",里边是定做的各式各样点心,准备进宫送给溥仪和太妃。

只见两个太监各自抬起一乘小轿儿,分别将他们从神武门内,抬至敬懿太妃居住的长春宫门口。

因小轿儿只能停在长春宫门口,所有乘坐之人只好下轿,轿子则由太监抬走。而溥杰被溥仪赏赐"朝马",可以乘马径骑至长春宫院外,由太监牵走马,

---

① 所谓小轿儿,究竟是什么样子?与外边有何区别?据考,那是两人抬的类似滑竿的轿子。实际就像一个两端伸出长扶手的太师椅。笔者曾仔细问过韫龢,小轿子前边有没有帘子?两边有没有玻璃窗?韫龢笑着对笔者说:"哎,什么都没有。连顶子都没有,所谓小轿儿,就是一把大椅子。我坐在上边,由前后两个太监抬着,沿途四周什么都可以看得见。"

再与下轿的祖母、母亲和妹妹们一起步行,翩然走进长春宫①。

二 最爱吃"梨"犯了"忌"

这一行人静坐在长春宫西配殿,等候召见。稍过一会儿,只见一个太监拖着长音儿前来禀报:

"瑜主子召见老福晋、福晋、阿哥和格格……"

于是,兄妹四人跟随着祖母和母亲走进启元殿。

韫龢进门一侧头,只见靠南窗的炕上坐着一个头戴坤秋帽、身穿古色古香长袍的老太太,想必是敬懿太妃。一行人先自报姓名,跪下后再称呼老太妃:

"主子吉祥……"

接着,又按照宫规向太妃磕了三个头。兄妹四人被太妃赐座之后,随即跪下谢恩。敬懿太妃微笑着,似乎随意地说:

"不用磕了……"

之后,他们这才分别坐在临时摆的四把小凳儿上。宫内得知醇亲王府要来几个小孩儿,所以预先准备了小凳儿,让溥杰和身穿肥大旗袍的三姊妹坐在上边。

按照礼节,醇亲王府和敬懿太妃互致礼品和回礼之后,她的祖母和母亲便与敬懿太妃交谈起来,说的无非是一般客套话,并无什么新意。

冬天里老太妃戴着一顶坤秋帽——周围一圈儿镶着貂皮的皮帽。惯常,宫里冬季饮温热的普洱茶,据说夏天便改换成其他茶叶。

当大人一边喝茶一边聊天之际,兄妹四人就算"解放"了,只是静等祖母的一句话:

"你们玩去吧……"

这时,太监就带着他们到启元殿东边玩耍去了。

过了一会儿,祖母唤过兄妹四人跟随着颠颠儿地到各宫,去给其他三位老太妃请安。

论起来,庄和太妃、荣惠太妃跟敬懿太妃年岁差不多,只是端康太妃稍微

---

① 当溥杰先生在世时,韫龢曾屡次核询过他关于进宫的规矩。溥杰记忆非常清楚的是,这一行人乘坐大鞍车到神武门前须全部下车,步行走进宫门。不同的是,进入神武门,几个妹妹则乘小轿儿进宫。溥杰被赏赐"朝马"之后,可以骑马至宫院外,再与下轿的长辈和妹妹步行进院。

年轻一些。敬懿太妃说话较文静,端康性格活跃,说话嗓门挺大。

甭管人前背后,兄妹四人对宫内的四位太妃统称"主子",见面的礼节,均是请安之后再磕头,三跪九叩。细品起来,这四位宫里最讲究礼节的要属端康太妃,无论与谁见面,总是端着一副当家老太妃的至尊架势。

在韫龢的印象里,惟独庄和太妃没单独邀他们去宫里住过。这次,庄和太妃为表示亲热,没话找话地逐个询问兄妹四人,最先和蔼地问起溥杰喜欢吃什么水果,他随口答道:

"我爱吃苹果。"

之后,庄和主子又询问大格格,最喜欢吃什么水果,韫瑛回答说:

"我喜欢吃香蕉。"

见兄妹二人回答得挺圆满,她的祖母和母亲感到很高兴。随后,庄和太妃又温和地问起韫龢:

"你叫什么名字呀?"

"我叫韫龢。"

"你的名字挺好。你喜欢吃什么水果呀?"

"梨,"她想也没想,又直截了当地补了一句,"我最爱吃梨。"

岂料,这一下惹了祸。一句天真无邪的话,顿时使庄和太妃的脸色变得难看起来。因为梨与分离的"离"同音,触犯了宫廷大忌。

庄和主子特别迷信,随之耷拉下脸,不再理睬她。

还算不错,三妹接下来的回答倒是圆了场,她回答喜欢吃柿子,使太妃的脸色"阴转多云",顿时有了笑意。

会见刚刚结束,韫龢还没弄明白怎么回事,祖母立时拽她进了配殿,急赤白脸地说:

"你怎能那么说话,偏说喜欢梨呢?"

"我就是爱吃梨,最爱吃鸭梨嘛……"

至此,她仍然不明白,自己喜欢吃梨究竟错在哪儿。返回居住的厢房之后,她的祖母又严厉地批评她:

"咳,你真不懂事,怎么偏说爱吃梨呀。"

"我没撒谎,就是爱吃梨嘛。"

她十分纳闷儿,长辈一再教育小孩儿要说实话,哪点儿不对呢?这时,祖母耐着性子对她说:

"你看溥杰和大姐、三妹,人家说得多好啊,喜欢吃苹果、香蕉、柿子——

事事如意,这些都可以说,你怎么非说爱吃梨呢?"

韫龢低着头,一声不吭。祖母见她没有任何认错的意思,极为生气地跺着脚,对她说:

"往后甭管谁问,就说爱吃苹果、柿子、香蕉,都可以嘛……唉,真拿你没办法呀!"

听到祖母声色俱厉的训斥,她才知,自己犯了宫里的大忌——"梨"与分离的"离"是同音,显然是不吉利之辞。然而,她还是一个小孩儿,哪儿懂这些老规矩?以致多日之后,回到醇亲王府,祖母对她仍教诲不已:

"庄和主子挺迷信,不仅不能说'梨'——分离,连什么'死'这一类晦气话,在宫内也不能说。你知道吗,即使庄和主子吃梨,也要切成一牙牙地吃……"

她这才明白,一个"梨"字惹出如此大的麻烦,难怪祖母大发光火。

但到了晚上,她听说将留宿宫里,仍兴奋至极。夜里,她和祖母睡在永和宫的西配殿里,那是一排三间厢房,祖母住在里间,她睡在外间房里。

说起来,外人可能不信,配殿里空空如也,她们连睡觉的被窝和铺盖——褥子、枕头、几身换洗的衣服、银脸盆、洗漱用具,乃至梳头用的梳子,无一不是从醇亲王府里带去的。

所有这些物品,被统统放进一个黄布卷儿——像是一个被套似的夹被单。每人一个黄布卷儿,进宫后再逐一打开。

西配殿的旁边,是一间厕所。其实,宫内的厕所跟王府没多大区别,都是蹲坑,打扫得异常干净。因为王府的厕所在院里,所以一般不让小孩儿去,怕掉进厕坑。当她幼年时,大

珍妃的姐姐——端康太妃

多都在屋里坐马桶如厕,而宫里却没为兄妹配置马桶。

在她看来,四位太妃性格各异,长相也各不相同。庄和主子肤色较黑,敬懿主子比较白净,荣惠主子则与普通人无异,没有什么突出特点可言。而平时表情严肃的端康太妃身材颇胖,头顶上梳了一个纂儿,脖子上还长着一个大"气累脖儿",以致连衣裳领子都难以扣上,乍瞧上去实在不怎么顺眼。

宫里人时常议论起,端康主子不知怎么被选上的妃子。而其胞妹珍妃相貌相当不错,跟她性格截然两样,显得活泼可爱。

就比较而言,端康太妃最突出的是性格要强,最显眼的则是长了两条长腿,人称"仙鹤腿",否则,其外貌恐怕实在令人难以恭维。平时,她总喜欢坐在炕上,抽一杆长长的大水烟袋,让太监远远跪在地上点烟。

而她祖母使用的却是一个小水烟袋,要用长长的纸捻儿点燃才行。韫龢在王府里,时常给祖母吹火点烟,但进宫后便用不着她了。

这两位老太太在永和宫吸烟时,她往往守候一旁,偶尔也闲坐着陪她俩聊天。

秋高气爽的季节,在宫里还能够吃到鲜活的螃蟹。这往往由端康太妃赏赐,召他们单独前来品味的。

就餐时规矩颇大。他们先要给端康太妃跪在地上磕头——地上非常干净,没有一丝尘土,然后一一落座。端康太妃端坐中间,祖母和母亲坐其两边,餐桌两侧依次便是兄妹四人。

偶尔,庄和太妃和荣惠太妃也来永和宫闲聊家常。入冬之后,她见到,庄和太妃和荣惠太妃经常戴着一顶坤秋帽,夏天便盘起头发,挽成一个发鬏儿。两人说话似乎都没底气,声音微弱,简直像蚊子似的。

据她所知,庄和太妃和荣惠太妃从没在永和宫吃过饭,经常是问候一声,待会儿就走。

她跟随大人在这几个宫里吃饭,无不把八仙桌拼接起来,离得远的许多菜肴根本够不着。

韫龢虽对庄和太妃和荣惠太妃印象不深,但对永和宫和长春宫周边环境却比较熟悉。因为,她在宫里总喜欢四处乱跑一气。她知道,荣惠太妃所居附近的漱芳斋有一个戏台,平时,人们总聚在那里听戏。近水楼台先得月,荣惠太妃自然也时常在漱芳斋听戏取乐。

祖母在与太妃交谈之中,凡提起溥仪,就往往流泪不止。她实在想看一看心爱的孙子,此时距溥仪进宫已七年,却一直没有再见过一面。祖母与太妃聊

了一会儿,只见太妃说:

"皇帝请安来了,老福晋下去歇着去吧。"

于是,太监又把她祖母、母亲等一行人领到休息的厢房。所有侍立旁边的太监和宫女,也一齐退了出去。

此后,按照太监的安排,他们在长春宫西配殿院内静静等候了一会儿,只见启元殿后宫门打开,一群太监跟随一个与溥杰岁数差不多的小孩儿走了过来——这就是仅比溥杰大一岁的溥仪。

她当时觉得挺奇怪。祖母正与她们说着话,见到溥仪走来,马上异常恭敬地对溥仪说:

"皇帝好。"

她十分留意彼此的称呼,清晰地听到,溥仪当时把祖母称作"太太"。寒暄一阵以后,溥仪走进祖母居住的厢房后,才给祖母正式请安。

这便是刻板的宫廷礼数。溥仪虽是瓜尔佳氏的亲生儿子,但毕竟是皇帝,不能在太妃面前向祖母和母亲行家礼,须待太妃退出殿,一家人走进厢房,才能行家礼或说私话。

兄妹四人被反复叮咛,见了溥仪要叫"皇上"。直到数年之后,她才明白,或许这就是兄妹与祖母对溥仪称呼的区别之处。

当年溥仪不到三岁就被抱进宫,这次再见面时,溥仪已经十一岁。祖母见到溥仪,激动的热泪立时滚落下来,顿然泪流满面。此时,溥仪竟也哭得说不出话来。在韫龢看来,祖母与长孙重逢,场面令人感动。

随后,西厢房内,一片寂静。

三 "皇上"竟是一个小孩儿

转眼间,她见一个老太监把明黄色的拜垫,郑重地放到祖母和母亲跟前。

溥仪走过来,跪下分别给祖母和母亲请了一个跪安。这时,她祖母情绪难耐,激动得几乎哭出声,母亲则在旁边直愣愣地站着在那儿,似乎不知所措。

溥仪请过跪安,站起身来,面容仍然显得极为拘谨。据祖母事后对她说,在行家礼时,只要老太妃不在场,即使旁边站着太监也不要紧。

在寂静的西配殿内,她的祖母、母亲与溥仪对面而坐,她和溥杰、大格格等人规规矩矩伫立一旁。

生疏的感觉,使众人感到异常别扭,一时都不知说什么才好。眼见祖母和母亲与溥仪彼此交谈了不到十分钟,离别七年的重逢,遂在尴尬中结束。

原本她没见到溥仪之前,虽早已知道有这么一位皇上哥哥,但在她的想象中,"皇上"可能跟戏中差不多,应是一个头戴冠冕、身穿大黄袍,留着一绺长须的老头儿。然而,她见到面前却是一个身穿长袍马褂的小孩儿。她和溥杰相视而笑,都觉得挺奇怪,没料想皇上哥哥竟也是一个不谙世事的小孩子。

那年,韫龢年仅六岁,溥仪则比她大五岁。这次,她平生第一次见到溥仪,而且当面称他:

"皇上哥哥……"

小太监听到她如此称呼,非拦着不让叫,说是对皇上"不敬"。溥仪头一次见到弟弟和妹妹,不仅丝毫没生气,反而觉得很好玩儿,大咧咧地对小太监说:

"甭管她,就让她这么叫吧。"

韫龢见到小太监迷惑不解的表情,觉得十分奇怪。

只等礼节性的会面刚结束,溥仪便高兴地跟兄妹一起玩儿了起来。因为宫里平时没有小孩儿,他觉得特别闷得慌,一眼瞧见了溥杰,便走来好奇地询问二弟:

"你平常在家玩儿什么?"

"我会玩儿捉迷藏。"溥杰说。

"你也会玩儿捉迷藏啊,那太好了!"溥仪说着,就把杰二弟和三个妹妹领到养心殿,玩儿起了捉迷藏。

她和三格格遵照溥仪的吩咐,把养心殿的窗帘全部放了下来,整个殿内顿时变得黑乎乎,伸手不见五指。在一片漆黑当中,溥仪和溥杰哥儿俩合伙吓唬三个妹妹,玩儿得十分痛快,可也把三个妹妹吓得不轻。

过了一会儿,溥仪让太监拉起窗帘,养心殿内立时变得亮堂起来。韫龢抬眼看见一把椅子,便走了过去,她刚坐上椅子,屁股底下竟然响起了音乐,原来椅子下安装了一只八音盒。她坐在上边,觉得非常好玩儿,实在不愿动窝儿。这时,一旁的太监对她绷起了脸:

"这儿你可不能坐,这是皇上坐的地方。"

她心里正二乎着,溥仪听到了,却没当一回事儿地随口对太监说:

"甭管她,就让她坐那儿吧。"

她既淘气又好奇,坐在椅子上倾听着音乐,心里那叫一个乐。她年纪幼小,哪儿懂什么宫廷的规矩。

而溥仪这句话刚说完,就高兴地与溥杰和大格格韫瑛溜出殿门,把她和三格格关在了大殿里。

忽然,养心殿内一下又暗了下来,对面不见人,顿时把她俩吓得够呛。原来,溥仪兄妹三人淘气地把殿外的竹雨搭放了下来,整个殿内变得伸手不见五指。

此时,溥仪又带着溥杰和韫瑛趁机溜进来,一阵大吼大叫,跺脚拍掌,合伙恫吓她们姐俩。整个养心殿内瞬间成了恐怖世界。

她感到内心惧怕,又和三格格发生言语冲突,彼此对着啐唾液,差点儿动起手来。溥仪偷偷跑出殿门,趴在窗外偷窥她俩害怕的模样,以此取乐,还一个劲儿地起哄叫嚷着:

"鬼来啦!……"

直到她俩几乎被吓哭,溥仪才放姊妹俩蹿出了养心殿。跑出殿门,韫龢远远望着站在门口的溥仪,内心觉得特别好笑,这个淘气小孩儿哪儿像个"皇上"呀?……

这时,小太监孙耀庭一溜儿烟似的跑来,讨好地向溥仪告状说:

"大格格背地叫溥杰的乳名——誉格……"

哪知,溥仪哈哈一笑,置之不理。

眼看午饭时间到了,敬懿太妃又把他们唤到启元殿。一个太监跪在地上,对敬懿太妃禀报:

"太妃该进膳了。"

话音刚落,许多身穿蓝布长袍的太监在大殿中摆了两张餐桌,又拼上一个方桌,然后把盖有银盖儿的碗、盘一个个摆在桌子上。她看到,餐桌东头为敬懿太妃摆放了一把雕花太师椅,沿着餐桌旁又放了几把椅子,显然是给这一行人坐的。

然后,一群训练有素的太监开始摆膳,一名太监麻利地取下扣在碗上的银碗盖儿,放进空膳盒里提走了。

她嗅到,各种菜肴的香味儿汇集起来,一时,空气中飘来一种难以形容的诱人肉香。丰盛的山珍海味,远远超过醇亲王府过年的排场。一个太监走过来,跪在地下说:

"膳食摆齐了,请用膳。"

这时,敬懿太妃才缓步走到太师椅前落座。太监又轻手轻脚走过来,对她祖母和母亲说:

"太妃赐你们同桌。"

于是,她跟着祖母和母亲等人又向敬懿太妃跪下磕了三个头,感谢太妃赐同桌之恩。只见敬懿太妃面无表情地吩咐:

"往后同桌,就不必谢恩了。"

这时,一行人才坐下用膳。刘得顺走过来殷勤地夹菜,顿时,兄妹四人面前的小盘里堆满了各式菜肴。她小心翼翼地挟着饭菜,此前祖母和母亲早就交代过,在太妃面前用膳时千万别狼吞虎咽,好像一辈子没吃过饭似的,可别给醇亲王府丢人,还一再叮嘱他们细嚼慢咽。

大家正在用膳,忽然,一个老太监走进殿来,跪在地上,大声向敬懿太妃禀报"皇上"的进膳情形。

午餐之后,韫龢随众人退到大殿两端的屏风后面,太监端来漱口水和热手巾把儿,让他们漱口、擦手,之后又捧上一个小银盒儿,里面装着槟榔和豆蔻、素沙,让兄妹含在嘴里以助消化,且清除嘴中的异味。

她见敬懿太妃吃过饭正在擦手,只不过,听说漱口时却要等太监和宫女摆上漱口盂和牙刷退下之后。因为太妃安的是假牙,不想让别人看到。这时,一个小太监走过来,悄悄叮嘱兄妹:

"你们可别去看太妃刷牙啊。"

她多少有些好奇,太妃牙齿还能是假的?她想看却不敢,结果探头探脑犹豫半天,也没看成。

素来,宫里的四位老太妃,面和心不和。起初,这一行人进宫会亲,是敬懿主子起的头。所以他们进宫,只能先住在敬懿太妃居住的长春宫东侧。后来,端康也仿效着时常召他们进宫会亲,便住在永和宫,这自然是后话了。

进宫第二天,兄妹四人陪着祖母和母亲坐上轿子,照例去给其他三位老太妃请安,再进奉四盒点心和水果,每处至多坐上二十多分钟就走,无非寒暄客套一番。

"你们休息去吧。"

当听到老太妃的吩咐,一行人便欣然告辞。每次,太妃总要回赏他们一些衣料、古玩。

照例,一行人在宫里连续留宿数天。每天早晨六点起床,梳洗之后吃早点,每人一大盘烧饼、炸甜油条或咸油条,还有酱肉、熏鸡、香肠、小肚,以及各种酱菜。除此,太监还会端上来糖莲子、百合汤,甜食和热汤面。

吃过早膳,兄妹四人照例换上衣裳去母亲屋内请早安,待母亲梳洗完,再一起去祖母屋里请安,等祖母梳洗打扮完毕,这一行人再去四位太妃宫里请安。待一圈儿转完,便已临近午膳时分。

午膳时,他们往往与敬懿太妃同桌。在宫里吃过的一些菜肴,直到过了许久,她仍记忆犹新。

在凉菜里,她最常吃的是拍黄瓜和凉拌粉皮、糖拌白菜心。其实,这也是醇亲王府里常吃的"老三样"。

正餐中,桌上总少不了摆放民间一些常见的菜肴,如炒木须肉、炒肉末、肉炒葱丝、白菜丸子、四喜丸子、炒菠菜,还有溜炸丸子等。

夏天,宫内时常吃芝麻酱拌面条。最讲究的是菜码,大多是豆芽菜、黄瓜丝、胡萝卜丝、青蒜等。她感到奇怪,就悄声对三妹嘀咕:

"嘿,你瞧宫里的菜谱,跟咱府里多一样啊,连拌面条的菜码都差不多呀。"

"谁说不是呢。"三妹随声附和地点着头。

午膳之后,她照例还要跟随祖母和母亲陪同敬懿太妃在殿内或御花园散步。

所谓殿内散步,依然是太妃由祖母和母亲陪着,从大殿东头走到西头,再从西头走到东头,一边谈话一边溜达,以作消食儿,也有时随意坐下聊一会儿闲天。此时,太监偶尔还带着溥杰和大格格到西侧屏风后边去听谭鑫培的《定军山》等京戏唱片。

之后,她仍开始睡午觉,一直躺到三点来钟。起床之后,一行人就又回到太妃的屋里。这时,太监和宫女会按规矩送来果盒,里边盛着干鲜果品、蜜饯、糕点,以及豌豆黄、芸豆糕、荸荠……

在提来的果盒里,她最爱吃一种用奶皮子裹的宫廷奶卷,里边是芝麻和白糖馅儿,还有一种馅儿里掺些山楂糕,吃起来酸甜可口。据说,这最早是蒙古王府进贡来的。

值得一提的是,果盒里的糖葫芦,跟宫外的做法截然不同,是一根牙签蘸一颗水果。种类不少,无一不是精选而来的,个儿虽比较小,却一律是匀溜个儿。

比较常见的品种有核桃、山里红、橘子、山药等,这些都是现蘸现吃。另外,果盒里还有一些北京风味小吃,像艾窝窝、驴打滚,不仅好吃,做得也很别致。

当每天下午五点多钟,溥仪走来与祖母交谈十几分钟之后,就带着五岁的韫龢和溥杰以及大格格、三格格到养心殿玩儿去了。这是她感到最开心之时。这一群毕竟是孩子,一玩儿起来就把时间忘了个精光,有说有笑,欢声笑语顿时弥漫了整个大殿。

晚膳时,兄妹四人大多与溥仪同桌共餐。每当大约八点钟,大总管张谦和与溥仪的看妈李妈、张妈及乳母王二嬷,便催促"皇上"起身回殿。这时,溥仪照例对醇亲王府的家人说一声:

"你们休息去吧。"

当兄妹四人由太监领回祖母身边,敬懿太妃大多仍在与祖母和母亲津津乐道地闲谈没完。

晚膳中,敬懿太妃有时为了助兴,还让一些小太监在面前插诨打趣地表演一些小节目,譬如模仿杨小楼的《水帘洞》里的小猴儿,出个洋相,逗大伙儿一乐。

韫龢内心十分清楚,宫里一天活动结束的标志是,晚膳之后跟随敬懿太妃和祖母,穿着厚底鞋在宫里遛一趟弯儿。按祖母的话来说,吃完饭多活动一会儿,晚餐容易消化下去。

此时,这些晚辈必须紧随大人身后,一群太监也在一旁照应着,一直溜达到晚间九、十点钟,太妃才吩咐睡觉。她跟着祖母回到屋里,往往觉得疲惫不堪,洗过脸、漱漱口倒头便睡。

光阴转瞬即逝。眼瞧到了出宫前夕,祖母和母亲领着兄妹四人到各老太妃处辞行。大人往往能得到赏赐二百两银子、四件衣裳,每个小孩儿则获赏一百两银子、两件衣裳,此外还有不少古玩玉器。以致连醇亲王府跟随来的太监、宫女和妈妈,也能分得几两银子赏赐。

临别之前,溥仪来到祖母和母亲屋里辞别,祖母实在不忍分离,又伤心地落下了眼泪,

谁知,此事横生波澜。由敬懿太妃发起的会亲,竟然受到端康太妃的讥讽,甚至还嘲笑醇亲王府不该与敬懿太妃往来。

然而,此后——韫龢记得溥杰十三岁那年,端康太妃也忽然派人宣醇亲王府进宫会亲。不过,端康太妃传旨,声称她祖母已年迈,不必参加会亲,仅让她母亲瓜尔佳氏进宫即可,还允许带上溥杰和三个一母同胞的妹妹。

会亲能再次见到溥仪,这自然使她母亲感到高兴。这一行人进宫,叩见过端康太妃,又照例去拜访其他三位太妃,哪料,敬懿太妃会见时,却显得异常烦恼,随口甩出几句淡淡的闲话:

"你们来不来我这儿都行,去哪个宫都一样……"

听此,她母亲没敢吭声。从此,敬懿太妃却再也不召醇亲王府进宫会亲。

相反,端康太妃相邀会亲的次数反而多了起来,且殷勤备至。每当进宫之后,端康太妃不仅天天派专人为一行人送去两笼饭菜,因素知溥杰喜欢鼻烟壶,又多次赏赐他几件各式珍贵的鼻烟壶。

甚至,连端康太妃邀请他们吃饭的规格,也远远超过了敬懿太妃,可见其煞费苦心。倒也不白费工夫,不久,端康太妃与醇亲王府的关系就变得异常热乎起来。

进宫第二天早晨,天还没大亮,祖母就催促她起床,开始梳洗打扮,而且嘱咐她:

"你麻利点儿,待会儿太妃醒了,我们得上那儿请安去。"

每次去请安,她和二哥、大姐、三妹缺一不可。可她始终没见到过父亲来宫内请安。二哥、大姐历来都比较文静、规矩,而她格外淘气。请安之前,祖母总要叮咛几句,惟恐她惹出乱子。

没多久,她就与永和宫的宫女和太监混得极为熟悉。端康太妃身边有一个贴身宫女,叫玉安,年仅十七八岁,长着一副圆乎脸,很是耐看。她见玉安仅穿旗袍,从来没穿过别的衣裳,她们姐儿仨一向与玉安关系密切,见面都亲热地称她玉姐。

端康太妃凡跟大人开始聊天,就叫玉安带着兄妹四人到殿外边去玩儿。玉安性格活泼,时常带着他们做游戏,像什么逮手指头、翻大顶、跳绳……有时,还将他们拢在一起讲述宫内的传说。

当时,永和宫里有一个太监叫穆福①,是一直伺候端康太妃的贴身大太监。为端康太妃梳头的是一个叫小三儿的太监,性格活跃,长得异常消瘦。永和宫还有一个出名的戏班儿,由清一色太监组成,小三儿饰青衣,小五扮武生,另外还有一些太监像小七儿、春来……都是永和宫戏班儿唱戏的台柱子。

这些年轻太监,很快就成了韫龢熟悉的大朋友,见面无不点头哈腰地称她"二格格"。

不夸张地说,永和宫戏班儿演唱的戏目,文武兼备,诸如《四郎探母》、《武家坡》、《三岔口》……在宫里一度名声大噪。据说,这是端康太妃一向引以为

---

① 穆福,又名穆海臣。

自豪的。

永和宫戏班的兴旺，显然源于端康太妃的戏瘾。但其所在的宫内没有戏台，而荣惠太妃的宫里则有一个戏台。看戏时，总是一群人蜂拥而至，不仅端康太妃，连韫龢的祖母和母亲也经常带着他们去看戏。

这些小孩儿坐在漱芳斋的廊子里看戏时，面前仍按照规矩摆放着茶几，上面有一个船形的银茶盘，里边是宫中饮茶所使用的盖碗。韫龢平常不喜欢喝茶，也不愿观赏慢慢腾腾的斯文戏，偏偏爱看热闹的武打场面。

多次进宫之后，她才知宫内规矩甚多。毫无例外，他们每次进宫都会得到赏钱。年底辞岁时，去给四位太妃逐个拜年磕头，她和兄妹每人还会获赠"压岁"的五十两赏银，以及一些"尺头"——一卷卷衣料。

以致后来，各太妃先后赏赐的绫罗绸缎，她几乎攒了整整两箱。每到年底，祖母就让韫龢分给仆人一些，她陆续赠送德妈和李妈、水妈。剩下的，她还送给一些身边的仆人做衣裳。

前排左起：溥仪的六妹韫娱、四弟溥任、婉容之弟润麒、五妹韫馨
后排左起：四妹韫娴、三妹韫颖、二妹韫龢、毓嵒之妹铁格、皇后婉容在宫中合影

平时在宫里,杰二哥和大姐经常在屋里写字、画画儿或读书,像溥杰手里总是手捧《唐诗三百首》诵读,保姆经常在他读书时,为其切橙子吃。这样,溥杰一边念书一边吃橙子,居然久而久之成了习惯。

在韫龢看来,兄妹之中,数溥杰学习最用功,乃至后来成了溥仪宫中的"伴读",反倒比溥仪功课还好得多。在宫里,无论溥仪干什么,溥杰无不紧紧追随。溥仪另外一个伴读,叫毓崇,是溥伦贝子的后人,比她和姊妹小一辈,读书非常用功。①

然而,每逢溥仪上课不听讲,毓崇就成了替罪羊,往往挨"训"最多,大多是代溥仪受"过"。而毓崇待人谦恭有礼,见了韫龢,总是微微低头叫她一声"二姑姑",便再也不吭声。她和毓崇见过不少次面,却没闲聊过一次。

论起来,毓崇的母亲是溥伦的福晋,瓜尔佳氏总让韫龢管她叫四姨。平时毓崇很少说话,人极老实,性格显得蔫蔫的,一双大大的眼睛,两眼之间距离比常人明显宽一些。毓崇有一个妹妹叫铁格,个子不高,扁扁的脸,长得很端庄,时常进宫来见溥仪。

铁格还与韫龢和三格格经常在宫里一起玩耍,不仅跟溥仪混得极熟,也一向挺谈得来。她们一起在宫内和溥仪拍摄过不少合影②。谁知在溥仪没出宫前,铁格竟莫名其妙突然病逝,这竟使幼年的她,顿生无限惆怅之感。

宫中也有乐趣。每当早晨起床后,韫龢总出神地凝视着卧室内一座自鸣大钟。它每到整点就响,这时便有一只小鸟跳出来,吱吱叫着唱歌。不仅她,兄妹四人无不喜欢观看这座大钟打点报时,瞧着它,她总是不由自主从心底洋溢出盎然童趣。

---

① 韫龢曾回忆说:溥仪的汉文老师是陈宝琛、朱益藩。庄士敦教授溥仪英语,伊克坦专教满文。溥仪很贪玩儿,学习不太用心。溥杰有醇亲王府私塾的底子,学习比较用功。溥杰从十五岁陪伴溥仪在毓庆宫读书,一直到溥仪结婚为止。

在溥仪和溥杰的幼小心灵中,"复辟"思想根深蒂固。辛亥革命以后,清朝统治虽被推翻,但由于有清室优待条件,溥仪仍做着"关门皇帝"。醇亲王府内的人们,仍迷恋着努尔哈赤以十三副衣甲起家,康熙亲征、乾隆南巡等故事,甚至慈禧太后日常生活之类的话题,每当谈起来依然津津有味。每逢提起辛亥革命以及孙中山、袁世凯,溥杰和妹妹就会咬牙切齿,痛恨不已,总觉得清王朝不该如此灭亡,将来总有一天会否极泰来。

② 在故宫的现存照片辑中,仍有不少铁格与溥仪以及大格格、二格格和三格格的合

第柒章

祖母讲述的亲历故事

＊自幼，祖母刘佳氏就对韫龢说起，叶赫部落被努尔哈赤灭亡之际，部落首领临终留下遗言，"即使剩下一个女孩儿也要报此灭族之仇！"晚清，偏偏选上叶赫那拉氏为妃，尔后竟成了慈禧太后。"这也许是一个'因果报应'，爱新觉罗的天下就亡在她手里了。"

＊谁能想到，载沣竟然提议释放企图炸死他的汪精卫，又曾会见孙中山，与之尽释前嫌。

＊瓜尔佳氏念念不忘复辟，派心腹专程赴津面见张勋，愿溥杰与其女共结"秦晋之好"。然而，请来京城名家批"八字"，无奈"属相相克"，只好放弃。

＊韫龢曾亲耳听父亲说过，一位多年老友来见载沣，居然是袁世凯托其前来说项，要把女儿嫁给溥仪！终因袁"皇帝"去世，这桩婚事才黄了菜。

图片说明：坤宁宫洞房

一 祖母口中的慈禧

自打记事儿起,韫龢每当躺在床上,便缠着祖母刘佳氏讲故事。这仿佛成了惯例,她大多在故事结尾时,便渐渐沉入梦乡。她曾听祖母说起一个难以忘却的神奇传说,遂在脑海留下了无可磨灭的印记。

当初叶赫那拉部落被努尔哈赤灭亡之际,部落首领临终前指天发誓,留下铿锵遗言:

"叶赫族即使剩下一个女孩儿,也要报此灭族之仇!"

据传说,爱新觉罗祖上曾颁过"禁令",不许清朝历代皇帝与叶赫那拉族女子通婚。岂料咸丰皇帝时,叶赫那拉氏偏偏被选进宫。本来她被封为"兰贵人",因生下"同治",转眼变成贵妃,尔后竟成了慈禧太后。祖母躺在床上,对韫龢缓缓而言:

"这也许是一个'因果报应',爱新觉罗的天下就亡在她手里了。"

幼小的她,弄不清怎么回事,却牢牢记住了这个众口相传的奇事。她还从祖母口中,听到过许多有关慈禧的故事。

"听说,慈禧少年时家境清贫,每天早晨都要步行去东直门外买早点。卖早点的老人经常跟她开玩笑地说,'拉拉骆驼',说完便捏她鼻子一下,之后才卖给她烧饼,这好像成了一个惯例。慈禧进宫后,还想着吃那儿的烧饼,就传旨让他来做。哪料,那个卖早点的老人怕慈禧记着'前仇',竟然吓得自杀了。这都是传闻,也不知是真还是假哟……"

在祖母的眼中,慈禧其实不算漂亮,长着一副大长脸,一点儿也经不起端详。只因为她偶受咸丰皇帝"宠幸",生下惟一的"皇子",母以子贵,便陡然得势。

据老太监孙耀庭回忆说,慈禧父亲的灵柩回京,一位官吏在通州接船时,误将三百两银子错送到慈禧的船上,慈禧得势之后便把那位官吏封为大官。可见,慈禧倒是一个知恩图报之人。

韫龢早在醇亲王府里,乃至进宫后,都听说过慈禧不少霸道之事。可是,平时却极少听到祖母议论这些,只有偶尔时,才从家人口中获知一鳞半爪:

慈禧太后

"慈禧平日作威作福,可凶狠哪,在宫里差不多每天都打人,打死的人多了去了。"

这些传闻,韫龢听了,似乎将信将疑。应该提到,溥仪在《我的前半生》中,描述过一个真实的故事,据说是她听外祖母说起,又转述给溥仪的。

据祖母回忆,慈禧在宫内跟一个老太监下棋时,老太监无意中随口说了一句:我杀老祖宗这个"马",慈禧不爱听了,立即勃然大怒,说:你杀我一个马,我杀你全家。说完,慈禧就吩咐责打了老太监一顿。外祖母说到这儿,对她频频摇着头:

"咳,慈禧这人怎那么恶呢?"

韫龢不止听一个人讲过,慈禧太后多次当众声称:谁要惹我一时不痛快,我就让这家人一辈子都不痛快!

她瞪大双眼,好奇地问起祖母果真有此事吗?祖母感慨地说:

"依我瞧差不多。慈禧就是这么一个霸道的厉害女人,心肠如此之狠,想怎么着就怎么着。好像她就是王法。"

提起当年西太后慈禧与东太后慈安之争时,祖母对她细述起众说纷纭的往事。据说,当年东太后手里握有咸丰遗诏,如果有朝一日管不住慈禧时,就把遗诏拿出来镇住她。慈禧得知,就千方百计地哄骗东太后,当东太后慈安身患重病之后,据说慈禧还从身上割下一块肉熬药送上。东太后感动万分,觉得她心地挺善良,就把秘藏的遗诏拿出来,当场烧掉了。

从此,慈禧变得无所顾忌。在她祖母看来,东太后无疑是被慈禧害死的,当时清宫内外对慈禧的所作所为敢怒而不敢言。相反,被慈禧"指婚"嫁给老醇亲王的胞妹却一点儿也不像其姐,脾气和禀性也大不一样。讲到此处,祖母语调平和地说:

"对比之下,东太后多憨厚啊,居然把咸丰皇帝留给她的密诏当着慈禧的面烧掉了,这么看来,东太后倒真是一个容易受人哄骗的老实人。"

她从幼年起,就最爱听祖母讲述晚清宫廷的故事。一次睡午觉时,她躺在

祖母的身边,硬缠着祖母讲起珍妃之死。祖母慢悠悠地叙述此事经过,又谈及一个人所罕知的结论:

"我听说,珍妃不是让人扔进井里去的……"

显然,祖母的说法与常人所知大相径庭。提起珍妃之死,父亲载沣的说法与她祖母可谓一脉相传,只是更为详尽而已。在醇亲王府里,载沣曾亲口对韫龢讲述起此事始末:

"这个慈禧真残忍哪,不然怎么能无缘无故逼珍妃跳井呢?当时,慈禧对珍妃说,现在八国联军即将打到京城,我跟皇上都要走了,你留在这儿怕是难免受辱。你自尽吧,我成全你!……"

据说,珍妃性格倔犟,自尊心极强,依然伫立着纹丝没动。慈禧满脸杀气,指着一口古井凶狠地说:

"我不能带你走,眼看洋人要进城,你就去死吧……"

慈禧的用意,再直白不过。据说,珍妃听到慈禧这几句恶狠狠的话,径直走到井边,似有所念地转回身,又给光绪皇帝磕了一个头,说:

"我不能伺候皇上了,皇上保重吧。"

说完,珍妃走近井旁,奋身跳了进去。据说,光绪皇帝当时被吓得呆若木鸡。

韫龢听父亲载沣一再强调,珍妃性格刚烈,实非被太监挟起来扔进井口,而是自己投井身亡。她听父亲载沣讲,当时也曾流传过另一种说法,即珍妃被大太监崔玉贵所挟扔进井时,她还拼命挣扎过。

对于此种说法,载沣却颇不以为然:

"事实并非如此。事实上,是珍妃自己投井而死。她一向自尊心强,与其让人家扔进井里,还不如自己一死了之……"

对于珍妃之死,醇亲王府历来与坊间流传的说法不同。这是她的祖母和父亲载沣所持的一种说法①。

在不同的传说中,韫龢尽管倾向于祖母和父亲的说法,认为这一种说法可能比较接近事实。

然而,孰是孰非?韫龢似乎仍觉得尚难定盖棺之论。

---

① 据末代孙耀庭回忆,珍妃死时,孙耀庭的师傅正在光绪皇帝身边,亲身经历了这一幕。据说,崔玉贵遵照慈禧的旨意,亲手将珍妃扔入井内的——两种说法,姑实录待考。

二　载沣提议释放汪精卫并会见孙中山

她的父亲载沣被汪精卫①谋刺时,韫龢年仅一岁,尚未记事儿。

整个情由的来龙去脉,依然是午睡时,她缠着祖母讲述的。直到几十年后,她仍然记得真真切切。

一九〇九年,即宣统元年,汪精卫偷偷来到北京,谋刺她的父亲载沣——清朝摄政王。事先,载沣竟丝毫不知。

但载沣却似乎有一些不祥的预感。早在一九〇五年前后,清政府先后委派皇室宗亲载泽,户部右侍郎戴鸿慈,湖南巡抚端方,驻比利时大使李盛铎,山东布政使尚其亨等五位大臣出国考察宪法。其间,发生了革命党向五大臣扔炸弹之事,顿然引起载沣的警觉,遂在醇亲王府内外增设了护卫,严加防守。每当载沣出行,总有禁卫军和步兵等层层保护。

每天,她的父亲载沣上朝时,都乘坐一辆四轮马车,由两匹白色的高头大马驾辕。在那些日子,载沣的马车旁格外增加了马队护卫。应该说明的是,载沣每天上朝的路线都是一成不变的,即从什刹海后海的醇亲王府拐经鸦儿胡同再前行,其间必须走过一座石板桥。

据她祖母回忆,那一天,她的父亲载沣照常上朝,马车驶出醇亲王府门不远,刚到小石桥前边,两匹驾辕的白马突然长嘶不止,骤然停住马蹄,再也不肯往前走半步。这时,载沣觉得万分奇怪,不禁喃喃自语:

"今天出门可能不吉利。"

于是,载沣猛然掉转马车返回醇亲王府。后来才知,那座小石桥下埋藏着炸弹。据说,那两匹白马由于"救主"有功,一直被醇亲王府"敬养"至死。

多年来,她的祖母不止一次对韫龢说:

"那两匹马真是'神马'呀,多亏它们不走了,不然……"

她感到很奇怪,屡次询问祖母:

"那两匹马怎么那样神奇,竟然能知道小石桥下边埋藏着炸弹?"

自然,祖母讲不出任何道理,对她叙述这一经过时,也没有过多评述,只是

---

① 汪精卫,即汪兆铭。生于1883年5月4日。祖籍江西婺源,出生于广东三水,主谋刺杀清末摄政王载沣。后曾任国民党国防最高会议副主席、国民党副总裁、国民参政会议长。在抗战期间,任汪伪政权行政院长兼国府主席。1944年11月10日病死于日本。

反复叨唠说：

"那两匹马'神'得很，你的阿玛'命大'哟，命不该死……"

细琢磨起来，她祖母讲述的白马"救主"不免附会之说，然而，汪精卫谋杀载沣之事蓄谋已久，倒是确凿无疑的。实际上，那座小石板桥底下已经干涸，附近只有几户人家。汪精卫等人遂挑中这样一个僻静地点，把炸药悄悄埋藏在桥底下，准备在载沣途经此地时引爆。

谁知，"谋刺"之事提前暴露。原因是，暗杀团体设在琉璃厂的首真照相馆，被警方偶然破获，警察闯进照相馆抓人，汪精卫虽当时没被捉住，最后仍然落网。

当汪精卫被逮捕入狱之后，有人主张立即判处汪精卫死刑，但遭到肃亲王善耆等一些权贵极力反对，力主载沣不要杀他。本来她父亲载沣没想开杀戒，经过一番劝阻，也就顺水推舟，同意不杀汪精卫。

可以说，作为监国摄政王载沣的意见，起了决定性的作用。结果，汪精卫保住了头颅，而被判终身监禁。

辛亥革命爆发之后，溥仪"逊位"。载沣不仅建议释放汪精卫等人，还给涉案人员每人发了三百块路费。

对这些往事，她的父亲载沣从未向她提及。平日，即使载沣从宝翰堂专门来到思谦堂，哄她玩一会儿，也从来绝口不提牵涉政治方面之事。这些，仍然是祖母在睡午觉时给她讲述的。

虽然，载沣对于日常小事儿糊涂，也不太在乎，但在大事上却是再明白不过的。

辛亥革命爆发后，她父亲对溥仪逊位，虽然心存矛盾，但最终仍持"顺应"态度。后来，载沣曾对她心情沉重地说起："如果不这样做，就怕人民遭到涂炭。"

可以说，溥仪的逊位，并未遭到父亲载沣的反对。这，并不为外界所详知。

当溥仪逊位之后，她的父亲不用每天上朝，显得闲在多了，除了偶尔去紫禁

汪精卫

城里看望一次溥仪,大多坐在家里静静地读书。载沣时常手捧着线装古书,自言自语:

"现在可有闲工夫了!"

载沣内心无意于政界钻营,反倒愿在家里赋闲读书。这至少说明了他的一种超然心态。

应该说,她父亲万万也没想到,民国成立以后,第一位走进醇亲王府的名人,竟是他从前一直视为"仇人"的辞职后的民国临时大总统孙中山。

一九一二年八月二十四日,孙中山第二次抵京。时值推翻帝制不久,孙中山为巩固共和制,自上海赴京,与袁世凯会谈十数次之多。

九月十一日,前摄政王载沣奉隆裕太后懿旨,在那桐的私家花园举行宴会,欢迎孙中山和黄兴、陈其美,场面异常热烈而隆重。

当宴会结束之后,孙中山提出会晤载沣。

哪知,她父亲听说之后,心情多少有些紧张,忧虑重重地对子女们说:

"孙中山先生不是说要驱除鞑虏吗?这鞑虏不就是满族吗?……"

显然,载沣的言外之意无疑是,孙中山乃我皇族的对头呀。然而,他翻来覆去地考虑再三,终于下决心正式会见孙中山。

这正值宴会当天,即九月十一日午后。

那天①,孙中山来到什刹海北岸的醇亲王府时,载沣正在睡午觉。其实,此前她父亲早就做好了接待孙中山的准备。

午后三点多钟,陪同孙中山来访的江朝宗②,提前来到醇亲王府。载沣亲自将江朝宗迎进会见贵宾的大书房——宝翰堂。当时,据说连一个外人也没有,两人在融洽的气氛中交谈起来。

过了一会儿,孙中山身穿中山装,在马队护卫下,乘坐着马车来到醇亲王府。当孙中山在醇亲王府门前走下马车,载沣已提前在府门口恭敬地迎候,接着,载沣面带微笑地迎进孙中山。在宝翰堂,双方落座之后,稍稍寒暄了一阵。

起初,载沣怀着忐忑不安的心情,谁知,刚一见面,孙中山就热情地对载沣说:

"你拥护'共和',这很好呀。虽然你过去是清朝摄政王,在将来中华民国

---

① 部分内容及具体时间,参考陈溥先生《揭秘孙中山先生三次到北京的行迹》。据溥仪二妹韫龢的回忆,孙中山与载沣会晤当在午后。陈溥先生记述为当日上午。兹实录备考。
② 江朝宗,北洋军阀时期曾任步军统领。后来,投降日本侵略者充当汉奸,出任北平特别市市长兼北平维持会会长,1943 年病故。

'五族共和'的大家庭里,你还是有前途的。"

载沣没料到孙中山如此友好,听到这一番话之后,激动地说:

"我拥护民国,大势所趋,感谢民国政府对我们爱新觉罗家族的关照……"

渐渐,载沣与孙中山愈谈愈融洽,心情也变得轻松起来。

事后,载沣多次对韫龢说起,孙中山亲赴醇亲王府拜访,说明至少对自己是肯定的。而且对于载沣卸职归隐之举,孙中山更是给予高度褒扬:

"二十八岁的阁下,正值血气方刚,能够顺应大势,主动辞去摄政王,这是爱国、有政治远见的行动,于革命是有益的。阁下作为宣统皇帝的生父和摄政王能把国家和民族利益摆在前面,而置家族的私利于不顾,这是十分难能可贵的,在历史上也是罕见的……"

两人交谈中,提及当年载沣被汪精卫刺杀事件,孙中山直率地说:

"发生在什刹海银锭桥的刺杀事件①,不是国民党组织的行动,乃个人所为。"

载沣听到孙中山的一番话,不仅从中得到宽慰,也消除了心中的疑虑。在推心置腹的交谈中,孙中山还诚恳地对载沣说:

"在辛亥革命中,'宣统'自动逊位,承认共和,避免了一番血战,这实为明智之举。"

在这次历史性的会见之中,她的父亲载沣除与孙中山先生寒暄以外,没说更多的话。临别时,孙中山尤其强调地谈起:

"今后中国在共和的基础上,大家要齐心努力。"

告辞时,孙中山郑重地赠送载沣一帧签名的照片,上边亲笔写道:

"醇亲王惠同。孙文敬赠。"

见此,载沣深深为之感动,对孙中山的印象陡然发生了转变。

此后,她父亲载沣一再对家人说,对于孙中山的举止和言行十分钦佩,便想立即回拜孙中山先生,哪知,却被袁世凯一再强行阻拦,因为袁世凯对载沣一向不放心,惟恐载沣与孙中山联手"反袁"。

她的父亲载沣经过慎重考虑,丝毫没理会袁世凯的劝阻,于九月十三日,在江朝宗陪同下,前去石大人胡同②的寓所,郑重回访孙中山,同时又馈赠一

---

① 实际上,所谓银锭桥刺杀摄政王未遂事件,发生在银锭桥西边的小石桥。
② 石大人胡同,即现在外交部街胡同。

坛好酒,为其洗尘送行。

岂料,当孙中山于一九二四年十二月第三次进京不久,因劳顿过度病倒在北京。载沣听说孙中山患病,亲自操持送去一桌丰盛的宴席,以示慰问。孙中山极为领情,又专门派来代表到醇亲王府表示答谢。

在醇亲王府,载沣亲自出面接待了前来致谢的孙中山的代表。

世人罕知的是,至此,载沣与孙中山这一对不共戴天的仇人,成了礼尚往来的朋友。

据她父亲载沣后来回忆说,自从见到孙中山第一面,就改变了对孙中山的以往看法。直到暮年,载沣仍念念不忘地对家人说:

"我原本以为孙中山盛气凌人。没想到,见了面才知道他是一个和气又开朗的人。我俩会面时,彼此谈话感到非常愉快。"

然而,对于一些人前来"拜会",载沣却大多避而不见。他最触头的是多年的熟人来访,无法拒绝,可是瞎扯半天才知道有什么实质事要谈。

譬如,袁世凯托人前来说媒,即是一例。

三 袁世凯托人说媒欲将女儿嫁溥仪

一连多日,韫龢见醇亲王府里来人不断,父亲载沣却成天愁眉苦脸,感到颇为纳闷儿。当她问起祖母才知,皆因溥仪的婚事所引发。

当溥仪十六岁那年,她父亲载沣听到家族内外许多人建议——"皇上春秋已盛,宜早定中宫。"经过与家人商议,他决定为溥仪选"后"。这个消息一经传出,不胫而走,顿时,醇亲王府前门庭若市。

岂料,在络绎不绝的提亲者中,竟然有民国大总统徐世昌和奉系军阀首领张作霖,纷纷欲将其女嫁给溥仪。这使载沣为了难,一时不知如何是好。最后,只好以满汉不能通婚为由,勉强搪塞了过去。

然而,使载沣万万没料想的是,袁世凯也居然派人前来醇亲王府提亲,这着实使深知其人的载沣,连日寝食不宁。她见到,载沣不断地来找她祖母商议,烦恼至极……

对于袁世凯,韫龢历来没有好感。这无疑源自于父辈的恩怨。

人所共知,爱新觉罗家族早在光绪皇帝"驾崩"前后,就与袁世凯结下了不解之仇。据她所知,父亲载沣不止一次地说过,光绪临病逝前,亲笔写下遗旨"杀袁世凯"。然而,软弱的载沣无法执行兄长的遗嘱,却眼瞧着袁世凯篡夺了民国总统的宝座。

可笑的是,袁世凯竟然以民国开国元勋自居,虽当上了民国总统仍嫌不过瘾,又异想天开地妄图登基当皇帝。

袁大总统明目张胆地让人准备了皇帝穿的龙袍等服饰,据说仅定做两件龙袍,就花费八十多万元。龙袍上的绣花皆用金丝织成,还镶嵌着珍贵的珠宝,即使白天看上去,也格外耀眼。

最令人作呕的是,袁世凯还耗资七十多万元精心制成六颗皇帝御用的玉玺,做起了统治中国当皇帝的美梦。不知是谁出的主意,他还把过去清皇室的车马仪仗修饰一新,以巨资修葺故宫时,不惜耗费二百万两银子重新粉刷了太和殿等三大殿。据说施工当中,袁世凯没事儿就去三大殿望着那几根金龙蟠柱和朱红殿门发呆傻笑。

再说载沣,平生最怕应酬。除逢年过节躲不过去,日常哪儿也不去串门。韫龢曾亲耳听父亲说过,袁世凯为了拉拢并讨好载沣,逢年过节总要给醇亲王府送来整桌宴席,竭尽山珍海味,简直丰盛无比。

而她的父亲载沣从来没吃过一口。她听父亲说,既不愿意也不敢吃,惟恐受到袁世凯的毒害,而只得全部倒掉。载沣一向做事周全,也不想公开得罪袁世凯,所以总是回敬一桌宴席就算完事儿。

一位多年故交来见她父亲,瞎扯了半天,载沣都没弄清什么事儿。直到临走,来人才露出此行的真正目的:

原来,袁世凯托其前来说项,欲与载沣结为儿女亲家——要把女儿嫁给溥仪。

顿时,载沣被吓了一跳。那时,溥仪尚未成婚。载沣听后,显得极为不高兴。他连袁世凯有几个女儿、为哪个女儿提亲都丝毫不知。但慑于袁世凯的权势,载沣不愿流露出内心反感的口风,只是一再推托地连声敷衍:

"好,好……"

此后,载沣再也没说一句话。其实,他根本没有赞同的意思。然而,那个前来提亲的人误以为此行成功,赶紧禀报了袁世凯。

待来人走后,载沣左思右想,绝不能同意这桩婚事,可又无法断然拒绝,因袁世凯握有兵权,惟恐危及醇亲王府家人安全,他翻来覆去也没想出办法,甚感极端苦恼。

那些日子,这桩从天上掉下来的意外姻缘,成了载沣无法解脱的烦心事。

所幸,袁世凯好梦不长,只做了八十三天皇帝,就在全国民众一致声讨中死去。她父亲忧心忡忡的那门亲事,终于没能成为现实。

载沣心里这才算彻底踏实。这是一九一六年。

这是她祖母睡午觉时,对她讲述的一桩真实故事。

与父亲息事宁人的态度不同,当袁世凯死去的消息传进紫禁城时,溥仪在小朝廷内则幸灾乐祸,就像举办大喜事一样,显得兴高采烈。爱新觉罗家族的人们纷纷议论说:

"袁世凯简直是癞蛤蟆想吃天鹅肉,真是白日做梦!"

溥仪的几个师傅又开始在"逊帝"面前念叨开了,什么"让姓袁的当皇帝还不如国归'旧主',本朝深仁泽厚,全国百姓民心思旧"之类的假话……

谁知,这竟在溥仪的心中诱发了复辟美梦。

四 瓜尔佳氏力主溥杰与张勋之女联姻

自打记事儿起,韫龢曾无数次听到家人叨念起所谓"丁巳复辟"——"辫帅"张勋复辟的来龙去脉。

民国六年,即一九一七年的"张勋复辟",其实不过是迎合溥仪和晚清遗老遗少荒谬悖时的幻想而已。上演复辟"大清"闹剧的主角,乃是头上依然残留着一根花白辫子的徐州总兵张勋。世人称其"张大辫子",而他认为留着长辫子则足以证明自己是一个忠实的"保皇党"。

据韫龢听到溥仪对她亲口透露,张勋并没一定拘于拥戴溥仪复辟,明确表示可以有两种选择:

"如果袁世凯'在位',我就跟随袁世凯,如果没了袁世凯,就只能追随逊位的'宣统皇帝'——溥仪。"

但是,有一条不能变,那就是辫子万万剪不得!

虽然,这在韫龢看来可笑至极,也是溥仪心知肚明的,但在当时确是一场"水中捞月"。袁世凯一命呜呼之后,张勋仍自称保皇"忠臣",死心塌地为溥仪"复辟"斡旋。

起初,溥仪从没见过张勋,误以为他准是一个膀大腰圆、相貌不凡的武臣。可是,张勋第一次走进养心殿来商议复辟大计时,溥仪却感到了莫名其妙的失望。

张勋跪在地上磕过头,请过圣安后,溥仪遂御赐座椅,张勋又再次磕头谢恩,然后诚惶诚恐地就坐。

这时，溥仪仔细端详了张勋一番，只见"辫帅"身穿一件纱袍长褂，黑红脸，两道短短的眉毛，最显眼的是脖子极短，从上边一眼望去，只看到一个肥胖的头颅，竟然分不清脖子和脑袋。据韫龢后来听溥仪说：

"如果张勋没留着一点儿胡子，我忽然觉得他跟御膳房的太监差不多……"

溥仪再仔细瞧了瞧，留意到了张勋那根扎眼的辫子，正如众人所说，他头上所留的那根辫子确实是花白的，于是又添了几分失望。但是，溥仪忽然想起师傅时常说的，人不可貌相，海水不可斗量，暗忖，也许这个大胖脑袋有点儿真才实学，也未可知。溥仪便按照师傅授意，与张勋做了一次貌似推心置腹的谈话。

因为张勋此次以请安的名义进宫而来，不敢多说话，只是说了几句"皇上聪明"等恭维话，没多长时间就起身告辞。

过了大约半个月，溥仪正在毓庆宫读书，三位师傅一齐兴奋地走进来。陈宝琛显得神情格外庄重，对溥仪说：

"张勋一早儿又来请安了。而且，他说一切都准备妥当，要拥戴皇上复辟，请皇上'亲政'！"

当陈宝琛向溥仪禀报时，乐得喜形于色，简直忘乎所以。三位帝师眼巴巴地望着溥仪。

溥仪听到这几句话之后，竟然情不自禁地"啊"了一声，似乎在惊诧突如其来的好事。继而"皇上"呆呆地望着三位师傅，不知究竟如何应答，似乎希望听到更多详情。陈宝琛见溥仪发愣，赶紧说：

"请皇上务必答应张勋，这是为民请命。"

直到此时，溥仪仍没想好如何应对张勋。陈宝琛当然明白溥仪的心理，于是诱导地说：

"皇上不用跟张勋多说话，答应他就是了。不过，见面时别立刻答应，要先推辞一下，然后再答应他……"

果然，溥仪心领神会，当天回到养心殿便召见张勋。起初，溥仪按照陈师傅的教诲，装腔作势地对张勋说：

"朕年龄尚小，无才无德，难以充此大任。"

哪想，张勋听后，连连夸溥仪幼年聪慧，还把康熙六岁"登基"的故事手舞足蹈地讲述了一遍……

临到最后，溥仪按照陈师傅嘱咐的话，鹦鹉学舌地说：

"既然如此,也就勉为其难吧。"

就这样,溥仪最终表示同意张勋的所谓代民请命——"复辟"。于是乎,溥仪经过师傅们多次怂恿,在紫禁城内宣旨复辟,重登皇帝宝座。

也就是说,十一岁的溥仪,第二次当上了大清国的"皇帝"。

据说这一天,溥仪接受群臣三跪九叩的朝贺,再也不像三岁登基,似乎已明白了做皇帝的个中"三昧"。若用爱新觉罗家族的话来说,这叫恢复祖业。

于是乎,一些前清遗老高兴得得意忘形,纷纷吹嘘说,这是"光复大清","归政于清"或"还政于清"。遗老遗少们弹冠相庆,纷纷奔走相告。

历史记住了这一天——民国六年七月一日。

那天早晨,京城里的警察忽然督促各家各户挂起龙旗。老百姓家凡没有龙旗的,就凑合用纸糊的旗子对付一下。但不挂显然是不行的。

多年不见的长袍马褂又还魂似的出现在大街上,一个个活像行尸走肉。北京各报馆竞相登出了复辟专刊,走到大街上,到处可以听见"号外"的叫卖声。

前门一带的店铺突然兴隆起来,成衣铺昼夜赶制龙袍,布衣店里积压了多年的长袍马褂,顷刻间成了畅销的俏货。

京城里还出现了一个奇怪的现象。可能受张勋辫子兵的影响,做戏装的小铺儿顿然忙活起来了,用马尾做的假辫子竟在京城内外风行一时。

再说,溥仪接受群臣叩拜之后,返回毓庆宫。陈宝琛手捋着白胡子,充满期待地望着溥仪,眼睛笑成了一条缝儿,幻想来日的飞黄腾达,实在难掩内心的得意。拥戴溥仪复辟有功的张勋,则被封为议政大臣兼任直隶总督、北洋大臣。

岂料,好戏刚开场,便倏然谢幕。

原来,张勋始料未及的是,当他带领三千辫子兵闯入京城,自以为能坐稳政局。哪知,刚下台的民国总理段祺瑞率先在"马场誓师",起兵讨伐张勋。接着各省纷纷"反水",联合反对"复辟",仅仅几天,张勋便陷入孤立无援的境地。

不久,段祺瑞军队攻入京城,辫帅张勋只得偷偷地溜进荷兰使馆躲藏①,之后,又仓皇逃进天津租界的张公馆。

至此,张勋复辟以失败彻底收场。

---

① 据考,当时张勋在复辟失败之后,跑到荷兰大使馆借住了一些日子。

被吹捧为"真龙天子"的溥仪,还没过足"登基"的皇帝瘾,就灰溜溜地脱下龙袍。从一九一七年七月一日至七月十二日,溥仪在皇帝的宝座上仅坐了十二天,又被迫宣布"退位"。

然而,醇亲王府内对张勋仍然抱着感恩之心和不顾现实的幻想。其中,尤以瓜尔佳氏为甚,她不时念叨起其功绩,听说张勋出走天津且一场大病缠身,便带着醇亲王府的上上下下,焚香祷告,求佛保佑张勋尽快恢复身体康宁。

至此,瓜尔佳氏仍对复辟念念不忘,企冀借助张勋的残兵游勇,使溥仪有朝一日再登"帝位",所以,屡屡托人向张勋代为问候。不久,她又派心腹专程赴津,备以厚礼面见张勋,不仅对复辟拜托再三,而且代瓜尔佳氏向张勋表达了愿次子溥杰与张勋之女共结"秦晋之好"。

自然,张勋对爱新觉罗家族的信任深感莫大荣幸,也捎信表示谋求时机,以图东山再起。瓜尔佳氏托人带来张勋之女的"八字",兴奋之余,仍不忘邀来京城阴阳名家将溥杰与张勋之女同批"八字"。哪料,二人"属相相克"。一连多日,瓜尔佳氏脸上阴云密布。

据韫龢所知,对这桩政治姻缘,父亲载沣极不赞成,只是碍于福晋的面子,没有强行阻止。但是,素来迷信的瓜尔佳氏,犹豫多日之后,也只好放弃了不切实际的"联姻"。

多年之后,韫龢曾听到杰二哥笑着谈起往日的这桩未果姻缘:

"母亲瓜尔佳氏一直以复辟作为头等大事。她对张勋感恩戴德,所以极力想让我娶张勋之女为妻,我事先丝毫不知情。后来才知道了这桩因八字不合而没成功的婚事。"

奇怪的是,就在第二年,徐世昌就任民国总统不到两星期,便明确下令对张勋免予追究。更有意思的是,张勋又被委任为"临时督办",谁想他竟嫌官小,死活不干。

对于这一幕历史闹剧,作为复辟的密谋者之一——康有为,在"复辟"匆匆落幕之后,曾撰诗一首以记之:

    围城惨淡睹龙争,蝉嘈声中听炮声。
    诸帅射王敢传檄,群僚卖友竟称兵。
    晋阳兴甲何名义?张柬无谋召丧倾。
    信义云亡人道绝,龙袨收影涕沾缨。

直到许久之后,这场复辟始末,在韫龢这些小孩儿的口中,俨然成了"辫帅"与皇上哥哥之间的一段笑话。

每逢她与大姐和三妹谈起花白长辫,以及脑袋和脖子长在一堆儿的张勋,简直活像御膳房里的胖太监,仨人便嘻笑不止……

第捌章 晚清后宮

*每逢端康太妃走到"珍妃井"前面,众太监就围着井站成一排,遮挡住井口,怕端康太妃见到而伤心难过。这成了宫里一条不成文的规矩。

*韫龢渐渐知道了宫内重选皇后的幕后隐情。皇后文绣忽然变成了皇妃,最初没入围的婉容反而成了皇后,皆因太妃干涉以及家族的异议,溥仪才二次圈定,由此竟埋下宫闱不和的祸根。

*溥仪大婚时,钦点京戏《霸王别姬》的由来——只因他正学唱这段唱腔,遂成"不祥之兆"。

图片说明:皇后婉容

一　珍妃之死是端康太妃的心病

在宫中留居多日,最使韫龢感到好奇的是,竟偶遇一件蹊跷之事。

一天清晨,她跟随溥杰、大姐和三妹陪同端康太妃去各宫溜达。

当走到景仁宫后边,忽然,众太监挡在这一行人面前。在领头太监的示意之下,这一群人居然跟随端康太妃绕着宛如一堵城墙似的太监走了过去,她对此感到万分纳闷儿。

返回永和宫,她问起德妈才知,刚才那一群太监遮挡的是"珍妃井",每当端康太妃走到那口井附近,随身太监便自行围绕着井沿站成一排,挡住井口,惟恐老太妃见到而伤心难过。

据说,这成了宫里一条不成文的规矩。

韫龢时常跟随长辈去端康太妃所居住的永和宫,在那里连吃带住。因端康太妃极为讲究吃喝,所以,永和宫的一日三餐堪称丰盛,连早餐品种也颇为丰富,桌上往往摆满烧饼、酱肉、大米粥以及各种酱菜。

下午,宫内还往往招待他们吃一顿点心,包括茶房做的果盒儿,如煮栗子、花生、奶卷儿等。

她在溥仪那里,茶房也照样每天下午送来果盒儿。无论早点或下午的点心,无一不是由太监送到他们居住的配殿里。

起初,韫龢觉得挺新鲜,天天如此,也就习以为常了。

按照宫规,午夜前还有一顿夜宵,烧饼、酱肉、粥、豆浆,花样着实不少。尤其值得一提的是奶卷儿——用奶皮子卷的奶卷儿,这是永和宫御膳房饶有特色的一道点心。奶卷儿里还有芝麻白糖、山楂糕等不同的馅儿,此外还有豌豆黄儿、糖葫芦以及煮熟的各类水果,花样繁多。

她时常跟随溥杰和大姐、三妹陪同敬懿太妃,在同一张餐桌上吃饭。她打小就明白一个理儿,如果吃饭慢的话,太妃一撂筷子,她即使没吃饱也不能再吃。所以,她起初吃饭时,往往狼吞虎咽,活像没吃过饭似的,短不了受到德妈的讥笑。

起初,逢到端康太妃设宴招待时,她不敢多吃,大多吃不饱,返回屋里之后,仍然要再吃一些点心。一次,端康太妃邀请他们品尝御膳房做的烤全羊和花糕,却使她胃口大开,吃得满嘴流油。

每次走进端康太妃的永和宫,老太妃经常邀请他们品饮云南进贡来的普洱茶。哪知,韫龢最不喜欢这种茶,仅仅尝过一口,便觉得嘴里苦不堪言,偷偷伸出舌头,朝三妹扮了一个鬼脸儿,再也不肯喝一口。

因敬懿太妃最爱吃烧鸭,所以几乎每次都招待他们吃烧鸭,还耐心地亲手教她拿薄饼裹着吃。在她看来,敬懿太妃待人亲热,说话总显得很近乎。因老太妃嘴里安上了假牙,鸭子必须切成小碎丁,再用葱抹一点儿甜面酱,外边用薄饽饽①——一种很小且可分层揭开的薄饼,撕成两半裹着吃,味道着实不错。

她最初感到忒奇怪,眼瞧着敬懿太妃吃鸭子,每次都吃得"嘎噔、嘎噔"直响,后来才发现是由于老太妃安上了假牙的缘故。此后,她总用余光而不敢直视老太妃大嚼鸭子的情形,想笑又不敢笑出声来。

每当来到敬懿太妃的宫里,他们时常受到老太妃赏赐,像衣服料子——宫内叫"尺头"、小如意和小荷包这类礼品,有一次,兄妹每人被赏赐一枚戒指,她还高兴地将被赐的一枚玉别子,得意地挂在胸前的纽扣上。

在宫里,老太妃时常赏赐她和姊妹一些小荷包。据说,这都是宫女闲暇无事时绣的,荷包里大多装着小元宝、小如意等一些小玩意儿。

她见到,年迈的祖母若遇各位太妃颁赏,也得照例磕头谢恩,并未因年迈而免礼。

一般,太妃惯常称她祖母刘佳氏"老福晋",称她母亲瓜尔佳氏为"福晋"。看得出,几位太妃对她祖母格外尊敬,每逢见了面,总是十分客气地说:

"老福晋,老福晋您辛苦啦。"

待她祖母磕完头,一行人才能坐下。这些小孩儿往往被赐坐在一溜儿小凳儿上,跟小大人儿似的,每次都被叮嘱不能随便说话,除大人交谈外,殿内鸦雀无声。稍过一会儿,太妃开始跟她祖母长篇大论谈话,便让他们去宫女处玩耍。

敬懿太妃宫里有一个美丽出众的宫女——玉安,却遗憾地染上了"鼠疮脖子"。他们都亲热地叫她"玉姐"。玉安姐时常拿出一些小孩儿玩具,来哄他们玩儿,此次又照例给兄妹四人打开留声机,想让他们听京戏。

哪知,这次进宫前韫龢早有准备,事先带去一个不大的八音盒儿——一个泥坯做的方盒,外面涂着黄漆,上边印有一个"寿"字。她没等玉安打开留声机,倒先掏出八音盒播放起音乐,使玉安多少有些惊诧。此时,她得意地望着

---

① 音读 guǒguǒ。

大伙儿,心里感觉美滋滋的。

最使她感到兴奋的是,前不久,敬懿太妃单独赏她一个不大的木匣,前脸是透明的玻璃,里边有不少泥塑的戏剧人物,栩栩如生。她极为喜欢,总是搁在桌上,反复端详不已,连德妈走进屋都没察觉。

另外,敬懿太妃还赏赐她一个小铜盘,上面有一个插着鬃毛的泥塑小人,只要一敲铜盘,小鬃人就蹦跳不停。据说,这是王公贵族进贡给宫里的。她接受赏赐时,照例向太妃磕头谢了恩。

相处没多久,韫龢便与永和宫的宫女混得稔熟。因为那些宫女年龄都比较大,经常哄着她玩儿,她时常与这一大群宫女在御花园里玩跳绳儿,更多的是做一种小孩儿游戏,叫"打花巴掌"。

这通常是两个小孩儿对面站立,用双手左右交叉着对拍巴掌,一边蹦跳着一边唱儿歌,内容则以老太太的"爱"为题,从正月一直数到十月。她在醇亲王府里就经常玩这种游戏,进宫之后,遂把这种游戏带入宫内,许多宫女都跟随着她,学会了"打花巴掌"。虽然,她们唱的最后两句话,谁也弄不太懂,却依然唱得津津有味——

  打花巴掌,嘿。正月正,老太太爱看耍龙灯。烧着香儿捻着捻儿,摸弄的花儿缠枝莲儿,江西辣,矮坑尖儿。

  打花巴掌,嘿。二月二,老太太爱吃白糖罐。烧着香儿捻着捻儿,摸弄的花儿缠枝莲儿,江西辣,矮坑尖儿。

  打花巴掌,嘿。三月三,老太太爱抽关东烟。烧着香儿捻着捻儿,摸弄的花儿缠枝莲儿,江西辣,矮坑尖儿。

  打花巴掌,嘿。四月四,老太太爱逛白塔寺。烧着香儿捻着捻儿,摸弄的花儿缠枝莲儿,江西辣,矮坑尖儿。

  打花巴掌,嘿。五月五,老太太爱吃烤白薯。烧着香儿捻着捻儿,摸弄的花儿缠枝莲儿,江西辣,矮坑尖儿。

  打花巴掌,嘿。六月六,老太太爱吃白煮肉。烧着香儿捻着捻儿,摸弄的花儿缠枝莲儿,江西辣,矮坑尖儿。

  打花巴掌,嘿。七月七,老太太爱吃炖母鸡。烧着香儿捻着捻儿,摸弄的花儿缠枝莲儿,江西辣,矮坑尖儿。

  打花巴掌,嘿。八月八,老太太爱吃大甜瓜。烧着香儿捻着捻儿,摸弄的花儿缠枝莲儿,江西辣,矮坑尖儿。

  打花巴掌,嘿。九月九,老太太爱喝绍兴酒。烧着香儿捻着捻儿,摸弄的花儿缠枝莲儿,江西辣,矮坑尖儿。

打花巴掌,嘿。十月十,老太太爱抱大石榴。烧着香儿捻着捻儿,摸弄的花儿缠枝莲儿,江西辣,矮坑尖儿。

　……………

这样,她们可以兴趣盎然地一口气数到十月,至于十一月和十二月,似乎没有任何内容。她开始总是好奇地问起传授这首歌谣的祖母,怎么没有后两个月,却始终也没得到答案。

然而,她在宫内的生活乃至与哪个宫女相好,竟猝不及防地被溥杰编入一个顺口溜儿。

她情知,溥杰与宫内一个叫小五的太监年岁相仿,关系非常要好,经常在一起玩耍。而且,小五唱起京戏字正腔圆,时常指点溥杰,深得杰二哥喜爱。所以,溥杰编成了一个顺口溜儿,第一个就是小五,遂在宫内传唱一时:

又敲锣又打鼓,溥杰爱小五。

又喝酒又抽烟,韫龢爱玉安。

又敲砖又钉钉,大妹爱玉英。

又打鼓又弹琴,三妹爱玉琴。

似应说明,这个顺口溜儿里的玉安、玉英和玉琴,无一不是永和宫与她们经常在一起相伴玩耍的宫女。据说,溥杰编的这个顺口溜儿,在宫外亦一度流传甚广。

宫内大多传说御花园有一排房子——俗称"三所",夜里经常"闹鬼",总是大门紧锁,谁也不敢进去。那时,韫龢休说走进"三所"的屋子,连院门也始终没敢跨进过。因太妃叮嘱过,不允许格格们四处乱跑。

偏偏跟随韫龢进宫的妈妈之中,还有一位比太妃更"迷信"的人——傻妈,时常因过度迷信而"犯病"。一次在宫里,韫龢亲眼见到傻妈在永和宫偏殿里又哭又闹,大声叫嚷,反复念叨什么"请求狐仙饶了我"之类的疯话。

以往,傻妈凡走进空屋子之前,必先要咳嗽一声,再转身对她严肃地说:"二格格,每座殿堂里都有殿神爷看护,我如果不这样的话,恐怕冲撞了殿神爷。"

傻妈的话,往往说得让人心里发瘆。而韫龢偏偏不信,总是刨根问底地询问:"我就想知道,殿神爷到底长得什么样呀?"

德妈连忙拦住,不让她再追问,怕得罪了殿神,还叮嘱她,无论什么事儿只准听,不许随意问这问那。她只得似懂非懂地唯唯点头。

她见傻妈每当走进大殿扫土前,往往冲着殿门叨唠一遍:

"请土地爷和土地奶奶,活动活动……"

而且,傻妈有鼻子有眼地对她陈述说:

"唉,我有一次忘了说,结果害了红眼病。"

其实,这在韫龢看来,无非打扫尘土时被呛红了眼睛……

每次傻妈犯病,根本不用医治,没多久就会自动痊愈。在宫里这次犯病虽然尤为严重,结果没吃药也恢复了正常。

简直跟韫龢一般无二,溥仪也根本不信神鬼之类的传说,不仅悄悄带着韫龢进院"巡视",还光明正大地进屋察看了一次,结果没出任何事。返回之后,溥仪不屑一顾地嘲笑说:

"咳,哪儿有什么鬼呀,纯粹是瞎编嘛。"

二 "皇后"变"皇妃"

若说起皇后婉容与淑妃文绣在溥仪大婚前后的内幕,的确世人罕知。

据溥仪对韫龢所述,起初择选皇后时,溥仪最早选中的皇后是文绣。

直到多年之后,溥仪才笑着对韫龢说起其中内情:

"我那时还不太懂事,也不会选,不看相貌长得怎么样,只看衣服漂亮不漂亮。"

据溥仪说,当时"皇上"把备选的照片拿起来端详,只见文绣的衣服穿得很漂亮,而他又最喜欢女人穿花衣服,就在瞧着顺眼的一张文绣的照片上,随便画了一个圆圈儿。

没想到,此事遭到爱新觉罗家族的一致反对,她祖母连连说:

"文绣当皇后可不行,太不好看

淑妃文绣

了。这怎么能当一国之母呢,长得这模样儿?……"

一场议论纷纷之后,果然宫内几位太妃妥协的结果是,让溥仪重新挑选皇后。

再到后来,韫龢才渐渐知道宫内重选皇后的真实隐情。

事实是,因为六叔载洵与文绣的家人素来相熟,所以力荐文绣。而七叔载涛与婉容的父亲荣公①交往颇深,故荐举了其女儿——居住在帽儿胡同的婉容。据说,文绣从小居住在大翔凤胡同,幼年生活艰苦,曾织过多年洋袜子,就连竞选皇后所花费的银两,都是借贷而来。

论起来,溥仪大婚那年,婉容和"皇上"同样是周岁十六、虚岁十七。而文绣岁数则更小,年仅周岁十三。

没过多久,韫龢又从祖母和父亲载沣那里,听说了第二层的幕后故事。原来,表面上看,两位皇后是由她的六叔和七叔推荐的,而他们的背后,则掩藏着敬懿太妃和端康太妃的明争暗斗。

外人所不知的是,"竞选"皇后一事,竟然前后折腾了一年多。经过反复"博弈",溥仪重新"圈"定婉容为皇后,但由于文绣早已"圈"过无法再退,只好遵照几位老太妃的旨意,将她降为"淑妃"。

据溥仪对韫龢事后透露,他最初只打算选一名皇后,而没想"选妃"。经过一番波折之后,溥仪不得已才有了这一"后"一"妃"。

她的记忆中,荣源也曾在此期间前来醇亲王府拜望载沣。她在府里,不止一次见到过这个场面——载沣在宝翰堂

大婚前的溥仪

---

① 荣公,即荣源。——作者注

会见荣源。韫龢年纪尚幼,见到荣源只是按照老规矩请一个蹲儿安,便再也没什么话可说。

姊妹之中,数三格格与婉容的母亲仲馨最熟悉。但也只是逢年过节见个面,平时并无往来。然而,就在溥仪大婚前后,婉容的母亲却与醇亲王府上下打得火热异常。

据她所知,溥仪大婚的仪式与民间迥然不同,竟是在夜间举行的。婉容和文绣也是半夜进的宫。当时,她的母亲已去世,便由祖母带着她和溥杰、大姐、三妹走进紫禁城,出席了溥仪大婚典礼。

颇使她纳闷儿的是,就在溥仪大婚当天,她根本没见到皇后和皇妃,直到第二天早晨,她才和大姐、三妹一起见到皇后婉容和淑妃文绣。

这次进宫,韫龢宿在敬懿太妃居住的太极殿后的长春宫西配殿。她在那里跟随祖母第一次见到皇后婉容,一眼望去,她觉得婉容长得确实漂亮,身材苗条,是个细高挑儿。皇后虽是单眼皮,却长着一双丹凤眼,在穿着打扮方面不仅讲究,也很新潮。譬如,大婚时,婉容就没按照旧规矩"绞脸"——用线开脸。这在当时,显然属于标新立异者。

当韫龢随祖母走进大殿时,婉容正坐在椅子上,韫龢见状,马上走上前按照规矩磕头——三跪九叩的大礼,尊敬地叫了一声:

"皇后主子。"

此后,韫龢仍无法坐下,只能继续在旁边伫立着。婉容因第一次见到她的祖母,随即跪下给她祖母磕头。据祖母事后对韫龢解释说:

"这不能算国礼,只能算是家礼吧。"

之后,韫龢又初次见到淑妃文绣,第一个感觉就是她的相貌比起婉容差远了,一点儿也不漂亮。她待文绣刚离开,就小声对三格格嘀咕说:

"淑妃长得确实不好看。难怪她当初选为皇后,家里不同意呀。"

虽然淑妃长得相貌平平,却为人老实,看上去,本本分分。这是她对文绣的初次印象。

溥仪大婚之后,请来戏班,在漱芳斋内连唱三天京戏。韫龢最爱看其中一出戏——《汾河湾》。而在三天大戏之中,溥仪出乎意料地点了一出戏,竟是《霸王别姬》,由杨小楼和梅兰芳分别扮演霸王和虞姬。立时,就有人禁不住议论说:

"不应该唱这出戏呀,太不吉利啦。"

可是,溥仪的话就是圣旨,"皇上"钦点这出戏,谁也不敢违抗。说话间,锣鼓点已经打起来了。

当时,韫龢这些晚辈——杰二哥、大姐、三妹等一起坐在廊子下看戏。

不同的是,她的祖母等人坐在屋里观看演戏。而一些王公大臣则在院子里坐着听戏。溥仪生性活泼,站在廊子里仅一会儿,又跑到屋里待一会儿,反正总也坐不住。

连皇后婉容和淑妃文绣以及一些皇族女眷也坐在廊子上,陪着溥仪看戏。最引人注目的是,婉容看戏时,一会儿回去换一身衣服,再过一会儿,又离席换上一身新衣服返回,特别扎眼。这引起了众人的非议。

溥仪与韫龢一样,仅仅喜欢看武打戏,不愿意听文戏。每当舞台上唱起文戏,溥仪就溜之乎也。只要上演武戏的锣鼓点一响,溥仪又会重新返回座位。

此前,溥仪没事闲玩儿时,曾毛遂自荐地说,想学唱一段京戏。岂料,溥仪五音不全,练了半天仅会唱这么一句:

"力拔山兮,气盖世……"

哪知,溥仪纯出于好玩儿,才偶然"钦点"了这样一出不吉利的京戏——《霸王别姬》。

无论事前还是事后,宫内外的人们无不嗑着牙花子,议论纷纷:

"皇上大婚之日钦点这出戏,这可不是好兆头呀。"

直到后来,韫龢听到许多说法,大多则认为,溥仪果然应验了这出戏的不祥之"兆"。这自然是后话了。

在宫内这场大婚演出中,韫龢和溥仪看得津津乐道。她尤其佩服杨小楼在饰演"水帘洞"的猴王时,居然能从两张桌子搭起的台上一个跟头翻下来。溥仪见此,亦欣赏有加,大声叫好儿:

"哎呀,杨小楼的跟头简直真绝了。"

眼瞅杨小楼刚刚在舞台中央站定,溥仪又兴奋地传旨让他再翻一次。于是,杨小楼重新从高台上翻了一次跟头才继续演下去。

由此,淘气的韫龢喜欢上了舞台上的武生,此后不仅跟永和宫内精于京戏武功的小五儿学了几招,还能麻利地折起大顶。这在众多兄弟姊妹当中,她是惟独的一人。

韫龢曾听父亲载沣说,他一辈子烟酒不沾,但是,当溥仪大婚那天,皇后婉容向载沣谦恭地敬上一支香烟时,他自然无法推辞,只好客气地伸手接过来,既没当场点燃也无法放下。婉容从侧面瞧着载沣的尴尬样子,偷偷地捂着嘴笑了起来。

据韫龢所知,载沣手里始终拿着皇后"赐"的那支香烟,居然直到走进醇亲王府也没吸掉。

大婚没过几天,溥仪便按照老规矩,偕婉容和文绣回到醇亲王府,前去看望祖母和父亲。韫龢和大姐、三妹见到这一"后"一"妃",要恭行大礼才行。这次,姐仨磕头之后,皇后婉容照例赏赐姊妹三人一些锦缎衣料。

在她看来,皇后婉容行为举止落落大方,淑妃文绣则性格内向,甚至显得多少有些腼腆。当她和大姐、三妹前去请安时,文绣似乎显得不太好意思,羞涩而下意识地轻轻摇着头,表情显得颇为紧张。此时,她总想笑,却又不敢,只能在背后模仿她摇头的样子,权当做笑料。

那年,韫龢十二岁,正是淘气的年龄。再次奉旨进宫之前,德妈屡屡嘱咐她:

"你进了宫里,可甭什么都打听、什么都问。要记住,少说话……"

于是,她答应进宫后绝不随便乱开口。

在宫内,他们简直是一群喜欢扎堆儿的小孩儿。溥仪和婉容充其量只是十几岁的孩子,韫龢仅比溥仪和婉容小五岁,文绣只比她大两岁而已。平日,溥仪和婉容、文绣对醇亲王府的姐儿几个格外关照,少不了嘘寒问暖,彼此熟悉之后,时常在一起嬉笑打闹。

她进宫后,每天早晨起床,就和大姐、三妹去储秀宫给婉容请安。接着,她们便好奇地围着婉容观看宫女为其梳妆打扮。婉容极为讲究晨起梳妆,每次总得半晌工夫。看上去,婉容梳的是一种古妆,据说,这是她自己设计的样式,活脱脱一个梅兰芳舞台上的戏妆,头上还戴着一朵鲜花,大有超凡脱俗之相。

相形之下,淑妃却不那么好打扮,服饰穿戴也比较简单。据德妈分析,或许与文绣自幼窘困的家境多少有关。

就餐时,她看到饭桌上惟独婉容饭量很小,听说是怕胖起来。在她看来,婉容脾气不错,只是偶尔有点儿小心眼儿。其实这并不怪婉容,因溥仪极少到她宫里去住,"皇后"始终郁郁寡欢,可是,又不愿对外人说,愁闷总是憋在肚里。

在离东三所儿不远的御花园里,她和兄妹一起陪溥仪爬石头假山时,情不自禁地说:

"多悬哪,要是一块石头不结实,就会摔下来呀。"

溥仪的奶妈王焦氏——二嬷,脸上带着惬意的笑容,寸步不离地跟随溥仪爬上了假山顶。在宫里,溥仪总是变法儿带着他们淘气。有时,婉容也跟着这一行人颠来跑去,平常,婉容极少穿高底儿鞋,爬假山时更不行,只能穿着绣花儿便鞋。而文绣却一直静静地待在屋里读书或写字,终日闭门不出。

漫步走下假山,一路上,溥仪倒是给他们讲了不少有趣的故事。韫龢见到路过的每个宫前的庭院都有两口大缸,就好奇地询问起来,溥仪接过话茬儿,告诉她:

"那叫太平缸,是储水防火用的。"

她让太监抱起自己,探头看了看,说:

"里面根本没水啊。"

面对她的发问,溥仪答不出一句话,只是傻傻地笑着。当路过毓庆宫时,溥仪指点着告诉韫龢,这是他读书的地方,又笑着说:

"有一次,我在念书的时候,淘气地把教满文的师傅伊克坦的长寿眉拔掉了。伊师傅心情很懊丧。后来我听说,要不是让我拔掉了伊师傅的寿眉,他没准儿能活到一百岁呢。"

说这番话时,溥仪丝毫没有悔过之意,而显得更是得意扬扬。

三 跟婉容学会吸烟

"这是黄疸病,弄不好要死人。"

她听到府里有人夸大其辞地说,恐惧地瞪大双眼。韫龢一度染上了肝炎。那一年,她刚刚十二岁。

这可把祖母心疼坏了,时时惦念着她的病,以致落下不少伤心的眼泪。然而,她在祖母催促之下,仅服用几天中药便痊愈。因为府里分灶吃饭,所以溥杰和大姐、三妹都没受到传染。

自此,祖母似乎对她的管教格外放松,甚至多少有些纵容。

显然因受到婉容的影响,韫龢开始吸起香烟。她的祖母知道后,却从没阻拦过。

开始,她瞅婉容吸烟姿势优雅,觉得挺好玩儿,就模仿婉容的样子叼起了香烟。不久,婉容赏赐她一个纤细的五彩玉烟嘴儿,足有中指那么长,她便把烟卷插在烟嘴儿里吸起烟来,还时而在姐妹面前显摆。于是,三妹也学着她,加入了"烟民"的行列。

其实,她和三妹根本称不上吸烟,也从来没有烟瘾,仅是跟随婉容起哄才

溥仪在宫里为婉容点烟

吸起香烟的。最初,她空着肚子吸烟时,总觉得头晕脑涨。

后来,她和三格格像婉容那样,吃完早餐吸一支,午饭后再吸一支香烟,逐渐上了瘾。有时,他们从宫外购物回来,也闹着玩儿似的每人嘴里叼上一支烟,弄得室内乌烟瘴气。

在彼此熏染之下,不仅溥杰吸烟成瘾,连溥仪也吸起了香烟。姐儿几个每逢聚在一起就起哄地瓜分烟卷。一时,她和皇上、皇弟成了宫内的集体"烟民"。

她与溥仪经常一起玩儿。当着太监的面是君臣,规规矩矩地站在那儿,等太监一走开,就立马恢复了原形,捉迷藏、用木棍对打……换着样儿地淘气。宫里没小孩儿,溥仪难得遇到年龄相仿的小孩儿凑在一起。每当此时,溥仪就显得特别兴奋。

宫里还有一个不到十岁的特殊人物——润麒。他既是婉容的弟弟,也是三格格的未婚夫,平日与父亲荣源一起住在东城帽儿胡同。

润麒进宫时,头上总是扎着一根显眼的小红辫儿。她看得出来,溥仪尤其喜欢润麒——因为他淘气的花招儿多,也最能跟溥仪玩儿在一起。溥仪最烦太监在一旁伺候,总觉得碍手碍脚。等太监一走,皇上就成了淘气包儿,跟润麒和她们一起没大没小地疯玩儿不止。

他们一起玩耍时,文绣极少来掺和,倒是溥仪和婉容时常跟她们姐儿几个聚在一起。她还跟婉容一起玩过"老鹰捉小鸡儿",溥仪最愿意扮成老鹰,而小鸡儿最前边的领头人,往往是溥杰,他总是竭尽全力遮挡着后头这一群小鸡儿,设法不让老鹰捉到。她们一起跟在溥杰身后跑动,一边起哄地喊叫着:

"晃晃溜溜相儿,晃晃溜溜相儿……"

当然,这场游戏最终总是逃不掉老鹰捉住一只小鸡儿的结局。这时,她们便唱着"又卖针又卖线,又卖老太太裤脚带儿"的儿歌,参差不齐地哄笑着跑回储秀宫西配殿。

溥仪从不跟她们一起玩丢手绢,却爱玩跳棋,也有时跟她们用大拇哥互相逮着玩儿。溥仪的手掌大,她们总不免被他逮住。宫中最文雅的游戏,当属溥仪教她们作连句玩儿,即一人先说一句旧诗或古文,另一人要接着最后一个字,迅速说出下一句才行。

她无疑是积极参与者。这大多由溥仪先说头一句,后来也指定过其他人先说,再后来,索性任由一人自愿先说头一句。因为头一句容易,往下不好接句。如果实在连不上诗句,乱诌一句成语也行,再不成,还可以接一句相近的白话,勉强蒙混过关。

虽然,溥仪与婉容时常跟她们玩儿在一起,但在正式场合,她们见到婉容,则必须背过脸冲宫墙站立着,叫"避官防"。这在当时仅是比较少见的情形。

她始终觉得,相形之下,溥杰显得比溥仪稳重得多。溥仪性格虽较浮躁,但主意比溥杰似乎多一些。

溥杰结婚那年,刚刚十七岁,妻子唐怡莹已年近二十。原来,端康太妃听说溥仪的母亲去世之后,感到十分悲伤。韫龢听到有人说,端康太妃始终不知溥仪的母亲自杀而亡的真相,因没人敢跟她直陈死因。但端康太妃出于内疚,千方百计跟醇亲王府拉拢关系,还亲手把内侄女唐怡莹"指婚"给溥杰,倒确是事实。

当溥杰与唐怡莹举行婚礼时,韫龢当场见证了全过程。

她眼见溥杰结婚那天,几个萨满太太跪在窗外,大声地念诵喜歌,因可能是满语,她连一句也没听懂。不知怎么,韫龢从小就讨厌萨满太太——瞧着一个个干巴老太太,头上梳着亮背头,她每当见到,总觉得有一种莫名其妙的恐惧之感。

新婚的花轿抬进府以后,溥杰拿起弓箭朝花轿连射三箭,唐怡莹小心翼翼迈过火盆，又跟溥杰一起吃下子孙饽饽。全家人问她生不生？其实是非得让她说生不可。"生"，就是取一个吉利，是能生小孩的意思。她顺从地答了一个字——"生"。

众人抚掌大笑。然而，这始终成了一句无谓的空话。

溥杰显然是老实人，在唐怡莹面前简直像一个不懂事的大男孩儿。据德妈对她说，溥杰结婚当晚仍固执地要跟奶妈睡觉，而不肯迈入洞房，只好由奶妈连说带哄把溥杰强推进去。

由于其母是南方人，唐怡莹说话自然不免带有一些南方口音。照韫龢看来，唐怡莹其实能轻而易举改成京腔，但她成心学南方人说话，咬字总是一口南方腔。也许因她字石霞，宫内外的人们都奇怪地称她为"石爷"，却戏称她姐姐"九爷"。究竟为何，韫龢却说不清了。

看上去，唐怡莹虽然个头儿不高，却相貌漂亮，生性活泼，一双水灵灵的大眼睛，射出热辣辣的目光。她长着一颗虎牙，笑起来十分好看，且书法、绘画样样拿得起来，颇有一些才气。

她亲眼见到唐怡莹曾给载沣书写过一幅条幅，还逐字逐句讲给他听，颇得公公的赞许，这一幅书法装裱之后还在醇亲王府里挂起过许久。

无人不晓，唐怡莹擅交际、爱跳舞、酷爱打扮，还会裁剪衣裳，远近闻名。韫龢见杰二哥去祖母屋里请安时，连身上穿的紫红色衣服，都是妻子亲手设计裁剪的，钦羡不已。

韫龢与唐怡莹一向关系密切，但并非每天都能见面。哪知，唐怡莹经常出入宫门，婉容竟与其暗中赛着打扮，今天穿这件衣裳，明天换那身，俨然成了宫内一大时髦景观。

有一次，韫龢和三妹韫颖正在祖母的屋里闲聊天，恰巧，眼尖的三妹见到唐怡莹手上戴着一枚戒指，便一把拽住她的手，仔细端详一番之后，撒娇地说："二嫂戴的戒指怎么跟爷爷戴的一模一样呀？"

"是吗？"韫龢不知怎么回事。

"大概是爷爷给她的。"三格格话里含嗔。

"果真这样，那我问问去……"

此时，韫龢恃仗与祖母关系好，便撅着小嘴儿走过去，直截了当地发问：

"爷爷，二嫂唐怡莹那样的戒指，我也想要一枚。您怎么只给二嫂，不给我俩呀？"

听到韫龢的问话，祖母当即微笑着对她和三妹说：

"你俩都是脸朝外的人了……"

显然,祖母的意思是将来她俩结婚,就嫁到别人家去了。韫龢顿时生了气,认为祖母重男轻女,因为那枚戒指惟独赠送给了杰二哥的妻子。

她的祖母再没有多解释,因为这是皇族一以贯之的老规矩。

宫里亦内外有别。溥杰不经常去储秀宫串门,润麒却因与婉容的姐弟关系与韫龢同在储秀宫居住。不同的是,润麒由陈妈陪着住在储秀宫东配殿,她和大姐、三妹则在储秀宫西配殿住,彼此相隔不远,连大声喊一嗓子都能听见。

那些日子,她经常与梳着一根小独辫的润麒一起玩儿,他短不了淘气地招惹她,或时不时扮个鬼脸吓唬她。但他不敢吓唬大格格,只敢吓唬她和三格格。每当他去吓唬三格格,三妹就会大声喊叫起来:

"二姐,二姐快来呀……"

她的手腕颇有劲,时常动手跟润麒打闹,玩儿着玩儿着就翻脸,过不了一会儿就又和好如初。若照德妈的话说,这是一对天生的"小冤家"。

韫龢生性好动,而三妹不仅爱静,而且晕高,连走下三大殿的高台阶也得她牵着手,不然,三妹就会头晕得惊叫失声:

"哎呀,二姐,二姐啊……"

每当此时,她便赶紧跑过来,拽住三妹的手一步一挪地蹭下来。而韫龢却敢从几十蹬高的台阶上奔跑直下,使一旁的太监大惊失色。

但人皆有"一怕"。三格格虽然怕登高,却不惧怕虫子。韫龢虽不"恐高",却极为害怕虫子,连水果上发现一个小虫儿,也能吓得不轻。三妹偶尔犯坏,就偷偷抓一把毛毛虫硬塞过去,吓得她够呛。有时,她往往反过来威胁三妹:

"如果你再吓唬我,明儿个你再上三大殿台阶,我可不管你啦。"

于是,三格格赶紧告饶,再也不敢恐吓二姐。

由于婉容深受溥仪研习英文的影响,也聘来一名英文女教师任萨姆。她梳着半短的齐发,总爱竭力模仿中国人的打扮,还时而身穿对襟大褂,在宫内跟婉容拍摄了不少合影照片。

饶有趣味的是,溥仪唤兄妹四人一起在宫内配眼镜。当时,宫内府召京城的精益眼镜公司进宫给他们配眼镜。等验过光,结果出来了:溥仪近视程度较高,杰二哥和大姐也是近视眼。可是,她和三妹验过光才知,不仅没有丝毫近视,而且双眼好得居然超过规定标准。她俩听到之后,反而当场大哭起来,因为只剩下她和三妹没有眼镜可戴。

那时,韫龢非常幼稚,特别羡慕别人戴眼镜。溥仪见她俩哭天抹泪的样子,一阵琢磨过后,只好微笑着说:

"哎,我来出一个主意吧……"

于是,那家眼镜公司按照溥仪的旨意,给她和三妹分别配了一副平光眼镜,虽然只是装样子,她俩戴上对视一番,却不由"扑哧"笑出了声儿。

醇亲王府这几个子女,性格迥然不同。溥仪从小好动,不愿始终囚在紫禁城里,没事儿就喜欢去景山、颐和园或香山游逛。而溥杰性格好静,喜欢阅读、书法、绘画。韫瑛深受杰二哥影响,亦酷爱读书,虽然年纪幼小,却算得上学识渊博。韫龢则酷似溥仪,平日异常淘气,对什么事都感兴趣,遇事就喜欢刨根问底。三格格虽属蔫淘气,但能坐得住,书也念得不错。

她最兴奋的是,能和大姐、三妹一起跟随溥仪和婉容去景山游玩。此外,她还随溥仪乘坐汽车去过颐和园、香山鬼见愁等一些京城名胜之地。

在香山的大殿里,她和婉容一起数着十八罗汉,最后才见到济公在房梁上蹲着,她俩尖声嚷叫着自己的发现,在场的大伙见此哈哈大笑。而那一次,淑妃根本没去。可见,宫闱隔阂已初显端倪。

偶尔,几位老太妃还让溥仪和兄妹四人白天陪着去御花园登高。她站在御花园的假山上,眺望宫外的西山风景,只见山峦逶迤,层绿叠翠,顿觉心旷神怡……

此时,再看溥仪,则早已蔫溜掉了。

第玖章 王府内的繁琐礼仪

* "皇帝"和"皇上"的称谓有何区别？晚清宫廷内，太妃以及韫龢的祖母和父母这一辈要称溥仪为"皇帝"。与溥仪平辈及晚辈的人，则要称其为"皇上"。

* 溥仪的真实生日究竟是哪一天？为什么他前半生总在过一个虚假的生日。原由何在？……

* 她父亲载沣的生日是正月初五。王府内一般习惯将初五叫做"破五"，载沣却不愿听，总是反复叮嘱子女：
"你们可要记住，'初五'不叫破五，叫做'福寿五'……"

图片说明：醇亲王府全家人合影。前排左起：溥仪五妹韫馨、三妹韫颖、四弟溥任、六妹韫娱、七妹韫欢、二妹韫龢、四妹韫娴。后排左起：大姐韫瑛、溥仪的父亲载沣、二弟溥杰

一 皇上的"称谓"

自幼,她就感到王府内的彼此称谓颇为奇怪。

首先,这要从溥仪的称谓说起。

连皇族内也有区别。宫中的太妃以及她的祖母和父母这一辈,包括六叔载洵和七叔载涛都称溥仪为"皇帝"。

韫龢这一辈,包括兄弟、姊妹,以及晚辈则要尊称溥仪"皇上"。

为什么如此区别称谓,她始终没弄清楚。

仅从礼节上看,除她父亲和母亲以外,像六叔和七叔等长辈,见面也要照例给溥仪请跪安。不仅如此,还得自称"奴才"。

在宫里,她听到满族官吏都自称奴才,汉人一律自称"臣"。

她和王府的这些小孩儿,则另有礼节,凡见到溥仪,必须先自报姓名,说几句吉祥话儿:

"韫龢给皇上请安,皇上吉祥! ……"

然后,她再按照规矩给溥仪磕头。但平时见面无需磕头,只是请安就是了。

须提及,这里有一个重要的变化——韫龢这几个姊妹,十五岁之前,即没留头时,必须要请跪安。等到了十五岁之后,留起头——就是满族人经常梳的两把头,就不再请跪安而改请"蹲儿安"。

说起磕头,宫里规矩颇大。如果一般人给太妃和溥仪请跪安,须"三跪九叩",就是磕九个头,但分三次来磕。请安者先要跪下,冲着太妃或皇上磕三个头,然后站起身,再跪下磕三个头。之后,再次站起身来,接着还要跪下磕三个头。虽说是"九叩",其实一般趴下身就行了。她这一辈人磕头,脑门一般并不沾地。

若是脑门挨地,那叫磕"碰头"。譬如溥杰被赏赐顶戴时,才要磕"碰头"。

据说,当溥杰头戴官帽,穿着蟒袍补褂去宫里谢恩时,先要跪在地上,把帽子摘下搁在身旁,然后再三跪九叩,磕头时脑门必须沾地。无论在宫廷或王府里,这无疑都是重要的礼节。

这里,韫龢讲述的溥杰受赏以及"三跪九叩",虽非她亲眼所见,但确曾亲耳听到溥杰述说过。据考,溥杰除被赏赐顶戴花翎,又被赐黄马褂,享受在紫禁城骑朝马的特殊待遇,还骑着朝马在宫中照了相①。

说起醇亲王府的彼此称呼,也蛮有意思。

在王府里,一般人称韫龢为二格格,即二小姐的意思。府里一般管男孩叫阿哥,所以称溥仪阿哥,溥杰被称二阿哥——佣人则尊称他"阿哥二爷"。她小时候,常听到奶妈叫溥杰"阿哥爷"。等溥杰娶了唐石霞为妻,人们便尊称唐石霞为"二奶奶"。

从小起,二格格就按照醇亲王府的习惯,管母亲叫奶奶,父亲叫阿玛,称祖父为玛父②,称祖母为爷爷,若是侧福晋便叫额娘。这是绝不能错的。

大姐和三妹亦如此。而不同的是,溥杰管她祖母叫太太,她六叔、七叔府里的哥哥和姐姐管她祖母也叫太太,就是说,府外的晚辈则称祖母"老太太"。

按照皇族的习惯,溥仪也管她的祖母叫太太,仍称母亲为"奶奶"。不同的是,溥仪对父亲载沣一般称之"王爷",而韫龢管父亲叫老阿玛。几年之后,当大格格结婚时,她的丈夫郑广元仿照溥仪,称载沣为"王爷",她父亲听到后极不高兴,生气地责问韫龢:

"他怎么不叫我老阿玛?"

因为,当时只有溥仪称载沣为王爷。于是,她悄悄地告诉丈夫:

"今后,你可别再管我父亲叫'王爷'了。"

然而,郑广元是南方人,根本说不清楚"老阿玛"这三个字。她将此情形禀报父亲,载沣听后反倒笑了。

尽管醇亲王府的人们官称郑广元为"二额驸",几个妹妹则称他二姐夫,惟独溥杰戏称他"二格格夫"。

至于她父亲和母亲之间的称呼,她只知母亲称载沣为"老爷",而从不叫他"王爷"。当然,韫龢极少见到父母之间当面彼此称呼。其实,她跟母亲远不如与祖母熟悉,只是每天去母亲屋里请一次安,再说几句冠冕堂皇的应酬话。

平日,她和兄弟姊妹见到父亲的侧福晋也不用请安,当面称呼"您"就行

---

① 这帧溥杰在宫中骑朝马的照片,现仍存北京故宫博物院。
② 玛父,满语即祖父。按字面之意可直译为"阿玛的父亲"。

了,即使见面也很少聊天。她去向父亲请安时,见到侧福晋往往在旁边静坐,从不多言,大多是一声不吭。请过安,父亲照例聊点儿天气如何的闲话,然后便吩咐:

"你们玩儿去吧。"

历来,她父亲载沣在孩子们来请安时,从没过多的话可说。

如果祖母或母亲来叫,他们不能回答"哎……"晚辈对长辈的称呼,一律要称"您",以示尊敬,她对平辈或比自己小的则称"你"。

一般人在宫内,对婉容和文绣都统称"主子",因为韫龢跟婉容和文绣再熟悉不过,所以除重大或正式场合,见面便不称她俩"主子",只对太妃尊称为"主子"。

而不同的是,其他兄弟姊妹则要按宫规行事,丝毫马虎不得。

在醇亲王府里,请安也颇有讲究。譬如,晚辈对长辈就要请跪安,男人同辈之间可以请单腿安,女流之辈彼此则请蹲儿安。至于请蹲儿安时,腰要挺直,姿势才好看,不然会惹人发笑。

按照接安的老规矩,对各种人姿势大不一样。需要客气一点儿的,就要双手接安,对于无需客气的人,则用单手接安。若是地位高的老太监前来请安,她作为晚辈必须弯腰双手来接,以示恭敬,若地位低一点儿的小太监来请安,她就用单手接安。

还有一个满族的还礼规矩,叫"打横儿",像溥修的兄弟媳妇来请安时,她就那么一作揖,还微微一扭身,表示不敢当的意思。

一般,从接安的姿势亦不难看出尊卑长幼及彼此亲疏远近。即使客气地双手接安,也不能碰着手,只是嘴里往往道一声:"不敢当……"

每当长辈患病,不能叫生病,而要称作"欠安"。如果违犯规矩,往往会受到呵斥和责备。

若交谈中提及长辈时,说到"他"这个字,绝不能念"他",而要念作"您"①,以示尊敬之意。一般老北京人,规矩亦如此。只不过,王府里更讲究一些罢了。

这里还有一个规矩不能不提,如果当着别人的面,他们对于溥仪必须十分尊重,绝不能称呼名字。而不当着外人,她当面见到溥仪时,时常淘气地叫一声:

---

① "您"字读音为"tān"。这是老北京人对第三者的尊称。

"溥仪。"

这时，溥仪倒不生气，总是大多亲切地叫她一声：

"韫龢妹。"

也有时，溥仪叫完她，她见没有别人，就淘气地给他打一个"横儿"——请安，但又不是那么正规，只是稍稍侧过身，手里一抱拳，往腰里一搁。这其实是平辈儿彼此请安之礼，而非见"皇上"的礼节。

此时，溥仪往往只是微微一笑，并不怪罪她。可以想见，她与溥仪之间关系如此随便。也就是说，在私下场合，她根本谈不上尊待"皇上"。

但是，在府里却必须分清长幼，这是皇族的基本规矩。从小起，祖母总是教她一些基本规矩和礼节，经常嘱咐说：

"你可一定要记住礼节，不能淘气……"

每次走进祖母屋里，她总要先自报名字，然后再称呼祖母：

"爷爷吉祥！……"

醇亲王府对于服饰打扮，历来有着严格规定。王府的年轻女人，平时须梳旗头、脚上要穿至少半寸高的花盆鞋。鞋上绣的花儿，一般都是暗花儿——譬如"寿"字等。只有进宫时，才穿绣鞋。但有一样，不能穿绣龙的式样，否则，就犯了"大忌"。

衣饰亦如此。姊妹们非去宫里才允许穿绣衣，但仍不能穿绣龙的衣饰。王府里的女人如果穿上绣花的红氅衣，走起路来，往往拖在地上很长。从远处望去，风姿绰约，只是走路不太方便。

男人戴翎子最讲究几眼花翎，这有严格的等级限制。戴顶子，尤其有讲究，譬如珊瑚顶、蓝顶、金顶等，从很远处便能分出等级高低。

在她的印象里，父亲载沣戴的顶子是"宝石顶"。若论起来，宝石顶子品级颇高，但载沣平时不戴，只是搁在家里的箱子底。

她母亲在世时，逢年过节或生日，总是由瓜尔佳氏带领子女去各府请安。后来她母亲辞世，家族的人们来醇亲王府看望过后，便大多由溥杰打头儿，她和大姐、三妹四人去人家府里"道乏"致谢。陪同的少不了各自的保姆和太监冯乐亭。

一般，兄妹四人去其他王府须请两次安。一个是见面礼，二是道谢。此时，女眷给对方请的是蹲儿安。若到对方府里，总要客气地询问人家累不累呀？……无非是一些客套话而已。这些都是大人在府里教过且演练过的，到那儿只是鹦鹉学舌罢了。

内中也有一个细节,如果对方前来府里拜年的是女眷,到对方府里回拜的往往是她们姐仨。若来者是男客,一般则由溥杰领头去回拜。

也有例外。那就是去六爷府或七爷府拜年,则显得较为随便。大多由溥杰和她们姐仨一起前去,先由溥杰道谢,她们再按序行礼。

此时,请安已改成了蹲儿安。她和大姐都是十五岁"留头",即开始梳"两把头"。行礼时,要先"掸头"——拿手摸一下自己的"两把头",跪下请安之后再摸一下两把头,总共是"三跪三摸"。

倘若梳了两把头,发饰过重,便无法磕头,只能跪下行礼,这就是当时的繁缛礼节。

她的祖母过生日时,其他王府大多会派人前来祝寿。过不了两天,她们就得麻利儿给人家去道乏,除兄妹四人外,还有妈妈、太太们跟随着。如果去其他王府回谢,无须去宫里要乘大鞍车,而是乘坐马车,那就显得随便多了。

若逢各王府长辈过生日,必须提前送来"喜票"——外边用一个大红信封装着。几乎无例外都在什刹海后海的荷花市场"荟仙堂",宴请载沣等人一桌酒席。

每当夏天来临,荟仙堂附近就变得十分热闹,榛子、杏仁这些零食都用一片荷叶托着,颇有特色,直到长大成人,她依然清晰地记得这些童年往事。

水泛涟漪的什刹海,饶具特色的绿荷叶……俨然成了她追忆醇亲王府昔日礼数的活道具。

二 溥仪的真假生日

其实,关于溥仪的真正生日,直到那部《我的前半生》问世之前,始终是一个未解之"谜"[①]。

据载涛夫人王乃文和溥仪妻子李淑贤追忆,不仅"皇上"的生日对外人绝对保密,一般人也轻易不愿公开自己的生日和生辰八字。

醇亲王府内,长辈的生日叫做"千秋",死人那一天,叫做祭辰,管生日叫"诞辰"。如遇到王府长辈的祭辰,整个王府里都要戒斋吃素食。

[①] 在二十世纪八十年代初,笔者与载涛夫人王乃文和溥仪夫人李淑贤交谈中,曾不止一次地询问起溥仪的真实生日为何保密。她俩不约而同地讲述起:旧社会曾经流传过一个"恶俗",那就是如果与某人有仇,就在一个木塑或布人上标明某人的生辰八字——即出生年、月、日等,按时给此人扎针或做特定的"亵渎"之事,以咒其早死。

也可以说,清朝皇族还有一个特别的规矩:那就是孩子生下当天,如果恰逢先祖的祭辰之日,那么只好把孩子的生日改成另一天。不然,祭辰便和孩子的生日重合,这是极为忌讳的。

最令人忌讳之事,恰恰发生在溥仪的身上。溥仪出生于光绪三十二年正月十四日①,因其生日与一位先祖——道光皇帝"驾崩"的祭日同在一天,所以,父亲载沣按照老规矩,为避"圣讳",遂将溥仪的生日改成了阴历"正月十三"。

这在当时,确实是外人所不知的王府秘闻。再后来,溥仪当上"宣统皇帝",于是,这又成了宫廷秘辛。多年来,宫内外之人一直按照"正月十三"为溥仪过寿日,其实外人所知的这个生日是假的,祝寿者,无不被蒙蔽其中。

其实,这成了一个世人罕知的大笑话。

直到后半生,溥仪才对外公布了真正的"生日"。李淑贤还不止一次讲起,婚后,爱新觉罗家族仍有不少人一直惦记着溥仪的生日,每当那天,总有许多人来亲送生日贺礼,还有清朝遗老遗少前来"叩见",其实,溥仪内心却烦透了这些事儿。

最初,宴请宾客一顿就算过生日,可到了后来,溥仪惟恐影响不好,再加上他的病情渐趋严重,便不再过生日。只是,夫妻俩在那一天悄悄吃一顿面条——"长寿面"。这已是后话了。

实际上,早在逊清宫廷,每到"宣统皇帝"的生日,溥仪总是惦念着给祖母和父母送去礼品,以谢其养育之恩。这在醇亲王府里,是众所周知之事。

平日,溥仪也短不了赏赐醇亲王府四季用品。不仅如此,每逢夏天,太妃还从宫内赏给醇亲王府一些西瓜。暑天,府里天天吃西瓜,几乎都是宫内赏赐的。按照四季变幻,醇亲王府上下之人时常品尝新鲜水果,像鸭梨、柿子、苹果等,品种极丰富,赛过一般的水果摊儿。

烦闷之中,溥仪偶然也会偕婉容和文绣出宫,前去醇亲王府看望祖母。一般这一行人往往乘坐汽车而来。几乎,每次她都恰巧候在祖母身边。

她眼瞧着溥仪和皇后、淑妃走进屋内,"皇上"马上规规矩矩伏身给她祖母行跪安大礼,口称祖母为"太太",虽然皇后和淑妃也随之称太太,但她俩却对祖母只行蹲儿安礼节。即使是溥仪来行"家礼",祖母仍端坐炕上并不站起来,只是双手一伸,客气地对溥仪说:

---

① 溥仪的生日,即公历1906年2月7日。

"皇帝请起吧。"

溥仪起身之后，就半侧着坐在炕桌一边——炕桌摆在炕中间，与祖母面对面地聊起天来。虽然溥仪一直深居宫中，对她祖母却始终感情尤深。

有时，溥仪看望祖母之后，还顺路去不远的什刹海附近溜达一圈儿。前后负责照应的，大多是醇亲王府里的管事——张文治。

那时，溥仪还时常找来一个三四十岁的满族人——关良，进宫教授风琴。总之，什么时髦他就玩儿什么。到后来，溥仪给她们姐妹几人各买了一架小风琴。但是，不让关良直接教她们，只能先由溥仪和溥杰在宫内跟随关良学会，然后再由溥杰回到王府里负责教授。

关良不仅能弹风琴，也会演奏钢琴曲。多年之后，许多曲子印象渐渐淡漠，但她依然能记起两支曲子，一支是《朝天子》，另一支是《苏武牧羊》。据韫龢回忆，这都是溥杰学会之后再传授她的。

每逢过年或过"万圣节"，爱新觉罗家族的人们总要到宫里拜见溥仪。领衔儿的，时常是她七叔载涛，其他诸如溥雪斋①、溥修等人也短不了见面。她印象最深的是溥修，因他长着一副四方脸，眉毛与眼睛相距较宽。五爷府的溥雪斋，相貌亦颇有特点，嘴巴鼓鼓的，总像撅着嘴似的。别看他们相貌平平，却极具才气，无一不精通绘画、书法。

当时，溥雪斋在书画界颇具影响，尤以画马名气最大。她见到溥雪斋去宫里给溥仪拜年时，总鼓着金鱼似的嘴巴，就私下给他起了一个外号，叫"fish"——英语是"鱼"的意思。她虽然当面不敢叫，背后却总这么称呼其人。

此后，她每逢见到他便掩口而笑，闹得溥雪斋干瞪两眼，如坠云里雾中。

以往，溥仪最信任陈宝琛，自从庄士敦进宫之后，向溥仪介绍了不少国外的新知识，"皇上"对英国洋师傅愈加信任。在韫龢看来，对于几位师傅而言，溥仪最推崇洋师傅庄士敦，也数他对溥仪的影响最大。庄士敦能说一口流利的汉语，来亚洲二十多年，非常熟悉中国历史和各地风土人情。

据韫龢所知，庄士敦跟李鸿章之子李经迈关系密切，而李经迈与载涛素有往来，庄士敦进宫，是由李敬迈通过载涛举荐，且经过徐世昌总统与英国公使馆交涉，才正式被聘为溥仪的洋师傅。

也正是出于这个原因，溥仪才选中载涛的儿子溥佳作为"伴读"。自然，也不排除溥佳性格敦厚，英语具有一定基础。溥佳逢人便笑，乐起来就没完，

---

① 溥雪斋，即溥忻，号雪斋。著名画家、古琴大家。曾任北平古琴协会会长。

总之是一个好脾气的老实人。她和婉容、庄士敦、溥佳等人,还一起在御花园里多次照过相。

她见到,满头白发的庄士敦,总是穿着一身笔挺的西服。也有时,庄士敦心血来潮,身穿溥仪赏赐的一件黄马褂,洋洋自得地在宫里逛来走去。庄师傅不仅热心地给不少人起了英文名字,还给自己起了一个中文名字——庄志道。

一次,庄士敦笑着对韫龢解释说:

"志,是志向的志。道,是道德的道。"

庄士敦因在宫内教授溥仪英文,所以,总骄傲地以"志道师傅"自居。

在她的眼里,庄士敦的一口汉语说得很地道,如果不是亲见此人,仅听谈话,简直跟中国人没多大区别。他刚来北京时,汉语中还夹杂点儿山东味,进宫教英语没多久,居然能说一口流利的北京官话。

她总愿意让庄士敦多说英语,以借机跟他学习。他却偏偏爱说汉语,无非想多练习中文。他说起话来嗓门颇大,特别爱笑,一笑就憋得满脸通红,平时还经常说笑话,堪称一个幽默的英国绅士。

在宫里交谈时,庄士敦曾多次对她抛出友好的橄榄枝:

"我诚心诚意邀请你,到我的英国家里做客。"

而几年以后,韫龢和丈夫果然应庄士敦之邀赴英成行。此又是后话了。

庄士敦时常买来英国画报,拿来给溥仪阅读。他须发皆白,个子比郑广元稍高,说话声音洪亮,身体很结实,往往挺着胸走路,速度飞快,显得虎虎生风。

当时,溥仪深受庄士敦的影响,在宫中干了不少"大逆不道"之事。

她记得,宫中一件大事便是溥仪不顾各老太妃百般阻拦,剪掉了辫子。这在社会上轰动一时的事件。

洋师傅始终向溥仪灌输西方思想,蔑视地管辫子叫"猪尾巴",力劝溥仪剪掉长辫。没想到,庄士敦的一句话却掀起了宫内外的轩然大波。

端康太妃劝了半天也没用,只得痛哭一场以示反对。继而,祖母听说之后,也号啕大哭。溥仪不仅剪掉辫子,还让溥杰立时仿效。溥杰回到府里,祖母见到剪掉长辫的溥杰,抚摸着他的脑袋大哭不止:

"这不成秃子了吗?……"

因为,溥杰早先就跟祖母讲过,他和大哥溥仪都愿意剪去辫子,祖母死活不答应。此后,溥杰怕惹长辈生气,每当去祖母屋里总戴着一顶帽子。

早在溥仪剪掉辫子之前,她的父亲载沣便得知了消息,极力反对。然而,溥仪毅然决然地对父亲说:

"王爷既然可以剪掉,为什么我不可以剪呢?……"

因载沣在此之前早已剪掉了辫子。结果,她父亲被溥仪质问得张口结舌,一时无语。

其实,"剪辫子"只是一个引子。尔后发生的许多故事,不少跟庄士敦有关。像宫里安装电话,她父亲载沣等人就表示反对:

"宫里怎么能安电话呢?随便跟外头通电话,这可不行……"

当时,连一些爱新觉罗家族的人也都不赞成。倒是溥仪的一句话,问住了父亲载沣。

"为什么醇亲王府里能安电话,我这宫里就不成呢?"

载沣嘴拙,再也无话可说。

她目睹庄士敦来到溥仪身边之后,"皇上"所发生的变化,不仅穿西服、戴手表,还养狼狗、说英语,尤其是溥仪希望去庄师傅推崇的英国牛津大学读书,以开阔眼界,甚至私下对二妹说:

"我到那儿可以发表通电声明,辞去民国的'优待',不再寄人篱下,再游说各国,放手实现复辟'大清'的夙愿。"

紫禁城内显然受到了"洋化"熏染。一次,溥仪对她说,庄士敦要介绍他去见一个印度诗人。尔后她才知,那个印度诗人是泰戈尔。但她和三妹都没见到,只有润麒陪同接见。

事后,她在溥仪的屋里见过溥仪与一个蓄着大胡子的外国人合影。据说,溥仪与泰戈尔会面,三位老太妃十分不高兴,但也无可奈何,她们根本管不了"皇上"。

由于深受庄士敦的影响,溥仪让庄师傅给兄妹几人分别起了一个英文名字。她清楚地知道,此前,洋师傅先给溥仪起了一个洋名,叫亨利。接着,又给皇后婉容起了一个英文名字,叫伊丽莎白。

似乎起名上了瘾,溥仪索性给弟弟和妹妹一律起了英文名字。溥杰的英文名字叫威廉姆,大格格韫瑛的英文名字叫露希,二格格韫龢的英文名字叫玛莉,三格格韫颖的英文名字叫莉莉——据说,这是一种百合花名。仅比韫龢小两岁的四格格韫娴,英文名字叫艾莲,五格格韫馨的英文名字叫罗丝——玫瑰花。

自打几个妹妹有了英文名字,溥仪见面就称呼她们英文名字。顺便,溥仪又让庄士敦给"伴读"的溥佳,起了一个英文名字——阿瑟。顿时,宫内一片朗朗英语称谓。

溥仪在故宫接见印度诗人泰戈尔

显然,在痛恨太监这一点上,溥仪与洋师傅庄士敦可谓臭味相投。庄士敦根本不掩饰十分讨厌太监,曾多次对溥仪说过:

"太监即使年底来给我磕头,我也不赏他们钱。"

由此可见,庄士敦与宫内太监的矛盾已达到不可调和的地步。

那时,庄士敦在北京景山北边的油漆作胡同购买了一幢房子。溥仪又赏赐他在西郊樱桃沟一处平房——当时叫乐盛山庄①,闲暇之际,庄士敦时常前往那里避暑小憩。他曾笑眯眯地对韫龢说:

"我很喜欢那里的环境,尤其在夏天,住在那儿可凉爽了。"

可是,溥仪却始终没去过那里一趟②。

韫龢还听到过这样一个说法,溥仪曾派庄士敦去管理颐和园。另有一种说法是,他向溥仪要求管理颐和园,溥仪起初没同意,直到后来才勉强答应。

---

① 另一说,叫乐盛山斋。
② 据笔者考证,庄士敦在西郊妙峰山下修建了几间北房,自称别墅。又修建了一条通往山上的路,在半山腰还建有一座凉亭。前几年,笔者曾实地考察过。别墅和凉亭犹在,只不过,所谓别墅只剩下了几间破旧的房屋。

究竟内情究竟如何,她不得而知,只是洋师傅管理颐和园以失败告终,最后关门大吉,倒是事实。

甭看溥仪喜欢庄士敦,载沣却素来不喜欢跟洋人打交道。直到溥仪出宫暂住北府时,庄师傅前去看望溥仪,才第一次走进醇亲王府。

三 在终日玩耍中长大

在她的记忆里,父亲载沣对于子女最为心重。

从幼小起,载沣就喜欢让子女在王府里玩儿"抓周"的游戏,即让孩子闭上双眼,在摆好的桌子上随便摸索。笔墨纸砚、算盘、刀枪、食物……谁先抓到哪样,便可以拿走。

其实,这是在游戏中企图预测孩子将来的喜好和命运。而从下意识中,这无疑反映了载沣并不乐观的真实心理。每当韫龢回忆起此事时,便感慨万千地说:

"依我看来,谁也没猜测到世道的变化和皇族的命运,更甭提个人的命运了……"

然而,她的童年在醇亲王府仍终日生活在无忧无虑之中。

有一次,溥杰带着几个妹妹去花园里玩耍。从小山的扇面亭往西,有一间"听雨屋",也有人叫它听雨亭,兄妹一起到那里转了一圈儿之后,溥杰忽然异想天开地说:

"你们姐儿几个从南山顶出溜下去,怎么样?"

"好啊!"

她领头响应。于是,她和溥杰登上南山,像滑梯似的溜了下去。三妹胆小,不敢滑下去,只是懒懒地坐在山顶上不动窝,瞧见她和溥杰沾得浑身土猴儿似的,兴奋得拍手叫好。

一些佣人纷纷传说,北府的花园里,经常出没狐仙、长虫……德妈告诉她,这被称作"四大门"——又叫四大仙:狐仙(狐狸)、刺猬、长虫、黄鼠狼。据说,有的佣人不止一次见到偶尔蹿出来的狐仙。

她始终没见过,也不信那些迷信事,便与三妹打赌,去花园乱逛,幻想遇到神奇的狐仙,结果却始终一无所获。没想到,她刚返回屋里,德妈就知道了,生气地对她说:

"你这个格格胆子忒大了,照这样哪儿行啊,如果惹了狐仙爷还了得？……"

当晚，德妈就代她去南山烧香，口中还念念有词：

"原谅小孩儿无知，您千万别怪罪啊……"

她听说之后，觉得特别好笑。德妈见她仍然满不在乎，就大声吓唬她：

"有一条长虫，能从北岸搭到南岸那么长……"

她细想起来，也觉得挺后怕。花园里杂草丛生，难免有虫蛇藏匿其中。当时她却没想这么多，只觉得好玩儿就行。

一些佣人居然拿王府里的刺猬当神供奉，时常朝它出没的地方磕头。甭瞧她父亲载沣年岁不轻，却并不迷信。据说，载沣有一次偶然见到一只刺猬，抬起腿一脚便将它踹进了水里……

在王府里，最迷信的是仆人。妈妈和太监们也时常讲一些狐仙、鬼怪之事，每当走进大殿，或迈入许久没开门的屋子之前，不仅先要咳嗽一声，还要合掌祷告：

"殿神爷，您挪动挪动吧……"

然后，他们才敢迈进殿。最有意思的是水妈，她总是反复唠叨没完，声称不止一次见过殿神，它个子挺高，正在殿里站立着。见此，她赶紧说了一声："开殿！"

这些似是而非的故事，在她的心里，既觉得怪可怕，又始终是一个未解的谜团。因为她从没遇见过这些稀奇古怪的事儿。

德妈总不耐其烦地对她说，如果你要走进旧屋，一定先要恭敬地说一声：

"土地爷爷、土地奶奶，您挪动挪动吧。"

诸如此类的迷信规矩不胜枚举。在王府里，若从屋内往外泼水，可绝不能随便倒，先要朝外大喊一声：泼水！更奇怪的是，她有一次隔着门槛往外递东西，德妈见到后，狠狠地数落了她一顿：

"这可不行。要么你进来，要么你出去，就是不能隔着门槛往外递东西。"

究竟为什么？德妈始终没细说，只是告诉她，无论如何也不能得罪殿神。

然而，她的父亲载沣最反感迷信。一次，他从宝翰堂去思谦堂院，经过下房——保姆住的地方，见到她们正跪在地上烧香磕头，就不满地咳嗽了一声。一听说王爷来了，她们马上爬起想把东西藏起来。没想到，她父亲一句话都没说，抬脚就把香炉踢翻，扬长而去……

当然，她父亲也不免有迷信之处。譬如，人们一般习惯将初五叫做"破五"，可她父亲不愿意听，总是不厌其烦地反复纠正说：

"你们可要记住,'初五'不叫破五,叫做'福寿五'。记住没有呀?……"

对此,她记得一清二楚,因为正月初五那一天正是父亲的生日。

她十四五岁时,搬进了父亲居住的院里。她见廊子上有一个马蜂窝,就在竹竿上绑了一个搪瓷杯子,杯里放进滚烫的开水,举起来去捅马蜂窝,而让三妹在一旁观看。

谁想,开水刚浇上去,马蜂就轰地胡乱飞开,四处蜇人,把她吓得够呛。那群马蜂追着蜇她,结果她被吓得躲进屋里,再也不敢出来。

她大姐韫瑛虽仅比她大三岁,却总像大人似的。大姐尤其喜爱动物,还喂养过一只大眼睛的小猩猩,它始终被锁在笼子里,总想咬人。有一次,她淘气地拿一支烟卷儿逗它,想让它闻闻,没想到它一口咬住烟卷就嚼,辣得直流哈喇子。

由于宫内悠闲无事,婉容养起了蛐蛐儿,还时常与她们玩斗蛐蛐儿。因为彼此岁数差不多,她时常和三妹一起跟着"皇后"陪玩儿。

不仅三妹养蛐蛐儿,溥仪也一度养蛐蛐儿成瘾,时常拿小毛探子逗蛐蛐儿,他一伸探子,蛐蛐儿就咬,时赢时败,最终也没分出胜负。实际上,溥仪向来与妹妹不赌钱,只是斗蛐蛐儿消磨时光而已。

夏天,她和三妹一起逮蛐蛐儿,瞅见花园地上有一个洞,便想出一招儿,往里边灌水,没过一会儿,几只蛐蛐儿就从洞里蹦了出来。她拿起准备好的铁丝编的蛐蛐儿罩,猛地一下扣住一只"蛐蛐儿王"。

她知道,溥仪最珍惜的是一个蝈蝈葫芦,冬天总像宝贝似的揣在怀里。入冬的蝈蝈,既吃黄瓜也吃豆芽儿,她总喜欢打开溥仪的葫芦盖儿,把蝈蝈托在手上晒太阳。小绿蝈蝈儿不仅十分好看,生命力也极强,竟然能活过整个冬天。

对于韫龢经常逮小麻雀玩儿,她的祖母始终不赞成,屡次阴着脸对她说:"这可不能逮,太损了……"

可是那些小太监,往往背着祖母暗中助她一臂之力,到最后,她逮了整整一群小麻雀,绝大部分死去,倒偶尔养活了另外一只小鸟。它非常机灵,她一招手,小鸟就飞到肩膀上来。每逢她在鸟食里掺点儿鸡蛋黄喂食,它马上就扑拉着翅膀飞过来,好玩儿极了。这只可爱的小鸟陪伴她好几年,也给她带来了无穷的乐趣。

此后,她又在王府里喂养过一只哈巴狗,名字叫"花小儿",反应更是灵氪。花园有一座独木桥,它始终不敢过,她便躲藏在桥另一侧叫它的名字,听见她的声音,它犹豫再三,终于跑过独木桥扑进她的怀里。

不仅如此,她还养过一只叫"小不点儿"的小狗。那是佣人从外边捡回来的一只瘸狗,脑袋上有一小撮黄毛。这只小狗,她养活了几年,总也长不大。不知为什么,它的眼睛里忽然长出一条小细虫儿,她拿来香油给它擦,无论怎样都擦不净,最终可怜地死去。她在花园里刨了一个坑埋葬小狗,又做了一个标记,每年按时给它上供。在童年的记忆里,这成了她"悲天悯人"的一桩善举。

尤应提起,醇亲王府里还喂养过一群猴子,这亦是外人所不知的。

据说,这是皇后婉容最初买来喂养在宫中,不得已才送来寄养在醇亲王府里。她和府里这群小孩儿特别喜欢活泼的小猴子。长廊上,常年摆放着一溜儿铁笼,猴子都被圈养在里边,偶尔,才由太监和仆人拴着绳牵出来遛弯儿。

此时,她和三妹就会拿着水果抢上前,耍弄这些活蹦乱跳的小猴子,直到它们被重新关进铁笼,她俩仍围着小猴子逗个不停。

在此前后,她还养了一只可爱的日本狮子狗,叫小雪,浑身雪白,终日不离左右。更有意思的是,溥仪还宠爱着另一只巨犬,叫老虎,又名"泰戈尔"。据说,这是溥仪为纪念与泰戈尔会面而给它起的名字。

第拾章 紫禁城『伴驾』溥仪

* 紫禁城内历来有一个外人所不知的旧规矩，谁若是吃了牛肉，就要被罚去树上蹭嘴。她听说不仅太监不准吃，连他们在宫内也不允许吃牛肉。

* 在宫中被罚跪一上午之后，瓜尔佳氏回到醇亲王府，就将鸦片掺着烧酒和金面儿吞进肚里，愤而自杀。载沣对外则谎称瓜尔佳氏"中风"而死。

* 溥仪淘气地让太监将四张春饼卷好，连成一米多长，再由四个太监抬着往他嘴里送。韫龢与兄弟姐妹坐在桌边，像瞧杂耍儿。

图片说明：韫龢（右二）与端康皇太妃（中坐者）、
　　　　　皇后婉容（右三）、淑妃文绣（右后五）
　　　　　及家人在宫中

一 宫内禁吃牛肉

紫禁城内历来有一个外人所不知的旧规矩，无论谁也不能吃牛肉。

据韫龢所知，宫内御膳房的菜谱上，不仅有爆炒羊肉、氽白肉片，还有炒猪肉末儿等不少花样的荤菜，然而，惟独没有牛肉这道菜。

她起初没弄清楚，为何宫里只允许吃羊肉和猪肉，却不许吃牛肉。据说，宫里规定，谁若是吃了牛肉，就要被罚去树上蹭嘴。她听说，不仅太监不准吃，连他们在宫内也不允许吃牛肉。

这倒并非纯出于迷信，据说，早年皇太极颁布过"上谕"，称牛和驴历来供军中负载所用，所以一直严禁宰食。直到逊清宫廷，依然如此。

谁也想不到，最初年幼的溥仪闹脾气时，竟会被太监强诬为"上火"，而被关进小黑屋。见溥仪总是非常淘气，有一次，总管太监张谦和琢磨出一个办法，说：

"恒是万岁爷心里有火了，让他唱一唱，败火吧。"

实际上，"唱一唱"就是让溥仪大哭一通。于是，几个小太监七手八脚把"皇上"推搡进一个有马桶的小黑屋里，然后倒插上门。溥仪被关进小黑屋又恼又怕，既捶门又跺脚，胡乱嚷叫，大哭失声，但任凭他嗓子哭哑，也没人理睬。直到太监觉得溥仪哭够，出透了汗，才发话说：

"好，'皇上'唱完，败火啦。"

于是，溥仪这才从小黑屋里，被释放出来。

不久，溥仪开始养狗。他从德国买回一条警犬——"德国黑"，起了一个名儿叫"狒格"，经常带着它在宫里遛弯儿。它个头特别大，总是支棱着大耳朵，反应异常灵敏，主人一挥手，让它叼什么马上就能叼来。

"狒格"长着一个特大的嘴叉子，模样十分吓人，但从不咬人，反应极灵敏，如果谁想跟它握手，它就马上伸出前爪，主动跑过来握手。它成了溥仪在宫里的动物玩伴儿。溥仪非常喜欢它，后来一直把它带到天津。溥仪除经常与兄妹四人一起遛狗，还带他们骑起了自行车。

溥仪一时兴起，遂给溥杰、大格格以及她和三格格，每人买来一辆外国自行车。祖母听说后，怕她们摔着，执意不让骑，而且严厉地说：

溥仪（右）养了一只狗叫猇格，经常和润麒牵着玩儿。图为溥仪、润麒与猇格在一起

"要是哪个格格摔着，磕着碰了脸，就不好找婆家了……"

说到做到，祖母除允许溥杰骑车以外，其他姊妹一律不让骑。当即，祖母就让太监把自行车锁了起来。

后来，祖母见端康太妃骑上专门制作的大三轮车在宫里遛着玩儿，也禁不住她们姐几个软磨硬泡，终于妥协了，但仍不准她们骑两个轱辘的自行车，说是三个轱辘的自行车更安全一些。

于是，溥仪又派人给妹妹每人定做一辆三轮车，只不过，她们的车比太妃的三轮车小一号，每天跟随着端康太妃在宫里到处乱骑。

偏偏溥仪爱凑热闹，时常叫上溥杰骑上自行车跟他和妹妹一起玩儿。溥杰经过祖母特别恩准，可以骑上自行车，跟随溥仪身后在宫里随意转悠。溥仪为练骑自行车，居然锯掉了各宫的门槛。这倒好，脚穿厚底鞋的端康太妃和这一群人，在宫里骑到哪儿都畅通无阻。

到最后，婉容也被溥仪拽入骑自行车的行列，这群人竟然发展成了一支庞大的车队，骑着大小不一的自行车和三轮车在宫里游逛，以致骑出宫门，一起去景山玩耍。一天早晨，溥仪兴之所致，这支自行车队竟浩浩荡荡地驶奔颐和园。只是，车队的头尾却凭空添加了不少宫廷护卫。

溥仪还慷慨地送给弟弟和妹妹每人一个照相匣子①，祖母这次倒没阻拦。

---

① 即照相机。当时因照相机体积较大，被俗称照相匣子。

韫龢知道溥仪喜欢照相，尤其愿意照"双相"——他静坐一边，冲洗时采用特技方法洗印出两个溥仪面面相觑、对面而坐的"对影"照片。

于是，她在宫里跟随溥仪学会了照相。那时，照完相要拿到外边去洗印照片。她时常极有兴趣地跟溥仪"腻"在一起，反复观赏个没完没了。

每逢春节前夕，她和兄弟姐妹还会接到溥仪和各位太妃送来的大幅"福寿"字。每到此时，她便要跟随大人忙活酬答还礼。据说，太妃都是事先让"如意馆"打好临摹的底子，用笔往上一描就算完事大吉。

兄妹们还经常收到宫内各太妃送来裱好的条幅，上边往往没有落款，大多书写着四个楷书大字，诸如"四季平安"、"福寿绵长"、"吉祥如意"这类吉祥话。溥杰特意前来提醒她：

"你注意到没有？宫里送来的条幅有一个讲究，凡是'寿'字的最后一笔，都稍稍拉得长一些，知道这是什么意思吗？"

"二哥，我倒是真没留意，那您告诉我吧。"从小起，韫龢就对溥杰称"您"，以示敬意。

"'寿'字拉长一笔，这是祈求长寿的意思。"

她笑着感谢二哥的指教。在众多送来的字画条幅中，她最喜欢溥仪画的"馗星"——钟馗，那幅画上的钟馗，五官描绘得活灵活现。当她收到溥仪亲笔所绘的"馗星"像，便由德妈挂在卧室正中，据说这可以避邪。她还听说，宫里最讲究的是，要练成一笔画成馗星或"鬼判儿"。

说来，这些书画一般都是溥仪"赐"给她祖母，再由祖母分别赏给小孩儿们。算是宫内的惯例，每逢"数九"前几天，溥仪就打发太监送来"九九消寒图"，上边勾勒着九个大字：

"庭前垂柳，珍重待春风。"

尺把长的消寒图底下，裱衬着硬纸壳，周围镶着精致的木框，上头用一个铜钩挂在墙上。

从数九那天开始，她亲眼见到祖母每天早晨梳洗完毕，就从墙上摘下"九九消寒图"，使用朱砂墨描字，一天仅描一笔。待她祖母画完最后一笔，"九九"也就结束了。

毫无异议，从数九第一天起，她便和三格格跟随祖母以及父母，每天早晨开始描绘"九九消寒图"。严格说起来，她不是书写，而是从"庭"字起步，用毛笔蘸上红颜色往空框里涂抹红色——是否朱砂墨，她却说不清楚。

顾名思义，"九九消寒图"，恰恰不多不少，总共八十一画，一天描一笔，涂实描完之后再挂在墙上。待来年时,再换一幅新的消寒图。她不仅在溥仪的屋里见到了悬挂的消寒图,各位太妃的宫里也不例外,这成了宫里一道无处不在的"风景画"。

在韫龢看来,相比之下,溥杰在兄弟姊妹中性格较稳重,溥仪却时常爱"耍宝",总是挑头儿在宫里追跑打闹,从没有过正形儿。可是从无一人敢非议,因为他是"皇上"。

自从进宫见到溥仪,每到年根儿底下,溥仪照例要给弟弟、妹妹颁"赏"——每人五十两压岁银子。除此,溥仪还时而赏赐他们一卷卷"尺头"——衣料,以及一些照相机、风琴等洋玩意儿。

每逢年节,韫龢就和大格格、三格格由冯伴儿和德妈跟随着,去祖母屋里请安。当祖母过生日时,她父亲要亲率众多子女前去贺寿。姊妹们向祖母请安的礼节并非跪下磕头,而是请蹲儿安——讲究腰板儿挺直,左腿在前头往下一蹲,右腿往后一撇。

其实,无论单手或双手扶膝都有严格规矩。双手扶膝请安是最恭敬的,平辈请安用单手扶膝即可。她们刚迈进屋时,先要小大人儿似的给祖母请一个蹲儿安:

"奶奶让我们给您请安来了……"

说完这句话,她们便在祖母屋里略坐一会儿。临别道乏时,再向祖母请一个蹲儿安,就返回母亲那里交差。

对于这种刻板的请安,她从心底感到腻烦。

二 亲历母亲瓜尔佳氏自杀

韫龢的少年时期,在她心灵上留下巨大创伤的,无疑是母亲瓜尔佳氏之死。

母亲骤然离世,自杀而亡。那一年,韫龢仅仅十一岁。

众所周知,她母亲瓜尔佳氏是荣禄惟一的女儿,自幼深得父亲宠爱,从小娇生惯养,自尊心极强。娶过门的瓜尔佳氏仅比载沣小一岁,却比侧福晋大了二十多岁,自然成了醇亲王府说话算数儿的天然"主宰"。

自从溥仪逊位之后,瓜尔佳氏始终不甘心,希图复辟大清。她经常托荣禄的一些老部下,如北京步兵统领衙门左翼总兵袁德亮这些人,打听社会时局,甚至出资请他们酝酿"复辟大业"。

起初,她和端康太妃都对奉系军阀张作霖抱有极大幻想,端康太妃也曾请瓜尔佳氏通过宫外各方关系联络各地军阀,结果,一些宫廷珍宝统统被所谓"中间人"骗走了。

韫龢知道,她母亲还请这些人置办了一些田产,结果找明白人一看,地契差不多都是假的。这使她母亲陷入了极度绝望和恼怒。

其实,她的母亲瓜尔佳氏与端康太妃堪称"莫逆之交",溥杰十六岁时,就由端康太妃做媒与其侄女唐怡莹完婚。政治联姻使瓜尔佳氏与端康太妃关系颇不一般,经常凑在一起密谋"复辟"。

当初进宫会亲之后,端康太妃和她母亲的关系日益密切,甚至端康太妃的大总管刘承平与瓜尔佳氏的心腹太监张金也打得火热。她俩欲使溥仪重登宝座,端康太妃便成为皇太后,这自然是没能实现的如意算盘。

年幼的韫龢,虽不知其详,但也多少看出一些蛛丝马迹,如张金与她母亲谈话时经常提及奉天张作霖,母亲瓜尔佳氏时常与端康太妃秘谈至深夜。

韫龢听说,有一次奉军头头儿于崇汉的儿子于敬远悄悄进宫,由刘承平负责接待,端康太妃不仅赏其丰盛佳肴,临走时还赐予丰厚赏银。

宫内矛盾激化的诱因,竟是由太监引起的。太监李长安素知溥仪喜欢新鲜玩意儿,有一次,便给"逊帝"买来所谓"洋袜子",还有军刀、皮带,又兴奋地为溥仪置办了一套民国将领穿的大礼服,一顶像白鸡毛掸子似的翎帽,赫然戴在溥仪的头上。

溥仪打扮起来之后,在宫里大摇大摆地走来走去,还得意洋洋拍摄了不少照片。端康太妃知道后,异常愤怒地责问:

"'皇上'穿民国的军装还了得,这是谁干的坏事?"

之后,端康太妃立即召来溥仪,狠狠申斥了一顿,又把太监李长安交"永镇地方"重重责打几十大板,发到"苏拉处"充当苦力。这无疑为宫廷矛盾激化埋下了伏笔。

韫龢听祖母说,她母亲瓜尔佳氏去世的直接导火索,则源于太医院的外科御医范一梅。

当隆裕太后病故之后,端康太妃在逊清小朝廷里,一直想效仿慈禧当年对光绪那样把溥仪牢牢控制在手里,但由于缺乏权威,虽对溥仪管束得十分严厉,溥仪内心却始终不服。

由于端康太妃辞退太医院御医范一梅,冲突终于在此引爆。血气方刚的溥仪,由于受到身边师傅极力怂恿及太监的鼓动,气冲冲去找端康太妃理论,双方遂发生口角，溥仪愤愤而言：

"额娘为什么辞退范一梅，我是不是皇帝，难道我连这点儿权力都没有吗？……"

接着，年仅十五岁的溥仪不禁又冒出几句触犯太妃尊严的话。哪料，端康太妃难以忍受溥仪这种"忤逆"态度，竟勃然动怒：

"你竟敢顶嘴？……"

韫龢听说，受到溥仪顶撞的端康皇太妃，被气得脸色煞白，竟无端迁怒于溥仪的母亲，当天便速召瓜尔佳氏和她祖母进宫。

这发生在一九二一年九月最后那一天。

端康太妃端坐在永和宫大殿内，竟然让她母亲和祖母在殿外，整整跪了一上午。

在此期间，端康太妃多次厉声斥责溥仪这两位长辈，没教育好溥仪。其实，祖母后来曾对韫龢说，多年来连溥仪的面都见不着，怎么"教育"呀？端康太妃大哭大闹，根本不讲道理。

最要命的是，端康太妃透出了以往交由瓜尔佳氏运作复辟的金银财宝，不知被她弄到了哪儿？一时，瓜尔佳氏顿感跳进黄河也洗不清啊。她的祖母在一旁，根本听不懂是怎么回事，只是一味声泪俱下地屡让瓜尔佳氏去劝溥仪，赶紧去给端康太妃赔个不是。碍于情面，溥仪无奈，只好到端康太妃处口是心非地倒了一声歉：

"额娘，我错了……"

那天上午，她的母亲和年迈的祖母在宫中被罚跪之后，以孤傲出名的瓜尔佳氏返回王府，实在觉得过于委屈，加之窝了一口气，自尊心受到极大挫伤，回到卧室就将鸦片掺着烧酒和金面儿，一起吞进肚里，愤而自杀。

显见，瓜尔佳氏抱定了必死的信念。

当她母亲怒吞鸦片之后，起初只找来中医大夫，实在没办法才又叫来西医大夫。没想到，中医大夫和西医大夫诊断后，得出了一致结论：

"太晚了，治不了了……"

她的父亲载沣听到此话，当时就走不动路了，一边哭着一边语无伦次地用手指着妻子，竟说不出一句完整的话来。幸亏王府里的两个仆人一左一右搀架着载沣，瘫坐在了一旁。

当时，韫龢正在祖母的屋里聊天，见有人急火火地请她祖母前去，说：

"出大事了，您快到奶奶屋里看看去吧！"

于是,众人搀扶着祖母走进瓜尔佳氏的卧室,祖母仍不知发生了什么事情,只见瓜尔佳氏躺在床上昏迷不醒,这才愣住了。她的祖母是一个老实人,想不出来任何办法,只是吓得够呛,在一旁不断落下伤心的泪水。

结局验证了两位中西医大夫的诊断。瓜尔佳氏因吞鸦片过量,再加上喝进去的白酒和金面掺在一起,药性已发作。见此,大夫长叹了一口气:

"这种病状,确实已经无药可解。"

韫龢一直觉得母亲对自己格外宠爱,她对母亲服毒深感痛心和无奈。她记得,母亲逝世之前,当面对她叮嘱一番:

"你以后要好好念书,一定听爷爷的话……"

瓜尔佳氏去世前,痛苦地躺在床上,勉强仰起头来,仍对守在床边的载沣叮咛说:

"你可要好好疼爱这几个孩子呀……"

载沣面色凄惨,说不出来任何别的话,只是诺诺地答应着:

"那一定,那是一定的……"

韫龢清晰地记得,她的母亲吞下鸦片之后,又勉强挣扎着到王府各处巡视一遍,不仅看望了她兄弟姐妹几人,还特意看望了一下侧福晋,轻声嘱咐了几句话。此时,她说话已经显得很吃力,依然急切唤来溥杰,拽着他的手,两眼瞪得直直地嘱咐说:

"杰儿,你哥哥是大清皇帝,你要帮助你哥哥恢复祖业,别像你阿玛那么没出息,窝窝囊囊的。要好好读书……"

这句话刚说完,由于药性发作,她的母亲瓜尔佳氏返回屋里,就闭上了双眼。

此时,在兄弟姐妹中,只有韫龢守候在母亲身旁。她站在母亲的床边,一个劲儿哭个不停。德妈用两手紧搂着她,惟恐她因害怕而出现意外。

过了一会儿,溥杰和大格格、三格格都被唤到母亲屋里。所有在场之人无不纷纷落下悲伤的泪水。

韫龢记得,母亲咽气之后,刚开始停灵在卧室外间。那时,韫龢听大人说,自杀的人不能立即埋葬,要等着"出殃"。老人说,人死去三天①之后,要把停灵的那间屋子捅开一个窟窿,让"殃"跑出去。按照迷信的说法,殃——就是鬼魂,活人是不能碰着的,如果遇到就被"殃打"了,至少脸上要长白癜风。

---

① 另一说为七天。

不久,她母亲的棺材由仆人抬往并停在五间排房中间——思谦堂正殿。她母亲的嘴里被放进一颗用红线拴住的珍珠,胸口上还搁了一面闪闪发光的镜子。

当时,溥仪还没结婚,听说母亲去世的消息之后,火速从宫里赶往醇亲王府。那时,韫龢正在屋里跟家族的人们一起跪着守灵,内心万分恐惧,却并不明白母亲去世究竟是什么原因。只有德妈仍然紧紧地搂抱着她。

忽然,屋内骚动起来。她见到,溥仪哭丧着脸走进堂屋门,看到母亲的灵柩停在那里,猛地一跺脚,便号啕大哭起来。

随后,溥仪跪拜在母亲的灵前,郑重地磕了三个头。紧接着,溥仪跟谁也没说话,一言不发,就神情沮丧地走出思谦堂正殿。

随后,溥仪来到她祖母屋里说了几句安慰的话,没过一会儿,就又返回宫里。

在她的记忆里,溥仪进宫七年,直到家人"会亲"之前,从没回过醇亲王府。只是她长大以后,才见到溥仪来北府偶尔看望过祖母和父亲。

她父亲载沣对于妻子去世的真相一直严守秘密,甚至对溥仪也没敢吐露实情。因此,溥仪当时丝毫不知母亲死于自杀——谁也不敢跟他说,因为他是事发的主要诱因。

溥仪始终听说母亲患的是"紧痰绝"——脑溢血,过了许久仍不了解其母自杀事件的真实内幕。

当溥仪走后,韫龢见到溥杰和大格格小声议论着什么。她凑过去,才知俩人在激动地议论着母亲自杀的"隐秘"。她在一旁注视着母亲的尸体,内心感到十分害怕和难过。

自然,她的心里话不敢透露,只能跟德妈回到屋里悄悄嘀咕几句。而德妈一再叮嘱她,不能随便乱说。于是,她只好将复杂的心绪深深地埋藏在心底。

瓜尔佳氏去世之后,京城各王府纷纷派人前来吊唁。六叔载洵夫妇、七叔载涛夫妇以及其他一些王府的长辈也都先后赶来看望。

在她母亲停灵的那些日子里,思谦堂正殿中间摆放着瓜尔佳氏的棺材,右边一排跪着她们姐妹三人,左边一排跪着溥杰和其他近支晚辈。似乎一夜之间,溥杰和大格格突然变得成熟起来,异常懂事地忙前忙后,照顾着几个妹妹守灵。

连续几天,她除了吃饭,每天要从早晨跪到晚上,一天祭奠三遍。她和醇亲王府这些晚辈穿着全身白孝衣,跪在母亲灵柩前不动窝儿,两眼呆滞地静静迎送着前来吊唁的爱新觉罗家族亲友,一板一眼地烧着纸人、纸马、纸车,而且不断地磕头以示谢意。一天下来,她感到浑身累得仿佛散了架似的。

她的三祖母——载沣的第二侧福晋李佳氏也来站在那里祭奠,叫"上祭"。她和晚辈们则要拿酒倒进酒杯里,再冲棺材磕上几个头。当一位皇族老太太哭丧时,正赶上她和三格格在旁边。她见老太太尖声哭起来没完没了,就对三妹嘀咕说:

"你看那个太太,怎么哭得像小鸡叫呀。"

说到此时,她俩竟暂时忘记悲痛,不由自主地捂着脸咯咯笑起来。正巧,大格格韫瑛走进殿,见她俩捂着脸,忙过来劝她俩说:

"别哭了,别哭了。"

说完,大格格扒开她俩的手,哪知姊妹俩正窃窃发笑。于是,大格格不禁板起脸,数落了她俩几句。

就在同一天,韫龢见到一位爱新觉罗家族长辈的老福晋进府来祭奠,也是干嚎几声,没掉一滴眼泪。形形色色前来吊唁的人群,成了她观察世间百态的缩影。

她母亲的尸体停放几天,正式入殓时,由溥杰亲手为母亲的面部开光。韫龢见到,杰二哥跪拜过后,用棉花蘸着清水擦抹干净母亲的脸颊,然后低声对她说:

"奶奶胸前那面镜子可以照见鬼魂,也可以从那里瞧见望乡台呢……"

"真的吗?……"

韫龢异常好奇,追问起来,以致忘记了害怕。等众人离开之后,她偏让溥杰带着前去母亲停灵的屋里验证,除见到许多和尚在念经,她在母亲身上的镜子里观察了半天,结果什么也没看到,感到十分失望……

据父亲载沣对韫龢说,当瓜尔佳氏死后,宫内几位老太妃先后向载沣问起其去世前后的情景,他实在不敢说实话,只谎称瓜尔佳氏是"中风"而死。这成了醇亲王府对外的统一"口径"。

瓜尔佳氏出殡后,被葬在妙高峰坟地。醇亲王府全家人不仅参加了安葬仪式,还在阳宅住了几天,算是守灵。

偶然,她见到妙高峰坟地有不少小石头,让水泡得表面像包了一层锈,打磨光之后,里边竟然露出彩色花纹。她和姐妹从坟地捡回来不少,刚一走进京城的王府,就开始比赛谁的石头好看。

此时,她暂时忘却了思念母亲的悲痛。

三 回姥姥家——荣禄家探亲

在韫龢的记忆里,树滋堂的一排五间北房,对她显得多少有些神秘感。因为,正中的祠堂里供奉着先祖的画像。

在爱新觉罗家族中,她和兄弟姐妹从小被灌输了对列祖列宗的无限崇拜,无不以"拱卫"于先祖的身边为荣。她祖母居住的那排平房东头,中间是一间客厅,大姐韫瑛住在西头,时常闭门不出,坐在屋里静心绘画。韫龢一直住在西头第二间房,也就是大格格隔壁。

在韫龢的书房里,比较显眼的是一座堪称文物的旧式大钟,旁边摆放着一个硬木"连三"——上面有一个很大的抽屉,底下是一个柜子,桌上放着一些珍贵的文物摆件。这些,显然无法勾起她的兴趣。

而尤其引起她注视的,反倒是屋里吊着由钓鱼线编成的网兜,里面盛着府外"进贡"的一只巨大的鸵鸟蛋。这是她从小最喜欢的玩意儿之一,她经常围着它望来看去,反复琢磨个没完。

在这间屋里,有一张不起眼的小书桌,抽屉里装有许多名贵药材。其中最珍罕的是"人参再造丸"。据祖母说,这些药是用来做"善事"的,如果邻居或亲戚有了病人,急需讨药治疗时就可以从里边取。仅从细微之处,也不难看出醇亲王府家境仍十分富裕。

自从她母亲瓜尔佳氏去世,溥杰便搬进树滋堂,大格格仍然跟随祖母住在北房。韫龢和三格格则搬往思谦堂的西配殿——露玉轩,这里最大的好处是,住房两边窗户都可以打开,抬眼便能望见外边绿草荫荫。

由于其他几个妹妹年龄尚小,韫龢并不经常和她们一起玩儿,因住处离溥杰较近,她倒时常找二哥去玩耍。溥杰直到结婚之后,兄妹之情仍然无法割舍,时常惦念她和三妹,几乎每天下午都前去露玉轩看望。

照韫龢的话说,她从没见过外祖父荣禄,也从来没见过外祖母,更不知道这两位老人什么模样。她只是从小听祖母说,荣禄非常有钱,也很会花钱,极讨慈禧的欢心。她还听说,荣禄与袁世凯始终勾结密切,他俩与慈禧关系也非同一般,因而颇受慈禧重用。

她早就听家人说,荣禄过世后,其女儿即泼辣的瓜尔佳氏,手里缺钱就找三舅连魁讨要,从没遭到拒绝。她的三舅是荣禄的过继子,无论吃穿都颇为讲究。据祖母告诉韫龢,因为三舅的钱财都是荣禄生前遗留下的,所以她母亲才敢大胆地向三舅张口。

韫龢记得,每逢三舅进府与她母亲谈话时,她与溥杰、大格格、三格格都要站成一排,规规矩矩站在那儿听大人说话,当大人不问话时绝不能插嘴。桌上即使摆着好吃的,他们也绝不能多看,不然,就会被母亲狠狠瞪一眼。

直到母亲瓜尔佳氏去世,三舅前来用马车接兄妹去串门,韫龢这才和兄妹们第一次回姥姥家。这一年,她仅十一岁。

此时,荣禄早已去世。她姥姥家居住着东厂胡同一幢二层小楼——坐落在一个宽敞的庭院里。她吃惊地看到,房间里非常讲究,全部铺着地毯,屋内竟全部是洋式摆设。

兄妹四人都穿上了崭新的衣服,三个妹妹特意身着旗袍,上半身套着坎肩。三舅将他们迎进房门,亲自把一绺儿五彩"红丝线"挂在每人胸前的衣裳扣子上,她始终不明白什么意思。据她后来猜想,头一次见面挂红线,很可能是一种迷信做法。

韫龢从没见过三舅母,却见到了三舅的两房姨太太。她注意到,两位姨太太之中,有一个细高挑儿,照顾人特别周到。还有一个矮点儿的,就不太灵光,长得却很漂亮。

奇怪的是,荣禄的弟媳妇——她称之为"三姥姥",是一个矮个儿老太太,脸上时常抽搐不止,她每次见到都有点儿害怕。"三姥姥"因年事已高,不经常去醇亲王府,只有五舅与五舅母以及毓崇逢年过节去王府拜年或串门。

这次在姥姥家,她和溥杰,大格格、三格格等人受到热情款待,极为丰盛的午餐摆了满满一桌,不仅远远超过醇亲王府的饭菜规格,甚至丝毫不亚于宫内御膳房的档次。饭后,他们还凑在一种新式播音大喇叭前,收听留声机里播放的时髦唱片,足足玩儿了一天才归家。

在她印象里,她的母亲跟姥姥家关系颇怪异,并不显得十分亲近。因为兄妹四人此前从未一起回过姥姥家。

在韫龢的几个舅舅之中,二舅和三舅以及她的母亲瓜尔佳氏,彼此长得极像。醇亲王府曾留有一张历史旧照,外人都说是她的二舅,其实那是她的母亲骑着马照的相。只不过,此时她的母亲留着短发而已。

在她看来,几个舅舅之间,很可能实际是亲叔伯关系。在几个舅舅中,仅五舅比她母亲年纪小。五舅虽是矮个子,前额还有点儿奔儿头,却是二姥姥亲生的儿子。他长得蛮不错,一年到头身穿一件大褂,说话慢条斯理。五舅母是教师出身,个儿不高,从来不梳旗头,却经常是一身汉家女子裙装的俊俏打扮。

意外的是,她从小就没听过大舅的情况。据她所知,二舅、三舅都比她母亲大。由于二舅去世早,她对其印象不深。三舅那时已年近五旬[①]。她初次见到二舅,就觉得他面相颇老,身材倒是比较高。

只有三舅连魁,与她来往得稍密切一些。三舅身材不高,一副长乎脸儿,说起话来,五官"挪位",极有特点。三格格总爱学三舅说话,眼睛一耷拉,嘴角一瞥,简直活灵活现。

每当三格格当众模仿三舅时,载沣就哈哈笑个不停,总是欣赏地说:

"你学得可真像,再学一遍,我瞅瞅……"

四 端康太妃屡邀醇亲王府后人进宫

自从瓜尔佳氏自杀之后,端康太妃不知是否出自内心愧疚,对她一家竭尽笼络之能事,极力讨好醇亲王府的女流之辈,短不了宴请吃饭,对溥仪更是如此。

而且,端康太妃经常接醇亲王府的格格去宫里玩儿,祖母进宫的次数反倒减少了许多。每次韫龢进宫见溥仪之前,祖母总是一再嘱咐:

"你进了宫,可千万别淘气呀……"

可是,她前脚迈进宫里,后脚就忘了祖母的叮咛,疯玩儿起来,往往忘乎所以。

以往母亲在世时,进宫时大多喜欢带着她去。当母亲去世后,祖母进宫仍然总带着她,好当个"伴儿"。她进宫后,祖母在家里闷得慌,因平时祖母总有她颠颠儿地跟随在身边,她离不开祖母,祖母也无时无刻不想念着她。

有一次,她进宫后说话没留神而犯了忌讳,被祖母狠狠地"说"了一顿。见她抹了半天眼泪,德妈一把将她拽到背后,一再和颜悦色地劝说:

"以后要守规矩,才能成为好孩子。"

她流着眼泪,抽泣着答应着:"嗯,嗯……"

算起来,她和兄弟姐妹住在永和宫里偏多一些。相比之下,永和宫的饭菜比其他宫里讲究得多,所以她们很少到敬懿太妃或庄和太妃那儿吃饭。据她所知,为这个原由,敬懿太妃还跟端康太妃闹过令人不快的矛盾。

不知为何,端康太妃几次三番要将她三妹韫颖认作干女儿。为此,韫龢甚

[①] 据韫龢回忆,她的二舅、三舅可能都不是荣禄所亲生。

至跟三妹背地里嘀咕过：

"如果奶奶在世不知怎么想，这不是白白牺牲奶奶了吗？……"

韫龢从心底不赞成"认亲"这档事儿。到后来，囿于各种原因，此事最终也没成。

兄妹去宫里的次数愈来愈勤，因溥仪常以各种理由召家人进宫，韫龢大多住在储秀宫西配殿。有时，祖母未被召进宫，他们便由太监送进宫内——每次总少不了溥杰和她们姐仨。

倘徉在宫内，她从不喜欢坐轿子，即使从养心殿到储秀宫，也是如此。姐儿仨最喜欢储秀宫院里那只巨大的铜铸梅花鹿，她和三格格个子矮，爬半天才能上去。而大姐个儿高，很容易就能骑到鹿背上去，搂着铜鹿高兴地合影留念。

姐仨儿时常骑在宫里的铜龙、铜仙鹤上，淘气地摄影拍照。韫龢时常追忆说，这些照片的底片至今仍珍藏在故宫，无意间留下了格格们童年的足迹。

在储秀宫西配殿居住时，因受祖母的影响——她的祖母最喜欢小叭狗，她和三格格还饲养了一群小动物。韫龢起初养了一只小红鸟，不久，祖母又专门送她一对布依鸟，她细心地在鸟窝底下垫了一些草，让它们在瓢形窝里孵鸟。

这对布依鸟，韫龢足足养了几年。意想不到的是，她跟小鸟混熟后，连刚刚孵出的小鸟，也能拿在手里随便赏玩，过一会儿再放回去喂养。这使祖母对她刮目相看。

说来，她最喜欢观看宫内一年一度的"放生"。她曾见到，太监在众目睽睽之下，掰开一只大寿桃，里头竟然显现了"万寿无疆"四个大字，同时还出现一只小鸟，扑棱棱张开翅膀，飞向天际。大伙儿仰望空中，无不拍手称快。于是，放生成了她一年到头盼望的趣事。

一次，溥仪和醇亲王府来的弟弟、妹妹玩捉迷藏，溥杰高兴得忘记了拘谨，瞧着溥仪一个劲儿傻笑。溥仪见了，忙催促说：

"你想什么呢？快说！"

溥仪本以为溥杰又想起了一些新鲜的玩法。没想到，溥杰笑着说：

"我原来以为，皇帝跟一般人不一样，就像戏台上的皇帝是长着大长胡子老头儿。"

溥杰一边说，一边学着老头儿的模样，手捋着下巴呵呵直乐。

提起兄妹四人与溥仪一起吃饭，就更逗乐了。据说，当她没进宫时，溥仪饭量还不算大。等杰二弟和妹妹跟他在一起吃饭时，他总是变换着花样闹着玩耍，反倒饭量大增。

溥仪就餐时，总短不了出怪点子淘气。在养心殿吃春饼时，他坐在桌子顶头，韫龢和兄弟姐妹在两边陪坐。

开饭不久，溥仪淘气地提出要一气儿吃四张春饼。实际上，溥仪根本无法拿起来，先是让太监将四张薄春饼卷好，连成足有一米多长，再由四个太监用手抬着，往"皇上"嘴里送。韫龢和兄弟姐妹坐在桌边瞧着像杂耍儿似的，哈哈大笑。

宫里的春饼能卷豆芽菜等各种菜肴，还有熏肉和小肚等熟肉。眼瞧着溥仪连吃带玩儿，溥杰和几个妹妹也赛着吃开了，连说带笑，场面异常热闹。

每当吃春饼时，御膳房还要上一道汤——太监戏称"逛儿汤"，里边有鸡蛋、豆腐和鸭血，豆腐得切成一条条，再将鸡蛋打碎甩在锅里。最后，再搁一点儿醋和胡椒面，辣味和酸味掺在一起，类似民间的酸辣汤，别有一番风味。

其实，醇亲王府的菜谱上也有这道汤，做法儿居然完全一模一样。韫龢始终没弄清楚，这一道酸辣汤究竟是从醇亲王府传进宫里，还是宫里御膳房传授给醇亲王府的。

在她看来，数宫里御膳房的烧饼和栗子面小窝头最好吃不过。她也十分喜欢吃焦黄的烧饼夹着味道独特的肉末，据说肉末的制作厨艺极有特色，与民间大不一样。她每次见到烧饼夹肉末和栗子面小窝头，都禁不住多吃几个。据说，栗子面都是当年打下的栗子磨成面，从宫外专门进贡来的。

宫内还有别具一格的"一品锅"，样式跟民间火锅差不多，只是比一般火锅稍大一些，不同寻常的是，"一品锅"系纯银打造的，里头放入活鱼和鱼丸，味道尤其鲜美。

再说饺子，御膳房能做出各式各样的馅，其中有一个显著特点，就是皮薄个儿小。连韫龢这样的小孩儿，都可以一口吃掉一个，而不像醇亲王府里德妈包的饺子，薄皮大馅儿，她一口最多只能吃下半个。也许，这就是醇亲王府与宫里饺子的最大区别。

刚开始，韫龢在宫里所吃到的西餐，其中一道青菜竟是白水煮的，同时，也头一次尝到圆圆的袖珍洋白菜，口感特别不错。此外，她还吃过清水煮胡萝卜。她起初感到挺纳闷儿，一问才知，这样吃最富有营养。

在宫里，她还吃过一种叫"小煮饽饽"的风味御膳——一排排小饺子搁在大菜碗里，底下垫着各式各样炒菜，上边由盖碗遮着，每当伸出筷子就餐时，才能掀开盖碗。这种饺子加炒菜的做法，她只在宫内吃过，在醇亲王府里根本没见过。而且，王府里只有饮茶时，使用的茶杯上边才有盖碗。

时常，溥仪召姊妹三人来养心殿饱餐一顿，有时特意让太监向太妃禀报一声：

"万岁爷传格格吃饭。"

于是，敬懿太妃就让她们立马径奔溥仪的殿里就餐。开饭时，溥仪往往让太监将至少三张桌子拼接起来，饭桌上铺满白桌布，上边摆满几十种菜肴。他们一边起哄一边吃饭，十分喧闹。

有时，溥仪别出心裁，不像一般吃饭那样一道道上菜，而是让太监把菜肴全部端上桌子，即凉菜和热菜一起上席，桌上立时堆满山珍海味。

对于摆上的凉菜，她印象最深的是海蜇和白斩鸡，因为这是她最爱吃的。接着端上来的热菜，如米粉肉、扣肉、带皮的红焖肘子，她用筷子插上去，猪肉炖得软软的，肥瘦适中，一戳就透……

待最后一道玉米花汤和燕窝汤端上餐桌，菜肴才算全部上齐。

因为姐儿仨都是小孩儿，自己不能随便夹菜，所以，她们身后都仁立着一位太监，候着夹菜。甭看满桌热菜，数清蒸鸭子和烩鸡丝最受欢迎，很快就被吃得精光。

她见烩虾仁与宫外做法不同，上边是虾仁，底下是鸡蛋清，辅之以碎荸荠，吃进嘴里清香可口。色香味俱全的油焖大虾，也颇受欢迎。

入冬以后，菜肴往往放在一个盛着热水的器皿里，这样不容易变凉，足以保暖。而夏天则无需加热的容器。在每人面前，照例摆放着一个布碟——小盘子，还有一双公用的象牙筷子。

宫里的筷子颇有讲究。有的筷子是两头镶金，有的镶银，也有一头镶着金或银，还有的上边嵌着精致的小锁作为装饰。饭前，太监发给每人一块方形缎子围嘴儿，一律尖形朝上，挂在胸前，什么颜色都有，如深色、浅色、雪青色，惟独没有大红颜色的。

围嘴儿上有一枚金钩，吃饭时挂在领口，宫里称此为"怀挡"。这便是宫内特有的"御用餐巾"。

如果按照老规矩，热菜之后要依例端上一些甜品，如银耳、莲子羹之类的甜食。

就餐结束之前，一般还要上一道宫廷小吃，像砂仁、冰豆蔻、紫砂冰。需要说明的是，豆蔻外边有一层皮，需要剥皮才能吃。老年人往往爱吃一种装在精致的小银盒里的"枣冰"，上边印有花纹，可以含在嘴里。

每当此时,太监往往用一个个银盒端来一种叫素砂的食品,因没有皮,放进嘴里即融化,不仅助消化,还能消除嘴里的异味。可以说,这就是逊清宫廷的御制"口香糖"。

接着,太监和宫女还要手捧银质漱口杯依次向客人递上漱口水,刷牙时蘸的是胡盐和纸袋装的牙粉,漱口过后才能撤席。临最后,太监和宫女还要给她们一一递上"口布",以用来擦嘴。

在宫里吃来吃去,比来比去,兄妹四人一致公认,数端康太妃所在的景仁宫菜肴品种繁多,味道最正宗。她不止一次对三妹半开玩笑地说:

"这才是宫里正宗的'招牌菜'。"

…………

她记得,大姐韫瑛结婚那年,才虚岁十七,大格格的婆家前来"放定"时,送来的定礼不仅有衣料、首饰等一些物品,奇怪的是,竟然还带来了几只鸭子和鹅,撒放到醇亲王府的院里。她和三格格兴奋极了,立即凑过去逗这些小动物玩耍,此后,居然成了她俩终日相伴的宠物。

炎夏,她再次陪着祖母去宫里会亲。只见端康太妃在酷暑之中,居然穿着一件大棉袄勉强撑着坐在永和宫大殿里,接受她祖母一行人叩见。原来,端康太妃正在患病之中。她见老太妃面色晦暗,看上去,似乎多少有些浮肿,连说话时,也显得软弱无力。

这是她见到端康太妃的最后一面。

第拾壹章 溥仪被逐出紫禁城前后

*祖母解密建福宫被焚内幕——"由于太监在建福宫偷了不少珍宝,听说溥仪要查账,索性一把火焚烧了宫殿和'国宝'账目。这样,就不容易查出真相了嘛……"

*溥仪被逐出紫禁城后,到北府暂居一段,又躲进日本使馆,与婉容和文绣以及韫龢等人,在日本公使馆度过了二十岁生日。

*载沣心凉了。溥仪不再回府,她的父亲果断决定:全家人迁出北府,搬到西什库教堂"避难"。

图片说明:寓居天津的溥仪表面成了时髦的"新潮派",暗中却正与日本人勾结密谋潜往东北。左四为韫龢,左三为三妹韫颖,右五为溥仪,右六为婉容

一　端康太妃去世

幽静的紫禁城,藏匿着许多世人罕知的秘闻。

在宫内,流传着关于溥仪"毛病"的种种传闻,韫龢是后来才知晓的。那时她是一个小孩儿,根本什么也不懂,只是听说太监不知怎么把溥仪"毁了"。

内中实情,醇亲王府里甚至连祖母也丝毫不知。她亲眼见到祖母多次仰天长叹:

"依我看呀,反正大清是该完了。"

她曾多次听大人议论,在同治、光绪、宣统三代,宫内没能有一个婴儿降生,似乎这成了"大清"命当该绝的先兆。

在她看来,溥仪贴身的一些老太监,像唯唯诺诺的张谦和①,溥仪唤他"张阉子"。这些太监性格温顺,平时无不规规矩矩的。

其实,溥仪身边的太监大多是端康太妃派去监视他的心腹。溥仪身边无论发生任何一丁点儿小事,他们都要及时禀报老太妃,这成了宫内一个公开的秘密。

溥仪内心孤寂,听说杰二弟学习用功,便让他每天上午去紫禁城的毓庆宫陪伴读书。于是,溥杰从十五岁直到十八岁,成了"皇上"的专业"陪读"。

这样,溥杰从《四书》、《五经》开始,陆续念诵《十三经》以及古诗,又先后增加了诸如《通鉴集览》、《大学演绎》等古籍。尔后又增设了英文课程,载涛之子溥佳则专门进宫来陪伴学习英文。

当时与溥杰一起伴读汉文的毓崇,此前曾伴读过一段满文,而溥杰的私塾功底,却早在醇亲王府就打下了基础。

而溥仪在念书时,非常贪玩儿,学习根本不用功,仅能背诵几篇古文。满文更是糟糕,只会说几句诸如"伊利"——汉语的"起立"之类的日常用语。对

---

① 据韫龢回忆:在电视剧《末代皇帝》中扮演张谦和的演员牛星丽,确实有些像老太监本人的神态。

于加减乘除这些自然科学常识,溥仪更是丝毫不懂,以致连大米是地里还是树上长的,都弄不清楚。

就韫龢所知,在毓庆宫读书时,溥仪曾多次借机赏赐杰二弟许多珍宝和珍贵古字画,并以其名义偷运出宫。溥仪还赏给溥杰不少珍贵的宫藏鼻烟壶,实际上,"皇弟"本来不吸鼻烟,只是喜欢不时拿在手里把玩而已。

她倒确切地获知,溥仪曾与溥杰多次私下商量,将所有赏赐的宫中珍宝和名贵字画藏匿起来,偷偷运往天津。而以备将来出洋之用的真相,他俩却丝毫没向韫龢透露过半句。

她当时一点儿都不晓,溥仪和溥杰一直策划逃出紫禁城,出洋留学。溥仪和溥杰哥儿俩经常一起合计,只是始终瞒着父亲载沣。

他俩曾与庄士敦暗地商议,策划秘密潜出故宫。没想到,这个讯儿,马上就被太监向太妃告了密。旋即,她的父亲也立即得知,大为惊诧:

"这可不得了……"

于是,载沣立即吩咐御林军关闭宫门,禁止兄弟俩出宫。

对溥杰来说,紫禁城的生活过于刻板、单调。他跟溥仪一样也想到外国去大开眼界,庄士敦曾一再向溥仪兄弟俩灌输似是而非的迷魂汤:

"英国人一向具有绅士风度,虽然吞并了印度,但是印度的公侯依然存在,凭这一点就足够仿效的。"

然而,去外国读书没钱怎么办?溥仪便让溥杰每天上午进宫伴读,下午回家时暗中携带出皇上赏赐的字画以及珍贵的国宝,如王羲之、王献之父子以及欧阳询、赵孟頫等传世墨宝真迹。

在一年多里,溥杰先后"运走"书画精品两千多件、手卷和画册各二百多件。这些文物由载沣亲交载涛带到天津英租界新置办的房宅。此后,曾在天津卖掉几十件,大部分则带到了伪满洲国。

当民国十三年,溥仪出宫之后,清室善后委员会盘点毓庆宫财产时,发现了溥仪赏赐溥杰的珍品目录,无一不是罕见的"国宝",且大部分早已运到了宫外。

溥仪哥儿俩商议赴英留学,打算通过荷兰驻华使团的首席公使欧登科暗中襄助,以秘密出走。因张勋复辟失败之后,荷兰公使欧登科曾派人把他从讨逆军的包围中拉上汽车解救出来,于是溥仪仅凭这一点儿盲目的信任,遂派溥杰去找欧登科单独洽谈。

溥杰本不认识欧登科,冒昧找到他并单刀直入提出,希望去英国留学。没想到,欧登科当即爽快答应,还帮他俩研究具体办法,确定了"出走"日期,答应只要他俩迈出神武门,坐上派来的汽车,就可以抵达荷兰公使馆,然后再设法将兄弟俩送达英国。

欧登科虽答应守口如瓶,却把消息写信告知庄士敦,哪知,庄士敦拿着这封信找到了溥仪。见事已至此,溥仪只得原原本本将欲留学英国之事和盘托出。庄士敦听后,慨然承诺:

"如果你们到了荷兰公使馆,到英国求学的事,我可以继续提供帮助。"

彼此约定出宫的时间是:一九二三年二月二十五日。

哪知,婉容时常跟家里母亲仲馨通电话,而仲馨素与醇亲王府熟悉,早就密切关注着溥仪的动向。溥仪的幻想过于简单,满以为用钱买通宫里的太监就可以放行。没想到太监抢先禀报了内务府,哥儿俩还没走出养心殿,宫内已经处于戒备状态。没过一会儿,载沣就急火火走进紫禁城。

结果,溥仪和溥杰这一对难兄难弟的留洋计划,彻底泡汤。

据溥仪事后对韫龢回忆说,他俩没能走进辽阔的世界,想去英国和美国留学都没成功,日本人虽然阴险狡诈,但好歹是个君主制度的国家,实在没地方去,日本也可以考虑。其实,溥仪这番内心独白已埋下投日的伏笔。

显然,对于这次阻止溥仪逃出紫禁城,载沣起了关键作用。他从故宫返回醇亲王府,气呼呼地对她祖母说起刚刚发生之事,祖母说不出任何话来,只是一个劲儿叹气不已。

在她的记忆里,祖母在世时,仅看过一次电影。不知怎那么巧,那天在"真光电影院"刚看过一场发大水的电影,建福宫当天夜间便燃起大火。这件事给她留下了不可磨灭的印象……

当时,内心极为迷信的祖母,曾经亲口对她说:

"看水,就是'走水'……"

她的祖母把建福宫燃起的大火,归咎于当天晚上观看了发大水的电影。听说那天夜里赶来不少外国消防队员才扑灭熊熊大火。对于建福宫大火,则有种种不同的说法。事后,她听到祖母一番议论,才"解密"建福宫被焚内幕:

"由于太监在建福宫偷了不少珍宝,听说溥仪要查账,索性一把火焚烧了宫殿和'国宝'账目。这样,就不容易查出真相了嘛……"

不久,端康太妃去世。停灵时,宫里一连唱了三天大戏。

那时,王公大臣在宫内的戏台底下看戏。一些爱新觉罗家族近支都坐在外头的廊子上听戏。祖母对她唠叨说,在这几天里,婉容反倒出尽了风头:

"戏目还没换几出,婉容倒换了几身衣裳,一会儿换一身,一劲儿地紧捯饬。"①。溥仪见此紧皱眉头,还没等看完戏,就返回了养心殿。

不久,当溥仪被逐出宫前夕,韫龢听祖母说,因端康太妃在宫中病逝②,祖母要参加端康太妃葬礼,需单独进宫住几天,不便带她前去。那几天,她特别想念祖母,等老祖母回府之后,便搂着祖母撒开了娇:

"哎呀,我太想您了,可太想您啦……"

二 溥仪被逐出宫

淘气的韫龢正在醇亲王府玩耍,忽然见到溥仪派来的人,急火火走进府来找她的父亲载沣。

这是一九二四年十一月的一天。

在冯玉祥"逼宫"之下,溥仪早已乱了分寸。表面上,谁也看不出载沣有多么焦急,只是随遇而安。据父亲载沣对她说,对溥仪出宫虽然早有预料,却没想到如此之快。

眼见醇亲王府通往宫里的电话被掐断,她的父亲出府径奔故宫。但神武门已换上了值岗的民国士兵,不许随意进出。几经交涉,载沣才总算走进紫禁城。

当时,溥仪正在储秀宫与婉容吃水果聊天。内务府大臣绍英急匆匆而来,气喘吁吁地说:

"鹿钟麟③马上就到。"

众人听了,被吓得不知所措。无奈,溥仪只好让绍英出面交涉。当时,鹿钟麟的命令没有半点余地:

"我是执行国务院的命令,为了中华民国,也为了你们清室的安全。如果不是我们来的话,就没有那么从容了。限溥仪三个小时出宫……"

僵持局面一直拖至午后。鹿钟麟见溥仪仍不肯出宫,又厉声吩咐部下,其实是说给溥仪听:

---

① 捯饬,这是一句北京土话,即爱打扮的意思。
② 据韫龢回忆,端康太妃病逝于1924年阴历中秋节后第五天。
③ 鹿钟麟,河北省定州市北鹿庄人,字瑞伯,生于1884年3月。曾任国民军第一师师长兼北京警卫司令、国民军参谋长。1924年11月5日,率军警将溥仪逐出故宫。历任国民军第二集团军参谋长、第九方面军总指挥、南京政府军政部次长、军政部长、第六战区上将司令长官、军委兵役部长、水利部长。解放后,曾任中华人民共和国国防委员会委员。1966年1月11日,因患前列腺增生和肠癌在天津病逝,终年82岁。

"可以再延长几十分钟,要不然景山上就要开炮了!"

顿时,溥仪被吓得面如土色。随后,惊恐万分的溥仪带着婉容和文绣等人匆匆离开储秀宫,从神武门仓皇出宫。

当晚,溥仪和婉容、淑妃一起住进醇亲王府。那时,她的祖母还没弄清出宫是怎么回事,一见到溥仪便哭泣起来。

她当时正在场,眼见溥仪走进屋门,便给祖母双膝跪下,请了跪安。

泪眼涟涟的祖母拽溥仪起身时,仍然哭个不停。在此情形下,溥仪反倒神态自若,没掉一滴泪水。据溥仪尔后对她追忆说:

"我还愿意出来呢。宫里太闷了,跟整天囚在里面似的,我早就想出来透透空气了。"

据韫龢回忆,溥仪这次给父亲载沣也请了双腿跪安。那天,她记得溥仪身穿一件普通长袍马褂,戴着墨镜。不知为何,那段时间溥仪总爱戴着墨镜,有人传说他眼睛里有"萝卜花",实际纯系子虚乌有。他的眼睛没有任何毛病,只是戴墨镜习惯了,一摘下镜子就仿佛走了样似的。

从小淘气的溥仪,最初因为怕人看他,所以经常愿意戴着墨镜。他有两副眼

故宫角楼

镜,一副是墨镜,一副是近视镜。他摘下这副便换上那副,总之不愿摘下眼镜。

溥仪暂居醇亲王府树滋堂,轻易不出屋门。她住在距此不远的九思堂,眼见父亲此时焦虑万分,心情显得异常紧张,不停地来回在屋里走来走去。溥仪见到父亲惊慌失措,显得挺不高兴,屡屡劝父亲坐下,稍安勿躁。

仅隔了一会儿,溥仪反而变得焦虑不安起来,抄起电话要打,但电话线已被切断,根本无法接通。

不久,庄士敦来到北府,告诉溥仪和载沣:

"你们放心吧。我已经跟外交部一个重要人物联系过了,他们会保障'皇上'和醇亲王府的安全。"

此时,庄士敦俨然成了救世主,屋内所有人都静静地一句不漏地听着洋师傅侃侃而谈。

只有载沣沉着脸,一言不发,依然在屋里转来走去。她父亲内心再明白不过,这个洋人总想把溥仪控制在自己手里,但苦于无计可施,只好一声不吭。

不久,郑孝胥又匆匆走进醇亲王府,而且带来两个来路不明的日本人,声称想要带走溥仪,施以保护。载沣听后,立时火冒三丈,气急败坏地大声说:

"你们都走了,冯玉祥跟我要人,我怎么办?"

交涉未果,郑孝胥只得无奈地带着日本人哭丧着脸溜掉了。

她觉得,在关键时刻,溥仪的师傅陈宝琛等人都没起到所期望的任何作用。她一直感到挺奇怪,陈宝琛这个名字,府内人们大多念白了,往往把"琛"字念成了"深"——①似乎,陈师傅已成了无用之人。

其实,醇亲王府真管事的,并非显赫人物,而是一位管家张文治。他找到载沣,声称要马上启程去天津找拜把子兄弟张作霖,请求他速派援兵来保护醇亲王府。

当时,谁也不信他能办成这档事儿。可没想到,才过几天,张作霖果然派人找冯玉祥交涉,撤走了守在醇亲王府门口的国民军。

这一下,载沣看清了张文治的交际能力,愈发器重他。张文治交游广泛,王府内外的大事小事都归他统管。但韫龢很少见到他。据她所知,此后,载沣把府里的一些重要物品都交给了张文治。

虽然如此,载沣并没轻松下来,他虽然对于溥仪重新"登基"不抱任何希望,却总幻想溥仪仍能重返紫禁城。

---

① "琛"字,读作 chēn。

然而,这个梦想没能实现。相反,溥仪却被庄士敦带出了醇亲王府。

那次,显然是庄士敦与溥仪一起串通欺骗了张文治,他俩哄骗张文治说:"'皇上'身体不舒服,要去德国医院看病。"

见此,张文治丝毫没招儿,只能眼睁睁瞧着溥仪一行人离府而去。

载沣得知这个消息后,两眼滞呆呆的,一屁股坐在太师椅上,好半天没站起来。

不料,溥仪迈入德国医院就再也没了踪影。张文治情知已发生重大变化,赶紧跑到北府去禀报载沣。当载沣急火火赶到德国医院时,溥仪早已辗转躲进了日本公使馆。

她父亲回到北府,终日神情恍惚,实在耐不住了,便跑到日本公使馆极力劝溥仪返回北府。他尽管摆出一大堆道理,一再强调有张作霖和段祺瑞保护,北府绝对安全,而且段祺瑞专门做出了保证。

可此时,溥仪决心已定,固执地表示,再也不回北府。仅从小处来说,他也不愿意再受父亲的终日管束。

实际上,韫龢和婉容和文绣等人没跟随溥仪同行,而是此后才来到日本使馆。

极具讽刺意味的是,溥仪在日本公使馆惶恐不安地度过了二十岁生日。为溥仪祝寿时,七叔载涛和朗贝勒、荣源夫人、润麒的大姨等人纷纷前去参加,场面十分隆重。其中一些人还在日本公使馆暂住了不少日子。

在所有人当中,惟独载沣,除去了一趟日本公使馆力劝溥仪返回北府,再也没有到过日本公使馆。

不知是否别有用心,日本公使馆给所有到场的人们逐一照相。冲洗出来的照片上,她和三格格、婉容显得格外抢眼。

婉容和文绣虽然躲进日本公使馆,却始终觉得异常憋闷,因无法随意出入,仿佛失去了人身自由。当初在宫里时,溥仪经常跟韫龢和三格格一起玩儿,所以挺想念她俩,便事先派人送信儿,先后几次接她和三格格去日本公使馆陪伴左右。

韫龢和三格格从不在日本公使馆过夜,总是当天便返回王府,其实她俩即使想宿在那里也没地方可住。

在日本公使馆里,她和三妹时常陪着溥仪、婉容一起吃饭。其间,日本公使芳泽经常前去看望。在她眼里,满脸堆笑的芳泽,是一个干瘦的日本老头儿,个子非常矮小。芳泽的夫人三四十岁,面目清秀,小圆脸上总露着浅浅的笑意。

她总觉得芳泽夫妇，透出的是一种难以捉摸的古怪笑容。

韫龢亲眼见到，婉容闲着没事儿，亲手为日本公使夫人梳了一种旗人的发型，藉以协助溥仪与日本人拉拢关系，同时打发愁闷的日子。

渐渐，她才晓得，溥仪躲进日本公使馆却一直隐瞒着没敢告诉祖母，而老祖母直到患乳腺癌去世，始终不知道溥仪早已离京赴天津寓居。她对溥仪十分疼爱，却因此一次次遭受意外打击。

不仅溥仪被逐出宫，连同治年代的瑜妃和珣妃这两位老太妃也被轰出了故宫。据说住在离故宫不远的胡同里①。

太妃迁进京城的胡同里，成了轰动北京的一大奇闻。

此后，看望两位老太妃成了醇亲王府众人的"功课"。起初，韫龢和三妹由溥杰领头——并非逢年节才去，大人想起来就让兄妹四人去一趟，也没准日子，逢年过节倒不一定去拜年。虽然，她和三妹跟随溥杰看望过老太妃，却从没在那儿吃过饭。

两位老太妃仿佛成了旧日宫廷的"活化石"，亦成了醇亲王府的人们追忆宫廷往事的由头。

韫龢始终记忆犹新的是，两位太妃居住的院落，不算很大也不算太小，只是一个中等的普通宅院，坐落在不算宽绰的胡同里，并不起眼。

颇有意思的是，后来每次看望老太妃的大多却是婉容的母亲带着兄妹四人前去，送上礼品之后，兄妹四人给老太妃请过安，润麒的母亲就和两位老太妃坐下聊天，她们叫一声"主子"就算完事，余下只是站在一旁静静观看。

瞧上去，瑜妃和珣妃这两位老太妃依然"谱儿"挺大，盘腿坐在炕上，嘴里叼一根特长的纯银水烟袋。她亲眼见到贴身太监跪在地上，给老太妃的水烟袋点上火之后，仍然跪在那儿托着长长的水烟袋。

在聊天之中，她听到两位太妃仍然称溥仪"皇帝"，可从她们的穿戴和服饰上，已瞧不出与京城富家有太大区别。她们的日常生活仍然由太监服侍，宫女和保姆没剩几个，比起当年的宫廷生活不啻天壤之别。

韫龢后来回想起来，让子女隔三岔五去看望老太妃，虽无实质意义，也算是代表父亲载沣念旧的一片心意吧。

---

① 据笔者所知，两位太妃出宫之后，住在北京西城区麒麟碑胡同的一幢寓所。

三 载沣躲至西什库教堂避难

她的父亲心凉透了。

眼看溥仪已赴天津寓居，不再回府。不久，载沣便相应做出果断决定，全家人迁出北府，立即搬到西什库教堂"避难"。

这是一九二六年。

"我是怕打起仗来不安全，所以暂时避到洋人的教堂里。"

载沣这样对全家人解释说。其实，载沣没说透，这是满族人关良协助联系的。因关良信奉天主教，跟教堂关系十分熟悉，便悄悄给她父亲出了这个主意。关良平时经营风琴生意，曾经去宫里教溥仪弹风琴。所以，一直深得载沣信任。

当时醇亲王府有一架旧风琴，是民国期间才买来的，三天两头出毛病，坏了就修，修完又坏。正巧，有一天，府里请关良来修琴，她父亲载沣走过去看热闹。不知怎么，俩人聊起冯玉祥将打到北京的消息，关良遂劝载沣赶紧找个地方躲一躲：

"就是人不躲，也要把值钱的东西藏起来呀。"

这句话，猛然触动了她父亲的心事。载沣沉思良久之后，询问关良：

"你和哪儿熟悉呀？"

"我跟西什库天主教堂的教主关系挺不错，"关良说，"那儿空房很多，如果您有意，我可以帮助联系一下。"

实际上，关良的提议，正合载沣本意。他虽然早有此想法，但苦于找不到一个安全地点，想到教堂是外国人的势力，一般军阀不敢擅动，便催促关良马上联系。当天下午，关良就找到教堂的洋教主，说是摄政王载沣要来教堂避难，教主听后满口答应。

关良归来，对载沣说过，她父亲马上跟随关良来到了西什库教堂，见里边住的地方较脏，便吩咐佣人打扫干净，随即将全家搬了进去。

她父亲把家人分成三部分。载沣和溥杰住在西什库北堂，侧福晋邓佳氏带着四弟溥任住在教堂东边的"入宿院"。其他几个女儿，则住在西侧的"养病院"。

据载沣对她说，之所以把住地分为三处，主要为图清静。其实住下来之后，他每天早晨都要到各个屋里去巡视一趟才放心。她父亲住下倒显得挺安心,每天可以起得很晚,吃完午饭才阅读书报。

其实,住在这里远非如此简单,载沣与教堂商议的结果是,要无偿赠送西什库教堂一些贵重礼品,再出钱在教堂里盖一间房子,才能把醇亲王府的东西寄存在里面。

哪知,没过几天,教堂的几位法国教士找来,纷纷劝说她父亲加入天主教,载沣自然婉言谢绝。然而,那些传教士仍一个个不厌其烦地前来劝说。可载沣自有一定之规,直截了当地说:

"我不信天主教。"

盘桓到最后,载沣索性挑明什么教也不信,不仅洋教,连中国教也不信奉,始终不为之所动。接下来的几天里,那些洋人依然络绎不绝地给他送来一些小十字架,眼看小十字架越堆越多,他就把这些当做玩意儿送给了家里的孩子。

韫龢和几个妹妹连想也不想,就把小十字架挂在了脖子上。那些法国教士一看,误以为她们都信奉了天主教,显得非常高兴,又去反复劝载沣入教,而他父亲态度异常坚决:

"我不信神,也不信教。"

缠到后来,教主一看没戏,从此不再来劝教。

最有意思的是,兄妹几人见别人都去做礼拜,于是也跟着走进教堂凑热闹。对这些,她的父亲管也不管,只认准一条,任凭谁说破天,自己反正不迈进教堂半步。

她的父亲虽不信教,却颇有同情心。她和三妹时常结伴去教堂,偶尔结识了一对经常在教堂门口讨饭的孤儿——姊妹俩。她和三妹与这姐妹俩,四人之间达成了彼此默契,如果她和三妹没带钱,一摆手,她俩就不再走过来。若是身上带了钱,一招手,她俩就过来,拿过钱聊几句就走开,从不纠缠。

她把情形对父亲述说之后,载沣时常交给她和三妹几毛钱,送给讨饭的姐妹俩。于是,她有感而发地对三妹说:

"仅从这一点来看,父亲待人多么善良啊。"

这样,全家人一直在西什库教堂平静地居住了好久。当时因国内正值内战,他们住的房子并不宽裕,所以,韫龢和三妹便跟着父亲睡在一间屋里。有时载沣睡觉时,她和三妹便制造恶作剧。每隔一会儿,她俩就淘气地偷偷摇晃一下床,当木床晃悠起来,她就大声叫喊:

"地震啦!……"

起初,父亲载沣时常被吓得激灵一下从床上爬起来,见没发生地震,又重新入睡。后来,她每逢想起来就觉得可笑。那年,她还不到十五岁。

在西什库教堂挨到入冬,她父亲又带着众人返回醇亲王府去住了一些日子。直到北京时局再次出现动荡,载沣才酝酿起欲携全家投奔天津。

第拾貳章　舉家遷居天津

*载沣携全家赴津,全恃载涛求助张学良,由"少帅"派兵车将爱新觉罗家族悉数运往天津卫。

*她的父亲隐居天津,采纳庆王载振的建议,遂将寓所起名"金公馆。"

*载沣以金先生的名义,来到天津耀华学校参加"恳亲会"。哪知,刚走进校门,就被早已恭候的赵校长认了出来,恭敬地对他说,"王爷,您好!"载沣大吃一惊,掏出一摞钱塞到校长手里转身跑回家。

图片说明:溥仪与兄弟姐妹在天津张园合影。前排左起:
溥仪六妹韫娱、四妹韫娴、四弟溥任、五妹韫馨、七妹韫欢。后排左起:二妹韫龢、大哥溥仪、二哥溥杰、三妹韫颖

一　祖母病逝

岂料,一个个意想不到的"不幸",骤然降临醇亲王府。

令人奇怪的是,她从小没出过疹子,而婚后的溥杰与唐石霞这一对夫妻,双双在京城出疹子,竟然传染上了韫龢和三格格。

这可把溥仪吓坏了,惟恐进而传染给众多家人,火速派人接韫龢和三格格赴天津居住。

这一年,韫龢刚好十五岁。她和三妹抵达天津之后,分别住在两个单独房间里养病。

她在天津出疹子时,溥仪专门派去师傅朱益藩和御医佟文斌、佟阔泉父子,以及老中医张正元先后给她诊病,极尽心力。出过疹子之后,德妈还亲自烧香,让她喝进香灰,时刻守候在她身旁。

不知是谁的主意,因她俩出疹子,偏不让多吃东西,所以她和三格格被饿得够呛。德妈眼看三格格饿得实在不行,就偷偷拿给她一点儿饼干吃。婉容见韫龢出了疹子,好心地叮嘱她:

"出疹子可不能多吃东西。回头别吃坏了。"

眼看即将痊愈,婉容仍然怕她多吃犯病,又亲自嘱咐德妈。可她实在太饿了,德妈见她难以忍受,悄悄做了一碗烫饭。她端着饭碗,几口就狼吞虎咽地吃进了肚里。

正当她和三妹病刚利索,大姐韫瑛却发生了意外。

前一年,十七岁的大姐韫瑛嫁给了婉容的大胖子哥哥润良。哪知,婚后夫妻之间并不幸福。润良多少有点儿惧怕妻子,因属猴的韫瑛一贯脾气大,俩人时常吵架。

一次,不知为什么吵闹得非常厉害,她一怒之下喊来溥杰,非当即离婚不可。溥杰一个劲儿劝大妹息怒,有事好好商量……

经过一番好说歹说,这场家庭冲突才暂时平息下来。

在韫龢的记忆里,大姐极聪明,对几个妹妹平时也管束得颇为严厉。在天津时,一天夜里,韫瑛突然感觉肚子疼。当时也没请西医确诊,只请来一个中医,说是等天亮再想办法。眼看她病得不成了,家里便把她和几个妹妹匆匆找去。

那时,除她父亲载沣仍在北京,她和几个妹妹都在天津居住,纷纷赶去看望。大姐韫瑛特意唤韫龢走到床边,拉着她的手,目光温和地瞧着她,声音微弱,断断续续:

"……韫龢,你……不淘气了吧?……"

据韫龢事后追忆起来,大姐患的可能是急性盲肠炎穿孔。眼瞧着大格格疼得死去活来,她和几个妹妹都感到极度害怕,不知如何是好。

直到此时,仅比她年长三岁的大姐韫瑛,依然像大人似的咬着牙嘱咐她不少话,让她今后别净淘气,多哄着点儿祖母:

"千万别让爷爷生气,她只要一高兴,就能少犯点儿病……"

韫龢眼含泪水,连连点头,满口答应下来。此时,屋内寂然无声。

夜半时分,韫瑛渐渐断了气。

病逝时,大格格韫瑛年仅虚岁十八。

然而,这件事在爱新觉罗家族中却引起了种种猜测……

正当大姐韫瑛去世没多久,由于祖母刘佳氏病重,父亲急召她俩返回京城。

似乎一夜之间,韫龢骤然长大,再也无心淘气,而是终日守候在祖母的病床前。

其实,祖母久患风湿性关节炎,多年来屡犯腰、腿疼病,韫龢从小就时常为其捶腰,可总归没见好。

由于祖母病情骤然加重,双腿瘫痪,末了儿竟走不动路了。不久,祖母又被诊断出身患乳腺癌,由于脑筋封建,她任凭怎么说也不让大夫瞧乳房,再如何劝解,她也不肯开刀动手术。

直到临终前不久,祖母病情濒危,必须拍一个片子——当时叫"照镭"。无奈,只得在其上衣两侧乳房的部位各剪一个圆洞,以便露出乳房让大夫诊治。

最后一次走进医院,是由她七叔载涛陪同祖母去的。她跟随前往,始终默默地伫立一旁。

当祖母日趋病重的一两年里,她的两个叔叔经常来家里看望。后来,祖母的乳腺癌破了,乳房周围时常流血,根本无法走路,甚至连挪下床都不可能了。

祖母因患癌症,疼痛难忍,她的六婶平时抽大烟,便出了一个主意,让祖母尝试着吞一点儿大烟止疼。但是，终归没能管用。

有病乱投医。也不知府里谁出了个馊主意，请来一个女巫师给祖母治病。父亲不好阻拦，见女巫师走进屋，只从鼻子眼里冷笑了一声，表示根本不信这一套，便再也不吭一声。

那个女巫师好像是瞎子，装模作样地坐在屋子里"作法"。她和全家人都在外间，抢着探头观看，谁也不敢说话。不过，女巫师仅仅来了这一次，此后再也没迈进府门。

祖母病危时，可能自知身患乳腺癌，就提出要查一下账。韫龢从小进宫，屡受太妃赏赐珠宝等珍贵物品，再加上每年各处赏的压岁钱，陆续攒了不少银子。当她十几岁时，又把银子兑换成了六千块现大洋。她的祖母历来非常信任德妈，便把这笔钱，一律交德妈保管。

谁也没想到，查账的结果，德妈手里保存的所有物件一样不少。而大格格和大嬷那儿都短不了少一两件。她的祖母异常高兴，当即赏了德妈一大笔钱。

当祖母临去世前，手指着韫龢，极为信任地对德妈说：
"我就把二格格托付给你啦……"

接着，她的祖母又突然唤韫龢来到身旁，亲手递到她手里一枚珍贵的戒指。之后，又亲手赠送给大格格和三格格每人一枚戒指，说：
"这枚戒指，就留给你们做个纪念吧……"

这时，姐儿仨猛然一下大哭起来。她平常总喜欢跟祖母逗笑，此时却居然一句话都说不出来了，只是不停地淌着伤心的泪水。

她见到，祖母此时头脑仍非常清晰，此后便渐渐变得思维糊涂起来。

由于她从小由祖母带大，彼此感情特别亲近，似乎为了解闷儿，祖母无论走到哪儿都带着她。她甚至暗暗幻想过将来当一名医生，以解除祖母的病痛，彻底治愈她的疾病。

祖母见众多家人在外间屋守候，咬紧牙关支撑着，直到临终也没喊一个"疼"字。

一九二五年旧历四月十五日，年仅五十多岁的祖母刘佳氏，在京城溘然辞世。

此前，她祖父早已病故，家里只剩下刘佳氏一个女人当家，在过度忧郁中生活了多年。她父亲载沣每当提及此事，便显得万分悲伤。

她记得，祖母去世这一天，恰逢溥杰生日头一天——溥杰的生日，是旧历四月十六日。

当听说慈祥的祖母闭上了双眼,正准备过生日的溥杰急匆匆跑来,抱住躺在床上的祖母哭个不停。跟祖母感情至深的韫龢,伫立在旁边,第一次真正感到了痛不欲生。

"停七"那些天,每天都有许多和尚、喇嘛前来诵经。一口楠木棺材停放在堂屋——停灵。按照老规矩,这些晚辈们每天前来守灵,男人在左边跪着,女人则跪在右边,膝下各垫着一个厚厚的拜垫。天天"上祭",府内摆着不少桌酒席,以招待川流不息的各方来客。

遗憾的是,惟一没来的便是她大哥溥仪——"皇上"出宫后,正寓居天津。

祖母去世前夕,可把韫龢急得够呛。她由于极度伤心,立时消瘦下来。直到过了很长时间,始终无法恢复。七婶见了她,关切地询问:

"二格格,你怎么突然瘦成这样啦?"

"我想祖母啊……"

她刚对七婶说出一句话,悲伤的泪水顿时流了下来。

她见到,祖母去世后葬在妙高峰坟地,距母亲的墓地不远。此前母亲下葬那次,她也曾去过一趟,而且在阳宅住过几天。

据说,醇亲王府曾派人找来风水先生,反复察看过当地风水。当刨坟坑时,底下居然掘出一口清泉,不断往外涌出泉水。也就是说,她祖母的棺材正埋在泉眼之上。

安葬那天,全家人乘坐大车赶赴墓地。她的父亲和六叔、七叔以及她的三祖母李佳氏——她通常管她叫三太太,还带着几个晚辈的孩子。

她意外看到,妙高峰有山、有水,湖里还有很大的蛤蜊,感到格外兴奋。她和三妹晚上住在平时没人住的阳宅里,屋内的被褥因几年没晒过,非常潮湿。她躺进被窝,翻来覆去睡不着。

她记得很清楚,凡遇她的祖父祭辰①之日,府里的晚辈都要穿上素衣,不仅要跟父亲吃一天素食,还要去妙高峰磕头祭奠。那天,大姐、三妹和溥杰也都必须前去。

空旷的坟地里生长着核桃、栗子、山里红、红枣、杏……以往,看坟的人每年总要陆续摘下坟地的水果,用草筐盛着送交府里。这次,她们现摘现吃,吃完熟杏之后,便开始砸杏核儿。

祖母去世后,似乎更没人能管得住她了。她带着三妹在坟地里四处乱跑。

---

① 奕譞于光绪十六年(公元 1890 年)十一月二十一日逝世。

忽然,她见到有一个石头雕刻的龙头下涌出一汪泉水,就跑过去洗手,还在扁平的龙头上砸碎刚摘下的杏核儿和核桃吃。

自从祖母下葬,返回醇亲王府当天,她就从九思堂的西配间搬到了思谦堂西配间居住。

她回到醇亲王府,眼见祖母的贴身丫鬟小顺儿悲伤地离开王府,再也没回来,听说后来嫁了人。

次日,她和德妈正在屋里聊天,猛然,觉得脑袋开始疼痛起来。德妈顿时被吓坏了,若有所思地仔细回想了一下,对她说:

"哎,我想起来了。你怎么能在龙头上砸杏核儿?准是得罪什么神啦!……"

其实,她因患感冒才头疼不止。而德妈十分迷信,偏认为她必须前去磕头赔礼才能治愈此病,随后便带着她乘坐马车,跋涉几十里地,重返妙高峰坟地磕头烧香。

她磕完头,一瞅遍地都是圆圆的黑石子,便抖起机灵,背着德妈悄悄拣起来,放进胸前的上衣兜里。

在返城的路上,德妈见到她鼓鼓囊囊的衣兜,好奇地问起:

"二格格啊,你衣兜里装的是什么东西呀?"

她掏出来让德妈看,德妈仅瞅了一眼,就吩咐她赶紧扔掉:

"捡这个干吗呀?"

"这些是多圆的黑石子呀!"

德妈哈哈大笑着,简直喘不过气来:

"这些都是羊粪蛋呀……"

她听后,生气地把羊粪蛋从兜里一个个掏出来,扔弃在路边。

此后,每当她走进花园,总是情不自禁地追忆起过世的祖母。因为,以往去花园非要祖母允许才行。祖母病逝以后,她去花园玩儿再也用不着请示,但身边依然跟随着妈妈、太监一大群人,即使攀登小土坡仍怕她不慎摔倒。

自从祖母辞世,父亲载沣好像变得开通多了,时常带着她去看戏、看电影。父亲酷爱京剧,尤喜欢听马连良的老生戏,除此外,也喜爱梅兰芳、程砚秋的青衣戏。

难以置信的是,有一次,韫龢还陪着父亲载沣看望过著名京戏女演员雪艳琴。她仔细观察过这个比自己大十几岁的漂亮女人,深知她曾获得不少皇族男人的喜爱。

她从这次探望吃惊地看到，平时拘谨的父亲变了。载沣在雪艳琴家里喝茶、聊天，脸上露出了难得的笑容。

二 英租界十三号路一六六号

在祖母刚逝世那些日子，韫龢孤单单地居住在北府。

显然，她从杰二哥的动向，感到了时局的动荡不安。当奉军受到冯玉祥和阎锡山双重围攻，正往东北撤退之际，溥杰接到张学良打来的一个电话：

"如果冯玉祥打过来，你们很危险，不如全家都到天津租界去躲一躲。"

"你走了，我上讲武堂怎么办哪？"

"好办，"张学良允诺说，"你到天津可以先住在我二太太家里，等有机会来奉天找我好了。"

此时，溥杰这才放了心，于是匆匆跑去对父亲说：

"我们一定要赶快去天津躲避一下，不然，等冯玉祥打进北京来，恐怕咱家连一个人都剩不下。"

由于眼见北京时局动荡，载沣本来胆子就小，遂在溥杰一再劝说之下，仓促决定，全家立即搬往天津。

这一家人急赴天津，乘坐的是"军列"。她的父亲偕三祖母带着一群子女，她的六叔、七叔也都带着家眷一起登上火车。

在途中，全家人心情异常复杂。忙乱之中，她在火车上连醇亲王府的银脸盆也不慎丢失。德妈感到非常心疼，连连叨唠着平日的口头禅：

"不得了，这可不得了……"

因为，德妈从来将府里的所有物品都视作宝物，遂将此"遗失"视为不祥之兆。

一路上艰苦至极，不仅没有任何食物，连一口水也找不到。平时，皇族之人何尝受过这种罪？在旅途中，几家人实在饥渴不过，只好趁停车时打一点儿井水来喝。

韫龢端起水杯一看，水里竟然漂浮着一些红色小虫儿。没辙，确实找不到其他饮用水，她只好捏着鼻子，一闭眼睛勉强咽了下去。家里所有人包括载沣，都无例外喝下了这种脏水。

乘坐的火车更使人焦急万分，时走时停，有时刚驶出几十米就停了下来。大家心里无比惧怕，因为路途极度混乱，火车一停便惟恐有什么乱子冒出来，更怕被"土匪"趁火打劫。她的父亲一路上眉头紧锁,总是催促她七叔下车去打探情况。

直到半夜,慢吞吞宛如老牛拉破车似的火车,才抵达杨村,又突然停下不走了。

寂静的深夜,天空显得格外漆黑,她父亲又神情紧张起来,一步也不敢迈下列车,轻声唤过她六叔和七叔,说:

"你们说,要是被抢了可怎么办呀?"

正说着,载沣忽然见到车厢里涌上来许多士兵,顿时变得极度恐惧,忽儿站起身来,忽儿又颓然坐下,心情紧张得要命。突然,又有一个惊人的消息传来——张作霖被炸身亡。起初,她的父亲猜测张作霖是被蒋介石所谋杀,后来才知是被日本人蓄谋炸死的。

几家人坐卧不宁,难以安然入睡。好不容易盼到第二天凌晨,军列又有了通行的信号。直到火车开动,载沣紧张的心情才稍稍平缓下来。

她从睡梦中醒来,懵懵懂懂地望着大人们焦虑的神情。所有人都企盼着尽快抵达天津。可刚走没一会儿,火车又戛然停下。

在异常闷热的车厢里,大伙没有任何食物。天气愈来愈炎热,人们无不感到饥渴难耐。又过了一个多钟头,火车仍然没有启动的迹象。

眼见,火车上奉军的军官连同家眷,纷纷改乘从沈阳撤下来的军用卡车或小汽车驶往天津,车厢里的人变得日渐减少。她父亲又急得乱了方寸,找到她的七叔,催促他赶紧另寻他路:

"赶快想办法走吧,要是只剩下咱们这些人可就糟了。"

她的七叔和六叔下车一看,那些奉军军官和家眷差不多走光了,只剩下皇族这几十口人坐着发呆。她七叔和六叔惊慌失措之中,只得亲自跳下火车去截汽车,因兵荒马乱之中,谁也不认识这两位王爷。

眼看几个小时过去了,没截到任何一辆汽车,她的父亲急得一个劲儿跺脚,仍束手无策。

幸好,七叔急中生智找来一辆大型军用载重汽车,把爱新觉罗家族所有人一股脑儿塞了进去。载沣这才露出尴尬的笑脸,招呼家人一起上了车。

将近下午五点钟,卡车驶进天津城。

但是,卡车无法驶入外国租界——租界不允许。无奈,几家人只好分乘人力洋车而行。

总算有了一个落脚之地。她们全家人住进一幢事先买下的楼房——戈登路十三号。

那是一座宽敞院落,当中一幢灰色二层小楼总共十四间住房。她和家人见有了住处,好歹喘了一口气。

谁知,刚撂下行李,她就见到了火速赶来的溥仪。

使她感到疑惑的是,一个矮墩墩的日本军人始终跟随着溥仪,寸步不离。她见日本军人戴着一顶扎眼的白帽,就给他起了一个外号叫"白帽"——只要溥仪一出门,"白帽"就身穿便服坐在司机旁边,据说是为了保护溥仪。后来,她才知道,那是专门来监视溥仪一举一动的。

当载沣刚住下,溥仪就忙来解释说,他早就亲自赴天津火车站迎接父辈一行人。谁知,载沣等人没乘坐火车,他径奔火车站扑了一个空。直到他们进院之后,溥仪才又闻讯赶来。

溥仪见到父亲,赶紧给载沣请安——双腿跪安,又满脸歉意地说:

"王爷总算到了,我也放心啦。"

韫龢在旁边见到父亲一脸疲惫的样子,情知载沣和自己一样,一天没吃没喝。走进卧室,载沣心有余悸地对她说:

"回想起来,那一夜真像过了几年一样啊。"

当晚,溥仪出面宴请全家人,说是只当压惊。其实,众人仍然惊恐未定。

在饭桌上,载沣提出一个请求,让溥仪找人尽快安装电话。溥仪听了,疑惑不解地问起父亲:

"王爷来天津,不是要隐居吗?"

"是啊,可家里有些事儿短不了要跟北京联系一下呀。"载沣的话倒透着实在。

"如果安电话,那户头怎么写?"溥仪直愣愣问起父亲。

载沣想了半晌,也没考虑好,便不再言语。载沣历来如此,凡没想妥的事儿,轻易不愿多说。

事后她听说,父亲为"户头"名称之事,整整思考了一夜。

第二天,溥仪再次前来探望时,载沣似乎胸有成竹地对他说:

"'户头'写王公馆好了,就用这个王公馆的户头吧。"

据她猜测,大概父亲的本意是,他是"王爷",所以改称王公馆①。

当时,溥仪听后,不置可否。于是,她的父亲遂做主,将天津戈登路的住宅

---

① 据考,可能是隐喻着"王爷"公馆的意思。

韫龢全家人在天津住所合影。前排中坐者载沣。后排左起：溥仪的四弟溥任、四妹韫娴、二妹韫龢、二弟溥杰、大妹韫瑛、五妹韫馨

改成"王公馆"，而且照此向电话局申请了电话户头。

然而，家族的人们，出于各种考虑，大多反对载沣采用王公馆的名字。她的七叔载涛还专门前来反复游说：

"乍一看，王公馆？不就成了姓'王'吗？那还不误会呀……"

正在此时，庆王载振来看望载沣，听到这件事，随口提议说：

"王爷，若依我看，甭用王公馆这个名儿了，就叫金公馆吧。"

原本为此事犯愁的载沣，觉得这个建议听起来挺在理——爱新觉罗译成汉语，即是"金"。

不久，她的父亲由此对外改姓"金"①，又向电话局再次提出申请，将"王公馆"改成了"金公馆"。

在那些年月，由于满族尤其是爱新觉罗家族频遭公开排挤，许多人改成了汉姓。载沣为躲避外界人士，干脆隐瞒了真名实姓，又将子女一律改姓金。他

---

① 爱新觉罗，是清朝皇室姓氏。在满语中，"爱新"即族名，是"金"的意思。"觉罗"是姓氏，努尔哈赤以最初居住的地方"觉罗"（黑龙江省伊兰）作为姓氏，位于宁古塔旧城东门外三里。爱新觉罗的含义是，金子般高贵的觉罗族。

极力避免与前清遗老接触,偕侧福晋邓佳氏和一群儿女隐居在金公馆。

时间一长,便很少有人前来打搅。载沣倒是蛮高兴,乐得清静自在。

而溥仪自从迁至天津就没再回京,连祖母也没有看望过一次。甚至当她祖母去世时,溥仪也未回京奔丧。据说,溥仪惟恐在京遭遇意外,无法再返回天津。可见,溥仪对于自身处境并不乐观。

的确,天津的生活条件并不比北京差。卧室里睡的是软床,厕所里装置抽水马桶,夏季还安上了电扇,似乎比醇亲王府的环境显得现代化得多。

只是,韫龢与兄弟姐妹的穿戴仍显得很保守。平时她只穿着旧式旗袍,父亲和二哥溥杰依然一身长袍马褂,至多,也只是布料稍好一些罢了。

抵达天津之后,六叔载洵和七叔载涛两家人,分别搬进隔壁院落的一幢洋房。兄妹平日闲着无处可去,经常由父亲带着去两位叔叔家串门聊天。此后,六叔一家人搬往天津市内一幢单独院落,她跟随父亲载沣仅去过有数几次。

她和全家人同住一幢楼上,感到非常热闹。父亲载沣、二哥溥杰,她和三格格、四格格、五格格、六格格、七格格以及四弟,还有侧福晋邓佳氏以及佣人,另外每个孩子还雇有一个保姆。另外,再加上一些从北京带来的太监和厨师,若算起来,的确称得上一个数十口的大家庭。

或许命运使然,溥仪到达天津之后,三祖母李佳氏最初也跟随而来。她原在京城醇亲王府居住着五间北房,还有几个佣人,又喂养了足有十几只猫,以及一条硕大的笨狗——外表倒像一条野狗。其中有一只猫非常厉害,总爱咬人。数日后,不知谁把她最喜爱的这只猫逮走,拔掉猫牙又放归回来。见此,三祖母伤心得落了泪。

而在天津,三祖母李佳氏仅居住一间屋子。不久,她推说在天津住不惯楼房,又让载涛护送其孤身一人返回京城。

三祖母回到京城之后,不到一年便去世,她父亲没回去参加葬礼,统统交由她七叔载涛一手操办。从这件事,既可以看出七叔的精干,也足以体会她父亲载沣对其信任的程度。

难以置信的是,醇亲王府几十口人——连太监、厨师在内,在天津居然没有任何经济来源,仅靠变卖一些旧物度日。她的父亲从不亲自经手,只是依赖管家去跟外界打交道。

她父亲早在京城时,便一直赖此维持生计,人家说多少钱就是多少钱。其实,他即使不同意卖,也想不出更好的主意。

说起来,戈登路十三号院子不算小,走进门,绕过中间的花坛,登上台阶才能步入那幢二层小楼。

在二层楼的四间卧室中,她跟三格格各住一间,四格格与五格格同住一屋。也就是说,姊妹四人都住在楼上。六格格、七格格和四弟住在楼下边。反正每个孩子至少有一个保姆伺候在身旁。

那时,侧福晋邓佳氏以及一些佣人也跟她居住在同一幢楼上。她父亲因腿有毛病,则一直住在楼下,只不过,还没发展到无法走路的地步。

三 正式上学

"来到天津,也不能中断学业。"

她父亲载沣当面训诫几个子女,极力主张让孩子们继续求学。没过多久,他便开始在戈登路十三号家里单独请来教师授课。

载沣本意当然想让子女学一些扎扎实实的知识。想来想去,因赵老师已故去,她父亲又从北京接来魁忠老师,教韫龢和三格格念书。

后来,她和三格格、四格格、五格格、六格格、七格格,以及四弟溥任,皆由魁忠老师亲自授课。魁老师脾气不错,也颇有耐心,载沣对他颇为信任。

没想到,魁老师不久身患重病,只得返京治疗。一时,私塾没了老师,她父亲十分焦急:

"这几个孩子的学业怎么办?不能不上学呀。"

于是,载沣找来载涛商量。七叔性格活跃,结交广泛,便出主意让她和三格格去张园跟随溥仪念书。

正巧,溥仪也很想念她和三格格,便派人把她俩接到了张园。那幢小楼底层的单独一间房屋,被专门辟为她俩学习的书房。

那时,溥仪住在楼上西头,婉容则住在东头,而文绣住在楼下。她和三妹住在楼上婉容旁边的一间卧室,德妈和负责照顾三格格的高嬷居住一起。如果姊妹俩不去溥仪那儿,便只有溥仪与婉容、文绣在一起。溥仪每逢见到她们,总是略显孤闷地说:

"你俩如果来了,会显得热闹一点儿。"

起初几天,她俩吃饱了没事照样玩儿。载沣听说之后,着急起来,径奔张园找到溥仪:

"两个格格可不能一天到晚总玩儿呀。"

听到此话,溥仪笑了笑,说:

"王爷,先让她俩放松几天。在我这儿读书,您就放心吧。"

刚开始,教她俩念书的是一个远房本家毓连和郑垂——郑垂是其伯父辈,每天上午讲授《东华录》。毓连矮矮的个子,满口京腔,虽然论起来比她俩还小一辈,却已是一个老态龙钟的老头儿。她印象最深的是,毓连的授课远从努尔哈赤津津乐道地说起……

毓连肚里的故事着实不少,也确使她俩着迷。

在张园时,她最初师从郑垂学习英语。郑垂的英语水平很高,日语也不错。她俩每天学一点儿,很快就学会了一些普通英语会话。她跟三格格非常爱逗笑,上课时,俩人彼此对视一眼,便忍不住笑起来没完,时常使老师感到莫名其妙。

郑老师是福建闽侯人,口音浓重,往往把铅笔念成"堪笔",她俩听到就大笑不止,以致无法再听课。

不久,她的英语有了长足长进,居然能读懂英文名著《艾丽斯游记》。溥仪得知,对她大加赞赏。以往在京城,她俩念的大多是《四书》、《五经》,连简单的算术也不会,堪称畸形偏科。

这时,溥仪请来一位日本教师——远山猛雄,教姐俩加、减、乘、除以及一些简单运算,功课再深就难以为继了。远山猛雄相貌平平,个子很矮,为人和气,每天身穿着笔挺的西服,汉语却说得极为流利。

一天,远山猛雄邀请她和三妹去家里做客。他的太太到厨房做招待准备,他让她俩坐在一个小方垫上等候,三格格好奇地问:

"这是您的被子吗?"

这时,远山猛雄听了,脸色一沉,不满地回答说:

"我即使个子再矮,也不能盖这么小的被子呀……"

正巧,远山猛雄的太太走进屋,大伙不禁哄然大笑起来。

这位日本教师每天下午上课时,始终一本正经,从不开玩笑,教授完两小时日语之后,抬脚就走。她俩平时上学见到远山猛雄时从不握手,彼此鞠一个躬即可。

其实,溥杰和润麒的日语皆由远山猛雄一手启蒙。尔后,远山猛雄患胃癌病逝时,韫龢正在日本,便和溥杰赶去他家看望。据说他的儿子在日本上学特别用功,竟然劳累过度而死。听此情形,她感到极为伤心。

她和三格格之所以愿意去张园读书,倒不仅因为能离开父亲身边,比家里随便一些,还由于那里有一个福建厨子,擅长做南方菜,尤其是制作的肉松别有风味，比家里的午饭可口得多。

她和三妹仅在张园住了不长时间，载沣便让她和三妹重新回家居住，只是在张园读书期间，照例由老太监李长安按时用汽车来接送。每天早晨送去，午间在张园就餐，晚上再接回家。

继而，载沣又把家里最小的三个孩子——六格格、七格格和四子溥任，统一送到英国工部局在天津开办的耀华学校读书。

平时，姐弟三人整天憋在家里，大人轻易不让出门，如果偶然出外，必须有人跟随才行。听说要去外边上学，三个孩子欣喜若狂。载沣特意明确，孩子们每天坐车，由保姆"护驾"上学。入学之前，父亲载沣又对子女千叮咛万嘱咐：

"去学校读书，可千万别暴露爱新觉罗的真实身份，只许说姓'金'。记住没有？"

"记住了。"

三个孩子异口同声。于是，四弟溥任改名，称其"字"为金友之，六格格和七格格对外则分别改叫韫娱和韫欢。四格格和五格格当时虽然也居住在天津，载沣不知出于何种考虑，却没提让她们去外边上学之事。

由于三个孩子年龄不一，究竟上几年级成了难题。做事古板的父亲，索性发话：

"既然上学，就从头儿上吧。"

三个孩子无论大小，一律报考一年级。学校的老师见三个孩子年纪较大，又有一定文化基础，便安排改上二年级读书。刻板的父亲又给几个孩子立下了死规矩：

"上学不许迟到，下学立刻回家，不能随便在外边玩儿。"

出于安全考虑，她父亲为孩子上学雇了两辆包月车，六格格和四弟同坐一辆，七格格和保姆同坐一辆。另外，由李长安天天接送她和三格格，上学和下学都有保姆寸步不离地跟随着，尤其督促孩子们下学赶紧回家，绝不许晚归。

为人谨慎的载沣，一怕孩子暴露身份，二怕孩子出事儿。哪知，有一次，六格格韫娱回家带来一张学校"恳亲会"的请柬，载沣觉得作为家长理应去学校一次，就换上一套朴素的衣服，轻车简从地径奔学校。

她父亲自以为天津人不知其真实身份，便以金先生的名义走进天津耀华学校。哪知，他刚迈入校门，早被恭候已久的赵校长一眼认了出来，尊敬地迎上前：

"王爷，您好！"

听到此话,她父亲大吃一惊。

"同学们,让我们热烈欢迎摄政王。这次王爷到来,是对我们学校的莫大关心……"

这时,一些教师纷纷议论起来:

"这不是溥仪的父亲吗?"

听到此话,她父亲顿感如芒刺背,极为难堪。

校长硬拽着载沣去办公室稍坐了坐,然后,又领他到学校各处参观。她的父亲感到更加难受。这时,学校又让他给学校师生做一次长篇演讲。载沣本来一着急就口吃,又没有演讲的口才,离开政界多年,人家居然突然拿他当成一个主角,他什么话也说不出来,十分后悔前来参加家长会。

在万般无奈的情形下,他想了想,竟然掏出一摞钱塞到校长手里,转身跑回了家。

晚上,载沣不解地对子女们说:

"学校怎么知道的?我这么多年都没露面,竟然还能知道我。我不想在社会上抛头露面,没想到自投罗网来了。咳,要是早知道这样,还真不如不去呢!"

自从迁到天津之后,家里不再发给她压岁钱。以往她在北府,逢年过节都有压岁钱——溥仪以及太妃无一不赏赐她,至少一个红包五十两银元。祖母每次即嘱咐佣人换成五十块现大洋,交给德妈收藏起来。

其实,她一直没点过数儿,这样一直到祖母去世时,整整攒下六千块钱,她分别送给三个保姆每人一千块,还剩下三千块钱,交由父亲存入银行,成了她的一笔私人储蓄。

从前祖母在世时,她每月能领到五块零花钱,当祖母去世,她来到天津之后,父亲将她的零花钱涨到八块钱,喜欢什么都可以随便买。于是,她凭着阅读喜好,购买了不少杂志和书籍。

除此之外,她平日只买一点儿水果和零食,以及手纸、香皂这类日用品。她最爱订阅《小朋友》、《儿童世界》杂志,多年之间,总共攒了好几百本。在杂志里,她偶然阅读到童子军的事迹,羡慕不已,多次向大人询问究竟,甚至幻想参加童子军。

全家人吃饭时,往往围成一桌。她的父亲端坐中间,侧福晋则坐在旁边,她和几个妹妹围坐一圈。由于家里的厨师是顶替其父的——并非真正厨师,所谓厨艺被公认不及格。每当吃饭,反倒成了全家人的一种负担。

在张园却大不一样。她和三格格尤其喜欢溥仪宴请外国人就餐,此时她俩就能"开斋"了。溥仪往往在楼下吃,同时让太监李长安用精致的日本黑漆盘端两份给她和三妹到楼上品尝。

溥仪曾满怀深情地说过,他非常疼爱几个妹妹,因母亲去世过早,所以对几个妹妹不免怀有一种特殊的护爱之情,连吃饭这类事也总惦记着。

自从祖母去世以后,她许久没有吃过菊花锅。当她父亲和家人在天津一起品尝菊花锅时,比起以往,锅里又添加了几样如鱼片、海参、鲜虾等,只是少了粉丝和白菜这两样。

抵津之后,她家除六叔和七叔两家人以外,跟北京各王府及外界交往很少,最多只与旧日的几个故交接触而已。

在载字辈中,只有载振时常来家里串门。他有两个儿子,一个叫溥忠,一个叫溥瑞,哥儿俩原先来到醇亲王府,总是先去大书房拜见她的父亲载沣,从不到她们住的地方来,所以,她们一般见不到。

这哥儿俩的妻子,逢年过节却总要来醇亲王府四处拜访一番。自从载沣迁居天津后,两家依然保持着往来,只是不似过去那么频繁了。

朗贝勒的大女儿,人称大格格,她的女儿王敏彤是有名的大美人,与韫龢关系一向不错。母女俩都跟韫龢挺谈得来,在天津经常来家里串门。

她和三妹对润麒的母亲仲馨,总是尊称为"老师"。论起仲馨的性格,多少有点儿男性化,偶尔教她和三妹写字,却不愿意被她俩叫做亲额娘,有一次,仲馨索性对她俩挑明:

"别叫我亲额娘了,就叫我老师吧。"

韫龢清楚地知道,仲馨极为聪明,书法——尤其草书颇具造诣,因而深受溥仪的尊重。

当溥仪搬往静园后,韫龢常陪父亲载沣前去看望。溥仪跟仲馨关系素来相熟,跟大格格关系也较密切。大格格暂居京城,虽然比较阔绰,但据说房产并非属于她家,而是租赁而来,因此后来又从天津迁至京城定居。

人所共知,载沣一家人与七叔家往来密切。载涛的三儿子,叫溥佟,自然与溥仪同辈,这一辈人的名字左边都是一个"亻"。溥佟个子不算高,却长得蛮精神,她总戏谑地叫他"大西瓜脸"。恰巧,韫龢与他同年同月同日生。她虽仅比他早出生一个小时,他也得叫她表姐。溥佟总是开玩笑地说:

"'表'错了,你应该叫我哥哥。"

因为,弟弟逢年过节还要给姐姐磕头、请安才行。溥佟非常淘气,见面聊天时,经常开玩笑地把嫂子叫做姐姐。他少年时经常跟韫龢一起爬树,所以俩人脾气一向合得来。成年之后,溥佺与六叔一位漂亮的内侄女结婚,感情极好,生下过一个男孩儿,但不久便夭亡。后来妻子因患肺癌去世,他伤心得不行。

溥佺的一个女儿,交给他乳母的女儿看护。据说妻子病逝之前,给溥佺留下话:

"你就跟乳母的女儿结婚得了。"

韫龢听说其妻病逝之后,溥佺果真跟乳母的女儿成婚,她对前妻的孩子一直挺好。七叔载涛却死活不认,说是可以当"妾",但她是基督教徒,不能作妾,但已生下了一个孩子。结果,她所在的工厂遭遇火灾,她作为基督徒,热心跑去救火而被烧死。溥佺由此深受刺激,患脑病去世。

抵津之后,她和三妹每天仍要去给溥仪请安,一天不差,这是始终一成不变的礼节。但在没有外人的情形下,她跟溥仪之间全无"君臣"之礼。

她小时候,见了溥仪就要请跪安。当她年满十五岁,留了头便开始请蹲儿安,此时在天津见到溥仪,就可以按照老规矩请蹲儿安了。

然而,在没有外人的情形下,她跟溥仪在一起"疯玩儿"起来,便忘乎所以地没了大小之分,往往忘掉了"请安"这一说。

但她仍见到过不少依然执旧礼前来称"臣"的前清遗老。最典型的是康有为。溥仪抵达天津以后,康有为自称"臣",还专程前来叩拜。当时她并没在场,可后来,倒听溥仪述说,而且见到了康有为亲笔为溥仪书写的一副对联。据说,这一副对联曾长期挂在静园的客厅里。

或许,这也是溥仪之意吧。

第拾叁章

津门琐事

* 溥仪的乳名——午格，在紫禁城当"皇帝"时家里没人敢叫，可到天津以后，她和姊妹几个过分淘气，竟当面跟溥仪开起玩笑，"二三四五五——'午格'……"溥仪听了，只是笑笑而已，并没丝毫反感。

* 她和三格格趁家里没人，跟着留声机学唱京戏。婉容深受她俩影响，也学起"青衣"。她们分别把学会的京戏唱段，陆续灌成小唱片，可见其深染京戏瘾。

图片说明：溥仪（右一）和韫龢（中）、韫颖（左二）打高尔夫球

一　敢拿溥仪的乳名开玩笑

"在天津卫生活得蛮不错,这可比在宫里悠闲多啦……"

自从抵津之后,溥仪不止一次对韫龢如此形容自己的心情。

外界丝毫不知,溥仪的乳名叫"午格"。他在紫禁城当"皇帝"时,家里没人敢叫。可寓居天津之后,她和姊妹几个淘气起来,没大没小,有时竟一起当面开玩笑地向溥仪起哄:

"二三四五五——'午格'……"

哪知,溥仪听了,只是笑笑而已,并没丝毫反感。

韫龢和三妹由于学过一段日文,熟悉不少日常用语,于是,她有时用日语取笑溥仪和婉容:

"您们愿意当 ku ma① 还是愿当 xiu ma②?"

溥仪和婉容因不懂日文,听后一愣,不知如何回答是好。没等溥仪夫妇反应过来,韫龢又做了一连串发问。其实,"酷玛"是狗熊,"休玛"是人。而其他日文都是动物的名称,显然,她在跟兄嫂逗着玩儿。

过了一会儿,她和三妹又以日语戏谑地问起溥仪:

"您愿意当桌子,还是愿意当椅子?"

溥仪由于不懂日语的含义,无论怎么回答都不对。更可笑的是,她一再分别询问溥仪和婉容:

"您都愿意住在什么地方?"

实际上,其中一个答案就是厕所。当溥仪弄懂之后,对大家一解释,全屋人乐个不停,直到流出了眼泪。她如此淘气时,已是十七岁。

溥仪和婉容当时也不过二十岁出头儿。婉容仅比韫龢大五岁。婉容见问题挺有趣,便抿着嘴鼓动她:

"再问问呀……"

---

① 音酷玛。
② 音休玛。

她和三妹可来了劲,一长串一长串地用日语发问,大多是一些十分可笑的问题。因为旁边没有太监,大家可以毫无顾忌地随便乱说一气,最终往往在哈哈大笑中结束。

暂时的笑声,掩饰不住溥仪的内心郁闷。他一向睡得晚,起床迟。但是,表面仍然有说有笑,惟有单独一人时,才往往陷入极度苦闷之中。

有一时期,溥仪在孤闷中找乐儿,喜欢给人起名字逗笑,又给弟弟和妹妹一一起"号"。

其实,溥仪除乳名"午格"世人罕知外,字耀之、号浩然,这是众所周知的。尤其到天津之后,"皇上"用得最多的名字就是"溥浩然"。

溥杰乳名叫"誉格",字俊之,溥仪为其起号"秉藩",意思是秉承曾国藩之志,为复辟"大清"效力。而溥杰这个"字"——溥俊之,却一直没叫响。

四弟溥任,乳名叫"联格",字友之。实际上,他的乳名和其他两位兄长一样,鲜为人知。而后来,"金友之",反倒成了户口簿上的名字。

为何她和姊妹的名字都按照"韫"字排列?缘因六叔载洵的大女儿名字头一个字是"韫",照此排列下来,姊妹几人的名字无不以"韫"字打头。

除此,溥仪还给前三个妹妹分别起了一个"字"、一个"号"①。

大格格乳名——毓格,名字叫韫瑛,字蕊欣,号秉瑛。

二格格乳名——硕格,名字是六叔载洵亲自起的,叫韫龢,字蕊菌,号秉熹。据韫龢追忆,多年之后,她在东北流浪期间为"避祸"而亲自改了一个名字——因大格格叫蕊欣,便随其"字"叫"欣如"。

三格格,乳名——佩格,名字叫韫颖,字蕊秀。后来,溥仪又亲为她改号叫秉颢,一字一顿地说:

"叫秉颢吧。所谓颢,就是左边一个'景'字,右边一个'页'字。"

四格格,乳名——来格,名字叫韫娴,字蕊珠。

五格格,乳名——悦格,名字叫韫馨,字蕊洁。

六格格,乳名——星格,名字叫韫娱,字蕊乐。据说,载沣对于连生六女,内心不甚高兴,起初给六格格起名"韫鞏",字蕊多。她的祖母刘佳氏听说后,颇不以为然,遂改为字"蕊乐"。

七格格,乳名——姞②格,名字叫韫欢,字"蕊笑",号璧月。

---

① 因年代已久,韫龢对姊妹几人的"字"和"号"的追忆,可能存在疏误之处。笔者虽做了一些考证,但由于当事人均已辞世,再加上资料匮乏,难免不全或讹误,恳望识者指正。

② 姞,音 jí。

据韫龢回忆，因七格格是瓜尔佳氏去世后出生的，便起了一个带有纪念意义的"字"——蕊孝，此后又改为蕊笑。直到解放后，七格格自己又起了一个新名字——金志坚，喻含追求进步之意，这又是后话了。

不久，韫龢得知年仅十四岁的三格格韫颖，与皇后之弟润麒隆重订婚。

其实，数她最清楚三妹与润麒婚姻始末。早年，润麒与韫龢经常在储秀宫一起玩耍，往往没玩儿一会儿，就被溥仪叫到养心殿去了。

她见润麒头上梳着一根小辫儿，经常以此来取笑他。而他总短不了招惹三格格，每逢此时，三妹就大声冲她喊叫：

"二姐，二姐快来帮我。"

韫龢恃仗有点儿蛮力气，时常帮助三妹与润麒打闹。因他幼年身体瘦弱，有一次，竟让她打哭，于是被溥仪佯装板起面孔训斥了一顿。

三格格从小就长得靓丽出众，朗贝勒府的二格格——润麒的母亲仲馨，时常往来于京津之际，见到韫颖之后，反复劝说她嫁给润麒。可她父亲载沣却不愿意，嫌润麒过于不听话：

"润麒呀，实在太淘气了。"

润麒的母亲仲馨总是赔着笑脸，解释说：

"他哪儿能老这么淘气？长大就好了。"

仲馨既然一眼相中三格格，便对女儿婉容挑明此意，婉容又转告了溥仪。于是，溥仪便跟父亲重提这件婚事。起初，载沣死活不同意，嫌润麒太闹腾、实在没正形儿。

譬如，她父亲载沣"晕高"，润麒明知却偏蹦上高处玩耍，且以惊险动作来吓唬他。张园内建有一座长廊，载沣见润麒总在两侧的高凳上来回疾走，十分害怕润麒摔到地下，看到便喊：

"润麒快下来。"

然而，他非但不听，反而越走越快，甚至跑起来。

韫龢正在旁边，看到溥仪默不作声，只是在旁边笑个不停。

见此，载沣索性闭眼不瞧，转身即走。然而，婉容的母亲紧盯不舍，先后托溥仪和婉容跟载沣提亲。实际上，溥仪挺喜欢润麒，由于经常一起淘气，所以愿意帮忙撮合。润麒的母亲又一再找到载沣，劝说：

"您放心，等润麒长大，自然就改好了。"

韫龢时常与润麒一起玩耍，对他多少有些好感，便在溥仪面前极力撺掇此事。她父亲载沣禁不住溥仪兄妹软磨硬泡,最终不得不勉强答应三格格嫁给润麒这桩婚事。

溥仪在天津过起寓公生活,实在寂寞难耐,便豢养了不少狗。其中两条狗分别起了外国名字——"布尔道格",以及中国名字——"虎子"。布尔道格个子颇大,外表极其凶恶,大嘴叉里总是不断流着哈喇子,虽然长得奇丑无比,却深受溥仪宠爱。

此外,溥仪还养了几只外国警犬。婉容则养了几条小叭狗,其中一条是纯白色的日本狗,个头很小,她非常喜欢,平时经常抱在怀里。这些狗,无论谁跟它混熟,摸娑一下它的脑袋,它就得意地摇晃起尾巴。

可养狗也有意外。一次,御医佟阔泉半夜起来上厕所,正巧被溥仪从宫里带来的那条狼狗——狒格发现,以为他是外人,立即飞奔过去,随即把两只爪子趴在他的左右两肩。

幸亏佟阔泉没敢扭头,据说若回头,弄不好就可能被它咬断喉咙。佟大夫被吓得胆战心惊地带着那只狗一步步往前挪,既不敢吭声也不敢妄动,这样一直走到有人的地方,才把它轰下去。

从此,佟大夫被吓破了胆,一提起来就后怕不已。当溥仪听说此事,哈哈大笑地说:

"我这条狒格是训练出来的,没有命令它不会伤人。"

俗话说,无事生非。溥仪出宫之后,表面有一"后"一"妃"陪伴身边,其实蕴藏着潜在的"危机"。

在韫龢看来,婉容与淑妃素来不和,脾气相左。相比较而言,婉容易疑心,多少有点儿小心眼儿,惟恐溥仪与淑妃的关系超越自己。淑妃则性格孤僻,平时不愿接触人。其实,溥仪跟婉容性格比较合得来,关系更融洽一些。只是溥仪有着苦不可对人言的烦恼,始终暗存心内。

溥仪与婉容在二楼住在一起,而淑妃文绣孤独地居住楼下。韫龢和婉容这一群人往往玩儿得挺热闹,却没人陪文绣,平日文绣一人在楼下异常苦闷。溥仪不太喜欢她,只有其胞妹文珊间或前来陪伴。韫龢和婉容等人出去买东西时,从来不带她去。文绣与她们之间,显然产生了明显隔阂。

再说,溥仪每月都无例外地给婉容一千块现大洋零花钱,几乎月月花光。婉容除了负责发给佣人工资以外,吃饭根本不用花钱。而溥仪仅给文绣每月八百块钱,无疑勾起淑妃对于"后、妃"颠倒的往事,总是显得郁郁寡欢。

即使她和三妹出门逛街,也从来不跟淑妃在一起,甚至连一次也没有过,而大多跟婉容一起相伴相随。淑妃心里不免憋着一股无名火。有一次,淑妃在院里吐了一口唾沫,婉容看到之后,非说是有意啐自己,就跑去溥仪那儿告了淑妃一状。

溥仪立时打发随侍"传旨","说"了淑妃一顿,这把文绣气坏了,吵闹着非自杀不可,遂引发了所谓"离婚事件"。这虽因一件小事儿引发,却是多年矛盾积累所致。

淑妃的妹妹叫文珊,姊妹俩高矮差不多,只是其妹长得略比文绣好看一些。据说,文珊平时没有职业,时间充裕,为人较有主见,在离婚过程中,她俩总在一起商量。文珊不仅为文绣出谋划策,还帮淑妃在外边聘请了律师。据韫龢听说,文珊身后确有"高人"鼓动,而真实背景,她始终也没弄清楚。

二 陪婉容学京戏逛街购物

在天津,溥仪和婉容过着难以尽言的畸形"夫妻生活"。

仅以吃饭为例。刚到天津时,韫龢往往一日三餐都与溥仪、婉容同桌,后来因婉容生活懒散,早晨起床没有固定时间,有时起床很晚,先要抽一通大烟才吃早餐。

所以,她多数陪着溥仪同桌单吃,只有偶尔才与婉容凑到一起共餐。

平时,溥仪虽与韫龢姊妹几人一起游玩,却最烦逛商场。婉容梳洗打扮之后,大多愿与韫龢等人去逛街。而溥仪最怕陪逛,实在躲不过去,凡遇婉容挑选衣料,就去眼镜店或钟表店铺随便瞅上几眼,好等候一同打道回府。

出发之际,她和三妹与溥仪、婉容四人往往同乘一辆车。日本"白帽儿"照旧坐在司机旁边,另外还有一个随侍跟着。溥仪总不忘派车去接父亲。载沣带着她妹妹和弟弟出门时,兄妹几人头上大多喜欢戴着日本长檐白帽,这样不容易被路人认出来。每次出门,身穿便衣的随侍无不紧紧跟随在他们身旁保护。

走进商店,她和三妹时常去买零食吃,便衣就在一个不远的地方坐着,监视过往的游客。其实这些日本人是专门为保护溥仪而来,身上都带着短枪。当时在天津可以随便买到枪支,溥仪就有好几把手枪,经常拿在手里摆弄。

实际上,数婉容最爱逛街,经常带她和姊妹前去。但并非每次都购物,多数属于逛街解闷儿。婉容还时常让溥仪和她及三妹等人乘卧车去印度洋行、"利物浦"、"惠罗"等服装店挑选衣料或衣裳。

婉容买过衣料和化妆品之后,往往带这一行人去吃冰激凌、喝冷饮。

当然,溥仪也绝非一样东西不买,他最喜欢购买唱片,少不了去百代唱片公司挑选一些音乐唱片——尤其外国唱片,拿回家去听。

而婉容最喜欢买衣服。隔三岔五总要给她和三格格买回一些新式衣料。虽然商店里什么颜色衣服都有,却不知为何,在婉容的偏好影响下,她跟三格格从没穿过大红大紫的衣裳。

每逢挑选衣服料子,婉容大多与韫龢、三格格一起商议,她俩做衣服她也做,比着穿戴。天津有一阵儿流行绸子和缎子的黑夹袄,里面是红里子,外面却竖着旗袍的高领子。在婉容一再提议下,三人各定做了一件。

心灵手巧的婉容,还亲手设计了一件红丝绒镶兔毛边的衣裳,兴奋地穿上拍照留念,又分别给韫龢和三格格做了一件,无意中遂将这身装束留在了历史相册中。

韫龢看得出来,婉容在天津心情异常愁闷,花钱却历来大方。她们在"惠罗"买回衣料,便立即吩咐裁缝制作。她和三格格总买同一样式的衣服,婉容却偏喜欢标新立异,从不跟她俩同穿一个样式的衣服,尽管有时类似,却往往别出心裁。

相形之下,在穿衣打扮方面,载沣属于守旧派,平时不许儿女们过于时髦。而六叔载洵家的几个女儿,穿戴得远比载沣家的女儿"新潮"得多。而她和姊妹最多能穿旗袍,却不许穿更花哨的服饰。

韫龢(右)与婉容(中)、三妹韫颖(左)

婉容不仅穿戴时髦,吃饭也颇讲究。她除了吃膳房的饭菜以外,又另雇了一个四十多岁的杭州老太太专为其烹饪。矮胖胖的老太太做菜精细,最拿手的是炸酥鲫鱼,做得外焦里嫩,再浇上一点儿特制的汁料,口感极好。

每当她陪着溥仪和婉容一起吃饭时,老太太便端上精制的菜肴,连极为挑剔的溥仪尝过,也赞不绝口。偶尔,韫龢还去公园挖苣荬菜,其实街上也卖苣荬菜芽儿,稍微焯一下就能凉拌吃,虽然味道有点儿苦,却很新鲜,据说吃这种菜"败火"。

溥仪在张园那一段不再吃肉,成天改吃炒豆芽菜、鸡蛋这类素菜。在餐桌上,其他人大嚼"荤腥",惟独溥仪一人吃素。

有时,父亲载沣和侧福晋晚上出门去听戏,刚刚离家,她就和三妹麻利地跑下楼,趁着家里没人,学唱起京戏。她俩开始学唱的是京戏《坐宫》,三妹喜欢老生,所以学唱马连良,韫龢则学唱起"梅派"青衣。

一墙之隔的街坊,便是七叔载涛家。恰巧,荣寿固伦公主的儿媳妇林大奶奶来此借住,听见她俩学唱京戏,就兴致勃勃地跑过来询问:

"刚才那是你俩唱的呀?唱得不错嘛。"

"我们姐儿俩刚学,您多指教。"

她谦虚地说着,因为素知林大奶奶也是京戏内行。其实,她和三妹边唱边表演,根本没道具,只是用手空比划。俩人有时还描上眉,粘上假胡子,在屋里哼哼唧唧,无非模仿留声机里的唱腔罢了。

就这样,她俩先后学过《四郎探母》、《武家坡》、《御碑亭》等一些京戏唱段。她俩入了迷,成天吊嗓子,到后来,她唱反二黄,都觉得嗓子不费劲。

婉容深受影响,也学起了京戏,还和她俩分别把学会的京戏唱段,陆续灌成了唱片。可见,连"皇后"都染上了京戏瘾。

不久,婉容由于受到教其绘画的广东女子崔惠弗的"传染",又迷上了广东戏——粤剧。她学唱的是青衣角色,成天"咿咿呀呀",溥仪一听见,就连连摇头,笑得直不起腰来,摆着手说:

"哎哟,太难听了,难听死了。"

可见,溥仪并不喜欢粤剧,听到她和三妹学唱京戏,也觉得尚未入门。有意思的是,婉容一时兴起,竟然学唱过流行歌曲,听起来倒还像模像样。而婉容演唱的京戏水平则与韫龢差不多,基本属于"未入流"。按照她的话来说,不仅无板无眼,连简单的乐器伴奏都没有,无非乱哼一气而已。

见到韫龢学唱青衣,婉容也照方抓药,只有三格格执意学唱老生。有时,韫龢和婉容一起学唱京戏时，还将所学的京戏唱段用录音机分别录制下来，播放给家人一起听。女人终归是女人，个人只录制个人的。她仅跟三格格在一起录过，或许婉容自尊心强，三人从没在一起录过音。

偶尔，溥仪也听过她们学唱京戏，但不太喜欢，只是微笑着说："听你们唱的京戏，我觉得不怎么样呀。"

她们听到"皇上"实实在在的评价，不禁大笑失声。

她和婉容、三格格在天津录制的那些唱片，原先存放在天津溥修的家里收藏，此后便不知去向。

她的大哥溥仪虽然喜欢京戏，但由于五音不全，却不擅唱京戏，只会一句"力拔山兮，气盖世"，别的唱段就任什么也不会了。溥杰倒是擅长京戏老生，最拿手的是"失街亭"，还会不少其他京戏名段，这是溥仪所远远不及的。

说来，溥仪和溥杰都能喝点儿白酒。有一阵儿，溥杰可能因受母亲的影响，吸烟很凶。溥仪倒不怎么吸烟，相反婉容却吸烟成瘾，而且尤为讲究，总是手挟一个非常漂亮的五彩小烟嘴，连吸烟的姿势也颇优雅。

不幸的是，她在天津时，抽大烟愈发上瘾而不能自拔，终成其人生悲剧的启端。

因受祖母的熏染，韫龢和三妹从小起就吸烟卷，在天津吸得更勤。她俩平时虽然嘴里叼着水烟袋玩儿，却并非嗜烟如命。大格格在世时从不吸烟，四格格和五格格也如此。而韫龢却不会饮酒，凡抿上一口白酒，就变得满脸通红且心里发慌，仅勉强能沾一点儿黄酒、葡萄酒或啤酒。

她父亲载沣更甚，居然从不吸烟且滴酒不沾，却喜欢望着嘴里叼着水烟袋的她和三格格，独自微笑。

三　溥仪被球拍打破脑袋

在天津期间，身为"寓公"的溥仪，居然迷恋上了体育锻炼，短不了带着韫龢和三妹去球场打网球。

静园里有一座规范的网球场，溥仪时常跟华侨林宝华在这里一起打网球。林宝华曾获天津男子网球单打冠军，当时可能是一家体育用品公司的老板。溥仪听别人介绍，他连一句中国话都不会说，却是一位网球高手，就托人找他来教自己打网球。

有一次，韫龢跟随溥仪和三格格及两个日本人去打高尔夫球，当时，溥仪正站在三格格身后教她如何打球,没等溥仪挪开步,三格格抡起球拍猛然往后一挥,恰巧抡到溥仪头上,鲜血立时哗地流下来。

韫龢见状,顿时被吓坏,这可不得了,幸亏没打到溥仪眼睛上。她和这群人吓得再也不敢继续打球,连忙拽着溥仪急赴天津德福医院。三格格被吓得从始到终哭个不停,她也被吓得大哭一场。

她记得,溥仪的头上被医生缝了两针。据说有生以来,"皇上"的头上从没流过血,遂被吓得脸色煞白。医生原想从溥仪下巴往上系绷带,但又不能绑上眼镜,只好从眉毛上边横扎了一道绷带。

直到伤愈之后,溥仪的脑袋上仍留下一道浅浅的伤疤。这并不为外人所知。

有一阵子,溥仪心血来潮,又忽然喜欢上了骑马。他为韫龢和三妹每人定做了一身马衣、马裤,让她们在骑马俱乐部里学骑马、练马术。虽然那里都是专门挑选出来的老实马,也难免被马颠落地上。

另一次,韫龢竟从马脖子后头摔在地上。意外的是,那匹马居然不再奔跑,而是忠诚地围绕着她身边,转着圈儿望着她……

还有一次,她随溥仪去跑马场观看赛马。三格格、四格格、五格格也都去观战。三格格高兴至极,一把拽住她的手:

"也好,咱俩一起活动活动去。"

那天,连平日不经常出入公共场合的荣源也追随而去。那里像是一座公园,有许多游戏项目,诸如滑梯、吊绳,游客可以在上边转着玩儿。她俩赶到那里时,因为迟到了,正赶上越南兵——当时叫"安南兵"操练军事演习,死活不让通过,煞费了一番口舌才算挤到门口。

印度巡捕把守着大门,四周人山人海。溥仪一直焦急地在门口等待,见到她俩姗姗来迟,极不高兴:

"这儿如此之乱,你俩怎么胡走呀?……"

当她们随同溥仪走进去,那些守门的士兵见到"皇上",居然立正敬礼以示欢迎。

散场时,她俩被人群冲散,一时无法找到归家之路。最后,直到溥仪派人来接,她们才返回家。正在焦灼不安的载沣,对她俩大发脾气:

"听见没有?你们以后谁也不能随便出去乱跑……"

刚到天津时,韫龢觉得比在北府随便多了。傍晚,她父亲时常偕子女,去启士林乘凉。偶尔,婉容也跟随而去,走进店里,无非吃一些点心和冰激凌。

那里卖巧克力糖,算是稀罕之物,她们一般不在店铺里吃,而总是买回家去,慢慢品尝。

以致后来,溥仪和婉容也颇受影响,时常接她和弟弟、妹妹去天津著名的"利顺德"大饭店消夏,大厅里不仅非常敞亮,走廊外边还可以纳凉。

坐在那儿,全家人一起吃冰激凌,喝饮料,听听音乐。也有时,一起去西餐厅解馋,那里种类繁多,像牛排、猪排、炸鱼、炸虾等,尤具特点的是一道牛尾汤,味道极鲜美。用过西餐,还能品尝到一些甜点心和水果冰激凌。

溥仪由于家里有专门的西餐厨师,所以极少来此,只是偶尔晚上带着一家人去那儿乘凉而已。

德妈最反对韫龢吃冰激凌,理由是怕胃受凉。临走,溥仪还往往让她们拿一些回去。回家之后,她坐在花坛沿上,一边与三妹聊天一边吃,只是躲着德妈。当德妈问起她正吃什么,她却坏笑着,躲在黑灯影儿里哄骗说:

"我正喝绿豆汤呢。"

没想到,一次溥仪和婉容去戏院听梅兰芳唱戏归来,遭到前清遗老的猛烈抨击。有的遗老甚至为此撰写"进谏",演绎得十分热闹。此后,韫龢再也没见到溥仪夫妇去戏院听戏。

她挺纳闷儿,为何父亲载沣偕子女去剧院观看梅兰芳演戏或现代电影,却没听到任何反对的杂音……

第拾肆章 静园生活

*一个陌生人前来送给溥仪两筐水果，打开一看，里边藏着两枚炸弹。溥仪刚见到就慌了神。这发生在"九一八事变"之后。

*载沣不放心韫龢孤身一人留在北平，给载涛打来电话，让她迁至六国饭店，遂由载涛福晋陪住了几个月。

*溥仪蜷伏在跑车后备箱潜离天津。半个多月后，婉容照方抓药，钻进跑车后备箱，再由女扮男装的川岛芳子护送至长春，只是匆忙间落下一条狐狸围脖。

图片说明：韫龢（右二）与载沣（右三）、溥仪（左三）等家人

一　杰二哥婚变

韫龢在天津,总感觉仿佛被装进一个闷罐。除上学以外,俨然与世隔绝。其实,这恰是载沣的本意。

她父亲载沣除近亲以外,无论什么人一律谢绝往来。

可以说,载沣惟一经常去的地方,仅是溥仪在天津的寓所——日本租界的张园,后来才改住静园。那些晚清遗老仍沿袭"皇上"的旧称,可笑地管那里叫"行在",来到张园就像进了皇宫,礼节须与紫禁城里一模一样。

然而,当韫龢跟随父亲前去时,繁琐礼节自然减免了许多。

往常,载沣去张园一般在星期天下午,事前,溥仪有时也会打电话给金公馆,盛邀父亲带着弟弟、妹妹去张园聚会。一般星期天下午四点多钟,溥仪便派专车来到戈登路,接她父亲一行人乘车前往。如果星期天溥仪没来邀请,她父亲绝不追问原因。

每次见面,溥仪都打扮得很漂亮,也有时仅穿一身紧身运动服就高兴地迎出门来。至于饭菜,他们有时吃中餐有时吃西餐,每次换一样,各式各样的精美菜肴摆在餐桌上,使她垂涎欲滴。按照几个子女的话来说,比起父亲惯常吃的烧饼夹酱肉可好吃多了。

有时,外国宾客邀溥仪和婉容赴宴,溥仪大多请韫龢和三格格出席作陪。即使溥仪在张园单独欢宴宾客,依然惦记着给她和三妹各留一份菜肴,端上二楼来吃。

在天津,溥杰和唐怡莹在张园没待几天,便搬往张学良二姨太太家暂居,这一住就是几个月。此时,正赶上张学良的姨太太要回奉天——沈阳,溥杰觉得这是一个好机会,就想跟她一起去投奔张学良,唐怡莹见机也极力鼓动溥杰:

"你拿定主意,去吧。"

溥杰自幼从没出过远门,独自一人到如此遥远的地方,心里没底,但已顾不得许多了。

临走那天,溥杰给父亲载沣和溥仪各留下一封信,大意说,去东北讲武堂学习，目的是为了复辟"大清"，恢复爱新觉罗的尊荣。随后，溥杰便跟张学良的二姨太太乘船悄然离开天津港。

载沣见到溥杰留下的这封信，不啻晴天霹雳，当时竟急得说不上话来。虽然溥杰没跟他长期住在一起，可是他总惦念着二儿子，乱世之际，载沣把父子亲情看得格外重。

溥杰意外出走，她父亲没一点儿思想准备，双手捧着信件又急又气，浑身哆嗦不止，当即乘坐一辆车来到溥仪的住所。

当时张作霖被日本人炸死，载沣内心显然不愿意溥杰去东北，惟恐他又遭遇不测。所以，载沣一见到溥仪，就急切万分地说：

"怎么办呢？赶快想个办法吧。"

说着，载沣焦急得流下了眼泪。溥仪却丝毫不动声色，相反，对于溥杰逆反的做法倒蛮欣赏，反而以轻松的口吻对父亲说：

"王爷别着急，我给大连发一封电报拦住他就得了。"

据韫龢所知，实际上，早在溥杰抵达之前，电报便发到了大连。溥杰刚走下轮船，就被日本水上警察扣押。没过几天，溥仪亲派侍卫徐良赴大连，将溥杰接回天津。眼看溥杰返津，载沣喜出望外。溥仪见到溥杰之后，满面笑容地招待杰二弟饱餐了一顿丰盛的宴席。

不久，韫龢正在天津，突然有一天，听到醇亲王府打来一个电话：溥杰的妻子唐怡莹与溥杰闹起了离婚。

若论起来，唐怡莹比溥杰大三岁，而溥杰新婚之际仍不太懂成人之事，因此两人感情历来不合。那年杰二哥才虚岁十七。

据她所知，唐怡莹爱跳舞，又擅交际，而溥杰不会，学跳舞则由她现教，妻子带着溥杰简直像带着一个小弟弟。韫龢记得，唐怡莹为溥杰做的衣服，大多是紫红色的，穿着去祖母屋里请安，无不是妻子亲手为小夫婿打扮倒伤。

外人有所不知，唐怡莹尔后在舞场上结识了张学良，彼此熟悉之后，一度走得异常近乎。在此前后，她又认识了军阀卢小嘉，以致引发婚变。翌年，溥仪派溥杰赴日留学，投考日本陆军学校。

但溥杰和唐怡莹始终没正式"分手"，直到伪满时期，关东军非让溥杰娶一个日本妻子，硬逼着"皇弟"离婚，这才正式办妥离婚手续。

此后，唐怡莹便不知去向。这成了爱新觉罗家族罕见的一例出走"离婚案"。

韫龢见到，护卫霍青云教溥仪练武功，她和三妹也攥着黄土泥烧成的"铁饼"的两个把手,天天举着练劲。溥仪还让她俩学着拿手掌击打树干,直打得双手生疼。

她听说,一个外国老头儿周瑟普,在日租界开了一家照相馆,专门拍摄艺术人像,就告诉了婉容,百无聊赖的"皇后"得知,当即就带着韫龢和三格格来到日租界,只见那是一间不大的门脸,生意倒很兴旺。

那年,韫龢不到二十岁,身穿旗袍,手持一把绢扇,拍摄了一帧半身照片。

此次,她与三妹和婉容还一起照了一张三人合影。后来,溥仪和婉容也不止一次来这里拍过照片,惟独淑妃文绣没去过这家照相馆。

确切地说,婉容吸鸦片烟上瘾,无疑发生在天津时期。她在故宫抽的是香烟,偶尔因关节疼才吸一点儿①,居然多少奏效。婉容由于突患一场大病,倏然病倒几个月,在病中吸上了鸦片。等病有所好转,她已渐渐嗜烟成瘾。

韫龢伤心地见到,病后的婉容头发乱七八糟,似已赶成毡片,用梳子梳理了几次,居然梳不开,索性剪掉了长发。载沣瞅见婉容剪成短发,惟恐婉容伤心过度,就发话让几个女儿索性也都剪短了头发。

这次,韫龢由梳辫子改成了剪短发,从此没再梳过长发。她梳的不是旗人发式,而是汉人头,颇像英文字母"S",大伙管这种头型称作"S头"。

从北京来的张妈,三十多岁,干净利落,心灵手巧,负责每天为婉容梳头,不久便成了婉容的专用理发师。

婉容躺在床上足有一个多月。佣人给她送去半只羊,她就吩咐用白水煮羊,一顿竟然吃了大半只。但她并非吃后咽下去,而是仅嚼几口就把肉吐出来,于是,人们发现她的神经逐渐变得不正常了。韫龢与婉容之间的语言交流,日益减少。

有一天,韫龢在楼房的阳台上看到一个要饭的叫花子,穿着破烂的衣裳,拿一块砖往胸口上猛拍,几个妹妹都凑在阳台上往下看,她瞅着极为可怕。见此,德妈对她说:

"那是'叫街擂砖'的——要饭的,他拿砖往胸口上打,甭瞧嘴里不说话,其实是在向围观的人讨钱呢。"

德妈告诉她,街上时常有叫花子冻饿而死。她听后,被吓得直咋舌头。

当韫龢动情地向婉容讲述这些所见所闻时,"皇后"显得直愣愣的,像是根本没听进去,眼神茫然无光。

---

① 另一说,婉容因治疗痛经才吸鸦片上瘾。

二　水果篮里的炸弹

一九三一年"九一八事变"爆发之后,日本人阴谋策动溥仪赴东北,为日本傀儡——伪满洲国"执政"。

此前,有一个外人所罕知的内幕细节,发生在天津静园。一天,溥仪主动来到父亲载沣的屋里,试探地说:

"王爷,我听说,溥伟到奉天祭祖陵去了。"

溥仪一边说,一边观察父亲的脸色,想了解载沣对这件事究竟抱什么态度。谁知,她的父亲任何实质的话也没说,只是脸色变得愈加难看,似乎随便地说了两句:

"好了,好了。以后再也不要提他了。"

溥仪一声没吭,立时站起身,结束了这次令人不悦的简短交谈。

其实,在那些日子里,溥仪一直在忙碌地张罗"复辟",但对父亲却一丁点儿也没透露。纸里包不住火,载涛在外边听说不少溥仪与日本人勾结的传闻,便告诉了她父亲载沣。而且,七叔还让载沣务必转告溥仪:

"一定要小心,千万别上日本人的当。"

载沣听到后,万分恐惧,又找到溥仪,将载涛的话原样复述一遍,却没敢提载涛让自己转告的真相。溥仪听后,显得异常恼怒,直截了当地问起父亲载沣:

"王爷,您这些话是从哪儿听来的?"

载沣无奈,只好和盘托出,乃是载涛所言。溥仪听后,脸色陡变,站起身来,极不高兴地说:

"载涛有话可以跟我说,为什么让王爷来转告呢?"

这时,载沣的表情十分尴尬,小心翼翼地对溥仪说:

"你七叔不敢来说,所以特意让我来转达的。"

说到这儿,载沣感到十分伤心,心绪复杂地不断流下眼泪。溥仪见状,赶忙换了一副面孔,连蒙带哄地对父亲说:

"王爷,请放心。我绝对没有外边说的那些事儿。"

之后,溥仪又好言相劝地抚慰了父亲一番。载沣此时再也无话可说,只好默然告辞而去。

然而,载沣返家不久的一天,也就是"九一八事变"发生之后不到两个月,溥仪的住地突然发生了一件令载沣极为提心吊胆的"奇事"。

那是十一月六日。一个陌生人前来给溥仪送来两篮水果,内中夹着一张名片——赵欣伯。随侍祁继忠打开一看,篮里藏着两枚炸弹。再找来人,早已不知去向。

次日,据祁继忠告知,经日本人鉴定,这两枚炸弹是张学良的兵工厂所制造。其实,溥仪一见炸弹就立时慌了神,听到鉴定结果,更是茫然失措。

第二天,溥仪给父亲打去电话,随即派车将载沣和几个子女接到静园吃饭。

她当时并不在场。据后来她听说,这次根本不像是来吃饭的样子。溥杰和弟弟、妹妹走进静园,顿时察觉非同寻常的紧张气氛,墙里墙外竟增设了警戒的岗哨。

刚一落座,溥仪就跟父亲提起有人送来炸弹的怪事。载沣听后吓了一跳,再也不吭声,只是神情紧张地默默坐在椅子里。

说完前一天的怪事,溥仪又低声对父亲建议:

"近来时局不稳,为了安全起见,请王爷来静园躲一躲吧。"

这时,她父亲听了,居然未置可否。屋内的气氛显得格外怪异。

晚餐后,全家人集聚客厅,溥仪跟全家人天南地北神侃了一阵。虽说是闲聊,据溥杰对韫龢事后回忆,溥仪所说的全部内容都含有隐喻。譬如,溥仪一板一眼而又津津乐道地说起了"楚汉相争"的历史故事。载沣始终默默无语,听着溥仪的长篇叙说,而没插过半句话。

在场的人们之中,也许除了父亲载沣,溥杰和弟弟、妹妹谁也没听明白溥仪所讲的真实含义。

然而,她的父亲——包括全家人在内,谁也没想到,这天夜里竟是溥仪和全家人在天津的最后一次聚会。当然,也更没人能料到,这是溥仪彻底投向日本人怀抱之前的最后一夜。

那天夜里,全家人除韫龢暂居京城之外,全部住在了静园。

第二天早晨,静园四周断续响起了枪声。不知怎么回事,溥仪整整一天没露面。

外边的人纷纷传言,静园门外驶来了专门执行警戒任务的铁甲车。而且不断传来一时难辨真假的新闻:时断时续的枪声,是日本人组织汉奸便衣队在租界外骚扰,日租界已经宣布戒严……

载沣异常恐惧,一夜未眠,早晨起床后,连早点都没顾得上吃,索性跑去溥仪的卧房想问个究竟。可是,不止一次被随侍挡了回来。溥仪拒绝见面,这是从来没发生过的怪事。载沣心里不禁打起鼓来。

猜来想去,载沣断定发生了什么意外的大事。

载沣离开静园时,老泪纵横,神情颓然地返回戈登路的住地。

在这一天的日记上,她的父亲载沣写道:此次"变乱"甚奇。

载沣没有溥仪的任何音信,始终坐立不安。直到中午,溥仪的贴身侍卫霍建阁才匆匆赶来,向载沣亲手转交了一个密封的信封,载沣打开一看,原来是溥仪专门留下的一封亲笔信:

"我已于昨晚乘船,从旅顺转道沈阳,沿途有人保护。请放心。"

在这封简短的信中,溥仪还写道,此去奉天是为了复辟"大清",一切请"王爷"放心。而且,信中叮嘱父亲,对于他的"出走",务必严加保密。

当载沣阅读这封信时,紧张得双手发抖,但已察觉任何想法都已无济于事。看完信,她的父亲随即让人送走霍建阁,过了好一会儿,才一字一顿地说:"咳,'皇帝'考虑得太不周到了。真是荒唐,真是荒唐呀!"

过了许久,载沣忐忑不安的心情才稍微平静了一些。回到卧房,他坐在太师椅上翻来覆去地考虑溥仪信中的所谓"安排",几乎通宵未眠。

一九三二年三月八日,溥仪抵达长春火车站。图为伪满士兵列队欢迎溥仪

第二天早晨,载沣按照溥仪信中的要求,严密封锁"皇上"秘密出走的消息,又做了周密的善后安排。

表面看上去,静园跟溥仪在时一模一样,平静如水。佣人该打扫房间的依旧打扫,早晨或中午、晚上,依然按时传膳,该摆席时照样摆席,似乎没发生任何事儿。

几天后,载沣带着几个子女,全家人从金公馆迁至静园。

她父亲总叨念着溥仪早点儿来信,以便尽早获知其确切联系地址。

恰在溥仪离开天津前大约一个月,韫龢正返回北平看病。在此期间,她由德妈陪同,去龙土井的涛贝勒府给七叔拜年。孰料,她磕过头之后,载涛随之把她接至东交民巷的六国饭店,且由七叔掏钱安排,让其居住在一间不算太大的客房里。

这时,七叔才对她讲明,溥仪已从天津赴东北。原来载沣不放心她孤身一人在北平,而且惟恐她和德妈住在北府不安全,便给载涛打来电话,让七弟将韫龢临时迁到安全地方。

在六国饭店里,她由载涛福晋陪着暂住了几个月。她尊称载涛福晋为七婶娘,两人关系相处得十分融洽。

恰巧,溥仪的五妹夫万嘉熙也在六国饭店躲风,同居一幢楼里,短不了见面寒暄一阵。

韫龢离津之后,始终与父亲载沣没有通电话,甚至连一封信也没写过,仅由七叔与其父亲保持着热线联系,一切行动皆听从七叔指挥。她亲眼见到,七叔在电话中对她父亲说,醇亲王府除剩下老管家张文治在那儿张罗管事,还留下几名保姆,已成了一座空府。因京城没可靠之人,所以,七叔从醇亲王府亲自接走了韫龢。

她和七婶娘同居一间卧室,屋里没有洗浴间,仅楼道里有一间公用洗浴室和厕所。屋内总共三张床,七婶住在一侧床上,她在另一侧,德妈则睡在她俩中间那张床上。

这里一日三餐,无法过于讲究,吃的只是家常菜。有时,七婶送来一些王府厨师做的饭菜,也有时德妈乘坐洋车返回醇亲王府,亲自做好再送来。她每天在饭店里吃饭,一连几个月,感到烦闷至极。

七叔时常来饭店探望,总拿她当小孩儿似的看待。此时,七叔的二女儿已嫁给塔王之子达里杞雅,就住在饭店附近,还时常和丈夫一起坐马车或洋车来饭店看她,见面便亲热地叫她一声:

"二姐。"

"哎！"

她总是高兴地答应着。也许由于时局混乱，妹姊之间聊天不多，只是彼此互致问候，她还净给韫龢买来一些印度小人等洋玩意儿。在韫龢的印象中，达里杞雅为人老实，平日话不多，算是一个厚道人。

韫龢临返回天津前夕，还由德妈跟随着去醇亲王府取来一些日常用品。几天后，载涛亲自把她护送至天津，与载沣欣然团聚。

三 溥仪派川岛芳子护送婉容赴东北

乍回到天津那些日子，韫龢观察到父亲载沣仍然终日一副愁眉苦脸的模样，故作平静的表情背后透出一丝无法言喻的焦虑。

多年以来，乃至抵达天津后，她父亲就餐时，仍然使用专门的筷子和勺子，而且要由侧福晋给他夹第一筷子菜肴，然后，其他人才能动筷子。除宴请宾客，反正第一筷子和第一勺先要呈给她父亲品尝，这叫做"布菜"。当然，夹菜要用公用筷子和勺，这是沿袭醇亲王府就餐的老规矩。

在此期间，载沣的旧习惯却悄然发生了变化。过去在京城，父亲从不带子女出门，如今竟带着孩子们一起去电影院观看现代电影。最初，这使家人感到惊讶不已。

一天，她从楼上的窗户里见到比邻的女校有一些女学生在打篮球，且头发全部剪成了短发。她便缠着太监李长安，让他陪着到"仙宫"理发馆也模仿着剪成短发。回到家，她的父亲瞧见倒是不管，一副无所谓的态度。可是，德妈却显得格外生气：

"你这么高的个子，剪这么短的头发，像一个男孩似的。那能行啊？……"

韫龢起初没吭声。德妈又大发光火，指着她的脑袋说：

"这么秃了呱几的，多寒碜哪！"

"您容我一个工夫呀。"于是，她劝德妈，"现在头发说什么也长不出来了，等到冬天我生日时，准能长出来。"

"我不看你了，我要走了。"德妈吓唬她说。

"您可别走啊。如果到了我的生日还长不出来，您再走行吗？"

这仿佛是一个法宝，每当德妈说要走，她就顿时变得老实起来。

"记住,以后可不许再剪头发了!"

听到德妈的训诫,她唯唯诺诺地答应着。

此前,她头上梳了一根挺粗的辫子,剪掉之后,德妈感到特别心疼,气得直哭,只好把她剪下的辫子包起来,放入搁有樟脑球的衣箱,留作纪念。

她意外地察觉,她父亲始终怕遭人暗算,竟不知究竟住在哪儿才妥当。

早在刚抵津时,溥仪曾千方百计劝父亲去日租界居住,载沣顾虑重重,无论如何不肯去,谁劝说也不行,迟迟没动窝。到最后,还是溥仪指使四格格和五格格一番软磨硬泡,才总算使载沣勉强答应,然而,却一直久拖不动。

直到一九三八年,在日本人软硬兼施之下,载沣没辙,只好迁到日租界。韫龢也随之搬了过去,但如何上学又重新成了新问题。

她父亲想来想去,又琢磨出一个主意——每天早晨让孩子们回到英租界戈登路,再从那儿乘坐洋车上学。下学也是如此路线——先去英租界,然后坐车再返回日租界的家里。往返路程设计得如此复杂,主要是他惟恐暴露真实身份。

载沣在人心惶惶之际,反复叮嘱李长安:

"你必须每天跟着汽车,接送孩子上下学,千万不能出问题。"

"王爷,您就放心好了。我一定仔细着办。"

几个孩子一上学,她父亲就没了牵挂。俨然在京城一样,载沣每天清晨吃过早点第一件事,便是读报纸,这是他的第一大乐趣,然后,就开始喝热热的酽茶,再亲笔写下前一天的日记,这成了他多年未改的一种习惯。

倘若天气不错,载沣就乘坐洋车去离家较近的小白楼附近转一圈。那是天津一处繁华的小市,卖什么的都有,他不为买东西,只是图个热闹。

也有时,载沣乘汽车到一家电影院——他最常去的是下天仙、平安、大光明影院,观赏最新上映的电影。如果兴致未减,他还会去戏楼观看一场京戏。他时常自我安慰地对子女坦言:

"我住在天津才算安下了心,心情好多啦。"

以往载沣看戏,从来不坐散座。或许怕天津人辨认出来,他总是坐在二楼包厢。当时京戏名角杨小楼、梅兰芳、马连良等人,经常来天津演出。她父亲偶尔高兴时,还往往带上子女去听戏——当时不叫看戏,总说是去"听戏"。

虽然,有的人说日租界安全,英租界不安全,载沣却始终不愿在日租界居住,只在那里临时住了几个月,又毅然搬回戈登路。他的理由是,总归没有自己家方便。

自从溥仪莫名其妙地"消失"之后，全家人都极力避免谈及，连彼此交谈都显得少多了。大约过了半个月，溥仪的随侍李国雄来到静园，登上二楼的寝室，把一封密信交给载沣，说：

"这是万岁爷让胡嗣源带来的一封信。"

她父亲打开一看，内容极简单，只有十个字：

"今天，我从天津到了沈阳。"

无异于哑谜。此信后边，仅画了两个圆圈儿。载沣猜了半天才弄明白，这是表明，溥仪由某地到达某地，又抵达某地。

她父亲默默拿出溥仪临走时留下的信，两相对照。那封信中说，他平安到达东北，即立刻禀告王爷。载沣把两封信联系起来回味，明确得知溥仪已经抵达目的地，这才算勉强放下心。

事隔不久，胡嗣源又带着溥仪的亲笔手谕来到静园。

此时，胡嗣源身边还跟随着一名个子不高、头戴礼帽的年轻男子，经过通报之后，径奔婉容的寝室。年轻男子在婉容的屋里待了一会儿，便悄悄离开了静园。

随即，婉容派贴身保姆富妈唤来李国雄，询问：

"刚才来的那个人，你认得吗？"

李国雄听后，一打愣，还没来得及回答，只见婉容自顾自地开了腔。

"她是肃亲王的十四格格，叫川岛芳子——就是金碧辉。"此时，婉容又补了一句，"她经常女扮男装，这次是皇上派她来接我的。"

"那您打算什么时候动身？"李国雄轻声问道。

婉容没正面回答，却抬眼瞧了李国雄一眼，问起他：

"我问你，上次皇上是怎么走的？"

"禀皇后，"李国雄压低声音说，"老爷子是躲在跑车后备箱里走的。"

"皇上怎么走的，我就怎么走。"婉容随即叮嘱说，"你把车开到吉田公馆，到了那儿，你就甭管了。"

没过一会儿，等李国雄再回来时，日本公使馆的吉田翻译早已等候在此，不容置疑地通知他：

"今天晚上，由你亲自开车护送皇后。"

原来，溥仪潜离天津时谁都没告诉，连婉容也丝毫不知其去向。直到这次，溥仪才给婉容捎来信件，打算由川岛芳子从日租界的静园，偷偷接走"皇后"。

那天晚上，婉容蹑手蹑脚地来到车库，李国雄又按照溥仪当初的方法，打开跑车的后排座位,让婉容躬身钻了进去。之后,李国雄发动汽车,把车开到了街西口。再经过一个拐弯儿,车子骤然停在吉田公馆门口。

一名陌生人悄悄走过来,让李国雄打开跑车的后排座位,婉容随之轻松地跳了出来。

正在此时,吉田公馆的大门敞开,已全然换上女装的川岛芳子走出来,亲热地拉着婉容的手,并肩走进公馆。

这时,李国雄走过来,低声询问婉容有什么吩咐,婉容想了想,对他说:

"我出来的时候,匆忙之间,狐狸围脖落下忘带了,你去找张妈讨要,再给我送来吧。"

十一月二十六日那天,皇后婉容在女扮男装的川岛芳子以及吉田夫人等一行人陪同下,伙同她的师傅陈曾寿、哥哥润良还有侍卫吴昌明、侍女春英,在塘沽秘密登上一艘"长山丸"号日本轮船。

登船之后,陈曾寿奉溥仪的旨意,具体安排皇后婉容和吉田夫人、川岛芳子同住一个客舱,陈曾寿与润良及一名日本关东军大佐住在同一舱间。为保护皇后婉容,陈曾寿还特意派精明强干又擅长武术的吴昌明、太监赵德福及侍女春英整夜守卫在婉容的舱门外边。为此,陈曾寿下达了死令:

"无论发生什么事情,都不准离开!"

十一月二十八日早晨,"长山丸"抵达大连。罗振玉之子罗福葆奉溥仪之令,早已在码头上恭候皇后婉容一行人到来。

多年之后,韫龢回忆说:有人传说是我护送婉容去东北的,这并非事实。还有人传言,婉容是由一个男人陪送去的东北,其实,那个所谓"男人",就是川岛芳子。

不久,韫龢和三妹才随后乘坐火车赶赴长春。

实际上,韫龢早在与三妹动身前,便将家中存放的两箱太妃在宫内赏赐的"尺头",随身带往"新京"①,根本没有再返回天津的念头。

她父亲为了掩人耳目,对外从来不提及溥仪的去向。但真相不可能永远隐瞒下去,每逢有人问起,载沣便支吾挡塞,王顾左右而言他。

乃至溥仪在"新京"成了伪满洲国"执政",继而又登基成为"康德"傀儡皇帝,载沣在家族内外仍绝口不再提溥仪一个字。

自然,这成了载沣挥之不去的一桩心病。

---

① 当时,长春被改称作"新京"。

第拾伍章

伪满岁月

*宛如回光返照。溥仪让佟济煦从日本公使馆接韫龢和三格格韫颖赴长春，出席伪满洲国"执政"就职典礼。她遂见证了溥仪成为伪满头号汉奸那一刻。

*载沣不赞成溥仪充当伪满"皇帝"，因溥仪不听，而被气得大哭一场。溥仪欲将父亲留居长春，载沣却称病坚辞返回北平。

*韫龢俨然成了一面挡箭牌。吉冈等人极力为溥仪寻觅一个日本妻子。溥仪力辞，同时让她赶紧找一个北平姑娘，以抵制日本关东军的阴谋。

图片说明：伪满洲国的成立是日本侵略中国的重要战略步骤。
　　　　　伪满傀儡皇帝溥仪访日期间参拜靖国神社，成为
　　　　　他投靠日本侵略者的重要罪证

一　恶里巴心

经过一夜火车颠簸,韫龢和三妹韫颖抵达东北汤岗子温泉,悄然住在一个小旅店里。

她仰望着满天星斗,回想两天以来的经历——溥仪先是捎话,让她和三妹来到京城日本公使馆,接着,又派内廷侍卫处长佟济煦从此处偷偷接她俩以及德妈、高嬷儿,坐上开赴东北的列车。

这一年,她二十一岁。

刚抵汤岗子,她马上嗅到了浓厚的日本味道,日本人的国旗和标识随处可见,连吃的饭都是日餐,这使她产生了本能的反感。

当晚,韫龢和三妹在佟济煦陪伴下,在汤岗子意外地见到了大哥溥仪。事先,她竟然丝毫不知晓任何安排。溥仪与她俩稍稍寒暄过后,便招呼她俩一起吃"夜宵"。

过了一会儿,身穿和服的日本女仆端来日餐,以半通不通的汉语,讨好地低头询问她:

"请问您,这个菜,中国话的怎么说?"

本来韫龢就对日本人没好感,也向来对日本菜肴不感兴趣,便没好气地告诉她:

"这个菜啊,中国话叫恶里巴心。"

自然,日本女仆听不懂她的"糟改",还自言自语地重复了几遍:

"恶里巴心,恶里巴心……"

坐在一旁的溥仪,听后抿嘴直笑,明知这是二妹在戏弄日本女仆,却没吭声。

翌日清晨,这一行人启程赶赴长春,遂住进伪满洲国执政府。

稍事休息过后,溥仪带着姐俩参观院内的建筑。在那幢"勤民楼"里,溥仪尤其兴致勃勃地介绍起,其中一个房间——"健行斋"。据溥仪介绍,斋名是清末著名书法家宝熙所书写,连院内的缉熙楼、中和门、星月门等建筑匾额,无一不是他所题写的,且先后经过一个多月精心雕刻,才挂在门楣上。

《时代》杂志封面上的溥仪

来到长春不久,韫龢才得知,溥仪接她和三妹是参加其就任伪满洲国"执政"典礼。其实,她清楚地知道,溥仪的如意算盘是复辟"帝制",这只是不得已的权宜之计。显然,溥仪内心充满矛盾,虽极为不满日本人的"安排",却又不敢稍许流露。

她追忆起,溥仪是在她婚前近一个月,就任伪满洲国"执政"的。

那是一九三二年三月九日下午。

在长春西马路旧道衙门①,举行了伪满洲国"执政"就职典礼。

这一年,溥仪整整二十六岁。正式典礼开始之前,溥仪身穿西式大礼服,即所谓燕尾服,昂首挺胸地登上高台,端坐在"执政"座位上,背后则竖立着一座明黄色的屏风。这倒多少隐隐显露出清朝宫廷的影子。

台下,坐着呆若木偶的关东军司令本庄繁大将以及满铁总裁内贤康裁等人。其他则是清一色的晚清旧臣遗老,诸如郑孝胥、罗振玉、朱益藩、胡嗣源、陈曾寿等人。这些遗老遗少,一律身穿长袍马褂,显然与日本关东军的笔挺军装显得不甚合拍。

韫龢和三妹也应邀出席了典礼仪式。在一系列繁琐的程序中,溥仪首先站起身来,接受参列者的集体三鞠躬大礼。然后,由张景惠、臧士毅代表满洲民众向溥仪呈上一颗用黄绫子包裹着的"满洲国"执政"玉玺"。

郑孝胥代表溥仪宣读"执政宣言"时,按照事先演练,全体参加者一再向溥仪高呼"万岁"。此时,溥仪从台上缓步走下来,带着所有参加者在院子中

---

① 此地解放后,即为长春市邮电器材厂。

央,活像马戏团出场似的象征性转了一圈儿。适时,赵欣伯亲手扯起了红蓝白黑黄的"满洲国"国旗。

典礼仪式结束时,溥仪走下高台与四十五名参加者合影留念。但从留下的一幅照片上可以明显看出来,溥仪此时的严肃神情远多于脸上的笑容。

庆典之后,溥仪刚回到屋内,郑孝胥便双手捧着一沓公文,笑容可掬地凑到溥仪跟前:

"皇上,这是委任状和各部总长名单,请皇上御览,以便裁可。"

虽然,郑孝胥将溥仪称作名不副实的"皇上",他却只是瞟了郑孝胥一眼,多少有点儿不耐烦地说:

"知道啦。既然都已经确定,照办就是了。"

郑孝胥隐隐察觉了溥仪的不满,于是又小心翼翼地上前禀报:

"关东军方面已经正式授意臣为国务院总理,敬呈皇上御览、裁可。此后才好公布,还要向各部正式发出满洲国的任命。如不经皇上裁可,怎么能发出去呢?"

溥仪听后,轻轻拿起笔来,在公文上写了一个"可"字,然后,又似乎随意吩咐了一句:

"朕要休息了。有什么事儿,明天再说吧。"

说完,溥仪起身而去。

随着溥仪一个"可"字写罢,又一批伪满汉奸粉墨登场——国务院总理郑孝胥、民政部总长臧士毅、外交部总长谢介石、军政部总长张景惠……

溥仪就任"执政"不久,一天早晨,躺在被窝里感觉身体不适,就让严桐江唤来御医佟阔泉。此时,屋外飘着雪花,天气显得格外寒冷。这位老御医为溥仪诊脉之后,摘下老花镜,慢条斯理地说:

"皇上脉相尚好,就是气色差一点儿,近来可能多有劳力伤神之事。至于寝食不安嘛,主要是水土不服。只要平心静气休息几天,慢慢就好了,请放心吧。"

这时,一直躺在床上的溥仪,却被佟阔泉这一番无懈可击的套话逗乐了,他对年逾花甲的老中医打趣地说:

"真不愧北方名医呀。要不是我跟你认识多年,真会以为你是华佗转世呢!赏他几个橘子吧。"

说完,溥仪吩咐严桐江把从旅顺带来的橘子赏赐佟阔泉几个。

"皇上过奖,过奖。在下怎敢无功受禄?"佟大夫接过橘子后,仍一板一眼地说。

溥仪瞧着佟阔泉的拘谨模样,模仿他的声调,摇头晃脑地说:

"佟大夫,你气色也不佳呀。回去休息几日,吃几个橘子慢慢就好了,请放心吧。"

溥仪一番似含讥讽的话,说得佟阔泉面红耳赤,也引得在场的人们哈哈大笑。

佟大夫前脚刚走,随后,溥仪起床吃过早饭,正在浏览一份内阁组织名单时,李国雄走了进来,低声禀报:

"罗振玉求见。"

"让他进来。"

罗振玉走进屋,给溥仪请过安,然后颤颤巍巍地说:

"臣,请求皇上恩准辞职。"

"你为什么辞职?"溥仪顿显面色不悦。

"臣年迈体衰,甚感力不从心。"罗振玉回答说,"难任参议之职,也难以赴此之任。鉴此,恳请皇上恩准辞职。"

不言而喻,罗振玉显然嫌官职太小。正说着,胡嗣源和陈曾寿走了进来,他俩在溥仪寓居天津期间,短不了前去探望,一直以君臣相称。

且说陈曾寿曾一度担任婉容的国文师傅,又一路护送"皇后"自天津抵达长春,在溥仪眼里无疑是有功之臣,遂被溥仪任命为内廷局局长,胡嗣源则成了执政府秘书长。他俩无疑成了陪伴溥仪左右的亲信。

其实,韫龢早先就认识教婉容念过书的老师——陈曾寿,其弟叫陈增聚。但她平时跟他俩没什么往来,只是相识而已。后来婉容日渐病重,也就无须再由陈曾寿教其读书了。

刚到长春,溥仪就择定了伪满洲国皇宫内廷的地址,花费半年多时间大肆修葺。不仅专门修建了办公室、晋见室、寝室、宴会厅、祭祖等场所,还设立了茶房、司房、奏事处、传达室、试衣房、浆洗房以及太监、妈妈、随侍的住所。

虽然,这些远远无法与京城皇宫相比,却也依葫芦画瓢,总算有了大致模样。

当年四月三日,溥仪正式搬进执政府。韫龢和三妹跟随婉容和溥仪的奶妈以及太监等一群人随之迁了过来。第二天早晨,众人在餐厅会面,溥仪显得格外兴奋:

"依我看,这儿比西马路的道尹衙门环境好多了。"

"是啊,"她和众人随声附和。

紧接着,在溥仪吩咐下,院内各处陆续安装了电话。她和三妹同住西花园一间宽敞的卧室,所谓西花园和外边的跑马场,无一不是为溥仪专门修建的。相隔不远的网球场里,还可以打微高尔夫球——一种小型"高尔夫"。

可以说,她来这里的一个意外收获,便是跟随溥仪和三妹渐渐学会了这种富人健身运动。

在伪满洲国内廷,溥仪百无聊赖,时常让韫龢和三妹等人进宫聊天。原来,她俩不常梳满族女人的"两把头"——嫌过于麻烦,但溥仪总想瞧瞧她们许久没梳的两把头,可两人的头却已剪成了短发。

无奈,皇上既如此吩咐,她们只好采用假发梳成高耸的两把头,又穿上了厚底花盆鞋。

没想到,这样反而不会走道了。她和几个妹妹一步一扭地走进宫内府,溥仪见了乐不可支,故意让她们步行去同德殿行礼磕头。

那天,正值溥仪的生日。他端坐在同德殿的宝座上,瞅着她和三格格、四格格、五格格梳着两把头,身穿旗袍,脚登满族传统的花盆厚底鞋,一扭一扭地走进殿,觉得十分好笑,但碍于身份,只好使劲掐自己的手,免得笑出声来。事后,溥仪微笑着对二妹说:

"当时瞧着你们那怪样儿,真可乐又不敢笑出声,我连手都快掐破喽。"

姊妹们磕完头,溥仪轻轻拽过韫龢,说:

"以后,你们可别上殿行礼了,就在外面缉熙楼行个礼得了。内廷那么多熟人,你们一行礼,我就忍不住要笑。可是旁边有侍卫、太监这伙人站着,也不敢乐。照我看呀,你们姐儿几个穿上花盆儿鞋,连道儿都不会走了啊……"

其实,她和几个妹妹也暗自觉得好笑,只是没敢笑出来。

韫龢自然知道,溥仪每逢过生日叫做"万寿节"。往后再数就是千秋节——她祖母的生日就叫做"千秋节"。每逢这些重大的生日,她们都要定做假发,梳成高高而沉重的两把头,有时走路稍不小心,头顶上的两把头就容易撞到门楣上。

偶尔,溥仪回想起在故宫时玩的"接句"游戏,就让她和三格格等人一起来西花园"重温旧梦"。她丈夫和三妹的丈夫都没参加过,因为白天都要上班。其实比起紫禁城里,这个游戏的要求已不算严格,只要最后一个字衔接上就行,连同音字都可以充数。

偶尔,小恭王溥伟也来一起凑热闹。在她的眼里,这是一位颇有学问的皇族后裔,还会即兴做诗。如果谁询问他一些历史掌故,溥伟往往如数家珍,连溥仪也不得不承认他学识渊博。

当溥杰赴日留学之后,韫龢动了心,便拽上三妹试图共同说服溥仪,几次让大哥找父亲说情,要去日本学医。载沣听了满口答应,极力表示赞许,溥仪遂把此话转告她和三妹。

她俩听后格外高兴,还兴高采烈地议论起来,韫龢想学内科,韫颖打算学外科,甚至开始盘算何时启程赴日留学。

没过几天,载沣不知怎么又忽然想不通了,一天晚上给溥仪打去电话,反悔地说:

"二格格和三格格年岁尚幼,我不放心。上次虽然答应过,但考虑欠周。我想还是算了吧,劝她俩不要去日本学医了。"

于是,溥仪打来电话劝慰韫龢。她和三妹一合计,误以为溥仪哄骗她俩,就一起找到大哥,以致抹开了眼泪。哪知,溥仪双手一摊,无奈地解释说:

"这确是王爷打来电话不让去,我实在没办法呀。"

于是,她俩只好大哭一场作罢。

这件事,竟成了她和三妹终生的话柄。

偶尔,韫龢返回北平时,还受父亲和溥仪的委托,前去看望一下出宫后住在麒麟碑胡同的敬懿、荣惠这两位老太妃①。此时,两位太妃都已显得老态龙钟。她每次前去,无非聊几句闲天之后就走,待不了多少时间。两位老太妃始终念念不忘的是,溥仪在"满洲国"何时能称帝,还说她俩已为溥仪预备下了先祖留下的龙袍。

直到后来,她才听说两位老太妃相继去世的消息。

二 过"整千秋"

一晃儿,她父亲载沣在天津寓居了十一年。

一九三九年夏,天津突发洪水,载沣眼见大水已经淹没到窗外的台阶上,正往屋子里涌灌,急得双脚直跺地板:

"快来人哪!"

---

① 敬懿、荣惠太妃,即同治皇帝的瑜、瑨两位太妃。此前,宫中仅剩下三位太妃,即,敬懿、荣惠、庄和三位老太妃。庄和太妃已于1921年病逝。

慌忙之中,醇亲王金印不慎掉落水中。载沣急忙吩咐打捞,侧福晋邓佳氏带着仆人好不容易才从水里捞上来,而那个盛金印的匣子却渺无踪影。此时,她父亲载沣倒蛮心宽,饭照吃、觉照睡,任何事儿都不往心里去。似乎,他对什么都看得淡漠了。

因天津发大水,载沣在京津之际几次往返折腾,直到当年暮秋之际,想来想去,决定仍然返回北平居住。

然而,载沣回到北平之后,照例不管来客是谁,也不管能坐多久,临到吃饭时从来不留客。这成了醇亲王府一个不成文的规矩。即使是爱新觉罗本家人,载沣亦仍如此,无一例外。

平时,载沣绝不主动去别人家串门或闲坐,对于家族近亲的婚丧嫁娶大事,实在不得已,也只是按照老规矩到人家府里露个面,然后便起身告辞。

载沣始终拿定一个主意,无论溥仪怎么劝说,就是死活不去长春。乃至日本关东军屡劝溥仪,要封赏其父载沣一个官衔,然而,她父亲毅然表示不参与"满洲国"之事,还表态绝不同意溥仪当什么"满洲国皇帝",因溥仪拒不听从,而被气得痛哭不止。

据她所知,载沣在溥仪多次盛邀之下,只好勉强去了一趟长春,表面虽说前去看望溥仪,实际也想借此了解一下"满洲国"的真实状况。

在长春,溥仪多次与父亲倾心密谈,欲将父亲挽留在东北,载沣却"称病"坚辞回北平。韫龢曾多次回忆说,可以看出来,父亲载沣在这种大是大非方面,是深明大义的。

那年,醇亲王府筹备为她父亲载沣过六十整寿的生日——王府称之为"过整千秋"。

此前,韫龢正在长春,她眼见七叔载涛认真询问起载沣:

"王爷,您考虑要不要做整寿?"

"不要。"载沣一口回绝。

"您再考虑一下,还是办吧?"载涛依然固执己见。

最终妥协的结果是,她父亲勉强依从了载涛的建议。她和弟弟、妹妹在长春接到父亲来信后,便纷纷向溥仪请假,从长春赴京祝寿,她父亲倒感到十分高兴。

祝寿那天,偏巧赶上她六叔载洵在天津因病住院,所以没能前来,几个子女倒是一个不落地全部到场。七叔则带着全家人都来到北府。韫龢和丈夫也带着三个孩子从长春返回北平,专程为父亲载沣祝寿。

观赏热闹的堂会时,她父亲载沣和七叔等几位长辈围坐一桌,她与几个妹妹以及二哥溥杰、四弟溥任这些晚辈,齐茬茬地坐在一排椅子上跟着大人听戏。那次府外的来客,比王府里的人多得多。算起来,这是她父亲晚年"贺寿"最隆重的一次。

她七叔载涛素来与梨园行混得极熟悉,这次堂会由其一手操办,很容易地请来各位京剧名角到府里唱戏。这次,载沣见七弟邀来京城鼎鼎大名的京戏老生演员马连良和女老生孟小冬,同登醇亲王府的小戏台唱堂会,心情格外高兴。

其实,载沣居住的卧室外间,便是一个雅致的小戏台,可见其戏瘾之深。

韫龢素知,孟小冬与荣源的夫人——即婉容的母亲仲馨,关系非同一般。韫龢极喜欢孟小冬的优雅唱腔,早先在天津时,她跟孟小冬经常见面,差不多每次她去游泳馆游泳时,都能见到年轻清秀的孟小冬,有时,还在一起攀谈许久,向其请教学唱京戏的诀窍。

堂会过程中,她和几个妹妹议论说,孟小冬不仅长得漂亮,连余叔岩的做派和行腔也学得惟妙惟肖。就比较而言,她虽然喜欢听马连良的戏,更喜欢听余叔岩独特而委婉的唱功。

在这次堂会上,马连良演出的是《游龙戏凤》,而孟小冬则唱了一出《盗宗卷》。附近许多街坊都闻讯跑来,紧扒着窗户根看戏,也有的索性溜进来看热闹,戏台前至少有七八十人。

其实,她父亲跟梨园行谁也不熟悉。马连良和孟小冬唱完戏走下台,来向她父亲磕头祝寿时,载沣显得极为兴奋,连连拱手:

"辛苦了,谢谢,谢谢。"

说罢,载沣分别依例拿出一笔赏银,马连良和孟小冬忙走上前领银,谢恩而去。

别有趣味的是,事先父亲预备祝寿时,怕子女们前来送礼品花钱,就出了一个主意,让从溥杰起,兄妹每人亲笔书写一副对联送来就行了,不必另行破费。姊妹几个惟恐文采不够,便请溥杰为每人代拟一辞,再由她们亲笔书写下来。

此后,兄妹几人可就忙碌起来了,每天清晨即起,便开始铺开宣纸苦习书法,直到腰酸背疼为止。当以溥杰和韫龢为首的兄妹几人,手捧亲笔书写的对联呈送父亲时,载沣笑得合不拢嘴。

他们平时背后管父亲叫"老阿玛",多年来都习惯这么称呼。但当着父亲的面，往往就少了一个"老"字，只称其"阿玛"。

轮到几个子女给父亲拜寿时，载沣作为老寿星，安详地端坐太师椅上，面前的地上铺着一块方形棉质拜垫，兄妹依次去屋里磕头。她的丈夫郑广元虽是南方人，不会磕头，但也跟她随风入俗地"照葫芦画瓢"，可他那笨手笨脚的样子，总引来一阵哂笑。

因王府不能擅用明黄色，只能是杏黄色，棉垫里衬是蓝色的，边上有两个布袢，折起来一提就走，放下来，打开则是方形。她给父亲祝寿时，先要恭敬地说上一句祝寿颂词：

"阿玛，千秋如意。"

之后，再由太监递给她一柄一尺多长的长形白色玉如意——也有的如意镶着各种宝石，如意边上系着吉祥穗子。她双手捧着献给父亲，然后，她父亲接过来递给太监，她再次磕头后走开，再由另外一位祝寿者从太监手里接过如意，接着磕头祝寿。

兄妹几人为父亲祝寿三天，尽管载沣舍不得，也只得各自归去。她和丈夫带着孩子仍然重返长春。

过后没多久，她父亲的侧福晋邓佳氏突然病倒。邓佳氏性格温厚，为人蛮老实，文化虽不高，却擅长绘画，尤其画牡丹别具一格。邓佳氏主张每个子女都应具一技之长，所以从小就让子女们研习国画。在邓佳氏再三勉励下，她的四弟溥任开始临摹山水画，六格格、七格格也在绘画方面下了一番工夫。

哪知，年仅四十多岁的邓佳氏病倒之后，竟跟载沣一样，依然不肯服药，而使病情骤然加重。侧福晋邓佳氏的去世，对她父亲载沣自然打击不小。

此后，载沣显得神情恍惚，竟致蔫了好一阵才缓过劲儿来。

三 伪满后、妃

"皇上"与太监相伴相生，仿佛天经地义。

溥仪刚到长春不久，便招去了老太监李长安。在溥仪看来，正如国中不可一日无君，宫廷亦不可一日没太监。李长安当上太监头头儿没几天，手下众太监便随之招办停当。

自从溥仪由伪满"执政"变成"康德皇帝"，一群王公大臣竞相献媚：

"既然陛下做了皇帝，不仅应当有'后'，也要有'妃'。"

在清朝，后宫历来分为皇后、贵妃、妃嫔、贵人、常在、答应这几个等级。此时,溥仪与文绣早已离婚,皇帝身边必不可少要有个妃子。吉冈等日本关东军瞅准机会,极力给溥仪张罗一个日本妻子。溥仪看穿了日本人的把戏,一再推诿:

"如果那样的话,甭提语言不通,生活习惯也不相同。"

与此,溥仪赶紧找来二妹韫龢,密嘱她急速返回北平,想尽一切办法找到一个知根知底的满族姑娘,以阻拦吉冈代觅的日本女人。

于是,她连夜写信寄到北平,托朗贝勒府①的大格格,即王敏彤的母亲——人称"立太太",为溥仪代为寻觅一个北平姑娘,老太太果然非常尽心,立即四处寻找。此前,溥仪如果买什么东西不方便,就让韫龢给老太太写信,请其代为购买。老太太情知此事关乎皇帝后代"血统",更是诚心竭力。

王敏彤的母亲是婉容的大姨,与皇后婉容的母亲系亲姊妹。老太太始终跟婆婆住在一起,颇会炒菜,连溥仪尝过也曾赞不绝口。老太太有两个女儿,其中一个是王敏彤——属牛,恰与三格格同岁。另一个女儿在天津学医,相貌都不错。其中数王敏彤最漂亮,这个宝贝女儿长着一张小圆脸,最受其母宠爱,外人都说,她俊秀的五官比母亲还耐看得多。

最初,有人把王敏彤有意介绍给溥仪,可是其母不同意,溥仪态度倒也无所谓。后来,溥杰没跟嵯峨浩结婚时,又有人给溥杰提过亲,可是载沣竭力反对,说是怕惹日本人恼怒,也怕她受委屈。一来二去,这两桩姻缘都没能成。

王敏彤的母亲由于说话速度极快,经常发生口误。有一件可笑的小事儿,在皇族里似乎尽人皆知。

那时,老太太家的隔夜尿盆使用一个痰桶。一天早晨,老太太起床之后,家里的痰桶还没倒掉,偏偏这时一位街坊有事前来敲门。老太太一着急,赶忙唤来小丫鬟,说:

"你快来,快来,先别让老痰桶进来。"

其实,老太太本来想说,先倒掉痰桶再让老太太进来,谁知,却急中生错。

她深知,婉容的大姨为人快言快语,说话却经常容易颠倒出错儿。一次,她和丈夫去其家里做客,老太太忙着劝郑广元吃炖海参:

"广元,快吃啊……"

"好,好。"

"我今天是特意做的,"老太太的话脱口而出,"我就知道海参爱吃广元。"

---

① 朗贝勒府,即清朝乾隆皇帝后裔——润朗贝勒的府第,原为定王府。

听到这句话,郑广元不由自主地乐了,在场的人们顿然哄堂大笑。

此时,婉容的大姨知道说错了话,又赶忙复述一遍,仍然说错了。话还没说完,她自己倒先乐了。

最悬的是,老太太有一次竟因说错话而险些发生性命之虞。日本浪人池园前来拜访,她连忙唤丫鬟倒茶,却又忙中出错,刚说出口,却被自己的错话吓白了脸:

"池园,池园,快倒茶……"

韫龢回家之后,把这两个故事跟父亲载沣述说了一遍,父亲笑得前仰后合,竟然笑得流出了眼泪:

"这个老太太怎这么可笑呀。"

甭看老太太如此可笑,却有赖她鼎力相助韫龢寻觅到十七岁的谭玉龄,成为"康德"的"妃子"。

当时,为急欲遏止日本关东军将一位日本女子嫁给溥仪的阴谋得逞,韫龢按照溥仪的旨意,又连夜乘坐火车赶往北平。到京后,她即请母女俩吃饭,平时她跟王敏彤平时交往不多,反而与其母更熟悉一些。席间,她在母女俩说话时,总是微笑着倾听不语。

经过一番寻访,王敏彤的母亲经人介绍见到了谭玉龄,她原是北平一所中学的初中学生,也是满族人,姓他他拉氏。韫龢听说,林大奶奶跟谭玉龄一家关系也非常熟悉,于是,亲自出马面试之后,紧接着急乘火车将照片火速呈交溥仪。

在获溥仪确认之后,王敏彤的母亲又连夜亲自将谭玉龄护送至长春。不出韫龢所料,溥仪竟一眼相中。

倏然,谭玉龄成了溥仪的"谭贵人"。

自从谭玉龄来到长春,韫龢就按照溥仪的吩咐,与四妹和五妹一起终日陪伴在缉熙楼底层大厅一日三餐。说穿了,名为陪伴,实为"考察"其行为举止。

不久,在伪满皇宫缉熙楼内举行的典礼上,谭玉龄被正式册封为"妃"。当时,韫龢不仅在场且伫立在一旁,眼看着溥仪亲手递给谭玉龄一柄如意,新封的妃子磕头跪接"三跪九叩"之后,还由她亲手从谭玉龄手里接过如意。

谭贵人被册封之后,居住在缉熙楼一层。溥仪和婉容同住楼上二层——溥仪住西头,婉容住东头,楼梯边建有一个药库。谭玉龄跟韫龢和三妹关系处得十分融洽,经常一起玩耍。

差不多,韫龢天天都要去"贵人"的屋里陪聊。

在她的眼里，谭玉龄颇为聪明，手也很巧，平时没什么爱好，惟独喜欢一件件地打毛衣，还主动给溥仪亲手织过毛衣，总以这种方式来消磨时光。也许是二格格在谭玉龄与溥仪姻缘中的特殊作用，谭玉龄跟她关系天然要好，经常并肩坐在一起编织毛衣。

谭玉龄身材高挑儿，大约与婉容差不多。但谭贵人平常并不爱穿满族的厚底鞋，却喜欢足蹬高跟鞋，身穿一袭旗袍。

平时，谭玉龄为人本分，擅做家常饭，还能炒几样京城风味的菜肴，偶尔还亲手给溥仪烙饼吃。这虽是琐事，却使溥仪对她格外刮目相看。

溥仪逐渐喜欢上了谭贵人，因她仅是中学毕业，为提高其文化水准，又专门聘请一位老师来教她念书、写字。

韫龢和谭贵人平时都梳两把头。一次过年时，她们梳起两把头，穿上绣花的满族服饰，还领着身穿时髦衣服的女儿与谭贵人拍摄了不少合影。她甚至唤一家照相馆的摄影师走进内廷来拍照。谭贵人伫立中间，她和三妹分别站立两侧，摄下不少生活照片。

她知道，谭玉龄在北平还有一个哥哥，溥仪偶尔让韫龢托王敏彤的母亲去其家里探望，还不止一次给他捎过零花钱——足见溥仪仍是念旧的。

可惜的是，谭玉龄年仅十八岁便不明不白地病逝于长春。

谭贵人去世以后，溥仪叫其哥哥①来长春参加了丧事。此后，溥仪让他返回北平前，又送给他一些钱以作补偿。

谭玉龄病逝之后，日本人又煞费心机非给溥仪找一个日本女人为妻不可。妥协的结果是，由日本人寻觅到了年仅十五岁的李玉琴为"贵人"。因为，溥仪怕受日本人暗算，执拗地要找一个年岁小的，以便于听话，容易控制。

册封李玉琴为"贵人"的仪式，仍在溥仪居住的缉熙楼上举行，依然由韫龢充当司仪。

难以想象的是，谁也没穿正式礼服，只是身着普通服装，甚至没有任何外人参加，除太监以外，惟有韫龢伫立在溥仪身旁。

先是李玉琴给溥仪恭行"三跪九叩"大礼，再由太监递给李玉琴一柄如意，未来的"福贵人"接过之后，跪在地上呈交溥仪。此时，溥仪接过来递到韫龢手里，然后，李玉琴再次向溥仪三跪九叩，册封仪式就算结束了。

整个"册封"过程，充其量不过一袋烟的工夫，足见仪式简单至极。

---

① 据韫龢当时回忆，谭玉龄的哥哥如果健在，最少也有九十多岁了。

第拾陸章 溥儀指婚

*"你家的孙子辈里，谁可以跟二格格韫龢联姻呢？"溥仪去郑孝胥家做客，突然发问。使毫无思想准备的郑孝胥，顿感措手不及。

*溥仪亲自主持韫龢的婚礼。女傧是皇后婉容和三妹韫颖。此前，婉容亲手递给她一个苹果，非逼她咬一口，才让她跨上迎娶新娘的卧车。

*谁知，溥仪在婚礼上露了怯。二格格眼瞧溥仪要走，便向他请了个女式蹲儿安。溥仪竟也对她错请了一个蹲儿安，引得众人哄堂大笑。

图片说明：一九三二年，韫龢夫妇新婚后与公、婆（前坐者）及全家合影。后左二为郑广元、后左三为韫龢

一　初识"额驸"

毫无例外，在溥仪的七个妹妹中，除七格格年幼之外，其他六姊妹无一不是御赐"指婚"。

大格格韫瑛的婚姻，最初始于七叔载涛给她祖母拿去婉容兄长润良的一张照片，祖母又转送韫瑛"品鉴"。其实，润良堪称一个大胖子，身穿长袍马褂，根本没一丝帅气可言。哪知，大格格却不挑剔，老老实实地对祖母说：

"听爷爷①的安排吧。"

话虽这么说，其实幕后起关键作用的，仍是溥仪。这显然是他与婉容经多次商议，撮合而成，七叔载涛只是表面的跑腿人而已。

至于韫龢的婚事，不消说，亦是溥仪指婚而定。

此前，三格格韫颖早与润麒订婚。当年，润麒的照片由其母转交载沣拿来，韫颖倒是表态痛快：

"一切听从老阿玛安排。"

四格格韫娴仍无例外，照旧由溥仪指婚。一九四三年六月十二日，在新京军人会馆，四格格韫娴与赵琪璠②举行婚礼。

其实，赵琪璠成为额驸完全出于偶然，赵琪璠是蒙古族人，原配妻子去世（遗有两个女儿），亦是清末绍兴知府赵景琪③之子。韫娴原来已与凌升④之子订婚。一九三六年，新安省省长凌升被日本人以勾结外国图谋反满抗日为名逮捕，继而以谋反罪名在新京岭南刑场被枪决。

凌升被处决之后，日本关东军司令植田谦吉通过吉冈对溥仪下令：

"必须立即解除四格格和凌升之子的婚约。"

对此，溥仪自然不敢违抗，于是强制废除了四格格与凌升之子的尴尬婚约。

---

① 此处的"爷爷"，系指她祖母。
② 赵琪璠，原名赵国祺。
③ 赵景琪是杀害秋瑾烈士的元凶。
④ 凌升，即伪满洲国兴安省省长，被日本关东军于1936年杀害于长春。

事隔不久,溥杰的同窗赵琪璠归国,因其与溥杰在日本陆军学校一起读书,属同窗好友,跟谁见面都很客气,见了她们一律称"您",即使跟老妈子打招呼也称"您"。所以,溥杰极力促成这桩婚事,他也正好被溥仪一眼相中。

　　于是,溥仪亲自为憨厚的四格格"保媒",由此,赵琪璠意外成了四额驸。

　　似无例外,五格格韫馨仍是溥仪指婚。

　　五格格的未婚夫万嘉熙,一九一七年生于江西,自幼学习颇用功,练就一笔好书法。平时爱说爱笑,性格开朗。其父万绳栻,曾任前清遗老张勋的参谋长。自从溥仪在伪满当上"执政"之后,万嘉熙又充任执政府的秘书处秘书官。

　　早年,万嘉熙由国民政府派遣自费赴日本士官学校留学,遂成为比溥杰和润麒还高一年级的同学。溥杰自从结识老万,赏识其聪明能干,便让润麒与三格格一起商议,由润麒出面向老万讨要一幅照片,从日本寄给了溥仪,又瞅准机会当面向溥仪举荐:

　　"依我看呀,五妹与万嘉熙倒挺合适的。"

　　正巧,载沣去长春探望溥仪,见到老万的照片,又询问了一些情况。溥仪与父亲商议的结果是,父子俩欣然同意,此事一拍即合。

　　这样,由溥仪亲自指婚,一九三六年十月二十八日,老万与五格格韫馨在新京军人会馆举行结婚仪式。新婚不久,溥仪遂以强化"拱卫"为由,调老万任侍卫队军官。一九四一年,老万再度被溥仪派往日本,赴日本陆军大学留学,五格格随同其一起抵达日本。一九四四年,夫妻二人同返新京,老万则在长春高等军事学校充任中校教官。

　　几个妹妹的婚事,除了六格格和七格格以外,无一不是由韫龢亲自操持。婚礼办得都十分简朴,充其量做几身新衣服,披上婚纱,乘坐汽车去军人会馆,再举行一个简单仪式就算结束。自然,四格格和五格格亦由溥仪指婚而嫁,皆在长春完婚。

　　值得提到的是,除她以外,三格格和四格格、五格格倒有一个共同特点,即结婚之后,都曾随丈夫一起赴日留学。她则跟随丈夫去了英国。

　　算起来,溥仪的七个妹妹之中,在伪满结婚的四人分别是:二格格韫龢、三格格韫颖、四格格韫娴、五格格韫馨。惟独六格格韫娱,是在京城举行的婚礼。

　　六格格和七格格却非溥仪"指婚"而嫁。六格格嫁给王力民[①],起初是由

---

① 王力民,完颜氏,原名王武贤,字爱兰。

七爷载涛从中做媒牵线,而得到溥仪首肯的。王力民是"金代皇帝"后裔、著名国画家,其画兰花独树一帜,自号"爱兰居士"。六妹婚后,曾偕夫婿赴伪满,专程前来觐见溥仪,那次韫龢也在场陪同。

在满语中,一般称皇帝的妹婿为"额驸",也就是常人所说的皇帝的妹夫——二额驸郑广元,三额驸郭布罗·润麒,四额驸赵琪璠,五额驸万嘉熙。细论起来,这四位额驸都是清末遗老的子弟。而六额驸王力民,则是金朝皇帝第二十七代世孙。算来,这六对夫妇,大约都在三四十年代成婚。

实际上,二格格韫龢的婚事,早在溥仪寓居天津时便开始酝酿。有一天,溥仪去郑孝胥家里串门,突然发问:

"你家的孙子辈里,谁可以跟二格格韫龢联姻呢?"

这使毫无思想准备的郑孝胥,顿感措手不及,只好连忙对溥仪说:

"感谢皇上恩典,容臣想想,再当禀报。"

"你家里都有什么人?"紧接着,溥仪直率地说,"瞧瞧你家照片吧。"

"现在这儿没有照片,等臣向上海要一幅全家的照片。"郑孝胥直言相告。

"好吧。"溥仪说。

"我有一个孙子,是郑禹的儿子,正在上海圣约翰大学念书。"

"那就等你的照片喽。"

没过几天,郑孝胥亲自拿来一幅全家福照片,溥仪逐个盘诘,最终瞄上了其中一个穿西服的年轻人:

"这是谁呀?"

"这是我长孙,"郑孝胥心情变得轻松起来,"正在圣约翰大学念书……"

听过简单介绍,溥仪才知这是郑禹的儿子,顿然发生了兴趣,又接着问起:

"他今年多大岁数?"

"今年刚满二十五岁。"

当溥仪听到郑广元与韫龢年岁相当,又问起他有什么特长,在大学哪个系。于是,郑孝胥逐一做了详尽介绍:

"他英语不错,正在圣约翰大学建筑系学建筑设计……"

溥仪听到之后感到很满意,临走时,和颜悦色地对郑孝胥说:

"就让韫龢跟他订婚吧,我这就算'指婚'了。"

郑孝胥闻听,高兴至极,马上写了一封信告诉儿子郑禹。郑广元听说之后,竟被吓了一跳:

"我可真没想到,连我一个人影儿都没见到,这就算定啦?……"

直到此时，郑广元仍将信将疑。溥仪如此神速的"指婚"，显然是为了拢住郑孝胥。并非偶然，郑孝胥尔后当上伪满洲国总理，足证溥仪对这桩婚姻是出于深谋远虑之举。

其实，韫龢早就清楚地知道，郑孝胥是福建闽侯人，一八六〇年生于苏州胥门，所以名字叫孝胥。他早年属维新派，曾破格受到光绪皇帝召见，故感恩不尽，立誓效忠"大清"。溥仪逊位之后，郑孝胥经常在其耳边提起"复辟"，因此颇受溥仪器重。当时，溥仪指定韫龢与郑孝胥的孙子满汉通婚，在皇族近支中尚属首例。

不久，她获知了"联姻"详情。郑广元是郑孝胥次子郑禹的长子，也是郑孝胥最疼爱的长孙。郑广元自幼在祖父的严厉管教下，勤奋读书，尤其练得一手"郑体"字，还考上了上海教会学校——圣约翰大学建筑系。

在这所教会学校里，郑广元因精通英文而深受庄士敦赏识。这位洋"帝师"亲自向英王荐举他到英国伦敦大学攻读宪法。

而此时，溥仪也正密切关注着未来的"额驸"。不久，一次天津举行网球比赛，由于郑广元网球打得出色，溥仪把正放暑假的准"额驸"找去，跟网坛名将林宝华组成一个队，代表天津参加比赛。

多年之后，与韫龢婚后生活了近六十载的郑广元，时常追忆起当年被指婚前后的情景。他正在上海上学时，有一天，祖父让郑禹通知他：

"溥仪已经指定你和韫龢订婚。"

他极感突然，一个即将赴海外留学的摩登青年，孰料与帝王家的格格联姻，实出意外，当然他也有一种好奇心，想看看"宣统皇帝"究竟是个什么模样。

暑假期间，郑广元从上海来到天津，初次觐见溥仪，还行了三跪九叩的大礼。溥仪倒是显得很随便，吩咐他陪同打网球并一起就餐。

这次，郑广元在天津跟随溥仪打网球，留下不少和"皇上"以及林宝华的合影。此后，溥仪让郑广元拿来一张单人照片，呈交父亲载沣，不出所料，载沣看后表示挺满意，于是又转送给三格格。在溥仪的卧室里，三格格拿来郑广元的照片递给了韫龢：

"你要是愿意，那就听从'皇上'安排吧。"

韫龢见到照片后，对这个帅气的小伙儿颇为欣赏，于是，这幅照片便成了"订婚照"。韫龢住在戈登路，与未来的夫婿从没见过面，仅凭着一张照片，且由溥仪"指婚"，这桩婚姻遂一锤定音。

韫龢头一次见到郑广元,是在天津一座网球场。当时溥仪朝赛场用手一指,小声地对二妹说:

"你瞅,那个人就是隤骰。"①

此时,韫龢见到郑广元正在网球场上,生龙活虎地挥拍击球,钦佩地问起溥仪:

"他是天津网球俱乐部的吧?"

"哈哈哈,"溥仪笑了,"他就是郑孝胥的孙子嘛。"

她这才如梦方醒。原来,大哥让她来看网球比赛是假,相婿是真,她的脸色立时涨得通红。

平时,郑广元衣着十分考究,总是一身笔挺西装,衣服做得差一点儿都不行,非量身定做不可,人送外号"美男子",俨然一名电影明星。他精通英文,还会绘图设计衣饰,让裁缝制作,甚至颇得业内人士好评。

她一度居住在天津耀华里,听说溥仪曾去郑孝胥家做客,郑孝胥遂将"皇上"坐过后的那把椅子,用黄布包了起来,郑重其事地说:

"这是'皇上'坐过的啊。"

皇族历来有这样一个规矩,即订婚以后,直到举行婚礼仪式之前,男女双方绝不能擅自见面。

他俩仅彼此交换过一张照片。郑广元看到未婚妻的照片笑而不语,此后却经常拿出照片来瞧,还曾多次私下说,"非二格格不娶",而总是被他的妹妹们取笑。

这一年,郑广元被突如其来的"婚姻",搅得寝食不安。他埋头学习,极力克制自己,却总情不自禁地想象未婚妻的性格,也时不时构思着妻子的模样。多年之后,郑广元曾对韫龢坦诚地回忆说:

"一九三一年四月,一个偶然的机会,我在天津观摩网球比赛,当时你恰好坐在我前五排,因彼此不认识,虽然近在咫尺也没能看上一眼,自然更没能交谈了。"

这场网球赛结束之后,有人告诉他,未婚妻韫龢就坐在前边五排,他后悔莫及错过了这次机缘:

"我错过了机会,没看到即将成为妻子的韫龢。更甭说交谈了。"

---

① 郑广元,原名郑隤骰,音 tuí ɡi,字广元。因其名字生僻,被人们经常念错,故后来改为以"字"为名。

然而,这并未影响指婚的"实质"。不久,溥仪得知郑广元即将从上海赴长春,亲自确定了双方见面的日子——双年双月双日。

她听到溥仪择定的"吉日","扑哧"乐了,"皇上"的迷信竟丝毫未改。

二 婉容亲为韫龥张罗婚事

婚礼前几天,韫龥始终难以入睡,在辗转反侧中,不由回想起许许多多往事……

结婚前一天,韫龥把三个保姆叫到屋里,从原来积蓄的六千块钱中,拿出三千块分给保姆,让她们回家置办房产。惟独德妈死活不肯要这笔钱,韫龥反复劝说:

"这次非给您不可,我留着也没别的用处呀。"

临到最后,德妈也没要这笔钱。她不由赞叹说:

"德妈真是世间少有的好人哪!"

婚前,婉容对于韫龥婚礼的筹备,可谓事无巨细。新婚所有必备品,无一不是婉容筹措的,甚至连睡衣睡裤,也置备齐全。婉容还亲手为她挑中一件五彩花色的丝绒旗袍,极为时髦。

直到许多年之后,韫龥仍然记得很清楚,与三格格身披西式婚纱不同,她结婚时穿着传统的中式旗袍。婚礼那天,她与郑广元欣然合影留念。新婚过后一天,她才换上了黑上衣和红裙子。

一九三二年四月十八日,伪满洲国执政府里张灯结彩,一派喜气洋洋。

这天清早,皇后婉容起床之后,缓缓走到植绣轩,将韫龥亲自接到缉熙楼内自己的卧室,又吩咐富妈、刘妈和春英以及老太监李长安,伺候她坐在梳妆台前的软垫椅上,亲手为新娘梳妆打扮。

韫龥穿上婉容所亲手挑选的一件法国红色花丝绒旗袍,皇后在一旁看着异常高兴,非让春英搬过穿衣镜,让她周身照着观看,一边指着她身上的衣服,一边以欣赏的口气问起:

"这件旗袍是我给你挑选的,还算满意吧?"

此时,韫龥听到问话,感激万分,连连说:

"很满意,真的很满意,谢谢皇后。"

"今天是你大喜的日子,以后就叫我嫂子吧。"婉容动情地说。

"谢谢嫂子。"

这时,三格格韫颖也来到婉容的卧室,一走进门便看到一身新娘打扮的二姐,还新烫了头发,身穿大红夹旗袍,发自内心地赞扬说:

"哎呀,真漂亮,好漂亮的新娘啊!"

她听到三妹夸奖,心想,得到一向挑剔的三妹夸奖可不容易。早在天津时,韫龢便经常带韫颖去英法租界商行挑选衣料和服装,回家还亲自为其打扮,可从没见三妹如此兴奋过。

她在婉容和三妹帮助下,又换上郑家送来的黑色绣花上衣和大红裙子。在梳妆台前打扮时,见到三格格故意跟她逗趣,婉容马上接过了话茬儿:

"三格格没听说吗?八月十五是你跟润麒的良辰吉日,到那天,嫂子也要为你操劳呢。"

大伙儿又说又笑地聊了一会儿,婉容见时间不早了,便温情地对韫龢说:

"哎哟,已经上午十点多了,快去吧,别耽误了婚礼的时辰。"

之后,婉容陪伴她步行来到勤民楼。

上午十一点整,身穿绛紫色英国毛呢西式礼服的二额驸郑广元与新娘韫龢,在男傧溥佳和金卓、女傧婉容和韫颖一同陪伴下,缓步走进勤民楼礼堂。应该说明的是,溥佳和金卓①都是内廷侍卫,表面专门陪伴新郎,其实始终贴身护卫在新婚夫妻左右,负责婚礼过程的安全。

这时,她只见执政府秘书官商衍瀛走上前,郑重宣布:

"新婚典礼开始。"

这时,溥仪拿出了黄绫诏书。应当说明的是,溥仪的诏书并非由他本人宣读,而是请他人代读的。

金卓是宫内府一名侍卫,她和新郎向端坐在正座的溥仪一起磕头,行了双礼,然后再按照司仪的"唱序",夫妻对拜。

照例是老规矩,结婚上喜轿——此时,已被改扮成了外表酷似喜轿的卧车。临出门之前,韫龢没按照旧规矩用线"绞脸"——绞掉脸上的汗毛,俗称"开脸",只是轻描了一副淡妆,让佣人协助梳好头。

临别,婉容亲手递给韫龢一个苹果,眼看着她咬了一口,又随后跨上了迎娶新娘的喜车。

眼瞧送亲的庞大队伍即将抵达。郑孝胥偕长子郑垂和次子郑禹来到宫内府门口迎接。前来送亲的大多是皇族和一些遗老遗少,还有三格格韫颖、溥佳

---

① 溥佳,溥仪七叔——载涛之子。金卓,曾任军阀张宗昌的军事参谋,后投奔溥仪。

夫妇、润良以及熙洽、宝熙、毓峻、卓王爷等人。在众多陪亲者中，最扎眼的是老太监李长安和德妈。

送亲的人群被迎进门内，佣人忙上前沏茶、点烟，一阵寒暄不已。

在婚礼上，她循例给长辈依次磕头。此前，还有一个与平民婚礼迥然不同的礼节——递如意，即先由德妈递给她一柄如意，然后，再由她交给旁边的嬷嬷，才开始正式磕头。

在她看来，这才是名副其实的"三跪九叩"，即跪下磕三个头，然后站起来再跪下，再磕三个头，最后再跪下磕三个头。"三跪"，即跪下三次，而"九叩"，却是头不沾地的。

长辈面前有一个杏黄色的棉垫，事先被特意叮嘱过，绝不能用明黄色的，否则便违犯了宫规。杏黄垫由德妈折着提来，下跪时才打开。

婚礼上，韫龢简直跪晕了头。

其间，她还要给婉容磕头道谢。因为婚礼是"皇后"出面张罗的，连新娘的新衣和新婚被褥都是婉容准备的。

这次婚礼，似乎属于新派婚礼，即只举行了简单的仪式。

尤令众人吃惊的是，溥仪竟亲自出面为二妹韫龢和郑广元主持新婚典礼。可以说，这是"皇上"生平第一次为妹妹主婚，足见他对此事的重视程度。

照理说，韫龢和郑广元作为新娘和新郎先要向坐在御座前的溥仪磕头，然后再夫妻对拜。此时，溥仪端坐上边，似乎并不知表示什么，只是微笑地看着她和新郎。

婚礼异常热闹，日本关东军本庄繁大将特意赠予一对银瓶。溥仪像表演似的故作欣赏，反复观看日本人赠送的礼品。

随后，她和新郎又向充当傧相的溥佳夫妇磕头，再由宝熙宣读贺婚的一纸长长的礼单。接着，众人便步入宴会厅出席喜宴。

三 溥仪请"蹲儿安"露怯

婚礼之中，还有一个真实的笑话。

当新婚仪式结束，磕完头，吃过午饭辞别时，韫龢眼瞧溥仪要跟婉容一起走，就按照满族的规矩，给溥仪请了一个女式蹲儿安。溥仪没弄明白，误以为婚礼上都要请蹲儿安，便也朝她错请了一个蹲儿安，引得在场的人们轰然大笑。

"哎哟!……"

当时,婉容眼瞧溥仪露了怯,禁不住捂住嘴,一下笑出了声。溥仪抬眼一看,明白自己行错了礼,也不由哑然失笑。男人怎么能请蹲儿安呢?况且溥仪作为皇上,更不能向妹妹请蹲儿安。陪伴溥仪的随从也都笑了起来。

婚礼过后,溥仪对韫龢难为情地解释说:

"咳,没有任何人告诉我,主持婚礼有什么礼节。我以为婚礼上都要请蹲儿安,哪儿料弄错了。"

事隔多年,她每逢想起此事,仍然忍不住大笑不止。

婚礼之后,韫龢仍淘气地询问,她咬过的那半个苹果哪儿去了?却没人知道。

她在婚礼中,获赠醇亲王府的两对银漱口碗和一对巴掌大小的金喜字,算是当时罕见的奢侈品。

最使她难忘的是,出宫的两位老太妃居然仍惦念着韫龢的新婚,按宫里的旧规矩分别送来了"尺头",以示贺婚。

婚前,她曾和三格格去京城专门向两位老太妃请安。那是润麒的母亲领

伪满洲国总理郑孝胥原"新京"住所

她俩去的。

午后,新婚卧车从伪皇宫同德殿出发,一直到达住宿的旅馆。

新婚当天,她前去位于五马路的郑孝胥家里"认门"。那是一幢旧式平房。在这儿,她和郑广元还按照老规矩,一起给祖宗牌位磕头——叫做"行双礼"。

哪知,郑孝胥坐在椅子上,絮絮叨叨地给她俩讲述起了家史。她听着兴致勃勃的高谈阔论,瞧着郑孝胥手舞足蹈,讲到高兴之处,还会加倍提高声调。这时,她又想起了往日溥仪曾说起,也听过郑孝胥情绪激昂的"进谏"。

临走,新婚夫妻在郑孝胥家里一起合影留念。

婚后当天下午,从郑孝胥家迈出门,她就和郑广元径奔火车站,乘坐"满铁"火车,赴大连共度"蜜月"。

新婚夫妻单独宿在列车上一间有上下铺的包厢,郑广元爬上去睡在上铺,她嫌上下麻烦,就睡在了下铺。一路上,俩人一直由三格格和溥佳夫妇及德妈陪伴着。

一夜之间,火车抵达大连,却没人来迎接。这一行人先暂居大和旅馆,之后,郑广元又找到海边一座座出租别墅,最终挑中星格浦一间独体别墅里住下——两间卧室一间客厅。

傍晚,她和丈夫重提溥仪请蹲儿安的事儿,一起笑个不停。坐在身旁的溥佳声音最大,笑得直到流出了眼泪。

笑声未落,门铃响了起来,她到门口隔窗一看,外边天色黑漆漆,只是觉得来人眼熟,却认不出是谁。她返回屋里,对郑广元说:

"外边来了一个人,似乎有点儿像你父亲。"

郑广元出去一看,果然是父亲郑禹前来探望。她陪着公公来到另外一间屋里,仍然能听见溥佳和三妹没止住的笑声。

次日,三妹和溥佳夫妇返回长春,只剩下她和新郎。德妈不仅陪伴他俩在一起,还负责做饭、打扫房屋。德妈做的饭菜十分可口,附近有山有水,他俩没事儿就到山上游玩,或去大连城里逛街。

没过几天,溥仪又派老太监李长安前来看望,他笑眯眯地对新婚夫妇说:

"我奉皇上的旨意,看看你们在这儿过得好不好。"

李长安还踱着四方步,到屋里各处瞧了瞧。她留其吃过午饭,他便告辞而去。因为别墅里实在没地方可住。

闲暇时,新婚夫妻在大海退潮之后,时常喜欢溜达到海边拣小螃蟹和各式各样的贝壳玩儿。她和丈夫在海滩赤脚奔跑之际,仿佛又回到了昔日的童年。

晚间,她见郑广元烟酒不沾,便好意劝他吸一支烟,在她的影响下,丈夫从此吸起了香烟。有一天,她和郑广元从海边回来,正在客厅闲坐,猛一回头,身后的玻璃窗户闪过一个身影,仔细一瞧,窗前站着一个老道,因为别墅没有院墙,可以离得很近。

她吓得不敢出声儿,德妈开门询问,才知是来化缘的,赶紧掏出几个钱打发走了老道。

几天过后,郑广元的母亲带着他一个弟弟和五个妹妹——四妹、七妹、九妹、十妹以及小妹一家人,浩浩荡荡来到大连看望她俩。虽然,这一行人没与新婚夫妻住在一起,可在一起就餐显然是想图个热闹。遗憾的是,只有郑广元的二弟,因在圣约翰大学念书没能前来。

她注意到,郑广元的小弟弟是一个可爱的小胖子,只有十一岁,小妹妹年仅五岁,德妈尤其喜欢他俩,总是把香喷喷的炸肉先夹到俩人碗里。德妈做的饭菜,也受到了这一家人的欢迎。

丈夫一家人刚走,三格格和润麒由李长安陪同,又来到大连看望夫妇俩。当时三格格虽被溥仪"指婚",但还没结婚,正处于热恋之中。

她陪着三妹和未来的三妹夫到海边游玩,还捞了一些小海螃蟹拿回屋里养殖。听说它们离开海水就死,她就在水盆里洒上一点儿盐,却仍然没养活,待三妹和润麒走后几天就死掉了。

三格格眼见二姐韫龢结婚,骤然加快速度,遂在当年八月完婚。

一九三二年八月十日,执政府内务处将润麒和三格格举行婚礼所需礼品单,拿到缉熙楼呈报溥仪。当即,溥仪让司房总管严桐江唤润麒进宫。没过一会儿,刚从日本归国的润麒来到溥仪身边,向"皇上"请过安,照常嘻嘻哈哈地坐在旁边的椅子上:

"皇上叫我来,有什么事儿呀?"

溥仪瞧着已然二十多岁,却依旧一身孩子气的润麒,哈哈大笑起来。润麒本来性格开朗,平时总爱开玩笑,双眼紧盯着溥仪追问:

"笑什么?找我有什么事儿,快说呀。要不我就走了。"

溥仪见到润麒心急,顺手拿起婚典的礼品单,递给他:

"你瞧瞧,这是什么?都快成额驸了,怎么还跟孩子似的?"

润麒拿过来一看,原来是他和三格格的结婚礼单,反倒显得有些不好意思了。

八月十五日,润麒刚放暑假,即从日本归国与三格格举办婚事。韫龢和郑广元一起从大连赶去,参加了热闹的婚礼。

二格格夫妇在三妹的婚礼上,留下了一张珍贵合影。三格格身披婚纱与润麒并肩伫立,左边是韫龢,右边挨着润麒的是溥杰和郑广元。引人注目的是,婉容也加入了合影的行列。据说,这次婚礼仍主要由婉容负责筹备,所有衣服、礼品等一应俱全。

韫龢曾回忆说,掏良心话,婉容对我和三妹都很不错,是非常尽心的。我知道溥仪不懂这些琐事,只是发句话让婉容多操心就是了,但也足以使婚礼显得格外隆重。

原本,三格格也曾栖身西花园,她和三格格先后结婚,西花园便空闲下来。韫龢平常在长春居住时,每天中午在家吃饭,往往傍晚才去内廷与溥仪一起吃晚餐,大多是吃薄饼、火锅或饺子。年近八旬的德妈从乡下接来儿子,一起同住门房的小屋里。韫龢时常前去探望母子俩,亲热得像一家人似的。

虽然两家人不在一起居住,但经常见面,彼此相处融洽。润麒擅长针灸拔罐子,素喜开玩笑,一次照完相之后,竟然把郑广元的脑袋和一个女人的身子拼接在一起,拿给二妹夫妇,郑广元看到之后,顿时被吓了一跳:

"哟,我的脑袋底下怎么是女人身子呀?"

润麒听了,不仅哈哈大笑,还故意淘气地搅浑水,对韫龢说:

"你猜猜看,这是怎么回事,你总是不信我的话嘛。"

起初,韫龢弄不明白,感到挺生气,直到三妹问清原委,前来解释清楚润麒的恶作剧,她才付之一笑。

三妹婚后,便搬到大和旅馆暂住,暑假之后不久,遂与润麒一起赴日留学。

随之,留学成了韫龢夫妇之间时常议论的话题。因为庄士敦与郑孝胥、郑垂父子关系异常密切,当韫龢结婚之后,庄士敦屡向溥仪提议,让她和郑广元去英国留学或考察,而且特意说明,二额驸夫妇若去英国留学,可以就近住在自己家里。但郑家父子不敢贸然答应,便去当面禀告溥仪。

见庄士敦的盛邀颇有诚意,溥仪遂爽快地应允此事。

赴英留学,指日可待。

第拾柒章

赴英留学

* 庄士敦的名著——《紫禁城的黄昏》，居然在英才的摇篮边问世。他兴奋地挥笔写道："中国皇帝的外甥女英才，在我的家里出生。"

* 无疑，庄士敦是一个孤僻的怪人，似乎并不喜欢女人，亦鲜见他与女人交往，除一次短暂婚姻之外，他此后终身未娶。

* 《紫禁城的黄昏》，在一九三四年出版，遂在西方引起轰动。庄士敦以天价稿酬在英国苏格兰购买了一座风光秀丽的小海岛。庄士敦死于膀胱癌，按照其遗嘱，骨灰撒在海岛周围……

* 庄士敦病逝后，居住过的海岛寓所楼顶上，仍始终飘扬着大清帝国的国旗——三角龙旗。

图片说明：一九三三年，韫龢怀抱着刚出生的长女英才，左为丈夫郑广元

一 《紫禁城的黄昏》在英才的摇篮边诞生

落叶纷纷,万木萧瑟。

怀孕数月的韫龢与丈夫一起,乘船启程前往英国。这是一九三二年初冬。

在她的记忆中,那是一次难忘的海上之旅。在一艘"丸"字号的日本船上,她整整住了四十天。

她和丈夫宿在船上的最高层,连同瘦高个儿的保姆赵妈一起,三人同居一室。虽然饭菜不错,但她晕船,不仅吃不下饭,连床都起不来。有一次风狂浪大,船上颠簸得像地震似的,非把饭碗固定在餐桌上才能开饭。

日本船上的饭菜一律是西餐,每天居然要吃六顿,其中还有几次茶点。每次分量虽不多,倒做得十分精细。郑广元时常跟韫龢开玩笑:

"你真没有口福,这么好的西餐都吃不下去呀?"

赵妈也晕船,只有郑广元没任何反应,吃得饱睡得着,顿顿西餐都不嫌腻。过了几天,她觉得稍好一些,风平浪静时,勉强去甲板上坐一会儿,渐渐才适应。

使夫妻俩惬意的是,那一艘船上足以容纳上千人,还设有网球场、游泳池。她和丈夫除了游泳,还时常到甲板上跟一个日本游客打网球,尽可以挥拍锻炼。

轮船停泊在印度,她见檀香木的玩具非常精致,就去陆上买了几个小象以及象牙工艺品。

她倚靠在船舷,看到一些当地小孩儿泡在海里,施舍地扔下一些钱,小孩儿们纷纷潜下海里捞钱,简直就像观看一场潜水表演。见此,韫龢同情地说:

"想起来,这些小孩儿真可怜,为了挣几块钱,要整天泡在海里头啊……"

途经意大利时,码头上盗贼多得出奇,郑广元险些被偷窃一空,多亏路人帮忙才幸免于难。

旅途中,夫妻俩在船上欣然度过了圣诞节。

虽然时值寒冬,抵达英国,放眼仍是一派绿色。这时,已是一九三三年一月,气候却依旧温暖如春,景色宜人。

她和一家人走下船舷，伴随庄士敦一起前来迎接的，还有一名伪满外交官丁士元。庄士敦见到这一行人，显得高兴极了，立即驱车接他们来到家里。

　　庄士敦住在伦敦郊区"丘嘎顿"一幢两层楼房里，房间非常宽敞。后来她听说庄士敦是跟一名广东人临时租借的，这倒可以看出其一片诚意。

　　大概出于庄士敦的恳求，待人厚道的广东人，特意留下一名厨师、管家老太太及一名佣人。此外，庄士敦还雇来临时工，负责拾掇屋子、擦楼梯等杂活。再加上她带来的赵妈，家里将近十个人。

　　她与郑广元各自住在楼上一间卧室。保姆单住一间，又腾出另一间房作为郑广元复习功课的地方。那间屋里陈设简单，只有一个体积巨大的收音机。

　　与此同时，庄士敦在楼上另外居住着两间卧室。楼底下还有一间大书房，他时常在那里写书。英国气候不算寒冷，连冬天也不用生火取暖。

　　初抵英国，她对当地的起居不太适应。英国人大多有早起的习惯，她还没钻出被窝，庄士敦已唤服务员给她送来咖啡和饼干。她没漱口，往往吃喝不下去，就省了这道早餐。有时总吃西餐感到肠胃不适，她特别想吃中国餐，就叫保姆在取暖用的煤气炉上，用罐头肉炒一道木须肉解馋。

　　借住在庄士敦家里，夫妻俩度过了一段悠闲而潇洒的时光。跟随她家的保姆赵妈，来到英国成天闹笑话。

　　由于赵妈不懂英文，听到餐厅服务员用英文称韫龢"女士"，便好奇地发问：

　　"她怎么叫您'卖蹲儿'呀？"

　　赵妈听到女服务员用英文叫庄士敦"先生"，又以为叫他"四儿"——一二三四的"四"。这些小插曲，倒也为平淡的生活带来一些乐趣。

　　闲暇时，韫龢经常给溥杰和三妹写信，还几次寄回在英国拍摄的照片。溥杰和三妹则每信必回，还邮来他们在日本照的相片，积累下来，彼此互寄了足有一摞。

　　当她和郑广元抵达英国时，庄士敦已成为教授，正在英国东方大学授课。除此，大部分课余时间都用于写作那部回忆晚清宫廷的名著——《紫禁城的黄昏》，还时常跟她交谈起往日宫廷内的种种生活轶事。

　　有时早晨起来，她在楼上听到庄士敦大声讲话，声音震得嗡嗡直响，低头一看，庄士敦正和郑广元坐在楼下边吃早餐边聊天。

　　她刚到英国仅一个多月，一九三三年二月，她的大女儿英才便在庄士敦家出生。

此前，她请来一名英国女大夫迈考尔和一名英国护士菲赛丝到家里接生。菲赛丝是一个老姑娘，原来在一家小医院工作，经验丰富。这位女护士从未结婚，却能说一口半通不通的汉语。

屋内没生火，她觉得身上稍有些冷。上午十点钟，女大夫迈考尔为她做"全麻"手术，把一个罩子捂在她鼻子上，她拿手一边扒拉，一边说：

"怎么那么难闻啊，好像哪儿有一股汽油味儿呀？"

"你别动，"迈考尔大夫笑了，"数一二三。……"

此时，韫龢数着数着，便迷糊了过去。

醒来之后，她仍然迷迷糊糊，总感觉要呕吐。然而，接生过程总算顺利。她和郑广元都期望生一个女孩儿，英国当地习俗是由护士负责购买婴儿的衣服，护士问她，买什么样的衣服，她说：

"如果生下男孩子，就买蓝色的。若生下女孩儿，买什么颜色好呢？"

"就买一件粉色衣裳吧。"郑广元爽快地搭茬儿说。

恰巧，韫龢生下一个女孩儿。她买来的粉色小床可以左右晃动，被子和衣服也是粉色。接生的菲赛丝，在小孩儿刚满月就走了，她又找来一个英国最好的幼师毕业的护士，叫诺瑞特，负责做饭。二十几岁的诺瑞特跟韫龢年岁差不多，一头卷发，长得很漂亮，也打扮得非常时髦。

起初，韫龢打算按照中国人的习惯，自己喂奶，说：

"自己喂可能对孩子发育好些。"

可是，仅喂养了五个月，她的身体感到虚弱，便改成喂一种特制牛奶。每个星期称一次小孩儿体重，如果长得过胖，就往牛奶里加点儿水，若不够分量再加点儿牛奶。

英才出生许久，一直没起名字，于是，韫龢写了一封信寄回国内，请郑孝胥给小孩儿起一个名字。复信寄来之后，庄士敦看到很高兴，说：

"英才这个名字太好啦。'英'，是表示英国，'才'，表示智慧。"

同时，她又亲笔给父亲载沣写了一封信，禀报英才出生的喜讯。她父亲接到信，极为高兴，因溥杰和四弟当时还没结婚，英才在这一辈儿尚属第一个出世的孙女。接到父亲寄来祝贺的信件，她和郑广元都感到异常兴奋。

她所居住的"丘嘎顿"附近，有一座漂亮公园，一年到头鲜花盛开，称得上四季如春。当地有一种淡雅的郁金香，英文名叫"丘里普斯"，尤其招人喜爱。公园旁边是一座网球场，庄士敦时常在那里打网球，也偶尔外出去打高尔夫球。

每天清晨,她用婴儿车推着英才去公园散步,呼吸新鲜空气。往往,庄士敦手捧着一本书,若即若离地陪伴在她身后。她悠闲地徜徉在林荫道上,时常伏在花瓣上嗅一下香味,每逢此时,庄士敦便抬眼朝她微笑。

在公园散步时,许多英国人觉得东方小孩儿十分稀罕,既可爱又漂亮,纷纷走过来看望。由于当地气候怡人,在返家的路上,庄士敦建议她把英才放在院里睡觉:

"你想想,还是院里的空气好,英国孩子都是这样的。"

起初,她惟恐孩子怕冷,听到庄士敦的说法,便尝试给英才多穿一些衣服,将其放在庄士敦书房的廊子下睡觉。渐渐,孩子习惯于在露天睡觉,一年中从没伤风感冒过,脸颊两侧一片红晕,简直像一个红苹果。

当英才出生三个多月时,便开始喝粥,每天午饭之后,她还喂孩子一块巧克力。早晨起来,她总是先给英才洗澡,然后用厚衣服包好,把孩子放进丝棉睡袋,底下再放一个热水袋,这样始终坚持在廊子下睡觉。

女护士诺瑞特曾在幼儿园照看过十二个孩子,极富经验。她在照看英才的一年里,每次喂食物都有准确定量,即不让小孩过胖或太瘦,养得身康体健。

有趣的是,庄士敦有时写书累了,就去廊子下守候一会儿躺在婴儿车里的英才,默默观察这个漂亮的东方小女孩儿。写书之余,他甚至特意拿出一张纸,得意地在上边写道:

"中国皇帝的外甥女英才,在我的家里出生。"

庄士敦写完,还兴奋地拿给她和郑广元看。他始终认为,皇帝的外甥女出生在他的家里,是一件令人自豪之事。

看得出来,庄士敦酷爱读书和写作,平时总喜欢在宽敞的书房里活动。只有客人来时,他才去另外一间大客厅应酬一下。庄士敦的书房一般不允许外人进入,大多时只有他一人在里边写书。他平常不使用鹅毛笔,而是用普通钢笔写作。她询问过内中原因,他的回答倒很实在:

"鹅毛笔要经常蘸墨水,太费劲了。"

她和庄士敦一起散步归来,他总是喜欢劝她把英才的婴儿车停在廊子下,静静地坐在一旁写书。这样,庄士敦一边照看着婴儿,一边挥笔著书,一次竟有感而发地对她说:

"有一个东方小女孩儿在旁边,多好玩儿呀,这样容易激发写作灵感。"

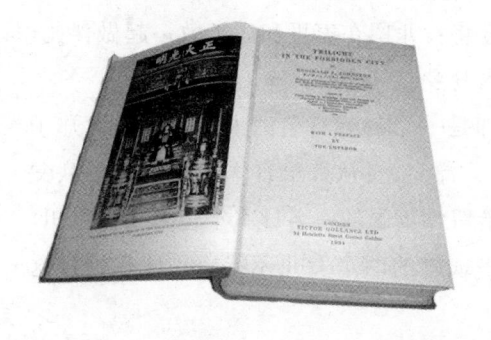

庄士敦著《紫禁城的黄昏》英文版书影（贾英华收藏）

毫不夸张，庄士敦那部《紫禁城的黄昏》是在末代皇帝的外甥女——英才的摇篮边上写出来的。事隔多年之后，庄士敦仍然喜欢述说此事。

在一年多里，庄士敦闭门谢客，终日痴迷于撰写《紫禁城的黄昏》，除与韫龢母女散步之外，极少迈出院门。

庄士敦的写作生活极有规律，一日三餐之余，每天上下午都在不停地伏案疾书，而且，总是处于一种亢奋状态，不时向她提问，尤其对宫廷和王府的内幕，遇到不懂的便"不耻下问"。在此期间，她和郑广元为其提供了不少鲜活的史料，庄士敦时常对她叨念不已：

"你和郑先生是上帝派来帮助我写书的。"

值得一提的是，庄士敦由于中文底子好，还擅长作古诗，时常反复提及自己的中国名字叫"志道"。她回想起溥仪过去时常给"志道师傅"写信，原来竟是写给他的。据她所知，是溥仪首肯了庄士敦这个"志道"的中国名字。

庄士敦不仅汉语说得好，还谙通中国佛教。她与他用汉语交谈时，庄士敦短不了卖弄起所谓的老北京话，不仅没有掺杂洋味，甚至连带儿音的"京片子"，也说得蛮麻利。

平日，庄士敦从不吸烟，只是晚餐偶然喝一点儿"雪利"酒。他酷爱阅读各种书籍，没有任何其他不良嗜好。据说，他年轻时曾交过一个女朋友，自从失恋之后，一直过着独身生活。

一次周末晚上，日本驻英大使松平横雄出面宴请她和郑广元，夫妇俩欣然应邀去日本驻英使馆做客。

英国的宴会与中国习俗不同的是，往往吃完一道再上另一道菜，即所谓"分餐制"，每位客人一份菜肴，而非大盘小碗摆满餐桌。按照惯例，要先上一道冷盘，然后上一道汤，接着再陆续端上一道道肉菜以及甜点。显然，英国人使用刀叉极为讲究，吃鱼使用鱼叉，吃肉另有肉叉，绝不可以任意混淆。

由于英才年龄尚小,她和郑广元遂将女儿留在家里和庄士敦一起做伴儿。夫妇俩宴罢归家,女儿大多已深深沉入梦乡。

别瞧松平横雄其貌不扬,在日本却是一个赫赫有名的人物。其长女郑子早年曾留学英国,个子不高,外貌却十分漂亮,自从嫁给日本天皇的胞弟秩父宫,身材竟变得十分肥胖。其次女嫁给留学英国的一名日本年轻人——德川。当韫龢和一家人归国途经日本时,松平横雄的两个女儿还特地热情宴请过这一行人。

韫龢在英国陪读期间,热情好客的英国老太太——伯爵夫人,经常邀她去家里聚餐,由此结识了貌不惊人的日本留学生德川,身穿普通西服的德川,两个女儿已经上学,尤其长女个子特别高。

她问起德川太太怎么没来,才知他前妻已去世。德川与韫龢相识后,还盛邀她和全家人共进午餐。

在一次宴会上,庄士敦又介绍韫龢结识了乔治五世的胞妹。乔治五世的妹妹大约三十岁,为人彬彬有礼。庄士敦提议让韫龢向其行英国礼节,只不过要先握一下手,然后稍稍往下曲一下膝——像请安,哪知,遭到韫龢婉言谢绝:

"我不会那么请安,也不愿意那样请安。"

不过,这并没影响两个女人之间的交往。她俩握手之后,由于谈话投机,聊了好一会儿才离去。

惟恐夫妻俩寂寞,庄士敦经常带她一家人去观赏电影或戏剧,其中英国著名话剧《少奶奶的扇子》,给她留下了深刻印象。此外,电影《小妇人》,也是庄士敦偕夫妇俩去观看的,郑广元看得津津有味,直到回家后仍议论不休。

一次,庄士敦还邀请她和全家人去英国一家著名饭店就餐。上厕所时,要事先扔进一枚硬币才能打开门。英国人大多数蛮有礼貌,一般如厕后出来不关门,好让另一人进去。哪知,一个美国女人可能看不起东方人,眼瞧韫龢将要进来,却关闭了门。她幸亏随身带了硬币,遂向里边投进一枚。

久而久之,她熟悉了英国人一个习惯,就餐后往往把掌勺的厨师邀请出来,彼此握手,以示谢意。

据说,苏格兰河里有一个神秘怪物,曾有人见它蹿出过河面。当地旅游商店还出售这种怪物的小玩具——细长的脖子,稍有一点儿像恐龙,当时社会上闹得沸沸扬扬,却始终是个未解之谜。庄士敦特意掏钱买来这个玩具,送给英才。

当庄士敦与郑广元跟伯爵一起去野外打猎时,竟然幸运地射中几只野兔。

遗憾的是,她没去,所以未能亲眼目睹,只好倾听着他们兴奋地叙述"战绩"。

"皇妹"一家人驾临,在英国竟产生了不小影响。伦敦市长出面在一座著名公园宴请她和全家人。宴会上,人们按照清朝习惯,称呼她公主,庄士敦还专门介绍她是溥仪的妹妹、郑广元是溥仪的妹夫——"满洲国"总理大臣郑孝胥的孙子。

显然,庄士敦有备而来,兴致勃勃地谈起在紫禁城与溥仪一起玩耍的情形,兴奋得手舞足蹈,又亮出特有的大嗓门,拿来许多在宫内与溥仪的合影照片,让大家传递着观赏。这时,她才觉得庄士敦总是不失时机地渲染与溥仪的亲密关系,吹得多少有点儿离了谱儿。

腼腆的郑广元舞技逊色,轻易不敢登场,只有一次圣诞节时,跟女护士勉强跳过舞。那位漂亮的女护士个子不算高,身材苗条,两人跳舞时间虽不长,用英语交谈得倒很融洽。

韫龢虽然跟英才住在一起,但除给女儿喂奶,剩下的如洗澡、换衣服等杂活,统统归保姆。一天下来,她依然显得比较轻松。

初到英国,她特别想让庄士敦与她用英语对话,以增加一些练习的机会。可是,他却挺古怪,总喜欢说中文。后来她才知道,他是想借此温习中文。

于是,她对这个英文老师大失所望。等英才稍大一些,庄士敦为她请来一位街坊——十八九岁的胖胖的小姑娘,英语非常纯正,开始每天用英语与她频频对话。

确切地说,韫龢的英语启蒙老师,倒是这个清纯的英国小姑娘。小姑娘不懂中文,却能与她每天至少交流两三个小时,加上她在天津学日语时,捎带着学过一点儿英语,学起来并不算难。

这样,韫龢才算正式开始了在英国的留学生活。

有时,她也会用英语向小老师提问一些怪问题,诸如猫为什么是蓝眼睛等。其实,她联想到了外国人的眼睛大多是蓝色,跟猫差不多。这使她始终感到奇怪,虽没得到答案,却学会了不少英语单词。

不久,她找来一名英国女护士看护英才,又借机练习英语对话。她时常被纠正一些不正确的发音和口语,由于年轻,记忆力好,语言进步很快。有时,韫龢夜里梦呓中竟带出了英语,早晨起床之后,郑广元微笑着对她说:

"你夜里说的梦话,都是英语啊。"

她学习如此用心,当然也有动力。因不会英语根本听不懂当地人说话,有了英语环境,效果大不一样。她逐步学会一些简单的日常英语对话,也渐渐看懂了英文书报。

她察觉，庄士敦特别喜欢被称为庄师傅或庄先生，平时，还总爱身穿溥仪赏赐的一件黄马褂，走起路来神气十足。然而，他脾气古怪，譬如他不吸烟，也反对别人吸烟。如果嗜烟的客人来家里做客，他往往嫌烟味呛得慌，即使当着客人面，也马上吩咐佣人打开客厅的窗户透透空气。

以往在国内，她和郑广元经常吸烟，眼见英国人大多不喜欢，连庄士敦也讨厌吸烟的人，于是夫妇俩暂时忌掉了吸烟的嗜好。

其实，庄士敦是一个"热心肠"，先后将英国朋友陆续介绍给她和郑广元，这些人大多是老头儿或老太太。其中只有一个年轻人，即为英才接生的大夫的女儿——柯克小姐，另外还有一位稍年轻点儿的护士，叫娜斯帕莉。

平时，由娜斯帕莉负责照顾英才的饮食起居，韫龢落得大松心。在开始一个多月里，她总拿小护士当孩子看待。见到娜斯帕莉经常为英才裁衣服、打毛衣，甚至为她和家人穿着打扮出谋划策，她才渐渐改变了看法。

每逢娜斯帕莉抱着英才出门，俩人身上的衣服颜色总是搭配得十分协调，娜斯帕莉为英才亲手缝制的小衣裳极为别致，大多缀着蕾丝花边。出门时，如果娜斯帕莉穿浅粉色的衣服，便给英才搭配深色衣饰，如果娜斯帕莉穿浅蓝色，就给小孩儿穿上黄色衣服。

见此，不仅韫龢夸奖英国小姑娘具有唯美的天赋，也屡获庄士敦的赞溢之词：

"这俩人简直太漂亮了！"

二 脾气古怪的庄士敦

表面瞧上去，庄士敦显然是一个孤僻的怪人，似乎并不喜欢女人，也鲜见他与女人交往。据她所知，在其一生中，除了一次短暂的婚姻之外，此后终身未娶。

颇有意思的是，庄士敦早年认识一个英国妇人，叫艾里克瑞蒂，此时已成了老太太。她始终不知老太太从事什么职业，只是偶见其人来庄士敦家里做客，然而，却并不受庄士敦欢迎。如果老太太走进家门，他居然会绷起脸毫不理睬。以致老太太每逢走进他家，竟不说看望庄士敦，而是遮掩地说是看望韫龢来了。

此时，庄士敦往往冒出几句直白又生硬的话，使老太太显得异常尴尬。当

艾里克瑞蒂走后,他还时常毫不掩饰地说:

"这个老太太真讨厌!"

相处久了,她才知道庄士敦的脾气:若不喜欢谁,马上显现出来,从不隐瞒其好恶。

她极少见到庄士敦与女人交往。但也事有例外,庄士敦有一位在东方大学共事的女教授,已年逾四旬。依韫龢看来,女教授实在不算漂亮,也不爱打扮,但庄士敦与她蛮说得来。她心知肚明,庄士敦与其并没有特殊的恋爱关系。

直到韫龢归国之后,溥仪一次谈起庄士敦时,故作神秘地告诉她:

"庄士敦在年轻时,曾经交往过一个女朋友,据说人家死活不同意。所以他失恋后,一气之下,再也不跟女人谈恋爱了。"

但真正原因,韫龢始终不得而知。

此时,庄士敦在伦敦大学担任教授的同时,正在攻读宪法。每天早晨,他乘坐公共汽车去大学上班,晚上按时归家。据庄士敦本人自述,他毕业于圣约翰大学,结婚之后一度到过长春。许久之前,妻子离他而去,仅剩下庄士敦孤身一人。

然而,庄士敦的性格也有幽默的一面。他跟她混熟以后,时常开起自认为好笑的玩笑,往往没等别人笑,他却自顾自大笑起来,直到涨得满脸通红。

在韫龢眼里,庄士敦的丰富表情远比其开玩笑更可笑。往往,她瞧着他可笑的表情才笑起来,庄士敦却往往自认为其幽默的语言引起的。

当英才出生"满月"那一天,庄士敦邀请许多外国人前来参加"派对"。来客当中绝大部分是英国人,虽然多数是老人,场面却异常热闹。

日本大使松平夫妇的出席,使这次聚会多少有了一点儿外交的味道。松平夫妇赠送英才一个精致的橡皮娃娃,取名"南茜"。见此,庄士敦热情地跑上前拍摄了不少照片。那天,她还和郑广元饶有兴趣地专门去附近照相馆,轮流怀抱着英才拍摄了满月纪念照。

另一次,庄士敦邀请宾客来家里小聚,遂将几张桌子拼凑成长方形餐桌。先端上来一道热汤,又陆续拿来一些小吃、冷食,最后摆上主菜——一道鱼和牛排,临了,再端上一道冰激凌和甜点心。

席间,庄士敦又不厌其烦地将韫龢和郑广元,逐一郑重地介绍给众多客人:

"这位女士——韫龢,是来自中国的公主。她是中国皇帝的妹妹……"

当庄士敦说这番话时,显得非常自豪,因为他一直以溥仪的老师而自诩。之后,他又洋洋自得地介绍郑广元是"满洲国"总理大臣的孙子。显然,这时郑广元只是成了妻子的陪衬。

在另一次鸡尾酒会上,韫龢曾遇到一位颇看不起东方人的英国女人,竟然用英语对她说,我看见一个东方姑娘,脸长得很平,远不如英国人的脸形好看,之后又讥讽地说:

"你们东方人竟然有这么'好看'的女人啊。"

她听了,觉得不对味,认为这是贬低中国人,禁不住反唇相讥:

"早晨,我也看见了一个英国姑娘,脸比她还平,似乎比她长得'漂亮'多了。"

英国女人听出她的不满,没敢再说下去。庄士敦见到这种尴尬场面,赶紧过来打圆场,给双方各敬了一杯酒才解围。

然而,大多数英国人对她一家极为友好。一位二十多岁的富有的英国贵族寡妇,与她年龄相仿,瘦高个子,尤其喜欢与东方人交往。在一次宴会上结识之后,英国贵族寡妇很快就成为庄士敦家里的常客,自然也成了夫妇俩的聊友。

炎夏,庄士敦时常在花园里举办足有二三十人的茶话会。长长的餐桌上摆放着一些简单的英国食品,无非是面包夹香肠——三明治以及一些甜点心,另外还有一些咖啡、红茶等饮料。宾客大多手里各自端着一杯饮料,走动着边吃边聊,气氛显得极为随意。

每当此时,庄士敦又俨然成了中心人物,总是千篇一律地追忆起当年在故宫与溥仪的一个个故事。尽管众人已听过多遍,仍不得不耐心倾听他重复过去的演讲。

在她的眼中,庄士敦的生活极有规律。早餐一般只吃一个鸡蛋、两片面包上抹一些黄油和果酱,至多还吃半个柚子,再多一点儿都不肯吃。午饭更简单,照例是一盘牛肉和一盘甜点心,每天下午四点钟吃茶点,直到晚上八点钟,他才吃晚饭。

相对来说,每天晚餐则显得稍微复杂一点儿:一盆汤、一条鱼、一盘牛肉,再加上一些甜点心和水果。吃早点时,庄士敦和郑广元总是在楼下,她大多在楼上单独吃。午餐时,家里经常仅剩下她一人。晚餐时,三人总是聚在一个餐桌上,这时才显得气氛活跃一些。

在她一家人临来英国之前,庄士敦已把烧木头的火炉改成煤气炉,所以家里环境异常洁净,只需每星期雇临时工来打扫一次卫生。她平时并没有什么家务可干,连衣服都拿到外边去洗。闲下来,韫龢就给溥仪和家人写一些家信。

在日常交往中,庄士敦与逊费尔德公爵关系密切。瘦高个儿的公爵是一个秃顶,太太早已去世,独自带着两个女儿生活。一次,公爵让庄士敦出面邀韫龢夫妇去自家的古堡小憩几天,事先说明,若天气好,还可以扛枪去打猎。

韫龢夫妇欣然接受邀请。没过几天,她和郑广元偕英才以及一个护士,庄士敦则带上平常伺候他的女仆,一行人乘坐火车赶赴古堡。

她和郑广元好奇地走进古堡,没想到,公爵只带着两个女儿陪同这一行人住在里面。远远望去,古堡就像一幢大筒子楼,进到里边,曲里拐弯绕半天才能登上楼梯。

她成了古堡内最尊贵的客人,居住的卧室是最宽敞的一间,内外全部是维多利亚时代的古典装潢风格,各种设施极尽豪华。临入睡之前,公爵走进屋,道过晚安,竟然佯作正经地绷起脸来,吓唬她:

"晚上经常有一个'绿太太'——女恶鬼,出来巡视……"

那天晚上,她害怕至极,躺在床上久久不敢闭眼,总朝着窗户反复观察,一夜无眠。

次日清晨,公爵吃早餐时,才告诉她,昨晚跟她开了一个玩笑,韫龢听后哭笑不得。

最使她惊讶的是,公爵居然会驾驶飞机,还让她和郑广元乘坐自家的小飞机,三人一起竟在伦敦上空盘旋了几圈。这架小飞机上,只能坐有限几人。

当小飞机飞翔在天空中时,公爵让郑广元坐在驾驶舱里,耐心地教他驾驶飞机。她心里异常害怕,惟恐飞机从空中坠落下来。公爵似乎看透了她的心思,微笑地劝她:

"你放心,有我在就不要紧。"

公爵让郑广元握住飞机的方向盘,在天空中盘旋了一阵。尔后,这架飞机由公爵亲手驾驶,降落在古堡附近的空地里。这时,她才算长舒一口气,由于内心恐惧,她的双手竟因攥扶手过紧而酸疼了几天才好。

等郑广元打猎归来,公爵又让韫龢夫妇去给厨房的大师傅道谢,说一些菜肴做得如何好吃之类的客气话。其实这些根本言不由衷,她走出厨房,不禁又提起那道难喝的牛尾汤。

平常,庄士敦总以毕业于牛津大学引为自豪,所以,带着她和全家人赴牛

津大学参观访问之后,又陪这一行人走进世界闻名的剑桥大学,逛遍了校园。庄士敦偕她漫步在大学的林荫道上,逢人便主动介绍:

"这是溥仪皇帝的妹妹。"

望着人们好奇的目光,庄士敦总是露出一副怡然自得的神态。

炎夏之际,庄士敦约她和丈夫去苏格兰避暑,又唤娜斯帕莉同行。她倒省了心,这个富有的贵族老寡妇,一边游玩一边照顾英才。在苏格兰,庄士敦兴趣盎然,嘴里始终滔滔不绝。韫龢倒觉得,这里实在没什么可留恋的,惟一的游览项目就是在湖里划船。

谁想,她和郑广元、英才以及护士一起去湖里泛舟,突然刮起了大风。四个人同乘一只小船,她和娜斯帕莉一左一右地紧紧搂抱着英才。哪知,正赶上行船逆风,船体剧烈摆动,娜斯帕莉被吓得尖叫不止。

四人之中没一人会水,韫龢被吓得脸色煞白。如果掉下船去,这一行人无疑会死于非命。湖面上只剩下这条孤零零的小船,幸亏郑广元拼命划桨,小船才勉强靠岸。

她返回饭店时,见到庄士敦惟恐四人遭遇危险,正在饭店门口焦灼万分地张望。见到这一行人平安归来,庄士敦才松了一口气,飞快地跑过来,高兴地拍着郑广元的肩头,说:

"真棒呀,健壮的小伙子!"

这时,郑广元累得气喘吁吁,一屁股坐在沙发里不动窝儿了。

三 庄士敦患膀胱癌病逝海岛

在韫龢看来,庄士敦虽乐观善良,却是一个习惯以自我为中心的"怪老头"。

相比较而言,庄士敦最喜欢中式长袍马褂,时常特意穿着这身打扮去公园照相留念,引得众多英国人侧目而视。

赴英之前,她带去了整整两箱中式衣服。英国女护士多次夸奖她的中式衣服漂亮,连她从中国带去的被褥,也被视为比英国的被褥暖和得多。

留居英国期间,韫龢平常大多身穿素色旗袍,只有参加宴会时才穿上绣花旗袍,上面绣的图案多是孔雀和梅花,则是郑广元亲自画图设计并请裁缝订做的。她每逢遇到喜事,还会穿上一件红丝绒旗袍。郑广元平时大多身穿长袍马褂,在公共场合却是一身笔挺的西服。

皆因庄士敦斡旋,她一家人在英国入境时全部免检,所以带去许多首饰。夏天,她胸前佩戴绿色翡翠挂件,冬天则是钻石项链,一年到头轮换戴。在英国人看来,皇帝的御妹在社交场所总是珠光宝气。

在英国,她感到最有意思的是买鞋。英国的冬天不算太冷,她穿着丝袜走进鞋店时,先要把双脚搁上去照影,以便了解双脚大小以及宽窄,然后按照尺寸去挑鞋。她从小脚上穿的是布袜子,脚趾头已长得并拢一起,走路时脚踝骨时常感觉疼痛。来到英国之后,她穿上了合适的皮鞋,双脚显得轻松多了。

她没想到,郑广元在英国显露出了平时不多见的本事。除了日常简单的衣服由护士来做以外,夫妻俩的时髦大衣——一种坎肩,被叫做"八大坎儿",胸前只有一排扣子,居然是郑广元亲手剪裁的,他还为妻子购置了一条银狐长围脖。

他颇讲究服饰搭配颜色,还煞费心机地为英才设计了一种白兔毛帽子和蓝灰色大衣,胸前缀着两排白扣子,走在街上,极引人注目。他为女儿量身设计了一身浅蓝色大衣,同时配上浅黄色毛线贝雷帽和黑皮鞋。若穿红大衣,便穿红皮鞋,冬天则配上貂皮围脖。

陌不相识的人见了英才,不时上前微笑着询问:

"你们是日侨吧?"

一次,她出去坐车买东西,返回时无论如何找不到归路。正在四处寻找时,她恰巧遇到一位巡警,便用不太准确的英语问路:

"请问,莫提克路十八号在哪儿?"

英国巡警笑了,用手一指她身后,说:

"这不就在你身后吗?"

她回身一瞅,也乐了,住处正在身后不远。

韫龢在英国游历了不少地方,不仅到过爱丁堡,还游览过英格兰一个风景优美的著名旅游胜地,郑广元归来之后,一再声称那里是绝妙的避暑之地。

弹指一挥间她在英国陪读已有一年多。

一九三四年初春,郑广元留学毕业,她和一家人按照溥仪的旨意,携一岁多的英才,告别庄士敦归国。

那一天,庄士敦和看护英才的女护士将她和一家人送到轮船上,女护士紧抱着英才流泪,久久不舍得离去。女护士经济拮据,连一块手表都没有。于是,韫龢临别时赠送她一只手表,女护士高兴之余,竟激动地抱住她哭泣起来。

苏格兰当地的风俗是,男人也穿裙子,英语叫"斯克特",这往往成为"派对"时奏乐或吹风笛时,苏格兰男人最时髦的服饰。回国之前,韫龢还特意给溥仪买回一件苏格兰男人穿的裙子,以及一种风笛——英国人叫做"派泊"。

虽然,苏格兰毛毯质地优良,她本想给溥仪带回一块,但由于体积过大无法带回国,只好留下了遗憾。

相形之下,归国路途较短,没有来英国那么多日子。一路上,依然是她和郑广元以及保姆赵妈,只是多了一个可爱的婴儿——英才。

她一家人返国途中经过加拿大、美国等许多国家,喜欢凑热闹的郑广元每次都要下船去游玩一番。她要照顾英才,所以不愿下船。年仅一岁多的英才有一把带轱辘的婴儿车,每当轮船倾斜就滚到一边,一会儿又滚回另一边,韫龢觉得挺好玩儿,即使头晕得难以起床,仍笑个不停。

丈夫每次下船归来,照例要给她讲述一番亲历见闻。

在她眼里,檀香山无疑是途经之地风景最优美的城市。一家人乘坐日本轮船,路过檀香山时,下船观看了当地最具特色的草裙舞,一串串鲜花套在漂亮姑娘的脖子上,分外艳丽夺目。郑广元与她欣赏着当地美女的婀娜舞姿,顿时眉飞色舞。

上船归来,每个旅客无不头戴鲜花做的美丽花圈。瞬时,轮船上成了鲜花的海洋。

三月一号,轮船抵达日本,她和郑广元下船,去看望在日本留学的二哥溥杰和三妹夫妇。

她一家人住在三格格家里,又与溥杰等人见了面,仍然像小时候一样,彼此谈笑风生,兴奋得手舞足蹈。

那时,从日本到长春,要先坐轮船再转乘火车。随后,她一家人由溥杰和三妹夫妇送上轮船,顺利返回"新京"。

她觉得,留英期间也不免遗憾之事。前些年,乔治五世访问天津时,曾与隐居此地的"寓公"——溥仪彼此交换过照片。当韫龢夫妇赴英留学期间,溥仪从长春专门寄给庄士敦贺年片,请其转交乔治五世。但是,庄士敦借口"满洲国"未与英国建交,迟迟没能转交成。

当韫龢一家回国前夕,庄士敦深感歉意地让她将贺年片捎回中国,往日的立场和观点却丝毫没有改变:

"这封贺年片无法转交英国政府,因为彼此没有建立外交关系。"

庄士敦无法自圆其说地反复解释,他之所以一直犹豫不决,是考虑溥仪究竟以"满洲国"皇帝还是按照大清国逊帝的称谓递交。其实,按照韫龢的理解,庄士敦并非由于未建交的原因,而是从最初开始就反对溥仪赴中国东北投奔日本人。

皆因此层因由,庄士敦遂拒绝将贺年片递交乔治五世。临别之际,庄士敦倒是对她掏出了心里话:

"要没有这层关系倒没什么。从前在天津时,溥仪与乔治五世彼此也交换过照片。现在因为满洲国这层关系,我反倒不好转交英王了。"

当韫龢回到国内,将贺年片亲手递还溥仪时,"皇上"没说一句话,只是脸上露出了尴尬的神态。

她无论如何也没想到,归国当年,庄士敦就给她和溥仪各寄来一部刚出版的回忆录——《紫禁城的黄昏》。这部书于一九三四年三月在伦敦出版①,旋即在西方引起轰动,而且接连再版。于是,庄士敦凭借此书居然挣到了一笔天价稿酬。

庄士敦以这笔钱在英国苏格兰购买了一座风光秀丽的小海岛,索性迁往岛上居住。

其实,她和郑广元早在英国期间,就曾受到庄士敦邀请,欣然登上过那座即将买下的苏格兰小海岛,居住在"洋帝师"的海景别墅里,欣喜地生活多日。她记得,登岛当天,午饭吃的是西餐,有牛排、炸土豆片,还有特别难喝的一道牛尾汤,只有牛奶、咖啡还算比较可口。佣人天天熬牛尾汤,她吃得厌烦至极,连跟随去的女护士,也不禁皱着眉头发起牢骚:

"今天又是喝牛尾汤?"

她听罢大笑,用仅会的几句英语反问道:

"你吃腻啦?"

众人听了,哈哈大笑不止。

在幽静的海岛上,庄士敦即将出版的《紫禁城的黄昏》,成了他们终日议论的主题。

当她回到长春之后,她和溥仪收到庄士敦邮来的这部西方畅销书,兴奋不已。虽然,溥仪对其中一些观点和细节,并不苟同,却也读得津津乐道。毕竟,

---

① 1934 年,庄士敦的回忆录《紫禁城的黄昏》,由伦敦一家著名出版社出版之后,一时洛阳纸贵,轰动欧洲。庄士敦在《紫禁城的黄昏》这部书中,不仅披露了溥仪为人罕知的宫中生活,也客观记述了紫禁城二百七十多年的黄昏时期——从民国成立到 1924 年,以及溥仪出宫这一时期的情形,展现了晚清落幕之际的复杂历史景象。书中还描写了王公贵族和政客军阀,刻画了康有为、胡适、罗振玉、王国维、郑孝胥、翁同龢、陈宝琛、章太炎等晚清人物的生活剪影。

这是西方著作中第一部以末代皇帝溥仪为主角的专著,显然无形中为溥仪扩大影响,抬高了身价。

庄士敦在《紫禁城的黄昏》一书前边的"序言"中充满激情地写道:

谨以此书献给溥仪皇帝陛下,最真诚地希望溥仪皇帝陛下及其长城内外的人民,经过黄昏和长夜之后,迎来一个新的更为幸福的时代曙光。

显然,溥仪注意到了这段明显带有"祝福"色彩的序言。他与二妹多次谈起昔日的庄师傅及其著作——《紫禁城的黄昏》,而对于庄士敦不肯效力"满洲国",并无恶感,反而流露出一种淡淡的思念之情。

据韫龢所追忆,世人罕知的是,庄士敦的著作出版不久,却意外检查出已患膀胱癌。但无论医院怎么劝他住院施行手术,他却死活不答应,甚至倔强地说:

"我宁愿死去,也不开刀。"

一九三八年,正当她一家归国后,居住在伪满长春时,忽然意外收到了庄士敦的女护士用英文写来的一封信,悲伤地告诉她:

"庄士敦先生已经去世。"庄士敦果真"死去",病逝于膀胱癌,享年六十四岁。

实际上,她早已获悉庄士敦患病,却没料到去世如此之快。此前,彼此许久没有通信,她对此甚感遗憾。

据她所知,庄士敦被火葬之后,按照其生前遗嘱,骨灰撒在他用稿酬购置的那座海岛周围……

那座小岛上的书房里,庄重地摆放着庄士敦所著的回忆录——《紫禁城的黄昏》。

早在生前,庄士敦就曾将许多珍贵的藏书无偿捐献给国家,剩下的一些书籍则搬运到了海岛上。或许,在庄士敦看来,这才是他真正的"家"。

韫龢听说庄士敦所居住的海岛寓所的楼顶上,直到许久以后,仍始终飘扬着大清帝国的国旗——三角龙旗。足见,洋帝师对溥仪始终怀有一种特殊的情感。

此后,每逢有人提起庄士敦,韫龢便有些伤感,常常念起这位"古怪"老人的种种好。他健在时始终那么乐观。有他在,总有不断传来的笑声。每当追忆起庄士敦,她第一个印象总是他那苏格兰人所特有的爽朗大笑。

第拾捌章

英国归来

*"盐仓",成了长春市民挖苦伪满宫殿的比喻,讥讽溥仪无异泡在盐仓里的一条"咸龙"。

*德妈悄悄告诉她,婉容与一个随侍的宫中秽闻,又叮嘱她:"您可千万甭问万岁爷呀!"

*婉容的私生子是否刚刚降生,就被溥仪活活烧死?韫龢亲口对笔者做了如下回忆:婉容临产之前,溥仪"将天津的德国大夫——白大夫请去,专门打胎。打下就死了,死后烧了。"由此可见,并非如有的传闻那样:小孩儿生下之后,就被活活扔进了锅炉。①

图片说明:韫龢(左)于一九三六年,和女儿英才(右)、郑爽在一起

① 此处文字摘自贾英华记录稿原文。

一　泡在盐仓里的"咸龙"

从英国归来之后,韫龢一家人住进长春伪皇宫的西花园。

原来,溥仪在日本人的严密控制和操纵下,一直感觉内心忧郁,连找一个贴心人说句心里话都实在难,遂安排她一家人住在邻近的西花园,以便烦恼时找个可靠之人倾诉苦衷。

她家所居住的房子,距伪满皇宫颇近,只需几分钟就可以走到。有时,溥仪打来电话,没过一会儿,她就站到了大哥面前。每天下午,她几乎都到溥仪那儿坐坐,或去陪伴婉容吃晚饭。

自打她一家人搬来之后,溥仪竟一改晚睡晚起的旧习惯,每天清晨五点多钟,就把郑广元叫起来去马场骑马,然后再去网球场一起打网球。她觉得早晨起床过早,又要照顾英才,便没跟随去晨练。

直到韫龢一家搬离,溥仪仍让四格格和五格格搬进西花园。在伪满人人自危的情形下,"皇上"依然觉得家人最放心。

据溥仪对她私下透露,对于伪满政权的建立,日本关东军机关算尽,以致连伪皇宫称谓也煞费心机。因为日本天皇住地叫"皇宫",关东军不准溥仪跟日本天皇一模一样,指令这里改叫"帝宫"。因为日本称"宫内省",伪满皇宫内务府遂改称"宫内府"。

显然,名称的改变成了"主子"和"奴才"关系的标签。

当然,这里的建筑规模远远无法与紫禁城相比。伪满皇宫正门坐北朝南,院内陆续建有三座西式楼房,依次叫"缉熙楼"、"勤民楼"、"怀远楼"——"勤民楼"系溥仪依据祖训"勤政爱民",亲自起的名字,是其办理政务、举行典礼之地。

内廷勤民楼北边的一幢建筑叫"怀远楼",里边供奉着清室的祖先以及佛像。楼上特意修建了"赐宴"的"清宴堂",有时也在这里放映电影。

此楼东边,溥仪又异想天开地建了一处大型赐宴场所,叫做"嘉乐殿"。殿东边还建有一排平房,作为皇宫警卫的住所。一九三六年,由日本人设计监工,又修建了一座二层宫殿——"同德殿",作为溥仪的"福贵人"——李玉琴居住的地方。

瞧上去,它的楼顶是黄色琉璃瓦,建筑风格不中不西。楼前那座大门,被叫做"同德门"。这座楼底层建有一个"大广间"——大厅、候见室、晋见室、电影厅、日本间及御膳房。她曾经陪着溥仪在电影厅观看过电影。二楼专为"皇后"和"贵人"设有寝室、客厅、卫生间、药库、储藏室、梳洗室、日光浴室等。

站在二楼上,一层大广间则一览无余。每当举行庆典朝贺时,溥仪就站在二楼上,居高临下地接受群臣朝拜。

说起来,她始终觉得怪异。虽然这幢楼装饰豪华,室内冷暖设施齐全,但凡铜、铁的物件,用手摸就会被电一下,人们大多认为因静电所致。溥仪则怀疑日本人在楼内暗中安装了窃听器,始终不愿住在同德殿,而一般宿在缉熙楼。所以,平时这里显得冷冷清清。

为修身养性,溥仪又在同德殿长廊南边修建了一座假山和鱼池,两者之间,还安装了一套循环水设备。除严冬以外,在这儿都可以见到终日流淌的瀑布。

登上假山顶,可以眺望宫墙之外。每当伪满洲国成立纪念日那天,溥仪都穿上陆海空大元帅服,在上边接受所谓民众的遥拜。

接着,溥仪又在同德殿东南方足足数米深的地下,建筑了一处钢筋水泥结构的防空洞。水泥洞里建有三道铁门,且配有换气设施,在紧急情况下,可以容纳几十人。

修建完毕,溥仪特意带她和几个妹妹去里边视察了一番,还叫上了患病不算严重的婉容。

在同德殿正东方向,还建有一个御用游泳池和网球场。奇怪的是,她从没见过伪满内廷的游泳池,有谁在里边游泳,只是在冬天,曾见到有人在那里滑冰。

韫龢从来没学会游泳,更不会滑冰,连穿着冰鞋在冰上都站不住。溥仪也不会滑冰,只能让侍卫扶着才能勉强在冰上慢步挪动,她曾亲眼看到"皇上"在冰上摔过跟斗。

韫龢不会跳舞,而三格格会跳舞,却不会滑冰,其未婚夫润麒身体灵巧,不仅滑冰技艺高超,跳舞亦堪称一流,每当走上舞场,就成了众人注目的"明星",这始终使韫龢自愧弗如。

内廷北边有一座小楼,是溥仪专门修建的书画库,内中收藏了不少历代名画和法帖。

她与擅长书画的溥修素有来往。溥修的岳父,名字叫费继山,人称费老先生,书画颇有功力,与她亦有几面之交。她与毓嶦的父亲——溥伟相识多年,后来,才知溥伟早就投靠了日本人,却没能当上伪满"皇帝",最终在长春一家旅社潦倒去世。

溥儒是溥伟之弟,在画界名气颇大,当时被并称之"南张北溥"①。她和几个妹妹原想邀请溥儒来教授绘画,谁知溥仪从心底不喜欢他,此事终成泡影。

此外,宫内府还有花园、假山等等,一应俱全。

溥仪第二次访日之后,又在同德殿前方的假山正东方向,违心地修建了一座专门祭祀日本天照大神的木殿——"建国神庙"。

原来,吉冈从日本"请"来"天兆大神",溥仪极为反感,觉得理应供奉祖先灵位,凭什么供奉日本人的祖宗呢?无奈,溥仪只能在二妹面前发发牢骚,而不敢在日本人面前流露丝毫不满情绪。

算起来,伪满内廷建筑大约占地十二万平方米。溥仪在这里提心吊胆地度过了十三年零八个月的傀儡皇帝生活。

一九三三年十月,日本准备承认溥仪为"满洲国"皇帝,他高兴之余,似乎有些得意忘形。溥仪考虑的第一件事就是"登基"时的穿戴,于是从北京的老太妃处拿来保存二十多年的龙袍,尽管不是新做的,却是光绪皇帝当年穿过的真正龙袍。她听说,溥仪反复抚摸着它,显得兴奋不已。

溥仪就任执政时,年号曾称作"大同"。这次,他又亲自为伪满洲国起了一个年号——"康德",表示敬仰且钦佩康熙皇帝,欲竭力模仿"列宗",恢复祖业。

岂料,关东军很快表态,日本只承认满洲国皇帝,而不是大清皇帝,因此"登基"时不能披挂龙袍,只能穿陆海空军大元帅服。听到这个消息,溥仪心里顿时凉了半截儿,极为不满地发起了牢骚:

"爱新觉罗的后人要穿什么洋式服装登基,这岂不成了'四不像'?"

在溥仪的卧室,不少人亲耳听到了这几句话,担心一场冲突不可避免。然而,结局却出乎所料。

多年以来,溥仪死心塌地企图恢复清朝祖业,梦想早日穿上龙袍,日本人则让他身穿大元帅服登基。再说从北京来的皇族宗室都要来祝贺,见到这种打扮会怎么想?这不行。溥仪想来想去,找来了郑孝胥:

---

① "南张北溥",即张大千和溥儒。

"这件事,由你代表我向日本人交涉去。"

郑孝胥点点头,眼睛瞥了一眼桌上的龙袍。没一会儿,郑孝胥便垂头丧气而归,一副无奈的神情:

"关东军毫不让步,执意'皇上'登基时穿大元帅正装。"

溥仪一听,火冒三丈,气急败坏地说:

"我登基之前,还要行告天礼呢。难道,让我穿着元帅服磕头吗?"

"关东军坂垣大佐说,'皇上'祭天的时候,可以穿龙……"

溥仪转念一想,还没等郑孝胥说出龙袍的"袍"字,立时接过话茬儿:

"既然坂垣大佐已经发话,只要让我穿龙袍去祭天,就还算是列祖列宗的孝子贤孙,可以祈祷祖宗保佑。所以,我不打算再去争什么别的了。"

其兄长溥仪就任伪满洲国皇帝戎装像

显然,溥仪给自己找了一个解脱的台阶。其实,旁观者清,长春市民根据伪满宫殿的形状,称这里为"盐仓",其意不言自明,显然讥讽溥仪是泡在盐仓里的一条"咸龙"。

然而,溥仪却浑然不知。

二 溥仪再披"龙袍"

恰巧,溥仪登基那一天,韫龢和郑广元正在归国途中,刚刚抵达日本。

当天,她和郑广元给溥仪发去贺电,庄士敦也给溥仪专门拍发电报以示祝贺。

当韫龢一家回到长春之后,溥仪曾饶有兴味地向她追忆起重穿龙袍的前前后后。

一九三四年三月一日,溥仪很早便起了床。

他身穿睡衣走出卧室,先到对过的佛堂念经诵佛,朝东默拜。这成了他每天不可或缺的功课。

那天清晨，溥仪祷告完毕，吃过早餐，侍卫队长李国雄前来禀报，又伺候"皇上"穿上由荣惠皇太妃收藏的黄贡缎绣流云的金色龙袍。然后，溥仪戴上左右各坠着两个红穗、镶嵌着珠宝的皇冠。

当溥仪穿戴完毕，来到穿衣镜前，从头到脚地打量镜中的自己，激动地抚摸着团金龙袍，又用手摩挲着龙头，得意洋洋地对李国雄说：

"朕今天又穿上了龙袍，这是恢复祖业的开端！"

早晨七点半，掌礼官前来奏报说：

"请皇上行大礼，仪仗已经准备妥当，请皇上启驾。"

三月一日清晨，在长春郊外杏花村临时搭起的高台上，溥仪身披龙袍，恭行告天即位的古礼。返城之后，溥仪又按照日本关东军安排，换上大元帅装，出席登基典礼。

在戒备森严的登基仪式上，溥仪出尽了风头，差一点儿激动得潸然泪下。一些身穿长袍马褂的清朝遗老，表情啼笑皆非。

翌日，康德皇帝——溥仪赴伪皇宫正式上任。

按照溥仪的旨意，总务处事务官等人来到勤民楼北边的奉先殿。

此殿与正殿仅隔不远。大殿里四壁装裱着浅绿色丝绢，地上铺着浅绿色地毯。北边长条供桌上，从左侧开始，一溜儿摆放着顺治皇帝以及六位先祖的牌位暨慈禧太后等牌位，上边无不用明黄缎子罩盖。在殿里，还摆放着醇亲王奕譞及嫡福晋叶赫那拉·婉贞、侧福晋刘佳氏、溥仪的生母瓜尔佳氏的牌位。昏暗的大殿里灯光摇曳，显得格外肃穆。

为求得列祖列宗在天之灵的护佑，溥仪神情凝重地率领爱新觉罗家族，朝着先祖的牌位焚香叩头、祭拜。当众人退下之后，只剩下溥仪独自一人伏在祖母刘佳氏和生母瓜尔佳氏牌位前，眼泪汪汪地默默祷告：

"太太、奶奶，您生前的期望实现了。溥仪将永远不忘先祖的养育之恩，也绝不会忘记恢复祖业，以告慰列祖列宗在天之灵！"

溥仪的弟弟和妹妹看得再明白不过。多年来，溥仪对大清国逊位始终耿耿于怀，一直以复辟为己任，将重登皇帝宝座视为一生的极致辉煌。连日里，伪满洲国电台成天播送着《满洲国国歌》的旋律：

　　天地内，有了新满洲。
　　新满洲，便是新天地。顶天立地，无苦无忧。
　　造成我国家，只有亲爱，并无冤仇。

人民三千万,纵加十倍,也得自由。
重仁义,尚礼让,使我身修。
家已齐,国已治,此外何求。
近之则兴,世界同化。
远之则兴,天地同流。

沉醉于美梦之中的溥仪,在新京重新"登基"之后第一件事,即盛情邀请其父载沣迁往长春居住。

当然,载沣自有主见。他察觉日本人的要挟态度,始终反对溥仪赴东北就任"傀儡"。然而,溥仪潜往东北以后,多次派人劝其父来东北居住,载沣更是犹豫不决。

载沣迟迟不来东北,其原因之一,不外乎溥仪在伪满洲国名曰"执政",实权却操在日本人手里,伪满洲国并非"大清"复辟。溥仪即位之后,屡次来信催促父亲前往。经过再三考虑,载沣终于吐了口:

"去看一看吧。"

一九三七年,在新京火车站上,宫内府大臣宝熙与婉容的父亲——荣源,以及陈曾寿、金璧东、佟济煦等人,带领一百多人全副武装的护军,列队迎候载沣到来。

由北平驶来的列车抵达车站,载沣带着女儿四格格韫娴、五格格韫馨和四子溥任走下列车,宝熙赶紧抢先迎上前,向载沣问候。

双方一阵寒暄之后,佟济煦诚请载沣检阅护军队伍,继而分乘四辆汽车赴伪皇宫。当车队来到"景运门"时,溥仪和皇后婉容已在此恭候。溥仪身穿陆海空大元帅服,胸前挂着一套在天津定做的大清帝国勋章,一套满洲帝国勋章,另一套则是日本天皇御弟秩父宫为祝贺溥仪登基赠送的日本大勋位菊花大绶章。

金晃晃的绶章,依然难以遮掩溥仪心神不定的惨白面孔。此时,婉容依然一身宫装打扮,梳着整齐的旗头,身穿黄缎绣花旗袍,肩上斜背着勋带,头戴日本天皇赠送的宝冠,脚下穿着厚底花盆鞋。"康德皇帝"夫妇第一次以新的身份,迎候"皇父"的到来。

载沣走下汽车时,不伦不类的礼节,使他眼花缭乱。溥仪向其父行了军礼,婉容请的是蹲儿安,之后由溥仪和婉容陪同来到勤民楼西配殿。

父亲刚刚落座,溥仪随即吩咐众人退下,连外衣都没脱,就连忙跪下行家礼——恭请跪安,异常恭敬而亲切地对载沣说:

"王爷来了,我就放心了。从天津一别已有多年,不知家里情况如何?"

载沣听到溥仪的问候，简单叙说了家里的近况：

"皇帝走后，一家人几经坎坷，总算过来了……见到皇帝重登'九五'，实乃大清之幸。"

见载沣刚说完，溥仪立即让太监献上一柄如意，以祝愿吉祥如意，然后，又吩咐手下：

"请王爷到畅春轩休息，由司房为弟弟和妹妹安排住处，晚上再设家宴洗尘。"

当晚按照溥仪的旨意，内廷又出现了一派热闹景象。

西膳房的厨役、勤务班的太监，穿梭般往来于勤民楼之间。不到一个时辰，建兴斋摆设了西餐专用的长条桌，桌面上铺着乳白色的台布，又陆续摆上了香槟酒、果汁、饮料以及苹果、香蕉等果品。长桌中央摆放着一簇簇鲜花，在灯光照耀下格外鲜艳夺目。

此时，已换穿一身长袍马褂的溥仪，坐在雕刻着兰花的高背御座上，接受家人三跪九叩的大礼。当爱新觉罗家族依次入座时，家宴居然按照外国规矩，乐队奏起了乐曲。

从天津专程聘来的著名西餐厨师王丰年，亲手制作了西餐菜肴、冷菜，每人面前摆上一整份菜，每份菜都竖插着一枚银签，以示已经品尝过。

尤其引人注目的是，伪满洲国总理大臣郑孝胥以及新京特别市长黎静远亦到场作陪。

这次宴会的排场，远远超过秩父宫到来时的国宴。宴会开始之后，溥杰遵照溥仪的预先部署，首先站起身来，举起斟满的酒杯，振臂高呼：

"皇帝万岁，万岁，万万岁。"

紧随溥杰的高呼声，在座的爱新觉罗家族，无不起身模仿溥杰的样子高呼万岁。溥仪异常高兴地饮着酒，往右边扫了一眼，见到精神恍惚、目光呆滞的婉容，又往左边望了望爱新觉罗家族成员，旋即站起身：

"托列祖列宗的洪福，我爱新觉罗子孙将以此为起点……"

说完，溥仪举起酒杯，众人随之举杯祝贺"康德"登基，进而纷纷表态：

"我们为恢复大清朝，甘愿肝脑涂地，在所不惜……"

多年罕见的盛大酒宴，一直持续至半夜才告结束。

溥仪兴奋之际，挽留二额驸的祖父郑孝胥与载沣饮酒"联句"①，以助雅

---

① 联句，即文人之间做类似接"对子"的文字游戏。

兴,直到三更将尽才离宫而去。

事隔没几天,溥仪在缉熙楼再次举行家宴款待父亲和家人。这次没有任何外人,仅是溥杰以及几个妹妹围坐在一旁。席间,溥杰又一次举起酒杯,高声欢呼:

"皇上万岁!"

接着,几个妹妹也端起酒杯,跟着呼喊了几声"皇上万岁"。溥仪极为兴奋,父亲载沣几口酒下肚,满脸绯红——家人毕竟团聚在了一起。

在溥杰带领下,妹妹们又喊了几声诸如"祝皇上健康"之类的祝福话。父亲载沣并不多话,只是坐姿稍显随意些。她早知,若去外边吃饭,载沣必婉言谢绝。

这次家宴,从中午足足延至傍晚才散去。

岂知,"意外"发生。

日本驻满大使馆以"满洲国"全副武装迎接载沣、擅自进入满铁附属地为由,向溥仪提出公开抗议,要求今后杜绝发生类似事件。

不仅如此,关东军居然指责欢迎载沣的家宴没有通知关东军,而是爱新觉罗家族擅自举行溥仪登基仪式的"补充"。更令人气愤的是,关东军第四科竟当面向"康德皇帝"郑重地重申以往规定:

"满洲帝国一切活动必须由关东军方面安排,且以关东军的利益不受任何损害为前提。"

一时,溥仪愕然。

三 内廷秽闻

韫龢夫妇时常去内廷探望溥仪,这成了"康德"罕见的轻松时刻。

相见时,溥仪笑逐颜开,在谈话中,一句心里话却不由脱口而出:

"哎呀,我在宫内可要憋死啦。"

其实她和丈夫在英国也憋得够呛,不同的是,只是那里往往不能随便吸烟,回到长春,才又恢复了吸烟的老习惯。

内廷生活凶险而枯燥。溥仪内心再明白不过,所以千方百计想哄几个妹妹高兴,一次,还赠送给她们每人一台小型电影摄像机。

她家离溥仪住的内廷不远,而溥仪却从没去过几个妹妹家,但又很想了解她们各自家庭的情形,于是,她就在家里拍摄了不少和孩子在一起嬉笑打闹的镜头,亲自拿到同德殿请溥仪观赏,谁想,"皇上"竟然看得津津有味。

早晨才五点多,溥仪居然来叫门,要找郑广元聊天。多年后,她才明白,这一段是溥仪内心最焦虑之际。

但溥仪很少透露真实的内心世界。有时,他还叫二妹夫妇同去玩一种微高尔夫球——小型高尔夫球。有一阵儿,郑广元打网球来了劲儿,每天非必打一场不可,引得溥仪也染上了网球瘾。

她和郑广元陪着溥仪在网球场上打球时,郑广元身穿圣约翰大学校服在球场上奔来跑去。多数人既不认识他,也不认识她,在网球场外,一个陌生人正巧站在她身旁,用手指着郑广元说:

"瞧,那人是圣约翰大学的!"

她暗自笑了,没吭一声。表面上,溥仪整天和她一家人说说笑笑,然而,内心矛盾和痛苦,自有她知。

看得出,溥仪十分喜欢英才,时常拽着她去跑马场和网球场玩耍。刚回到国内时,英才听不懂汉语,只会说几句英语,一次指着溥仪戴的勋章,用英语说:

"好看,好看。"

"哎,英才怎么不会说中国话呀?她在说什么呢?"溥仪感到挺纳闷儿。

"她在用英语说,意思是好看。"韫龢笑着告诉溥仪。

在院里,溥仪拽着英才的双手,高高地抱起她。在长期心情压抑中,溥仪有二妹母女陪伴身旁,仅暂时摆脱了烦恼。

实际上,经过国内很长一段生活,英才渐渐才学会汉语,有时竟用中英两种语言混杂使用,听起来倒十分好玩儿。

归国第二年——一九三五年,她生下了二女儿弥孙——小名弥弥。赵妈便开始照顾起英才和弥弥这两个孩子。

一九三七年,韫龢又生下了三女儿三秀。以往,家里孩子的名字无一不是郑孝胥起的,或许因为生下的不是男孩,他就不大高兴地起了这样的名字:弥补孙子——弥孙,第三个女孩——三秀。

也许并非赘语。郑家连续几代第三个孩子均早夭,所以起名字时都极力避免"三"字,而郑孝胥毫不避讳地给韫龢的三女起名三秀,使她多日感到忐忑不安。

沿袭英国养成的习惯,即使在东北寒冷的气候中,她依然让孩子睡在院里。不仅英才,弥弥亦如此。她用丝棉做成睡袋,让孩子躺进去,身下再放一个热水袋保暖。

两个女儿的小脸蛋儿，虽被冻得红扑扑，却极少患病。几年间，孩子居然从没感冒过，甚至连气管炎这类小毛病也没有。

她从不让英才和弥弥吃陈年的旧罐头，只让她俩吃鱼肝油，喝挤榨出来的鲜橘汁。午饭后，再分别喂她俩一块巧克力。英才在英国从不吃米饭，只吃一点儿土豆和肉菜，回国之后，依然如此。待英才长大一些，她便在晚上给两个女儿加一顿点心和一瓶牛奶。孩子们仍然对她喊饿：

"妈妈，我饿。"

她索性让两个孩子改吃中国饭菜，逐渐才习惯起来。郑广元经常夸奖妻子，对孩子简直操碎了心。

伪满学校里，中国孩子经常受到日本孩子欺负，所以没让英才进校学习，而在家里教她认字。不久，又请来一个日本姑娘日高菊子教女儿日语和算数、图画。

在长春街头，她惊讶地邂逅六叔载洵家的三姐丽格。聊过之后，她才知，三姐夫妇来到长春投奔溥仪，其夫在伪满洲国谋了一个不大的官职，近来却因感情不和与她离婚，三姐心情十分郁闷。她约请三姐来家里坐坐，丽格默默点头答应，但打这儿以后，她再也没有见过三姐的面。

韫龢（右）在长春的公园里带着孩子们捉蝌蚪

命运多舛。赴英之前,郑广元曾在伪满做过一个挂名的中层官吏——日语称作"属托"。因为郑广元英语不错,当溥仪会见外国人时,还居间做过翻译。不久,溥仪让郑广元去外交部担任欧美科科长,尔后又让他当上了一名并不管事的"参事官"。

谁知,同一年,郑广元的祖父郑孝胥在接待李顿调查团时,提出了"共管东北"的主张。这显然不利于日本人"独霸"东北的既定国策,遂惹怒日本关东军,不仅郑孝胥受到处罚——一荣俱荣,一枯俱枯,郑广元亦因牵累而被罢免。

使她更感到吃惊的是与皇后婉容的尴尬会面。

其实她从英国归来的路上,就从保姆口中听说了宫中秽闻,只是不知其详。以往,婉容待韫龢一向不错,她也十分惦念婉容,更关心其近况如何。

尔后才知,她由于远赴英国陪读,三格格夫妇也去日本留学,婉容一人在内廷连一个聊天的近人也找不到,更感觉异常孤独,抽大烟更是变本加厉,嗜大烟如命,精神已变得极不正常。

令外人难以置信的是,谭玉龄从走入伪满内廷那天,虽与婉容仅居住一、二层楼的区别,却从始到终连一次也没见过"皇后"。

据韫龢所了解,溥仪与谭玉龄结婚之事,婉容可能始终一无所知。

韫龢乍从英国回来时,单独一人去看望婉容,连郑广元也没让去——这叫避"官防",即男人一般不能见皇后,连溥杰没有特殊理由也不能轻易去皇后的卧室。只有润麒和润良除外,因他俩算是家里人。

见面时,她带去了英国苏格兰毯子等礼品,尊敬地称其"皇后主子"。岂料,婉容开口说话居然变得颠三倒四:

"最近,你到'惠罗'去了吗?"

她一时愣住了,还没等她回答,婉容又问起她:

"你去'利物浦'了吗?"

她一时不知如何应答,私下琢磨着,这不都是天津商铺的名字吗?起初,她感到十分奇怪,转念一想,"皇后"可能精神变得不太正常了。在接下来的聊天过程中,她发觉,婉容已绝非昔日,头脑变得一会儿明白,一会儿糊涂,最后竟然打起哈欠,变得神情恍惚起来。

据说,那时婉容仍每天勉强早晨起床,打扮得还算整洁,到后来愈来愈糊涂。韫龢看望婉容归来,惴惴不安地向德妈问起婉容的近况:

"您告诉我,'皇后'究竟是怎么回事?"

于是，德妈凑近身旁，悄悄地告诉她：

"婉容跟一个随侍的出事儿了。宫内外传闻挺多，都走样儿了。"

德妈说完之后，又十分惊恐地叮嘱她："您可千万甭问万岁爷呀！"

她点头答应了德妈的请求。其实，德妈也知之不详，只是模模糊糊听说有这么一码事。她这才明白，婉容为什么变成如此颓废①。

不久，她再次见到婉容时，"皇后"变得愈加神志不清，一个劲儿摇头不止，还总坐在屋里不停地往地上啐吐沫：

"呸，呸，呸……"

见此，她感到万分惋惜，只稍稍待了一会儿，便遗憾地悄然离去。

庆幸的是，婉容的饭量还算不错，时而吃西餐，时而吃中餐，还配有一个来自福建的专业厨师郑大水，擅做福建菜。因为帝师陈宝琛和郑孝胥都是福建人，所以连溥仪也深受其影响，喜欢上了福建肉松②。

当然，内廷也有其他一些菜肴，像北方菜系的肉末烧饼、小窝头等等。茶坊还会做豌豆黄、奶卷，以及各式各样水果小吃，如冬天蘸糖葫芦、煮咸栗子、咸花生。但有一个规矩，无论想吃什么，必须提前一天通知厨房或茶坊，不然，做多剩下容易变质。

有一次吃饭时，溥仪让韫龢点菜，她便点了几样西餐。溥仪则点了在天津吃过的玉米面菜团子，她这才知，"皇上"近来开始吃起素斋。

内廷一日三餐蛮丰富，每顿总有七八样菜，每人一小碗鸡汤，还有荤素凉菜，味道可口。尤具特色的是一道"菜包"——满族的一种传统食品，即把酱肉、小肚等叠在一起，用洗干净的白菜包起来吃。这道菜，在宫内府里一度非常时兴。

她陪溥仪一起吃饭时，大多与溥杰一左一右紧挨着"皇帝"，围着圆桌团团而坐。婉容"病"重之后，便不再跟溥仪一起吃饭。她从英国归来，就没见过婉容和溥仪一起同桌共餐。她见到，婉容每顿饭都是孤身一人在屋内独自

---

① 关于婉容秽闻之事，韫龢曾面应我的要求，亲笔写下如下内容：关于婉容秽闻之事，那时我正在英国。回国后过了一些时候，溥仪才告诉我的。所以，没有（之前）"叫韫龢来商议"（此句引自某书的原话）之事。另，关于婉容怀孕后生下孩子之事，韫龢亲口对我做了如下回忆，查看并确认了我的记录。记录稿如下：婉容临产之前，溥仪"将天津的德国大夫——白大夫请去，专门打胎。打下就死了，死后烧了"。由此可见，韫龢不同意有的传闻那样：小孩儿生下之后，就被活活扔进了锅炉。

② 此处内容，主要依据韫龢的回忆。显然，此与婉容的弟弟润麒的回忆截然不同。据润麒回忆，当宫中秽闻出现之后，溥仪为了对婉容表示惩罚，只让其吃一些粗粮等简陋饭菜。姑实录待考。

吃,遂对丈夫哀叹道:

"想起来,婉容也是怪可怜哟。"

四 载沣无奈离"新京"

她自从与德妈重新团聚,就仿佛见到久别的亲人,终日说不尽心里话。

早在赴英国留学之前,她便安排妥当,让德妈和三格格的保姆高妈暂住伪满宫内府。跟她们一起住的还有溥仪的乳母——二嬷,以及宫内洗衣服的佣人。当她回国后,德妈又回到了她的身边。

她归国以前,德妈的工资每月由溥仪发给。实际上,溥仪早就跟德妈很熟悉,尤其爱吃她做的菜肴,偶尔想换换口味,就唤德妈去炒一个摊鸡蛋送来……

当年德妈初到长春,已年近七旬,这适值韫龢婚后不久。如今,始终与她相伴的德妈年纪愈来愈老,她便把其子接来跟德妈单独住在一间门房里,以随时照顾。按她说来,这是人心换人心,她跟德妈母子俩关系不亚于一家人。在旁人看来,德妈待她比亲闺女还亲。

平时,她把每月生活费交给德妈,用于购买煤和柴米油盐。由德妈管家,她倒省了心,什么都不用操持。英才等三个孩子都管德妈叫老妈,三女儿郑洁——乳名小秀,平时最淘气,时常跟她"讪脸"①没完,德妈不仅不生气,反而总是嘿嘿一笑了之。

平时,德妈不跟她一起吃饭,每逢她家改善伙食,吃饺子或火锅时,就叫来德妈同桌共餐。

她与德妈之间无话不谈。一次,她向德妈讲述起陪溥仪赴宴的故事——日本关东军头头儿邀请溥仪去日本料理馆品尝王八汤,她和三妹一起陪同。席间,一道汤里还剩下两个小王八蛋,溥仪问起日本人:

"这是什么汤呀?"

"是王八汤。"日本人回答说。

"这是什么呢?"溥仪又指着碗里的圆形东西发问。

"这是甲鱼'蛋'呀。"

话音刚落时,三格格正将一个"蛋"含在嘴里,听到之后刚要乐,谁想"呱

---

① 讪脸,这是一句老北京话,即"耍贫嘴"的意思。

登"一下,竟把"蛋"一口咽了下去。

溥仪见状,笑得前仰后合,此后编成了一个故事,演绎为:三格格整吞王八"蛋"!每逢溥仪讲述起此事,总是逗得众人笑个不停。

那些日子,她最担心父亲载沣的忐忑心情。载沣前来伪皇宫看望溥仪,被特意安排在畅春轩居住。畅春轩位于内廷西南侧,后边是一排带有长廊的平房,正前方的西花园,恰是溥仪与几个妹妹平常打网球的地方。

假山上建有一座八角亭,周围种满五颜六色的鲜花。假山之间加修了一条甬道,通往微高尔夫球场。如果站在假山上望去,可以见到园内布置得非常紧凑、合理。

其实,自从得知父亲即将抵达之前,溥仪就让人重新精心布置过畅春轩。七月的长春,天气固然闷热,比起北平却凉爽多了。或许是心理因素,她父亲载沣仍感觉酷热难耐,索性来到书房,习惯地翻起日记本,记载下近日发生之事。

载沣在畅春轩居住了半个月,父子相聚理应高兴,但内心却总难以平静。尤其在七月初的家宴上,皇后婉容那副迷惘愁闷的样子,更使载沣疑惑不解。他察觉溥仪时常流露出苦闷的神情,仿佛隐藏着难以名状的苦衷。

载沣与溥仪虽是父子关系,却拘于内廷规矩,无法像一般家人那样畅叙骨肉之情,尽吐肺腑之言。尽管如此,载沣以其敏锐洞察力,发现勤民楼右侧三间平房多数是全副武装的日本宪兵进进出出,密切监视着内廷一切动态。他忍不住向佟济煦询问,才知那是日本关东军为监视溥仪专设的机构——"驻宫内府宪兵室"。

载沣在内廷住了一个月,隐隐听说,在车站迎接他的盛大仪式以及家宴,竟遭到日本关东军的警告。凭借多年与洋人打交道的经验,载沣意识到溥仪已经深深陷入日本人设下的圈套之中。

在此期间,载沣经过一番观察,发现溥仪与婉容之间亦有着难以启齿的隐私,溥仪则被日本人把握掌中,越想越不安,实在不想再久留,当即表示要返回北平。

一九三七年八月,经过几天深思熟虑,载沣叫溥仪来到畅春轩书房,表明离开新京决意已定:

"我想好了,最近离开东北,返回北平。"

原来,溥仪满以为父亲前来长春对复辟大业会有所襄助,但无论溥仪怎样苦口挽留,载沣始终没答应,只是连连摇头:

"不成,我一定要走。"

溥仪深知,父亲载沣一旦决定之事,根本无法改变,望着父亲异常惆怅的面容,心中不免泛起凄凉之感。沉默了一会儿,溥仪对父亲说:

"我打算每月给您两千块津贴费,您好好保养身体吧。"

这时,伫立在一旁的韫龢,只见父亲载沣微微一笑,没有任何表示。虽然,载沣焦急时说话结结巴巴,这仅是外表,实际他是一个处事谨慎、颇有头脑的人。

她清楚地知道,载沣在长春期间,没有会见任何外人,甚至连婉容也没单独见面。内中隐情,溥仪对父亲究竟如何说明的,已不得而知。

本来,她父亲载沣去长春看望溥仪时,他跟父亲反复商议过,觉得在伪满异常孤独,欲留四弟溥任为伴儿,载沣实在舍不得,借口要留一个儿子在身旁,执意不肯答应。溥仪对此无奈,只得妥协。

载沣极力压抑内心的愁绪,低调处理了即将离去的消息,勉强留下四格格和五格格这两个女儿,而携四子溥任乘坐火车,神情黯然地离开了新京。

第拾玖章

赴日留学

*正当溥杰婚事酝酿之际,日本关东军私下与嵯峨浩密谈多次。皇弟住进日本的狭小公寓之前,赫然挂上一幅巨型海报,竟是日本宝冢剧团当红演员浅草笛子的剧照。

*奇怪的是,溥杰与嵯峨浩见面时,大吃一惊,嵯峨浩竟神似浅草笛子。

*在大同公园,溥仪护军与日本兵殴斗虽替中国人出了一口气,"康德"却不得不把肇事护军交给日本宪兵司令部。此事直到对韫龢谈起时,溥仪仍唉声叹气不已。

图片说明:**韫龢**(前右)与三妹韫颖(前左)
及溥仪(后左)、溥杰(后右)

一　溥仪寄来的怪信

未来,似乎无法把握。

韫龢夫妇归国之后,日本"御用挂"吉冈安直不止一次找到溥仪,面色难堪地说:

"韫龢夫妇怎么到英国留学?应该去日本看看嘛,他俩对日本还不了解呢。"

此时,溥杰和三格格夫妇都在日本留学。溥仪经过一番考虑之后,找来了韫龢:

"这样吧,你俩就到日本看看,也捎带去探望一下溥杰和三格格吧。"

一九三七年底。韫龢留下德妈在长春看家,偕郑广元和三个孩子以及女保姆赵妈,一行六人抵达日本。

乍登陆日本那天,空中飘舞着鹅毛大雪,路上满是厚厚的积雪。她紧紧抱着年仅不到一岁的三秀,小心翼翼走下客船。

在码头,一个叫栗山的老头儿,恭敬地接过行李。这位老人从前伺候过三格格,如今又成了她家的男仆。另外两个女佣负责做饭、收拾屋子,而赵妈只管照看三个孩子。

最初,她一家人暂住东京显尖町附近,不久便搬往年过六旬的贵族老太太枝藤家。枝藤是日本"妇人会"成员,面目清秀,不仅日语说得好,中国话也很流利,她便借此向其学习日语。枝藤先生也很热情,总是抽空儿来教她日语会话。

她一家人居住的房屋十分整洁,地上铺着日本榻榻米,屋里还有几把矮凳子,她起初感到很不习惯,有一次,吸烟时竟不小心燃着榻榻米,闹得虚惊一场。

当她一家人搬到明治神宫附近居住,西式房间有了桌椅和木床,才不睡在榻榻米上了。日本各派势力都在争夺这一家人。新结识的高尾太太母子二人前来,主动地教她日语。日本"妇人会"的清水老太太,是个一直未婚的老姑娘,能说一口流利的正宗汉语,几乎天天去她家里串门,她有时不得不挽留其吃饭。

她发觉,跟国内不一样的是,洗澡房可以在池外搓肥皂,再到热水里泡。公共间有一只大木桶,热水烫极了,她犹豫着不敢进去,只能舀着水擦身子。她早就听说,在日本男女一起洗澡,却始终没见过。

她每天总吃日本菜、喝酱汤,甚感不习惯,早晨起来,只好让赵妈再炒几样中国菜解馋。由此,她改吃中餐,偶尔才尝一次日本饭菜。

偶尔,她和郑广元在日本街上溜达时,顺风飘来虾香味,只见小饭铺门口挂着布帘,里边现炸现卖虾米,还有炸对虾——日语叫"琼丝佳给",便买来之后,拿在手里边走边吃。日式牛肉锅她倒也喜欢,只有生鱼片她吃不惯。

至于那些海鲜,如小蛤蜊、生鱼片,要蘸一点儿芥末吃味道才好。还有一种酱汤,日语称作米梭西喽。奇奇怪怪的日本饭,样式繁多。其中一种紫菜卷,日语叫尼林玛替,味道十分鲜美。对于那些臭鱼烂虾,她腻烦透了,比较相对地道的日本土菜而言,日本的西餐还算差强人意。

转过年的夏天,气候忽然变得异常闷热,几个孩子吃不进任何食物,她以为患了病,实际是东京天气突然闷热所致。枝藤先生见此,想出了一个主意,向她提议:

"你们初来乍到,大概忍受不了日本这种高温气候,最好试试去乡下避暑。"

这样,她和三妹带着英才、弥弥、三秀以及赵妈,一起奔赴凉爽怡人的清井泽避暑。令人欣喜的是,当天下午,几个孩子就开始吃饭,翌日早晨,竟然变得欢蹦乱跳。

几天之后的凌晨,她猛然听见一声巨响,赶紧趴在窗户上,清楚地望见附近一座火山喷火的壮观情景。她马上叫醒几个孩子,生平第一次近距离亲眼目睹火山爆发。

她在一次宴会上,再次邂逅秩父宫妃。日本驻英国大使松平的女儿身穿日本和服,穿戴讲究,亦翩翩而来。看上去,松平的女儿不过三十岁,时常邀请她一家人前去家里做客。

在日本,她还结识了热情好客的冈布子爵夫妇,自从见面之后,子爵夫妇短不了邀请她一家人共进午餐。有一次吃饭时,乍瞧上去桌上摆的颇像中国火锅,掀开锅盖才知是烤牛肉,里边掺有不少佐料,如葱头、胡萝卜,口味尤具特色。

入乡随俗,她和一家人逐渐适应了日本的生活习惯。每天早晨,栗山老头儿用五分钱雇一辆汽车,送英才去托儿所。每逢星期日,她去三岳公司去买东西,三个孩子身穿郑广元设计的外衣和帽子,打扮得十分漂亮。她在街上一招手,出租汽车马上驶过来,总误以为她一家是日本人。

偶尔,三妹夫妇来她家暂住几天,还一起去银座逛街购物。一天,恰遇郑广元购物归来,见大门紧闭,而栗山老头儿没听见敲门声,他只好从墙头爬进来。当老郑走进门,大伙儿早已购物归来,颇感奇怪,三妹夫润麒还起了玩笑:

"郑先生,没人开门,你怎么进来的呀?"

"我自己跳墙进来的。"

大伙儿觉得挺可笑,三格格还写信向溥仪说起这件事,在提笔写这一封信时,又谈到自己养的一只小狗及悠闲自在的生活,内容似乎显得实在乏味:

"栗山老头儿正在外边浇花,小狗儿看着他吃饭,吃那些臭鱼烂虾。"

没想到,溥仪居然来了回信。这些来往信件,被收入到秦翰才所著的《满宫残照记》一书中。这是后话了。她去三妹家串门时,三妹无意说起溥仪闲着没事儿吩咐太监制造"恶作剧",捉弄佣人之事。

前不久,溥仪给三格格寄来一封信,三格格刚打开信,里头居然掉出不少点心渣儿,身旁的日本女仆见到,露出了诧异的神色。三格格见状,只好临时编了一个谎话,说:

"这是从大陆寄来做点心的样品。"

日本女仆不解地点点头,将信将疑地走开了。

韫龢得知后,赶紧给溥仪发出一封信,一再重申:

"您可千万别给我寄那些怪东西,也别写怪信,因为拆信的时候,房东一般都在场。"

有时,房东接到来信之后转交她,她却不愿意当面拆开,惟恐接到"怪信",被街坊瞧见而难堪。

其实,溥仪待韫龢不错。她每月都能收到溥仪寄来的三百元伪满洲国币补助,几个妹妹亦如此。连曾任伪满洲国外交部欧美科科长且月薪四百多块钱的"二额驸",也毫无例外。而六格格和七格格在北平,则没有这项额外补贴。

她收到钱,除了留一点儿钱用于买衣料、化妆品以外,剩下全部交给德妈买煤及米面,她倒挺省事,什么都不用操心。

令人难以想象的是,她一家人赴日本寄居近一年间,她才慢慢学会过马路、乘坐公共汽车。当溥仪听说之后,来信褒扬了二妹的"进步"。晚饭之后,郑广元缓缓念着"皇上"的来信,不禁抚掌而笑。

二 "皇弟"的婚事内幕

二格格韫龢意外成了"榜样"。

她结婚时,并没有大宴亲朋。这似乎带来了示范效应,三格格韫颖结婚,也仿照二姐的风格,低调操办婚事。

随之,溥杰的婚事,被提上了日程。提及杰二哥再婚前后的内幕,韫龢最清楚不过。

虽然,溥杰多年前就与唐怡莹结婚,夫妻关系却早已名存实亡。

溥仪为培养心腹嫡系,早在天津当寓公时,就选派溥杰和润麒去日本陆军学校留学。溥杰从日本士官学校毕业之后,一九三五年回到长春,当上了禁卫军中尉。从那时起,关东军和伪满军人便开始纷纷议论起"皇弟"的婚姻来了,一时,竟成了内廷的热门话题。

一些日本军人经常在溥杰耳边吹风,什么男人应该有好女人服侍,日本女人是世界上最理想的女人等等。这些话说得异常亲切,似乎无不出于关心溥杰的生活。这自然也传到了溥仪的耳朵里,起初他只当是一个玩笑,丝毫没理会。

不久,日本关东军却没找溥杰谈此事,而委派溥仪身边的"御用挂"吉冈安直找到溥仪,直接挑明来意:

"大日本关东军为了促进日满亲善,希望溥杰找一个日本女子为妻。"

溥仪听了,没当即表态。等吉冈刚走,他立刻找来韫龢,秘密磋商起来:

"这大概是日本关东军耍的花招儿。日本人肯定想拉拢溥杰,让他生下一个日本孩子。"

韫龢听了,连连点头称是。那天,溥仪对她果断地说:

"俗话说,先下手为强,后下手遭殃。"

溥仪吩咐二妹马上赴京为溥杰物色一个满族姑娘,尽快给杰二弟正式提亲。很快,她就先托人去京城把选好的对象照片捎了来。溥杰看到之后,表示很满意。

谁知,这个消息立即被关东军获知。吉冈突然亲自找来溥杰,口气强硬地说:

"关东军希望你跟日本女子结婚,以增进中日亲善。"

溥杰听了一愣,半晌没吭声。

"你身为御弟应做出表率,这是日本关东军的意思。"吉冈进而威胁道。

见溥杰没有明确答复,吉冈临走时,又弦外有音地说:

"本庄繁大将要在东京亲自为你做媒。这是处处为你着想,你可要好好考虑一下啊。"

那几天,溥杰急得抓耳挠腮,不知所措,曾多次找到她和溥仪商议,显得左右为难。最终,溥杰屈从了,打算听从日本关东军的摆布,以保全性命。其实,日本人早就选择好对象才向他摊牌的。

本庄繁大将亲自出马为溥杰寻觅的日本女子,名字叫嵯峨浩,是跟日本明治天皇有着血统关系的华族小姐。她的父亲嵯峨实胜,是日本侯爵。那年,嵯峨浩二十三岁,正在日本东京女子学院——一所日本贵族学院学习书法、西洋画、插花及钢琴,显然是一个多才多艺的女子。

接着,不止一名关东军熟人相继找到溥杰,不断灌输嵯峨浩长得如何漂亮,这一桩婚姻堪称郎才女貌,而且吹嘘说:

"我们认为,溥杰未来的日本妻子,是最理想的伴侣。"

据韫龢听说,外人所不知的是,嵯峨浩最初得知与溥杰的婚事时,也如惊闻晴天霹雳,被吓了一跳。

那天晚上,嵯峨浩刚走进家门,准备陪母亲一起去看戏。谁知,出发之前,母亲却突然愁眉苦脸地对她说:

"刚才,本庄繁大将来到家里,通知日本关东军已决定,让你嫁给满洲国皇帝的御弟溥杰当妻子。"

此时,嵯峨浩正处于无忧无虑的青春年华,经常去观看画展或参加"春阳展"、"春才展"等日本画展,还时常通宵达旦地挥笔作画,幻想将来当一名女画家。然而,从天而降的婚事,使她顿感意外。

多年之后,溥仪曾对韫龢说,据他所知,当这桩婚事酝酿之际,日本关东军曾私下与嵯峨浩频频接触,甚至密谈多次。内中详情,不仅皇帝溥仪,恐怕溥杰直到去世时,亦丝毫不知。

这成了始终不为任何人所知的"绝密"。

溥杰与嵯峨浩这一对情侣,出乎意料地被撮合到一起。

事隔半个世纪之后,笔者在溥杰先生的护国寺家中,曾询问起"皇弟",究竟对这桩突如其来的婚姻有何疑问时,溥杰搔了搔头皮,却追忆起另一幕始终疑惑不解之事：

"有一件怪事，我一直不知道背后是否有阴谋……"

据溥杰追述，他刚抵日本所居住的公寓卧室里，赫然挂着一幅巨型海报，是日本著名宝冢剧团当红女演员浅草笛子的剧照。他醒来或入睡前看到的最后一眼，都是她的美丽形象。

奇怪的是，当日本关东军大将本庄繁后来介绍他与嵯峨浩见面时，溥杰大吃一惊：

嵯峨浩竟然神似浅草笛子。

不难想象，溥杰与嵯峨浩相亲时，居然一见钟情，立即坠入情网而不能自拔。

对这桩众所周知的"政略婚姻"，笔者询问过溥杰的密友润麒先生。据年逾九旬的老人回忆，年轻时的嵯峨浩的神态，的确酷似浅草笛子，但仍无法断定此系日本关东军的预谋，因没有任何证据可言。但是，有一点润麒先生可以肯定，溥杰成婚速度之快，连溥仪也始料未及。

究竟真实背景如何，至今仍然是一个未解之谜。

当时，从伪满洲国特地赶来的本庄繁大将夫妇，让溥杰与嵯峨浩双方约定一个秘密地点相亲。会面最终选定在位于滨口的嵯峨浩外祖父家里，出席人员有嵯峨浩及父母、外祖母及舅父、舅母等人。

而溥杰由本庄繁大将夫妇和吉冈陪同。那天，军人一律穿上了军服，嵯峨浩则身穿一件粉红色绣花和服。相亲时，屋里静得出奇，没有任何人说一句话。

吉冈眼见一时出现冷场，便起劲儿劝大伙喝酒吃饭，还调侃地说起了笑话：

"我在回国的飞机上，想吃皇太后赏赐的糖果，放进嘴里才知道是泡泡糖。"

吉冈仍没话找话地说，刚才进门时，竟然在门口摔了一跤，惹得大伙哄笑起来。

没想到，溥杰与嵯峨浩见面后，双方都发生了一百八十度大转弯，彼此竟陡生爱慕之情。订婚的消息传出去，在"日满"之间引起了高度关注。

耐人寻味的是，关东军在此之前，早已颁布了《帝位继承法》①，居然打破

---

① 《帝位继承法》，于1937年3月1日，在伪满洲国正式颁布。

清朝的世袭传位规矩,规定若皇帝无子,皇帝的弟弟或其弟之子可以"继之"。因为谁都知道溥仪无子,生子亦根本无望,所以关东军就把"宝"押在了溥杰尚未出世的儿子身上。

就在溥仪和溥杰感到胆战心惊之际,一九三七年四月三日,溥杰与嵯峨浩在东京举行了隆重的婚礼。

嵯峨浩遂改名爱新觉罗·嵯峨浩,随后来到伪满洲国首都——新京。

临离开日本前夕,日本皇太后特地召见嵯峨浩,谆谆叮嘱她要尽心伺候溥杰,发扬日本民族的妇德,为"日满亲善"做出表率。

在韫龢看来,嵯峨浩无疑肩负特殊"使命"来到中国。

一件小事,使敏感的溥杰深受刺激。一名中国同事的妻子来家里串门时,对嵯峨浩说:

"我们大人可以忍受饥饿,可孩子不应该这样。日本小孩儿能吃白米饭,中国小孩儿就只能吃高粱米饭。中国人上缝纫课时,连一块布都没有,还要我们支持打仗,这算什么中日亲善?"

嵯峨浩言出谨慎,只是解释说,这是个别现象,别介意就是了。其实,她内心也充满矛盾和不解的困惑。

显然,在溥仪的眼里,嵯峨浩亦被打入"另册"。

不消说,溥仪绝不敢在嵯峨浩面前说任何心里话,连弟媳送来的饭菜也不敢妄尝一口。如果与溥杰同桌就餐,必须等杰二弟动筷子之后,他才敢稍微夹几口饭菜。

饭后,溥仪仍然提心吊胆。韫龢对大哥的疑惑心态,了解得再清楚不过。因为,他时常让她留意嵯峨浩的一举一动。

虽说韫龢一家人久居长春,每年总要返回北平一两趟看望父亲载沣。她每次上火车前,都有汽车送到车站,大多由赵妈跟随照顾。

抵达北平后,溥雪斋听说她回来,专门邀请她和郑广元的九妹郑辉去家里赴宴。溥雪斋见面时经询问,才知郑辉和她的亲戚关系,颇感意外地对郑辉说:

"咳,你原来是本家九妹呀。都不是外人,来,一起吃饭吧……"

坐在圆桌旁,溥雪斋唤过儿女作陪。他女儿多,儿子少,围着餐桌整整坐了一圈儿。就餐时大伙有说有笑,大多在洗耳静听溥雪斋不停地高谈阔论。

返回长春后,随着局势日趋紧张,溥仪让她在内廷学起了打枪,即用手枪练打靶。在场的郑广元和润麒夫妇以及溥仪,都站在她身后观看。一些随侍

韫龢在长春和家人团聚。前排左起：郑裹，郑丽都，陈真、韫龢。后排左起是三个女儿：郑爽，郑洁，英才

也伫立在旁边瞧热闹。

正当人们依次打靶时，三格格一枪没打响，下意识地举枪转过身，枪口正对着溥仪。润麒见势不妙，一步抢上前，立即把三格格手中的枪口调转朝下。韫龢见此，万分后怕地说：

"如果这一枪真响了，不正冲着溥仪嘛，多悬呀。"

据她回忆，类似之事在天津时也曾发生过。在长春，她感觉往日的旧礼节少多了，有时溥仪赏赐东西，她竟可以不磕头了，不像原来在紫禁城里那么大规矩。

一次，韫龢与郑广元去内廷看望溥仪，说话之际，溥仪只当一个玩意儿似的随手递给郑广元一柄小手枪：

"以后，你也要学会打枪，这是用得着的。"

郑广元顿然内心一惊，接过手枪之后，竟变得手足无措。

三 "护军事件"的背后

在韫龢的记忆里，"护军事件"是溥仪陷入极度苦闷的标志事件。

从日本归来，她家住在郑孝胥过去的房子里，离泰国公使寓所不远，在楼上就可以经常望见泰国公使晒太阳的情景。

一天，郑广元拽着一只狗去遛弯，恰巧碰见泰国公使也带着一只狗，两人正握手谈话,底下两只狗竟然在底下撕咬起来,他俩顾不得聊天,只好各自拽回自家的狗。

隔天,韫龢将这件可笑之事,讲述给溥仪时,他却哈哈大笑,悄声对她说:

"你瞧,像不像满洲国与日本人的关系,上边握手,底下乱咬?"

由此,溥仪对她讲起了几个月前的"护军事件"。

此事发生时,她正在英国陪读。当溥仪对她追述起时,仍然显得内心极为痛苦和错综复杂。

这发生在一九三七年六月二十八日。也就是说,发生在"七七事变"九天前。

那是一个星期天。伪满洲国护军两个头头儿商量,觉得整天被关在内廷实在郁闷,想让手下的士兵放假时出去玩儿个痛快。

其实,这些护军是被溥仪当做心腹培养的。以往,溥仪对日本人一直不放心,就亲自从东北军和社会上招募了三百多士兵,作为"御林军"。谁知,这却使溥仪惹祸上身。

当天上午,一群护军穿戴整齐,来到市内繁华区。由于街上行人拥挤,护军便去大同公园——即现在的长春儿童公园游玩。

来到大同公园,其中四名护军租了一只小木船,正要登船离岸时,一名醉醺醺的管理员,手里拎着啤酒瓶,站在岸上高声喊叫:

"四个人划一条船可不成,快下来一个。"

一名护军听到,马上跳下船,剩下三人正要划船,岸上管理员又喊道:

"哎,你们往哪儿划呀,一条船只能坐两个人,听到没有?再下来一个。"

他们明明知道醉汉在找茬儿,因不想惹事,只好忍气吞声,又有一名护军跳下船,管船的醉汉仍然纠缠不休,非让再下来一个人。原来准备一起划船的护军,被气得站起来怒声喝问:

"哎,醉鬼,你睁开眼睛看看,别的船坐三四个人都成,为什么我们这条船坐两人都不行?"

醉汉冲上前,嘴里骂骂咧咧地举起酒瓶,朝着护军的头上砸去。护军都练过武功,用手轻轻一拨,只听醉汉"哎哟"一声,连人带酒瓶掉进河里。

此时,醉汉差不多酒醒了一半,挣扎着爬上岸,东倒西歪地朝着票房奔去。

几名护军原打算狠狠教训那家伙一顿,可瞅他那副狼狈的样子,觉得跟一名醉汉纠缠实在没什么意思,无心再划船,就转身离开了岸边。他们刚走不远,就见到迎面几个穿便衣的日本人,恶狠狠向护军扑了过来。

站在旁边的游客看得一清二楚，四名护军没费多大事，就把几个日本人摔倒在地。他们刚要走开，只见桥南头又奔过来十几名日本宪兵，还牵着一只警犬，迎面截住护军，大骂起来：

"八格牙鲁，你们敢打日本人，统统死了死了的有。"

见此，护军丝毫不肯示弱，指着日本宪兵说：

"你的什么干活，我们中国人的干活……"

说完，护军都哄笑起来。日本宪兵见护军态度强硬，气得哇哇乱叫：

"你们的良心大大坏了。"

日本宪兵一边骂一边围上来，抢夺护军的军帽。几名护军赤手空拳跟宪兵格斗起来。最先冲上来的几名日本宪兵被打得东倒西歪，赶紧放出警犬，谁料，警犬刚扑上来，就被为首的护军一脚踢死。

日本宪兵发疯似的狂叫，冲上来与四名护军搏斗。几名护军施展了武功绝技，打得日本宪兵鬼哭狼嚎，没一袋烟的工夫，日本宪兵纷纷趴在了地上。为首的一名护军双手叉腰，一只脚踩在被打得鼻青脸肿的宪兵身上，模仿着日本人的语调，说：

"你的，感想如何？起来吧，跟中国人的再较量较量？"

日本宪兵被打得癞蛤蟆似的趴在地上，吓得连大气都不敢出。一些受伤的日本宪兵龇牙咧嘴，在地上滚来滚去，有的则趴在地上捂着肚子哼唧不止。

在大同公园，护军与日本兵的殴斗虽然替中国人出了一口气，却也闯下了大祸。

当天下午，伪皇宫外驶来几辆汽车，上边站满手持盒子枪的日本宪兵。吉冈带头闯入警卫处，吼叫着威胁护军总队长佟济洵，立即交出参与殴斗的护军。

佟济洵不知发生了什么事，自然恐惧得要命，立时奔到缉熙楼向溥仪汇报。溥仪听了，竟不知所措。

在两难之中，溥仪经过权衡利弊，迫不得已把几名"肇事"护军交给了日本宪兵司令部。在那里，中国护军受到残酷的折磨。溥仪只好装聋作哑。

大部分护军的结局呢？据末代怡亲王长孙启运回忆，他的父亲金恒枢曾亲身参加了这场护军与日本兵的"较量"。其中一位名叫和瑞福的护军，抄起日本人野餐所用的大瓷碗，把一个日本兵"开了瓢儿"。最终，绝大部分护军被遣散，和瑞福就是其中一个。

自从和瑞福返回北平后，曾在民国当局的崇文门火车站任站长。一九五九年,北京民艺话剧团演出《清宫外史》,他还作为民乐队特约二胡伴奏演员,先后在北京和天津演出。后来,他以蹬三轮为业终其一生。他结婚不晚,却始终没有后代,一直居住在前门外鲜鱼口豆腐巷一间小平房,直到故去。当溥杰的妻子嵯峨浩在北京友谊医院病逝前,启运的母亲亦曾与和瑞福的妻子一起去探望过①。

从"大同公园事件"不难看出,日本关东军与溥仪矛盾日益加深,溥仪又不敢得罪日本人,伪满傀儡政权岌岌可危。

溥仪直到对韫龢谈起时,仍然唉声叹气不已。

---

① 参考引自启运著《末代怡亲王和他的长子长孙——清朝皇族后裔的故事》。

第贰拾章 伪满末日

＊溥仪馈赠两千块钱，发送八十三岁辞世的德妈，还买了一口上好棺材，将其葬在长春。

＊"康德"仓惶而逃，将一群亲属滞留大栗子沟，临行前派韫龢的丈夫郑广元以及溥俭、溥瑛、毓崇等人，处理善后。

＊婉容眼见苏联人打来，才获知溥仪下落，便让太监执笔，给溥仪发出了平生最后一封信：

"目前，婉容很平安，希望能早日团圆。"

图片说明：溥仪和婉容、祥贵人谭玉龄等人居住在伪满洲国宫内府缉熙楼。图为缉熙楼旧影

一　德妈病逝

春去秋来,韫龢一家人由西花园搬往聿修园宽敞的二层楼上。

所谓"聿修园",是溥仪"御赐"之名,距宫内府仅几步之遥。溥杰从日本回国之后,暂住西头,她一家人则住在东头,虽各居两端,却时常往来不断。

当韫龢赴日留学期间,润麒夫妇归国则住在韫龢家位于聿修园东头的屋里,连家具都无须更换。

其实,润麒在日本期间,就读于士官学校,郑广元白天也挺忙碌,两个男人平时大多不在家,韫龢经常跟三妹凑在一起聊天。她俩从小起感情格外好,谁若见不到谁就彼此找,见面玩儿一会儿就难免吵闹起来。没过几分钟,又和好如初。按照德妈的话说,她俩成了一对打不散的"冤家"。

长大成人以后,俩人从没再吵闹过,感情更是胜过从前。几年前,她俩一个在英国,一个居住日本,相隔遥远,却依然通信不断。回到长春见了面,俩人倍感亲热,彼此时常串门往来。

后来郑孝胥去世,韫龢一家便搬往郑孝胥在柳条路的旧宅暂住。她见家务繁忙,就从农村招来一个十八岁的小姑娘协助料理,因其没有名字,就给小姑娘起了一个名字叫小玲。

小玲刚迈进家门时,满头都是虱子,她亲自动手为小姑娘洗头,又将其头发剃成男孩儿的平头。英才也非常喜欢小玲,总泡在一起玩儿,还送给小玲一个布娃娃。德妈见到之后,对英才发起了牢骚:

"你可别这样,她如果净贪玩儿,就不好好干活儿了。"

其实,小玲并没多少活儿可干,每天只是负责端饭。不久,韫龢又招来一个父母双亡的十岁小姑娘,仨人时常在一起玩耍。哪知,小玲闹起了眼病,姑姑领走小玲时,小姑娘舍不得走,竟然大哭一场。

这时,溥仪悄悄交给韫龢一个任务。内廷勤务班有一个十三四岁的干瘦小男孩儿,叫曲伯知。溥仪始终怀疑他是抗联的"内线",既不敢用,也不敢允许他走,只是安排在韫龢家里干杂活儿,同时让她监视其动向。

没过几天,她忽然见到德妈急匆匆跑来,说:
"曲伯知这个小孩儿跑掉了,没准儿他是抗联地下工作者。"
"你怎么知道?"她问道。
"他平时总到外边四处活动,可谁也不知道去哪儿,我问过多次,他从来不说。"德妈显得满脸疑惑。
"哎,您怎么不早说呢?"
事实果真如此。曲伯知突然失踪,找遍各处也没任何下落,她只好如实禀报溥仪。这成了她脑海里一个挥之不去的疑团。
在郑孝胥位于柳条路的旧宅里。邻近街坊有一名日本医生安东,其妻三十多岁,个子不高,长相清秀,夫妇二人近年开设了一家小诊所。每逢她或小孩儿患病总请他来家里诊治,她却从没到他家去过。
听说有一次,安东做盲肠手术时,由妻子当助手,由于胆小,竟然吓得当场昏倒。这成了她一家人茶余饭后的笑谈。
德妈患重病纯出于偶然。老太太虽已年逾八十,走路仍然不用拄拐杖,牙齿尤其好,竟能嚼得动铁蚕豆。
一天晚上,有人前来敲门,恰巧门房去吃饭,德妈听到,忙去开门,于是偶感风寒。谁知稍好之后,又再次患了重感冒,因医治不力,病情愈来愈重。德妈终于躺倒了,病重期间,老太太依然浑身干净利落,只是原来梳的满族两把头,从简而改梳成了汉族妇人的发髻。
溥仪听说德妈病重,不仅赏赐了人参,还立即派御医佟阔泉前去为其诊治。诊脉之后,佟阔泉背着德妈对韫龢悄悄地说:
"她身体没什么大毛病,只不过像油灯似的,油已经烧尽,没什么办法啦……"
韫龢听后,伤心地落下泪水。德妈见她趴在桌上哭个不停,反而劝她说:
"别哭,我又不是十八,我都八十二岁了,该着了。你还哭什么?听我的话,不许哭。我跟着你一辈子没受什么罪,挺知足的……"
当德妈说这番话时,表情显得异常刚毅。随后,德妈又乐观地嘱咐了她许多知心话。
而全家人焦虑不安起来。她丈夫的父亲郑禹说:"你们不会煲。"于是蹲在地上,亲手用电炉为德妈煲人参汤喝。
她婆婆对老太太也很尊重,走过来嘘寒问暖。德妈患病前,去见她婆婆时,婆婆总是客气地给德妈让座、敬烟。德妈为人谦逊,从不肯直接坐下,谦让再三才侧身而坐。

不久,德妈无疾而终,享年八十三岁。见此,她的婆婆十分感慨:

"这算是高寿啊。如今上哪儿去找这么好的保姆呀,你真是好命啊……"

她久久地站在德妈的床前,双眼噙满泪水。德妈躺在床上,瞧上去就像沉睡着,面容仍是那么安详。入殓时,溥仪专门派人送来两千块钱发送,还买来一口上好棺材,将她葬在了长春郊外。

这是一九四五年初春。

在她的心底,德妈的辞世似乎成了伪满洲国垮台的特殊标记。

依韫龢看来,溥仪似乎完全丧失了信心,竟然把命运寄托在乞求神佛保佑上。

溥仪成天吃斋念佛,还专设一间佛堂,一天不差地去那儿念经祷告。供的什么佛她不清楚,只知他在佛堂里除供奉神佛之外,还同时供奉着父亲和母亲的肖像。有时,溥仪内心烦恼,就跑进佛堂伏地默祷,一跪就是半天。

以往在天津时,溥仪还吃荤菜,可到了长春以后,彻底戒了荤,每餐只吃几样素菜,经常吃玉米面菜团子、素豆芽菜。幸亏,恭亲王奕䜣之女的儿媳妇——林大奶奶来到长春,能做一手好菜肴,时常亲手为溥仪炒素菜。

当德妈在世时,溥仪最爱吃德妈做的摊鸡蛋,时常走进韫龢的屋里,吩咐德妈:

"老德,摊个鸡蛋。"

据溥仪说,德妈的摊鸡蛋与别人做法不同,端上来之后,还要在摊鸡蛋上洒一点儿料酒和醋,味道格外鲜美。

到后来,溥仪完全吃素,连一点儿肉腥都不沾,甚至连这道摊鸡蛋也不再吃了。韫龢追问他为什么,溥仪回答说:

"我这是积阴德呢。"

然而,溥仪的所谓积阴德,最终丝毫也没能挽救傀儡政权垮台的命运。

二 "康德"的最后召见

一九四五年八月,伪满洲国面临崩溃前的最后时日。

一天清晨,溥仪急唤郑广元前去,面无表情地发出指示:

"日本已经战败,我们都要离开这儿。你收拾一下东西,跟我们一起走。"

最初,确定跟随溥仪去的有皇后婉容、贵人李玉琴,还有溥杰与嵯峨浩、韫龢与三格格夫妇、五格格夫妇、溥仪的乳母二嬷、毓崇一家人、御医徐思允及随侍、太监等人。其他还有日本人吉冈、宫内府次官鹿岛、宫内府总裁桥本虎之助、总务厅长官五部六藏，以及伪满总理张景惠，各部部长、宫内府各部处长等数十人。

这一群人，像难民似的挤上火车，接连走了三天三夜，终于来到鸭绿江边的大栗子沟。殊料，八月十五日，随着日本天皇宣布无条件投降，溥仪这个"满洲国"皇帝也不久宣布退位。

不过与历次不同，第三次"退位"是在一座矿山的偏僻山沟里。

当天，吉冈通知溥仪必须赴日，还叫他选几个人一同前往。于是，溥仪挑选了溥杰和润麒、万嘉熙——三人都在日本学过军事，又挑中三个侄子，以及医生黄子正、侍卫李国雄等人。

在大栗子沟，郑广元正在宫内府门口值班。嵯峨浩端来一盘亲手制作的点心，要给门内的一名日本人送去。郑广元在门口见了她，皱起眉头，口气十分强硬地说：

"你回去吧，拿回去！外头还有警察包围着呢，你这时候还送什么礼呀？……"

嵯峨浩从没受过这种委屈，摆着手，说："枯挖侬，枯挖侬……"①她一边叫嚷，一边哭泣着一溜儿小跑地消失在院墙拐角②。

可能是危难之际，血亲最亲。那天下午，韫龢去溥仪屋里看望。此时，溥仪显得精神沮丧，有气无力地指派她把一份随从名单亲交吉冈。当她走进吉冈住所时，见到他穿着日本和服坐在榻榻米上，正和桥本低声议论着什么。

猛一抬头，吉冈见到了她。这时，她注意到吉冈鼻子底下的仁丹胡儿没了，她突然想到，莫非他要以武士道精神剖腹自杀？哪知，吉冈接过名单后，以抵触的口吻说：

"飞机太小，坐不了太多人，先这样吧。"

韫龢听懂了吉冈的几句日语，告辞而去。

她自知将被溥仪遗弃当地，心乱如麻。随即，她仍然迅速将吉冈的话，原封不动地禀告溥仪，谁知溥仪只是"嗯"了一声，便再也无话，她只得默默走出了屋门。

---

① 枯挖侬，即日语害怕的意思。
② 据韫龢回忆，嵯峨浩后来在《流浪的王妃》一书中责怪郑广元，可能有此事因素在内。

在人心惶惶之中，溥仪把一群亲眷滞留在大栗子沟，委派溥俭、溥瑛和郑广元、伪宫内府侍卫处长毓崇，以及一名旧吏吴绍香协助料理善后事宜。

溥仪临行之际，为稳定人心，当众明确地告诉大家：

"我走后，郑广元和溥俭、严桐江共同负责善后，由严桐江管理财物。"

接着，溥仪又特意叮嘱让郑广元和毓崇照顾婉容和李玉琴的一切。其实，在兵荒马乱的年代里，最终也没管事儿。

晚上，溥仪与所挑选的人乘火车驶往通化，随后，这一行人乘飞机抵达沈阳，在机场被苏军俘获。

溥仪走后第二天，日本关东军全部撤离，连半山上的建国神庙，也被日本人一把火烧光。留在铁矿的日本职员和家属以及伪满官吏，只能临时住在铁矿区的宿舍楼里。伪满宫内府的日本人，每天仍由矿区的日本人供应吃喝，暂栖宫内府的中国人只好吃随身带来的粮油，矿山仅能供应少许蔬菜。

眼看溥仪一走，日本人开始飞扬跋扈起来。小鬼成了阎罗——日本翻译道满竟然下令，逼迫严桐江交出带来的大米、白面、白糖、食油等，全部交由日本人保管。溥俭和溥瑛匆忙来找郑广元商量，结果是，韫龢和丈夫一致拒绝移交日本人，只勉强同意分给他们一小部分。

道满听了，大发光火，前来找严桐江大肆吵闹，几个中国人拿定主意不予理睬，道满无计可施，只得悻悻而去。

仅仅过了一天，日本人的狂妄气焰仿佛灰飞烟灭。因距离大栗子沟不远的临江县城，发生了日本人被中国人暴打并抢光家产的事件。消息传来，大栗子沟的中国工人和家属早就恨透了日本人，于是一哄而起，砸抢了日本人的家。

平日蛮横的道满被打得鼻青脸肿，垂头丧气而衣衫褴褛地靠在屋内墙犄角，不敢再来吵闹。接着，所有日本人都被赶到车站仓库集中住宿。

这时，溥杰的妻子——爱新觉罗·嵯峨浩和女儿仍与中国人住在一起，然而，却是胆战心惊，彻夜未眠。自从来到大栗子沟，嵯峨浩就换上了全身中式衣裳，始终跟爱新觉罗家族混住在一起，大多时搂着女儿闷声不语，整天坐在屋里，一动也不敢动。

形势如此混乱，所有内廷人员都被唤到大库房去住。空旷的库房被隔成了八九间，溥仪遗下的一些行李和带来的食品也存放其中。婉容依旧由两个太监伺候，而且服侍她每天抽鸦片。此时，福贵人李玉琴照旧有佣人伺候。

此时,郑广元将大伙儿召集在一起,嘱咐人们不要乱跑,自己和溥俭①负责安全,另外赵荫茂会做菜,负责给大家做饭。

在人们强烈要求下,严桐江把带来的英国烟卷分给了吸烟的"烟民"。最使一般人兴奋不已的是,大伙儿在这儿居然尝到了内廷储藏的鱼翅和海参——由厨师烹调后分给大家吃。

一天下午,突然驶来一辆大轿车。从车上走下一名苏联军官,后边跟着几个警察。接着,一伙儿没穿军服的苏联人和手持轮盘式冲锋枪的苏军士兵,一起向库房走来。

这时,大家从窗户看到,立时惊慌失措,忙不迭地收拾起行李。一名三十多岁且胸前挂着一排勋章的苏联军官,随即把大家集合在一间平房的大饭厅里。没想到,苏联军官开口发问:

"你们为什么背着行李站在过道呢?不用怕,我们不是来抓你们的。"

说完,苏联军官让众人都坐在地上。于是,所有人围着大厅里的一张长桌或站或坐,倾听苏联军官继续讲话。他笑容满面,毫不谦逊地说:

"我是苏联战斗英雄——比夫涅奥夫中将。我们是在欧洲战场上战胜德国法西斯之后,被派到远东来同日本人作战的……"

他意外地提到了溥仪,这使她大吃一惊。因为溥仪自从离开她之后,没听到一丁点儿消息。

"你们的皇帝溥仪,在苏联受到了很好的待遇。你们放心吧。这次,我来这里就是为了找几个人去伺候溥仪的。我还要找一名厨师去苏联,给溥仪做中国饭吃。"

说完,比夫涅奥夫中将拿出一张纸,按照上面写好的名单陆续唤出了溥俭和溥瑛以及几个随侍,让他们准备一下马上跟随他去苏联。

此时,严桐江极力想谄媚苏联人,拿出带来的法国香槟酒和进口的雪茄烟,递给那些苏联军官。见此,比夫涅奥夫中将高兴地举起酒杯,一饮而尽,然后,好奇地说:

"听说中国皇后婉容很漂亮,让我见一见皇后吧?"

在场的人们听后,无不大惊失色。

比夫涅奥夫中将瞅在场的人们大多仍然背着行李,在屋内站立着,不解

---

① 溥俭,字松窗,著名画家。系清朝道光皇帝后人,著名画家溥雪斋的胞弟。1991年病逝于北京。

地说：

"你们为什么背着行李呀？我没有别的意思……"

大伙儿心里明白，比夫涅奥夫中将一心想见皇后婉容，便都坐下了。此时，比夫涅奥夫中将提出的要求，谁敢不答应？他见没人阻拦，便自顾自地走进婉容的屋里。时间不长，据说他很有礼貌地和婉容握了握手，就兴奋地走了出来。

人们担心的事，丝毫没有发生。

三　婉容写给溥仪的最后一封信

外边局势乱成了一锅粥。而婉容始终独自待在屋内，从未迈出一步。

婉容自从见到苏军中将，始知溥仪的下落。于是，她提出要给溥仪写一封信，但已拿不动笔，只好让太监代为执笔。

在发信之前，韫龢在婉容屋里见到了这封信，婉容满怀深情地写道：

"目前，婉容很平安，希望能早日团圆……"

这封信封好之后，婉容亲手交给溥俭，让他带去苏联。

据她所知，这是婉容写给溥仪的最后一封信，而婉容再也没接到过溥仪的回信。

当比夫涅奥夫中将离去之后，溥仪的亲信陆续离开了大栗子沟。最先离开的，是徐思允和霍青云一家。他们乘坐老乡运货的马车，冒险驶奔长春。本来其他人也想分别坐车回家，可是听说路上不安全，经常发生抢劫和绑架的悬事，只得放弃这个念头。大多数人在静观其变。

每到夜间，男人便恐惧异常，轮流在库房门口值班，但所有女人都不安排当值。一次，轮到郑广元和一个随侍值班时，刚过半夜，突然有两个陌生人手持长枪冲着仓库走来，临近仓库门口五六米时，发现了郑广元和随侍，随即举起枪朝他俩厉声喊道：

"不许动！"

这两个陌生人见没人阻拦，径直闯进门里。屋内没点灯，里边一片漆黑。此时，惊醒了屋里的几个随侍和佣人，弄得桌椅板凳乱响，两名持枪人被吓了一跳，以为屋里有不少人，紧张地冲仓库里开了两枪，就急忙扭头跑掉了。

打这次开始，毓崇和严桐江建议联系当地铁路警察，设法前来保护。可他们心里也打鼓，就让郑广元来先到村里聊天，试探着了解一下当地的情况。

他遇到一名时常来仓库卖菜的半熟脸儿的老乡,不仅盛情邀请郑广元来家里吃晚饭,又拉来一名街坊作陪。几杯酒下肚,老乡吐露了真话,劝他说:

"你们住的地方实在不安全,你一家人还是搬到村里来住吧。"

正说着,毓崇由当地警察所长陪同找来,见面就焦急地对郑广元说:

"我正着急,还以为你失踪了呢。"

从村里归来,郑广元与毓崇、严桐江反复商量,一致认为住在这里确非长久之计,但又拿不定主意,就找来当地的警察所长和铁路警察头头儿。磋商许久,大伙都觉得严桐江的主意比较现实——搬到临江县城里居住可能最稳妥。这时,郑广元首先表态:

"我赞成这个主意。"

于是,大家一致同意派吴绍香去临江县城联系住处。哪知,吴绍香空跑了一趟,返回之后抱怨说,根本找不到联系人和住宿的地方。

这一行人的心情变得极为焦躁不安。一天夜里,正当郑广元与毓崇、严桐江再次约请两处的警察头头来商谈保卫问题,提到要求发枪保卫自己时,忽然远处传来密集的枪声。不一会儿,枪声愈来愈近。莫名其妙的是,伪警察头头儿迅速掏出手枪,跑到屋外头的墙犄角,冲天空放了几枪。

这时,她赶紧灭掉灯,双手搂紧孩子,再也不敢大声说话。大约过了半个时辰,枪声才渐渐停止。究竟是怎么回事?她始终没闹清楚。后来,她和丈夫猜测,可能是那些伪警察表面保护她们,实际暗中指使一些当地流氓地痞前来抢劫。不知什么原因,这次"内外勾结"没能得逞。

因平时郑广元总到乡下去买菜,有一个卖菜的老农,彼此混熟了,便好意劝他:

"你们快离开这儿吧,这地方不安全,你们最好搬到乡下来住吧。"

在茫然无措中,她吃惊地看到,要求警察来保护,须付保护费,据说一出手就是十几万块伪币。人们都觉得挺诧异,严桐江怎么如此称钱?韫龢倒另有一番见解,她对丈夫说:

"在这种鬼地方,即使有钱又有什么用处呢?"

据她所知,严桐江的确带来不少钱——大多是伪币。对此,严桐江解释说,溥仪在当皇帝的十几年间,每月存钱,临走前把所有存款约一百二十万块,全部带到了大栗子沟。严桐江惟恐引起内讧,还急赤白脸地对众人说:

"现在就要使这笔钱,如果这些伪币花不出去,转眼就会变成一堆废纸。"

随着惊恐日益不减,天气也变得一天比一天更寒冷。一个多月之后,天空下起了鹅毛大雪,严桐江找来过去烧暖气的老工人,用日本人留下的煤块点燃了通向仓库的锅炉,屋里才有了暖意。

前不久,四处投奔碰壁的霍青云,又重新返回大栗子沟,看望了韫龢一家人。住了没多久,韫龢和孩子们都患了病。幸亏还留有几针注射药,才勉强躲过了病魔的纠缠。她由于一度病得很重,治好之后好像脱了一层皮,既不知道是什么病,也找不到医生诊治。临走时,满铁医院的日本医师小野寺,送给她一点儿消炎药,病情才渐渐好起来。

哪知,英才和弥弥又先后患了肠炎和扁桃腺炎,郑广元亲自动手给她俩打针,由于缺乏经验,本应注射肌肉,却注射成皮下,结果,俩孩子的胳膊都落下一块大疤瘌。

临行之前,郑广元与严桐江一起决定,把仓库储存的大米、白糖全部分给大伙儿。

在危急之中,毓崇自告奋勇带着吴绍香和霍青云,重返临江县城去联系搬家。结果,他们头一次到临江去没找着人,第二次千方百计寻找到了临江县伪县长,庆幸的是,县长满口应承:

"临江公寓有一所房子,你们可以全部搬到那儿暂住。"

出发前夕,严桐江和赵荫茂将带来的许多溥仪照片——其中也有她和溥仪一起照的,分发给众人,让大家帮着烧掉。她看到,随身携带的"列祖列宗相",也被当众一把火烧掉,一张也没留下。

她听从丈夫的建议,把头上的烫发改成老太太鬏儿,脸上也不再化妆。她还让保姆连夜赶做了一套蓝布棉袄和裙子。远远望去,这群人确实成了再普通不过的老百姓,她和三妹彼此尴尬地瞧着,实在笑不出声来。

一辆破卡车把韫龢一行人,从大栗子沟拉至离县公署不远的临江公寓,这才算有了临时栖身之所。

第贰拾壹章

流浪临江

*在临江，无论男女，进屋必须一律脱掉衣服，仅剩下内衣和内裤。她们费尽心机藏起来的财物，都被八路军搜了出来，甚至连掖在腰里的珍宝也没剩下。

　　*在通化，被遣返的两千多日本军人，突然举行暴动。流弹横飞，穿过婉容住的屋子，恰巧打中溥仪的奶妈，二嬷终因流血过多而当场死去。

　　*她一家人流浪在新滨县，正赶上当地闹眼病，可巧，郑广元带了几瓶德国拜尔眼药，病人吃过药，居然眼疾顿消，郑广元遂成了远近闻名的——"灵仙儿"。

图片说明：溥仪的乳母二嬷王焦氏，在逃亡途中，遭
　　　遇"通化暴动"被流弹击中身亡

一 "皇妹"被搜身

寒风乍起的十一月，韫龢一家人迁进临江县城的一幢公寓。

入住第一夜，全家人仍然忐忑不安，夫妇俩整夜无眠。虽说是公寓，却全部是临街的中式平房。走进大门，右边是一间大厅，左边是一溜儿七八间客房，婉容和李玉琴以及溥仪的乳母等人都集中住在这儿。

后边的小院里，一间库房存放着大伙儿的行李。院内北面建有四间日式平房，每间屋勉强拥挤地住着一家人。不仅三格格带着三个孩子住在这里，五格格也带着一男一女——两个小孩儿，居住于此。其中，活泼可爱的小女孩儿莹莹——万淑英，终日蹦蹦跳跳，倒是多少缓解了极为紧张的气氛。

终日惊恐万状的嵯峨浩带着次女嫮生，也住在其中一间平房里。韫龢和丈夫带着三个孩子，一家五口人挤在旁边一间屋内，外间住着老保姆。寒冷的冬夜，房里没有床或炕，只是地上铺着一层厚垫子，全家人躺在上面勉强入睡。

几天过后，局势稍微安定一些，街上听不见枪声，至少可以上街购买日用品，自然比大栗子沟安全多了。平时，无论吃什么山珍海味也不显得稀奇，而在公寓里，赵荫茂闲暇无事亲自下厨，精心制作了从宫内府带去的鱼翅、燕窝，让大伙惊讶地开了"斋"。虽然随行的几名日本人一味讨要，却只让他们尝了几口。

据说，一位从小抱大赵荫茂的老保姆，私下里狼吞虎咽地"偷"吃不少，遂成了闲谈的笑料。除此外，这一行人还吃掉了所剩无几的红糖。几家人大多随身带着大米，只需蒸熟米饭，再从外边买回一点儿蔬菜即可充饥。偶尔，也能吃上一顿馒头、烙饼，伙食并不算差，但人们仍然难解心头的惶恐。

二嬷平常总是面带微笑，待人客气有加，而走进临江公寓却没了笑脸儿。她们被告知，不能随便串门，而且规定女人不能走出临江公寓半步，否则后果自负。

新年即将来临，一行人居然有幸吃到了团圆饺子，在忐忑之中度过了新年佳节。

仅仅过了半个多月，临江县城形势又陡然紧张起来。有时，夜间还不时传来零星的枪声。

忽然，韫龢听到传闻，八路军正向临江进发，已经距县城不远。伪县长和一些官吏逃跑得不知去向，只剩下一些伪警察和铁路警察在县城北边的山坡上企图负隅顽抗。由于形势陡变，吓得谁也不敢串门，只在自己屋里闭门闷坐，女人再也不化妆，头上都改梳成了发鬏儿，个个打扮得活像乡下老太太似的，大门外仍由男人轮流站岗。

空旷的街头，天气异常寒冷，时不时飘下雪花，街上行人少得可怜。她在屋内偶然听到传来的枪炮声，顿感心惊肉跳，连忙抱紧孩子，叮嘱家人切莫高声说话。

当晚，突然枪声大作，一直延续到第二天下午，枪声才骤然停止。

清晨，城内各店铺都没敢开门。整整一天，她一家人所居住的临江公寓，大门紧闭，鸦雀无声。韫龢预感，又要发生什么可怕之事。

不出所料，临近夜半十一点钟，大门口突然响起急促的敲门声，一声紧似一声。随侍和佣人浑身哆嗦着打开大门，这时冲进十几名八路军，厉声喊道：

"不许动！"

随后，走进一名提着手枪的八路军干部，身后跟随的几名年轻女"八路"，命令全部人员立即集中起来听训话。于是，她和大伙儿被集中在一间大屋里静候。

正当她忐忑观察之际，那名提着手枪的中年男人，叉着腰站到众人面前。她听到自我介绍才知道，他是八路军某后勤部李政委，参加过红军二万五千里长征。他中等身材，面目清瘦，讲起话来，一口浓郁的四川口音，语调虽然平和，结论却使她大吃一惊：

"对溥仪的财物，必须全部查封！"

她顿时明白了，人们所带的财物，竟然统统被视为溥仪的财物。显然，几家人的所有财物无不面临着被"查封"的厄运。

第二天早晨，李政委和几名八路军战士来到各屋逐个检查行李。她随即把一切用不着的物品和衣服统统交了出去。在此之前，头脑灵活的严桐江，惟恐承担连带责任，抢先把溥仪的一部分财物分别交给内廷人员藏匿身边。这次因检查稀松，她大部分细软侥幸没被查获。

她刚刚松了一口气，大多数人也以为躲过了这一关。哪知，刚过年不久，李政委通知准备将婉容、李玉琴、嵯峨浩和嫮生以及太监、佣人等七人，统一押上大卡车,遣送回长春。

这次谁也没躲过去。一天夜里,八路军忽然来敲门,大伙儿从睡梦中醒来,还没弄清怎么回事,一群八路军战士径直闯入房门,高声大喊:

"谁也不许乱动,必须在自己的屋里待着。"

随后,八路军战士将所有人员逐个唤进一间屋里,不管是谁,进屋都要接受搜身。

她哪儿见过这种阵势,顿时被吓蒙了。无论男女,进屋必须一律脱掉衣服,最后脱得仅剩下了内衣内裤。这次,她费尽心机藏起来的财物,基本都被搜了出来,甚至连围在腰里的珍宝也没剩下。

可笑的是,溥仪的乳母二嬷头上梳了一个发髻,被搜身时,由于胆小而心虚,下意识地摸了一下梳得整整齐齐的发髻,这个微小动作恰巧被一名八路军战士发现,猜测她头发里准藏匿着什么东西,结果打开她的发髻,果真搜出了珍贵的珠宝。事后,大伙儿都觉得十分可笑,讥讽地说:

"这是干吗呀?二嬷简直是此地无银三百两嘛……"

别看其他人甚至把金镯子等珍贵的珠宝首饰缝进口袋,也有人把仅剩的伪币捆在腰上,不料,也都纷纷被搜了出来,几乎无一遗漏。

几家人陷入了绝望——指望赖以为生的珍宝乃至稍值一点儿钱的财物,皆被扫荡一空。这一天,整排平房里寂无人声,静得令人发怵。

在极度焦虑之中,她理清了思路,必须尽快与八路军头头密切关系,以防不测。在她看来,李政委和聂政委这两人比较而言,李政委显得面相和善,待人和气。于是,她悄悄嘱咐郑广元想尽一切办法,主动靠近李政委。

果然,郑广元不辱使命,在短暂的几天里,竟与李政委关系打得一团火热。李政委居然指定郑广元带着相机,给众人逐一拍照,可见对其信任程度。

不久,八路军吩咐大家可以自谋生路返家,但因正处于战乱,许多人不敢,便想留在临江等待形势好转再走,只有一小部分人冒险离开。她和三格格两家人留下来,搬离了临江公寓,开始住在江边的一栋房子里,房子的主人逃走了,只留下一个工人看守房屋。江对岸就是朝鲜,冬天结冰就可以走过去,经常有人来回做些小买卖。

当她一家人搬到教会提供的一间空房里暂住时,殊不知,她一阵剧烈呕吐之后,才明白不知不觉已"身怀六甲"。

在怀孕期间,她吃高粱米,苦于无法下咽,只好天天吃豆腐和小米饭。因当地"大棒骨"便宜,她就叫郑广元四处奔波,买来熬汤喝,力求保持足够的营养。

她怀孕之后,愈加感觉草木皆兵。周围稍微发生一点儿风吹草动,她就感觉惊恐万分。按照丈夫的说法,她"一身系二命",自感责任重大。

一天,她在县城内,偶然巧遇旧日的街坊安东医生。她走过去,好奇地询问他:

"哎呀,安大夫你怎么来这儿啦?"

"我参加了八路军,驻扎在这里。"

"噢,是这么回事呀。"

"他乡遇故知",双方既感到惊诧又激动。这时,安东告诉她,自己已经当上了八路军的军医。

她与安东夫妇聊了许久,像遇上了救星。她又喜又怕——喜的是,八路军里总算有一个老熟人可以依靠;怕的是,自己显然是八路军的对立面,惟恐突遭不测风云。

安东颇通情达理,了解到她一家人的境遇之后,极为同情,但对于具体问题又爱莫能助,建议她一家人尽快返回北平。临走时,安东善意地开了几剂常用药方,其中还有一部分消化药,嘱咐她说:

"以后,你们如果在途中生活有了困难,可以配药卖。"

"太谢谢您了,我们全家人一辈子都忘不了您的帮助啊。"

分手时,她激动得热泪一直在眼眶里滚动。因安东要马上跟随部队行军,双方只好依依惜别。

二 "临生"

在临江,一个男孩儿意外降生。

不言而喻,对于韫龢来说,这已是第四胎,前三个孩子,无一不是女孩儿。见到出生的惟一儿子,韫龢高兴得合不拢嘴,而郑广元喜出望外之余,兴奋地为刚出生的男孩儿起了一个名字,叫"临生"——临江的临。

她正躺在床上静养,听到之后,笑着插言:

"我觉得,这个名字可太俗气啦。"

于是,她亲自给儿子另起了一个名字,叫"大力",实际是"大栗"子沟的谐音。

然而,郑广元固执己见,仍然管儿子叫"临生"。有意思的是,她生下的这个男孩儿,居然分别被父母叫出了两个不同的名字。

隔壁的一名中年妇女金嫂,见她喜生贵子,热情地送来一只母鸡和许多鸡蛋。

没隔几天,善良的程牧师又亲手送来一袋大米。大院里,仅住着不多几户人家,她一家人挤在一小间南屋,冬天便烧起暖暖的炉子。因房屋狭小,她一家又从教会大院迁到河沿暂住。房价倒也不算贵,房东姓伍,待人和善,总是嘘寒问暖,使她一家人多少感到宽慰。

当地恰巧有一户地主被轰走,空闲下一幢房子,她一家人即迁此暂时栖身。好歹有地方住,不再流浪在外,她倒蛮知足。

这幢地主宅院,是一座狭长的小院落。她家住在北房,屋内南北都是土炕,晚上,全家人分别挤在两边的土炕上。但凡屋外头一烧开锅,里屋的炕就变得热乎乎。在这里,她带着儿子度过了"满月"。

在天寒地冻之中,韫龢和郑广元竭力拉扯着四个孩子——英才、郑爽、郑洁以及刚刚出生的大力,还有一个老保姆,在东北四处流浪。

逃至临江之后,她一家人居住的隔壁是一座颇大的旧宅,据说经常闹鬼,后来人们又传说,这里闹"狐仙"。内心惶然的众人,纷纷吵着要给狐仙上供以避邪。第二天,韫龢好奇地对三妹说:

"那咱俩也瞧瞧去吧……"

她俩蹑手蹑脚地走进隔壁的旧宅,仔细察看之后,发现遍地都是耗子脚印。见此,她与三妹一个劲儿笑个不停。

"这里哪儿来的什么狐仙呀?……"

韫龢出言直率,但又不敢说汉语,惟恐被别人听见,只能用日语低声与三妹交谈。

"是呀,这明明是耗子脚印嘛……"

显然,三妹也看出了其中的蹊跷——分明是耗子的爪印,有人却非说是闹"狐仙",吓得谁也不敢来,便借故偷吃了全部供品。

她俩久久地相视而笑,却不敢揭穿,怕惹起当地人不满,便掩口大笑着走了出去。

至此,连吃饭都成了问题,自然更无钱买烟,无奈,她吸烟的老习惯被迫戒掉。也倒好,直到去世,她再也没抽过烟。多年之后,她对笔者追忆说:回想起来,我倒是应该感谢临江的"贫穷"遭遇,否则,我很可能像二哥溥杰那样——临终才戒掉烟瘾。

来到临江之前,她和三格格两家人相伴相随,始终居住在一起。三格格家一共有三名保姆,如今仅剩下一名从小看大三格格的高妈,还带着两个孩子——宗光和曼若。韫龢临时找来一名保姆,在身边照顾着四个孩子英才、弥弥、三秀和大力。这大大小小一群人,聚在一起实在惹眼,她内心一直害怕得不行。

两家人挤在一间银行宿舍里。因当地有一个人跟郑广元的父亲郑禹素有交情,所以,临时照顾一行人住下,算是偿还旧日的人情账。

几个月之后,不知出于什么考虑,李政委忽然派人前来吩咐:

"现在,你们可以自己找地方住啦。"

于是,她一家人不再住在银行宿舍,开始重新寻找居住的空房。可能因多数地主逃跑,闲置的房屋很多,韫龢一家人没费劲儿,就找到了河沿附近一间空房。尽管屋里遍地都是灰尘,她一家人粗粗打扫过,便赶紧住下。由于找不到房主,她一家人尽可不付房钱。

从此,她和三格格两家人,开始分开居住。

三格格一家人临时住在一家杂货铺后院。老保姆对三格格格外好,每天出外为八路军洗衣服挣钱,再回来养活衣食无着的三格格,实在令韫龢感动不已。

她和伪满众多遗留人员,按照八路军的政策,被分别遣散。她和三妹两家人,自知身份微妙,急欲逃离八路军的控制,两家人一起悄悄商定,先寻找临时住所暂栖身,再择机返回北平。

在遣送途中,她与几家人伴随婉容和李玉琴一行人,前往通化。

具有讽刺意味的是,八路军仍然称婉容和李玉琴为"大皇娘"、"二皇娘"。实际婉容已变得浑身邋里邋遢、披头散发,失去了往日的风采。此前在大栗子沟,她的头脑虽然还比较清楚,但如果没大烟抽就提不起精神。尔后大烟没有了,她就整天低垂着头发呆,每当犯起大烟瘾,往往瘫倒在地,口吐白沫。

在途中,她不忍心再看一眼终日满脸流着眼泪和鼻涕的皇后婉容。对于此时的婉容,她更多的是无奈和怜悯。

三 二嬷在"通化暴动"中去世

这一行人,从临江到通化是乘坐马车去的。

本来,郑广元联系好跟他学过英文的一名学生,到通化火车站来接站。可是,来到火车站,左等右等也不见一个人影。由于人生地不熟,两家人在当地谁也不认识,只好在车站的露天大棚下蹲了一夜。

寒冷异常的天气,使她一刻也无法入睡,只得睁眼静待天明。夜半,哪知三妹家姓林的老保姆怒不可遏,扯起嗓子冲着郑广元大声吼叫:

"你怎么能说话不算数儿?如今,三格格和孩子可怎么办?"

而郑广元满肚子委屈,顿足捶胸,却想不出丝毫办法。到最后,俩人在火车站吵了个不亦乐乎。她和三妹眼瞧着俩人吵架,内心极其难受。

站在一旁困饿交加的三格格,压抑不住心中不满,也就势插了几句话,责备起郑广元。几个孩子大眼瞪小眼地仰头望着大人,惊恐不解。由此,两家人的矛盾公开化。

作为二姐的韫龢,被夹在当中,无法解劝,心绪复杂的泪水在眼眶里直劲儿打转。

抵达通化后几天,仍找不到可居住的地方。三格格哪儿也不想去,打算径直返回北平。纷乱的局势下,谁也无法打保票能平安回到北平。

结果,两家人的分歧已无法调解。她倒没明说,反正两家闹到如此地步,无论如何不能再吵下去,因为如果暴露了真实身份,麻烦就更大了。至此,两家人只好分手。

然而,在战乱的时局中,韫龢和三格格带着三个保姆和两个孩子不敢往前走,只得暂时滞留在通化分别住下。

在凛冽风雪之中,溥仪的乳母二嬷和儿子以及保姆,也相继来到通化,竟与婉容等七人混住一间屋内。

与此同时,一群日本军人和伪满官吏也被关押进通化伪公署底层的一间房屋。

黑暗之中,酝酿着魑魅阴谋……

谁也没料到,除夕夜半,在通化市即将遣返的两千多名日本军人,突然发动暴动,企图冲进八路军设在伪公署的办公楼,于是,双方发生了激烈的战斗。

结果,八路军和日本暴徒都有不少人受伤。激战之中,流弹横飞,偶然穿过婉容住的屋子,恰巧打中了溥仪的乳母二嬷——终因流血过多当场死去。这一年,她还不到六十岁。

不久,婉容和李玉琴、嵯峨浩等七人被遣送回长春。婉容被送到长春的哥哥润良家,但是,润良却死活不肯收留。李玉琴返回娘家暂住。只剩下婉容和嵯峨浩没任何地方投奔,这时,她俩身边仅有忠诚憨厚的溥俭在身边陪伴着。

原来,苏联军队撤出东北时,比夫涅奥夫中将丢下皇族这些人没管。于是,溥伒跟随众多家属逃到通化,先是跟随婉容返回长春,继而又和婉容和嵯峨浩、嫮生一起来到延吉,眼看着三人被当地八路军关进了监狱。

此时,婉容时常昏迷不醒,生命垂危。不久,这几人即将被八路军押往哈尔滨,由于婉容行动不便,溥伒本想陪婉容前去,有人却屡劝他别带着"皇后",让她待在监狱里反而还安全一些。结果,当溥伒离开延吉第二天,婉容便倏然病逝于延吉监狱中。而这些详情,韫龢则是几年后才得知的。

在通化,她让丈夫找来一辆马车继续前行,直到驶进新滨县。

一路上,她最发愁的是大力年龄太小——才出生几个月,连吃饭都不会,她又饿得没奶可喂,只好千方百计用眼药跟当地人换来苞米大碴子。

当天,她向街坊借来一口铁锅,熬了一锅大碴子粥。每当熬东北大碴子粥时,她先要在搁碱之前,捞一点儿稠米汤出来,因为,搁碱之后大碴子粥就变稀了。

在新滨,她全家人好歹有了麸子和黄豆掺在一起碾磨成的面粉,炒熟之后,再用开水冲泡,能够勉强充饥。如果家里偶尔换来一点儿白面,她舍不得吃,就留下蒸成馒头来喂儿子大力。若是一顿饭能煮几个鸡蛋吃,全家人无异于过年,顿时变得喜笑颜开。

在她看来,大碴子粥好喝极了。奇怪的是,她无论吃什么也没奶,只好听从当地老人的建议,把鸡蛋黄儿掺和在大碴子粥里。然而,喝了多日,始终不见效。

实在没粮食可吃,她就和家人想办法挖野菜。其中,有一种野菜像蒜头,味道独特,成了她一家人餐桌上的美味。

家中断粮,她只得去买八路军剩下的高粱米锅巴。一次,郑广元扛回一麻袋高粱米锅巴,兴奋地对她说:

"这算拿来真正的粮食啦。"

她向街坊借来一口大铁锅,烧水的同时,炕也变热了。她在锅里放进许多水,只搁一点儿锅巴竟然可以熬成一大锅粥,全家人围坐在大锅旁狼吞虎咽起来。

意外的是,她去解手时,在茅厕旁边忽然发现两口大缸。其中一口缸里全部是自制的东北黄酱,她简直乐坏了。然而,再一瞧,发现缸里有一只硕大的死耗子,可也不能眼看着挨饿,郑广元伸进手就把死耗子扔了出去。

韫龢猜想,这可能是逃跑的地主丢弃的。于是,她用大柴锅烩熟大酱之后,让全家人蘸着换来的贴饼子吃,反倒成了一餐稀罕的佳肴。一家人喜笑颜开地嚼着,觉得好吃无比。

当地有一种谷物,叫"细挺谷",比内地的小米还要细得多,搁在阳光下透亮儿。她不懂如何做,只会煮着吃,结果整吃整拉,肠胃根本不消化。当地老乡见此,手把手地教给她:

"咳,这要磨过之后才能吃哟。"

于是,她从邻居家借来一盘小石磨,全家人坐在炕上耐着性子磨细挺谷。这样把磨后的谷子面蒸熟,简直像年糕似的。可能由于从没吃过的原因,她和孩子们感到味道香甜,远胜过那过年的糕点。

直到过了许久,她仍然忘不了曾救其活命而只叫得出名字,却不知道怎么写才正确的"细挺谷"。

为了避免招来意外麻烦,韫龢在新滨索性改成了一身特"土"的打扮,上身穿一件旧黑布棉袄,头发后边梳着一个发鬏儿。何况她以前异常考究的衣裳,早就被八路军没收了。可在别人看来,她仍然跟普通农村妇女不一样,只不过走在街上不那么招眼就是了。

早晨临出门前,她在镜子里照了照,自己反倒乐了。郑广元慢步走过来,微笑着对她说:

"你呀,简直活脱脱一个农村老大妈。"

第贰拾贰章 东北飘泊

* 韫龢的丈夫名字怪僻，屡屡被乡下人称为"贵呆"，索性改名叫郑广元。

* 简直想不出来任何活路，她昼夜无眠，真想跳井一死了之。岂料，救活她一家人的，却是丈夫带来的几剂药方。

* 这成了一个笑话。当地人得知郑广元并不是"灵仙儿"，只会卖药，"灵仙儿"的神话破灭了。

* 隐居新滨县乡下，谁敢暴露真实身份和真名实姓？韫龢想来想去，给自己起了一个新名字——"金欣如"。

* 飘泊在东北，全家人无一不沾上了满身虱子，她竟然不识为何物。

图片说明：逃难途中被称为"灵仙儿"的郑广元。颠沛流离中，韫龢一直将郑广元的照片带在身边

一 "额驸"成了"灵仙儿"

"贵呆,贵呆……"

一名八路军干部在台上扯着嗓子,喊了半天,郑广元竟不知喊谁,始终没敢站起来。

这是她和一家人逃到新滨县乡下时,一次丈夫被拽去参加八路军召开的群众大会所发生的事儿。直到被民兵从人群中最终拽起来,郑广元才如梦方醒。

顿时,郑广元瞠目结舌,在众目睽睽之下,竟然连一句话也说不出来——"呆"了。

他被勒令交代历史问题,被吓得面如土色,眼睛发直地返回家。郑广元最初原名郑隤敳,由于用字过于生僻,绝大部分乡下人当然不认识,见面时大多称他"贵呆"。韫稣听了,总是自嘲地笑着说:

"哎呀,这可太难听了,怎么叫'贵呆'呢?"

其实,韫稣怎能不知,郑广元的名字有着深厚的古文底蕴。许久以前,她就曾听六叔载洵不止一次提起:

"哎,这名字太好了,多雅。'八言八敳'嘛。"

而究竟什么是"八言八敳",她始终也说不上来,只知这是从一部古书里摘下来的话。当家里孩子问起时,她曾多次解释说:

"据我六叔说啊,这是一个有讲究的古字。是'敳',而不是凯旋的凯。"

正因为此字深奥,在乡下几乎无人明白。思来想去,她和丈夫商量的结果,只好将其名字改成了"广渊"。即使如此,当地乡下依然有人不认识这个字。实出于无奈,韫稣索性主张进一步简化:

"这个渊字,干脆改成'元'字,这一元两元钱的'元'字,大伙儿总归认识了吧。"

于是,郑广渊又重新将名字,改成了"郑广元"。

粮荒发生了。因为找不到任何粮食,全家人饿得终日饥肠辘辘。她愁肠百结,成天唉声叹气。

她琢磨不出任何活路。恰巧,她居住的院子门前正对着一眼水井,她昼夜无眠,觉得全家人前途无望,真想跳井一死了之。这在她脑子里仅仅是一闪念,但实在割舍不掉几个孩子而离去:

"那样自己倒省事儿,扔下四个孩子,郑广元就更没法儿活了……"

她咬紧牙根,暗下决心,一定顽强地活下去!

岂料,救活她一家人的,却是郑广元带来的几剂药方。

时值新滨当地正闹眼病,可巧郑广元随身带来几瓶德国"拜尔"公司生产的黄色粉末眼药——"雷福诺尔"。当初,长春的邻居是一名德国人,居住西楼,她一家住在东楼。她临离开长春时,用三百块钱买来一箱各种药品,其中就有这种神奇的眼药。

这种眼药含量仅是千分之几,药效却万分"神灵"。她眼瞅着郑广元用医院的注射针头洗净小药瓶儿,再一瓶瓶装上眼药。据说,兑成眼药水,仅用微乎其微的药末就行。之前,丈夫曾使用过蒸馏水,如今在农村根本找不到,只能用白开水兑成药水。

当地许多闹眼病的老乡,滴药后效果奇好,眼疾顿消,纷纷询问需要多少钱,她和郑广元异口同声地回答:

"我们不想要钱,你们无论有什么吃的东西,随便拿来点儿都行,这就可以换眼药啦。"

其实,当地人根本没有钱。老乡闻讯,纷纷拿来高粱米、贴饼子,还有人从家里拿来积攒多时的鸡蛋,前来兑换眼药。

乡下人口碑相传,出其不意地给郑广元起了一个外号:

"灵仙儿。"

谁也没想到,郑广元在乡下摇身一变,居然成了"灵仙儿"。其实她心里再明白不过,哪儿是丈夫"灵"呀?分明是德国的拜尔眼药水灵验。

在新滨,她偶尔正碰见邻里孩子出疹子躺在屋里,便让郑广元慷慨地赠送给他家人一些西药服用,居然立时见效。没多久,郑广元又成了远近闻名的"神医"。

她兴奋得要命,倒并非郑广元成了"灵仙儿",而是全家人有了活路,暂时摆脱了忍饥挨饿的境遇。

当她和一家人此前逃离长春之际,御医佟阔泉给她开了不少治疗感冒的药方,另外还专门为英才开了一剂"爆乐丸"——消化药。她和丈夫商议,按照几个秘方配好药,对外则宣称此乃祖传"宫廷秘方",居然意外火爆。

一名中年男人怀抱着婴儿,从乡下步行找来,哀求郑广元:

"我的小孩儿抽风,求您帮助救一下吧。"

当时,郑广元手中没其他良药,剩下的爆乐丸仅祛内热,医治小孩儿抽风并不对症。他只好实实在在地解释说:

"这剂药交给你,我不敢保证能好。不过这是祛内热的,你给小孩儿吃了,要是见效的话再来取,如果不见好的话,你就别来啦。"

哪知,乡下男人非付钱不可,郑广元瞅他很穷,死活不肯收钱。于是,中年男人千恩万谢地走了,没过两天又前来看望,感激地说:

"我的小孩儿吃药之后,病情好多了。"

郑广元又送给他几剂药。也真怪,可能是佟阔泉的药方好。没过几天,婴儿的病果然痊愈。一时,郑广元在新滨县附近,名声大噪。对此,韫龢倒另有一番见解:

"乡下人从不吃药,服一点儿药就管事儿。"

对于妻子的看法,郑广元觉得并非没有道理。郑广元贩卖眼药及各种药剂,给全家人换来不少食物。有一名朝鲜人,为换取一点儿眼药,见韫龢有个吃奶的儿子,竟拿来一堆贴饼子和高丽咸菜,还端来一碗熬好的红豆粥。她和一家人围坐桌旁,狼吞虎咽地就着高丽咸菜,大嚼贴饼子,觉得从来没吃过如此美餐。

起初,一家人彼此推让,谁也舍不得喝这一碗红豆粥。因为她要给孩子喂奶,所以丈夫竭力劝她喝。实际上,因缺乏营养,她的奶水一直不够大力吃,仅尝了几口红豆粥,便再也不舍得独自喝下去。于是,全家人每人轮流喝一口,无不大眼瞪小眼地盯着那一碗传来传去的红豆粥。

本来她久患严重胃病,一点儿肥肉也不能吃。早在年轻时,她每当遇到美味就海吃不止,结果撑坏了胃。从前在长春,她每逢犯起胃病,就疼得要命,任何东西都吃不下去,勉强咽几口鸡蛋羹或嚼一片面包,就算一顿饭。

没想到,在东北流浪的那些日子,她时常忍饥挨饿,所谓"饥饿疗法",居然无意中治愈了她多年的胃病。此后,她一直多年没犯。

二 改名"金欣如"

隐居乡下,谁敢暴露真实身份和真名实姓?

晚上临睡前,韫龢躺卧在床上,翻来覆去睡不着觉,绞尽脑汁,给自己起了一个新名字——"金欣如"。

第二天早晨,她刚睁开眼还没起床,就告诉了丈夫这个新名字。

为慎重起见,她连十五六岁的女儿也改变了打扮,特地让英才剃了一个平头,俨然一身"男装打扮"。平日,英才腰里总掖着一把斧子,跟随街坊的孩子一起上山打柴。有时,英才跟着郑广元去打柴,居然比父亲砍得还多。父女俩顺手还能摘到野生的榛子、小蒜头儿——野菜,捡回来让一家人充饥。

有一次,村里人用爬犁给八路军拉粮食,别人都到了家,只有郑广元没归来。村里的乡亲特意来告诉韫龢:

"你那位当家的爬犁,坏在半道上啦。"

英才听说之后,急火火地把棉帽往头上一戴,起身往外就走:

"我去接爸爸。"

见此,韫龢极不放心,力劝女儿:

"天都黑了,你一个女孩儿家可甭去。"

"我非去接爸爸不可。"

英才不听,执意要到路上去接父亲。结果,女儿煞费一番周折,终于将几乎冻僵的郑广元搀扶回家。当两人走进家门时,父女俩冻得像个雪人似的,连眉毛上都沾满了冰霜。韫龢见此,转忧为笑,喜不自禁地对丈夫夸奖起英才:

"你瞧,英才的性格多冲呀。"

当地乡下的农民协会,负责外地人居住登记临时户口。一天晚上,农民协会前来抽查,经过反复盘问,英才的真实性别一下暴露无遗。当地人这才知道,英才原来竟是一个女孩儿。

第二天,平时和她一起打柴的农民小男孩儿,纷纷隔着窗户冲着英才起哄:

"嘿,假小子,假小子!……"

虽然,英才性格颇像男孩子,却从此再也不敢出外打柴。

她家院内对面的南屋居住着一户贫农,后院则住着被当地乡下群众斗争过的"老韩家皮铺"掌柜。她一家人虽住在他家房前头,却不敢跟韩掌柜来往,甚至连交谈一句都不敢,只是安静地各自过着日子,两家人倒也彼此相安无事。

当冬天最寒冷的"三九"来临之际,全家人没任何食物可吃,饥饿难忍。孩子们意外看见被斗的地主老韩家的孩子出外讨饭,居然能讨到不少食物,于是,弥弥和三秀也挎着篮子出外讨饭,下午归家时果真讨到一些吃剩下的窝头、贴饼子。她马上煮成一锅粥,全家人团团围坐一起,狼吞虎咽地喝了下去。

有一天,姐妹俩竟然讨到一个刚出锅的热豆包,俩人虽然饥饿万分,却舍不得吃一口,而是高兴地双手捧给母亲,劝她吃了好给弟弟喂奶。见此,母亲的眼泪立时流淌下来。

谁料,跟她家住对门的当地农民孩子出疹子,竟然传染到了韫龢的几个子女。她焦急万分,却找不到可以服用的药,幸好当地老乡献出一个偏方,让她买来一些香菜,在灶上熬成一锅香菜水,喂给几个孩子喝——据说这是往外"发"毒的。

此后,她又按照当地乡亲出的主意,每天让孩子们喝玉米面粥来保养身体。

没想到,几天后,大力"发"出的疹子又突然全部"发"了回去,不仅不再发烧,连哭声也没了,总是昏睡不醒。家里的老保姆似乎有经验,用手摸了摸大力的额头和身体,急忙对她说:

"这可不是好现象,你赶紧想办法吧,他浑身上下已经变得冰凉了。"

她顿时傻了眼。当地人无不认为郑广元是"灵仙儿",转而对她说:

"你怎么不让郑先生给大力瞧病呢?"

她内心最明白,当地乡亲哪儿知道,"灵仙儿"根本不会看病,仅凭着身上带来的几瓶药水灵验罢了。

有病乱投医。她听说附近有一名西医,就摸索着找了去。医生见到她之后,也显得很纳闷儿:

"听说你先生不仅有好药可卖,不是也会看病吗?"

无奈之际,她只好吐露了真相:

"我说实话吧,郑广元只会卖药,不会治病啊。"

经她反复央求,当地医生答应前来诊病。当走进她家之后,医生用听诊器检测了大力的心脏,异常焦急地对她说:

"哎呀,这小孩儿都快转成肺炎了。"

"啊?……"

她诧异地瞪大双眼,轻轻抚摸了一下大力的脑门。此时,大力的额头变得十分烫手,幸亏郑广元找出一种医治消炎退烧的德国药,她急忙让医生为大力注射了两针。

她昼夜守候在大力的炕边。后半夜时,只见大力猛然哭出了声,嘴里勉强吐出几个含混的字,病情这才渐趋好转。

仿佛成了一个笑话。待大力的病情痊愈,当地人也明白了郑广元并不是"灵仙儿",而只会卖药。

灵仙儿的"神话"破灭了。

尽管如此,她全家人仍在新滨县乡下居住了将近一年。

就在这一时期,失踪许久的曲伯知,突然前来造访她家,瞅她一家人生活艰难,还送来十块钱,坦诚地对她说:

"我现在为八路军开汽车,每月都有薪水。"

起初,她只知曲伯知最早在一家慈善机构打杂儿。一夜之间,那群小孩儿忽然全部消失,眨眼之际曲伯知也没了踪影。她只是猜想,也许他们追随八路军而去,如今,彻底明白了真相,是曲伯知鼓动慈善院的孩子投奔了八路军。

谁知,近来曲伯知成了她家的常客,不时前来探望,倒也为她孤闷的家庭增添了不少乐趣。

平时,韫龢省吃俭用,舍不得用油炒菜,而将剩下的当做灯油,晚上只燃一根棉花捻儿照亮。谁知,小小的灯捻竟险些招来麻烦。一天夜里,她正起身坐在床上给大力把尿,忽然听到门外隐隐传来说话的声音:

"在这儿呢,屋里有人猫着哪。"

原来,当地的农民协会前来巡逻查夜。

"没错儿,这屋里有人,还有灯亮儿呢。"

此时,韫龢听到门外有人粗声吼问:

"谁在屋里呢?"

"我在给小孩儿撒把①呢。"韫龢平静地回答。

"噢,是这样啊。"

站在屋外的农民协会一伙人,听到她的答话,知道屋内是一家人,就没再贸然闯进来。

终日,她和一家人在担惊受怕中挨度时光。

"蛰居"乡间,夫妇俩身无一技之长,却总得养家糊口。于是,她和郑广元每天早晨起来,就冒着严寒去集上趸烟卷和白薯。回家之后,俩人先挑拣出白薯秧子或坏白薯,留着自家吃,稍好一点儿的白薯就由老保姆煮熟,再拿到街上去叫卖。

谁去街上叫卖,成了难题。二格格脸面薄,实在张不开嘴。老郑更是怯阵,连站在街口都浑身冒汗。无奈,她向街坊借来一杆小秤,催促弥弥和三秀去街上卖煮白薯。

---

① 东北人管抱小孩儿撒尿叫"撒把"。

哪知,两人推来让去,笑得蹲在地上,仍然谁也吆喝不出来第一声"叫卖"。犹犹豫豫地推让到最后,还是三秀胆大,先在街上喊出了第一声吆喝:

"地瓜热乎,地瓜热乎啊!"

谁都知道,东北人管白薯叫地瓜。见到姐俩在街上一阵吆喝,果然有不少人前来购买。

为维系生活,她还在街上摆烟摊儿、卖过花生。可乐的是,趸来的花生拿回家之后,没留神,却让饥饿的孩子们填进了肚子。从此,郑广元再也不贩卖花生。

"以后可不能卖吃的,就卖烟卷得了,烟卷没法儿吃啊。"

郑广元说到这儿,夫妇俩咯咯笑个不停。笑声中,透出一丝酸楚。

每天早晨,郑广元出去卖菜。一家人却无法迈出门槛,因孩子们的双脚都被冻坏。一家街坊见孩子没有棉鞋穿,便好心地送来几双破旧的棉鞋,让孩子们勉强过冬。她身上仅穿着一件短棉袄和单裤,仍每天冒着刺骨的寒风,出外四处奔波。

偶然,韫龢见到弥弥脱下棉裤,而裉裆里全是"小虫儿",顿时感到极为惊讶:

"你怎么不穿棉裤啊?"

"妈妈,裤裆里太痒痒了,您瞧瞧……"

"哎哟,这些是什么呀?"韫龢翻开大力的衣裤,立时吃了一惊,浑身的虱子像芝麻般密集。哪知,出生于王府的二格格,压根儿不认得虱子,不解地发问:

"哎哟,怎那么多小虫儿呀?"

"二格格,这些不是小虫儿,而是虱子啊。"老保姆告诉她。

韫龢把大力的衣服全部脱下来,抖下不少虱子,连头发里也藏匿了许多。立时,她浑身泛起鸡皮疙瘩,老保姆也感到束手无策。

见此,隔壁街坊给她出了一个主意:

"你晚上睡觉前,把孩子的棉袄和棉裤脱下,再里朝外翻过来,拿到外头冻透。等第二天早晨虱子被冻僵了,再拿笤帚扫净。"

她照街坊的主意尝试了一次,果然奏效。

环境恶劣,谁也顾不上谁。她的三妹韫颖命运也不济。三格格一家在通化,搬进租来的一间破旧房屋里,仅靠摆小摊贩卖一些日用品艰难度日。在兜售趸来的洋火时,顾客因受潮划不着火,纷纷找她来算账。

一天,家里只剩下宗光和曼若,幼小的宗光一不小心,不慎从阁楼上掉下来,摔坏了脊椎骨,在家里躺了很久才能勉强行走,但已变成了可怜的驼背。这是她回到北平之后才知道的。

一天,许久不见的五格格前来告别,因实在无法忍受东北的寒冷气候,决定带着几个孩子跟随侄儿毓崇离开新滨,往北平方向挪动。五妹握着她的手坦诚直言,路途遥远,究竟能不能抵达北平,心里着实没底,但待在东北生活无着落,终非长久之计……

韫龢无法提供任何帮助,只能惭愧地握手道别。事隔多年之后,她感慨万分地追忆说:

"流浪东北那几年,谁都只剩下半条命呀。"

三 离开新滨

转眼之际,她一家人在新滨居住了近一年。

春天来临的时节,漫山遍地盛开着五颜六色的野花。

她归心似箭,连一天也不想再待下去。因受五妹的影响,夫妇俩商议,打算尽快离开此地,返回北平。

临离开新滨时,夫妇俩手里仅剩下一点儿眼药,其他都兜售一空。甚至,她还卖掉了新婚的棉被。当地人拆开一瞧,都是上好的棉花,谁都愿意抢着买。

夫妇俩思来想去,觉得路途遥远,没有交通工具可不行,于是,郑广元毅然卖出一只旧皮箱,凑钱买来一辆小木轮车,以充作长途运载工具。

归期已定。初春的清晨,郑广元拉起那辆简陋的木轮车,上边装着锅碗瓢盆等日常用品,其中最引人注目的是一只小药箱。只见郑广元在前边拉套,三个孩子和保姆轮流在后头奋力推车。人们远远望见,在泥泞的乡间小路上,缓缓走来一支衣衫褴褛的七人流浪队伍。

最显眼的是,小木轮车的车轮上没有胶皮,推起来,咣当咣当响个不停,简直像一路伴奏的打击乐。

本来,韫龢坐在车上抱着大力,由于道路过于颠簸,她怕震坏孩子脑袋,便挪下木轮车,用两条厚围巾把大力捆在胸前,下雨时再在脖子上垂下一块油布,以遮盖大力,挂着一根木棍儿,紧紧跟在木轮车后,亦步亦趋。

旅途坎坷。一路上,这一行人连老带少,生活困顿,韫龢无疑操碎了心。头一天,由于走了不少路,全家人腿都肿了起来。弥弥越走身上越热,走着走着,便把脱下的棉袄放在车上,结果掉在了路上。

寒风骤起,弥弥感觉身上发冷,才发现棉袄丢失。她只好让女儿穿上自己一件绒夹袍,弥弥才稍稍觉得暖和一点儿。

眼看天色渐晚,她提议去当地人家借住一宿。全家人走进一个村子,打算住下。房子主人看见她,不仅热情欢迎,还低声出了一个馊主意:

"你们就在这儿住下,别走啦。你这三个女儿多漂亮呀,如果这仨闺女在村里找个婆家,还能收点儿财礼,你们就可以拿这笔钱做点儿小买卖。"

"这个馊主意可不行。"

她使劲摇着头,断然拒绝。她再也不敢住下,只得咬牙继续往前走。

傍黑天,一家人精疲力竭地来到一间空房子前,只见窗户大敞,南北两边都是一溜儿土炕。夫妇俩凑近再一瞧,北边炕上躺着的瞎老太太搂着一个瘦弱的小男孩儿。见此,郑广元悄声对她嘀咕说:

"哎哟,看来这是一对讨饭的。"

甭管三七二十一,韫龢果断决定先住下再说。几个孩子实在走不动路了,进屋就一声不吭地纷纷瘫倒在炕上。她和一家人睡在南边炕上,又让郑广元找来一捆树枝挡上窗户。她睁着眼都能望见天上的繁星,实在难以入睡。

她爬起身和丈夫商议了半天,想给瞎老太太滴一点儿眼药。可是,郑广元经过仔细检查,发现瞎老太太由于多年患沙眼,双眼基本瞎了,眼药虽无济于事,夫妇俩仍然给她滴了一次眼药水,只为求得心理的平衡。积德行善,成了她一路上的宗旨。

她和丈夫忐忑不安地躺在炕上,透过树枝默默数点着夜幕中的繁星。全家人居然与瞎老太太母子同在屋顶下度过了一宿。

次日清晨,一家人辞别这对母子,又匆匆赶路。

一路上还算顺利。郑广元手持盖着农民协会印章的路条,途中凡遇八路军只要瞅见这一纸路条,就会顺利放行。他怕路条被搜走,小心翼翼地藏在草帽里。夫妇俩内心非常清楚,如果没有这张路条,无异寸步难行。

眼前,这一家人来到八路军与国民党拉锯战的区域。这时,八路军刚刚撤走,战场上一片狼藉。

"站住!"

她一家走进村落,恰巧遇见一伙国民党还乡团,郑广元遭到浑身搜索之后,被查出了藏匿在草帽中的路条,还乡团非蛮横地没收不可。郑广元见势不妙,苦苦哀求:

"求求你们了,这张路条可不能没收,不然,我们就没法回家啦。"

结果,还乡团端着枪,仍蛮横地抢走他仅有的一双新皮鞋。

一路上,她一家尝尽苦头,也体验了东北人的热心肠。许多陌不相识的人对她一家非常友好。一个陌路人看到这一家人没吃没喝,就端来一盆米粥,又拿来了咸菜和大葱。

她和郑广元舍不得吃,留给了正在泻肚且发烧的两个孩子。她和郑广元只咽下几口炒面。其实说是炒面,只是玉米面、黄豆和糠、麸子混掺一起——她在口袋里装着几把,饿了就用水冲一碗以充饥。

平日里,她和郑广元都穿着一色的黑布棉袄。尤其是丈夫,为掩饰身份,头发留得挺长,满脸胡子拉碴,根本瞅不出是哪路人。

经过"三不管"地区时,正值暮色降临。她见路边有一栋房子刚盖好,还没安窗户,便带一家人睡在了临窗的土炕上。天将亮时,忽然枪声大作,窗外几个人影端着枪对准屋里大喊:

"什么人?不许动!"

孩子们惊恐地哭叫起来,郑广元马上爬起身,大声地对着窗外说:

"老总,我们是逃难的……"

说着,他颤抖着双腿走出门外。几个军人点燃了松籽火把,仔细查看了八路军开具的路条,挥了挥手,说:

"别怕!别怕!八路军不打老百姓……"

一场虚惊,烟消云散。她无力地瘫倒在炕上。

清晨,阳光明媚。她走在路上,心情逐渐放松下来。近午,走近国民党统治区时,她留在山坡下临时借宿的一户人家休息。而郑广元带着孩子们爬上小山坡,三秀跑在最前边,几个孩子撒欢似的奔跑着。

忽然,站在山头的一名还乡团举起长枪,鸣枪大喊:

"什么人?站住!"

吓得三秀掉头就往回跑,枪弹在头顶上呼呼飞过。因为孩子头上都戴着草帽,还乡团看不出来年纪大小。郑广元和孩子应声站住,还乡团随即欲带一行人上山盘诘。此时,郑广元哆哆嗦嗦地再三解释:

"我就是一个卖药的,这些都是我的孩子……"

还乡团任凭他怎么说也不信,强行打开药箱,抢去碘酒和退烧药——阿斯匹林。

接着,还乡团翻遍郑广元全身,只搜出一点儿仅剩的伪币。哪想,他们见

到一张纸币上写有"贸易"两字,便狠狠揪住郑广元,厉声逼问:

"这恐怕是八路军的暗号吧,你非说清楚不可。"

说着,还乡团的几个家伙解下皮带,就要抽打郑广元。这时,女房东发现了,赶紧跑来告诉韫龢:

"你赶快去吧,那些家伙要打你家掌柜的。"

闻讯,韫龢赶紧狂奔过去,一再哀求说:

"老总们,我们实在是普通老百姓。你们要不相信的话,我就起誓,如果我们是八路军,等下山我们一起摔死喽!……"

"是呀,如果是八路军……我们全家一起摔死!"

几个家伙听到夫妇起了毒誓,仅仅没收了药品,然后将她一家人轰下了山坡。

然而,在继续前行的路上,仍短不了一惊一乍。

在离开新滨县二道河镇的路上,一家人偶遇一个三十多岁的铜大缸的中年男子,个子不高,肩挑一副担子。后来她才知道,这是一名八路军便衣。只见中年男子走上前来盘问:

"你们上哪儿呀?"

"我们要回北平去。"郑广元毕恭毕敬地说。

"噢,都是往西走,那我们同路嘛。"

一路上,中年男子跟随着她一家人,边走边聊。

"你是干什么的?"

"我是卖药的。"

经过旁敲侧击了解,他知道郑广元手里有医用注射器,就诚恳地说:

"你把注射器卖给我得了。"

"我不能卖注射器,除非你把我们一家人带出去。"

此时,她已料定中年男子绝非普通百姓。因注射器对于一般人而言,白送人家也不要。

"我不认得路啊。"中年男子卖起了关子。

"你要把我们带出去,我就把注射器白白送给你。"郑广元的口气变得异常坚决。

"那好吧,一言为定。"

不出所料,八路军便衣随即把她一家人带进李红光司令——朝鲜族抗日部队的营盘。

这时，正赶上下雨，中年男子走在前头，抢着拿来火盆，给她一家人烤干衣裳，又端来烧好的热水，还为她一家人烧热了火炕。

她和衣躺在炕上，想到明天将过"交战区"，依然心神不宁。夫妇俩半睁着眼，一整夜和衣而卧。

次日晨起，她恳请求八路军事先联系妥即将经过的地盘，承诺分手时，郑广元会如约交付注射器。临别前，李红光部队派人如约照办，还不放心地反复考问她：

"你们往前走，要是再碰见还乡团问你们，我这儿有多少人哪，你怎么回答呀？"

郑广元见状，连忙接过话头，回答说：

"我们就说不知道。"

"这就对喽。"

一名八路军战士护送她一家人足足走出几里地，直到见着路上被击毙的尸体时，才告辞：

"抱歉，我不能再往前送你们了。"

"谢谢你。"郑广元说完，把早已准备好的注射器送到八路军战士手里。这一家男女老少，对八路军千恩万谢，挥手告别。

她一家忐忑不安地走出交战区时，距抚顺已近在咫尺。

眼看临近抚顺，她和丈夫商量，陆续卖掉了锅碗瓢盆和小木轮车，倒显得轻松多了。

绝非夸言，眼药似乎成了这一家人的"救命符"。

在抚顺上火车时，她一家人遇到几名蛮横的国民党官兵强行阻拦。其中一名害严重眼病的军官，右眼斜蒙着一块布，态度最是蛮横无理。见状，郑广元走上前，讨好地说：

"长官，我这里有最好的眼药，可以白送您治眼病。"

国民党军官听后，喜出望外，马上把这一家人带进一家旅馆，又对旅馆经理说：

"就让这家人先住这儿吧。"

于是，旅馆经理按照"独眼龙"军官的指令，让她一家暂时住下，也没提交纳住宿钱。郑广元送给国民党军官一瓶眼药水，被当即允诺让一家人明天乘火车返回北平。"独眼龙"的勤务兵活像一个没长大的小孩儿，临走时，又面交郑广元一封信，说：

"我是天津人,等火车路过天津时,你帮助我寄出这封信吧。"

"好,鄙人一定照办,一定照办。"郑广元满面笑容地应承下来。

仿佛神话,仅靠一瓶眼药,郑广元打通了返程几乎所有环节。第二天,一家人登上了进关的列车,虽然坐在闷罐车厢的地上,全家人却欣喜异常。

一家人从抚顺乘坐火车顺利抵达沈阳。

此时,郑广元手里还剩下半瓶眼药末儿,依然像宝贝似的揣在身边。他感触非常地说:

"这可是全家人救命的宝贝哟。"

车抵沈阳,全家人走出火车站却找不到任何熟人,也找不到任何一个地方住宿。衣衫褴褛的一家人歪坐在街边,引来许多人围观。

这时,一位身穿西服的陌生男人,拽着三四岁的男孩儿走来询问,当了解到她一家人的情形之后,一个劲儿同情地安慰她。

"哎!谁都有遇到难处的时候,你们先找地方住下,以后可以让这个小孩儿,"说着,他指着弥弥说,"到我家来,帮我照看小孩儿吧。"

他的好意,无助于解决她一家人没地儿落脚的难处。正在无奈之际,恰巧一个看管车库的好心老头儿,走了过来,瞅她拖家带口怪可怜,遂腾出一间小屋,让全家人勉强临时住下。

"你们就住在这儿吧,我先给你们一家人报临时户口去。"

归途恰遇好心人。夜晚,她和一家人躺在日本人留下的旧榻榻米上,感到奢华无比。

没过两天,孩子们由于水

韫龢和郑广元带着全家人在东北流浪。图为一九四八年,韫龢在沈阳怀抱着儿子大力

土不服,不仅闹开了肠炎,两个女儿又相继发起高烧。好心的老头儿递给她两个窝头和一碗水煮白菜——那是东家给他的晚饭。他说:

"我拿窝头跟你换一点儿炒面,怎么说窝头也是蒸熟的啊!你的孩子们拉肚子,净吃炒面哪行?"

顿时,她被感动得一行热泪夺眶而出。

面对困境,她当机立断,马上给北平的大格格——皇后婉容的大姨家寄出一封信,转告家人已抵达沈阳。此时,她两手空空,没有任何路费。婆婆家闻讯,马上打电报给郑广元居住在沈阳的表弟,去接她一家人到家里临时住下。她见到表弟,就像见到救星,高兴地蹦了起来。

本来表弟一家已买了机票准备赴北平,接到电报,马上退掉机票来找她一家人。原来大格格接到信后,马上奔郑禹家报告二格格一家人有下落了!因为几年来这一家人没有一点儿消息,仿佛突然消失了似的。

刚住下,她便感到局促不安,因在乡下这么多年,又乘坐火车断断续续行走多日,个个浑身长满虱子,当务之急须赶紧洗澡换衣裳。然而,她的破旧衣裳实在太脏,只得暂先换上表嫂的衣裤。

洗澡之后,表弟给全家人端来一盆白米粥和一些咸菜、生葱。她仍然舍不得吃,紧让孩子们先吃。随后,表弟端来一盆煮熟的鸡蛋,孩子们吃着白米粥就鸡蛋感到兴奋无比,表嫂还把别人送给孩子的奶粉和炼乳也拿来给英才姐弟充饥。

其实,表嫂的孩子才出生三四个月,她却硬说自己的孩子只喂人奶,使她一家人感激莫名。

她一家人挤住在表弟家的一间屋子里,凑合住了几天。正巧,一家大型企业的飞机将飞往北平,她全家充作厂内的职工家属登上了飞机。哪知,被一位长官发现,立即下了一道驱逐令:

"外边的人,一律不能乘坐这架飞机。"

她在绝望之中找到厂长。在她说尽好话且反复央告之下,一家人最终没被轰下来,她和一家人怀着惴惴不安的心情,乘机返回北平。

飞机翱翔在空中,她透过玻璃窗,眺望着下边灰蒙蒙的一片大地,内心仍然像十五个吊桶打水——七上八下。

第貳拾叁章 初返京城

*乍回到北平，仅两岁多的大力想吃花卷，她咬着牙在街上买了一个，居然花了一千块钱。口袋里还剩两千块，只够再买两个花卷。

*载沣主动提议："从今天起，府里过去的旧规矩一概免除……再也不用请安了，就改成鞠躬吧。"从此，醇亲王府的旧礼教被彻底废除。

*临终，载沣迷迷糊糊地睁开双眼，嘴唇动了动，还没说出话来，只跟四子溥任握了几下手，便倏然离开人世。

图片说明：一九四八年，韫龢重返京城无处栖身，住回娘家醇亲王府。图为醇亲王府花园一隅

一　露玉轩栖身

当飞机乘务员广播通知，即将到达北平机场时，她和郑广元带着四个孩子欣喜若狂，抢着透过飞机的舷窗眺望下边的城市。顿然，一家人陷入极度兴奋之中。

巧的是，那天正值端午节。

这是一九四八年六月一日。

她一家人从南苑机场乘坐大卡车到西直门下车，看到公公郑禹推着自行早在路边等候，便打算先到西老胡同——郑广元父母的家暂住下再说。

风尘仆仆走进家门，郑广元的父母紧紧握着她的手，见到她还带回来一个孙子，感到意外高兴。几年来，公婆俩一直没听到这一家人音讯，也不知他们飘泊何处，竟一时不知从哪儿问起。

临时住下，稍事休息过后，夫妇俩与郑广元的父亲郑禹交谈起来。郑禹年事已高，伪满时做过奉天市长、伪满驻泰国公使，还曾一度栖身商务印书馆，如今在家中赋闲，成天提心吊胆过日子。

她素知，婆婆是一个善良的南方老太太，从不像老北京人讲究那么多规矩和礼节。老太太跟韫龢乃至德妈关系都很好，往日每逢德妈去其屋里串门，老太太便尊敬地给德妈让坐，还请其抽烟。德妈在王府多年，极懂旧规矩，只是屁股跨在椅子边上侧坐着，以示对老太太的尊重。

从东北返回北平，居住成了第一难题。全家人挤在一间窄小的屋里，夫妻俩每天晚上都要临时搭一个上下铺，才能带着大力勉强睡下。对面一间屋里是三个女儿，外加小叔子的孩子，只得凑合睡在地板上。

实在可怜，检点全部家当，她只剩下一个铺盖卷儿。再看丈夫身上值钱的东西，仅剩下一件皮袄改成的坎肩。

夜半，她翻来覆去睡不着觉。发愁的是，自己连一个固定的住所都没有——她自嘲"居无定所"，出门时仅能带着老大英才，其他三个孩子只好临时放在婆婆家里。

眼见全家人窄憋地拥挤在一间屋子里，她实在忍不住，便去醇亲王府登门

看望父亲载沣,寄望于父亲帮助解决居住问题。父亲见到她极为高兴,没聊一会儿,她便眼泪汪汪倾诉起苦衷:

"阿玛,我们一家人,现如今还没地方住呢。"

"那你们现在住哪儿呢?"

"咳,我一家人只能临时借住在婆婆家。"

"这可不是长久之计。"载沣听罢,摇了摇头。

"我能带一家人回北府来住吗?"她央求起父亲载沣。

"好吧,"载沣听后,立即爽快地应允二格格一家人搬进来,"韫龢,你还住在小时候住的屋里吧。"

"谢谢阿玛,您对韫龢太好了,我一辈子都忘不了……"她对父亲感激万分。

"你跟亲阿玛还说什么客气话?你们能平安回来过日子,我就放心了。"

当韫龢临走时,载沣又特意吩咐仆人:

"告诉二格格,她小时候用过的东西,仍旧归她所有。"

于是,她全家当天便搬进思谦堂的西配殿——露玉轩。

实际上,载沣十分惦念着子女的生活境况。次日,他不顾腿脚不便,来到露玉轩察看女儿一家居住的状况。当载沣发现她和郑广元带着大力,三口人挤在一个炕上睡,又立即吩咐把王府的一张红木大床腾给韫龢夫妇。

所谓醇亲王府西配殿,总共有三间房。殿内全部是老式摆设,一水儿的硬木家具,中间是长条书案,两边侧各有两个方凳,府里通常叫做"兀凳儿"。一间堂屋居中,北头和南头各有一间侧房。

晚上,韫龢和郑广元便带着大力住在北屋,小姐儿仨则住在南头那间卧室。

不久,五格格也从东北辗转返回北平,遂与四格格一起前去,乞求父亲载沣让两家人返回王府居住。一时,西花园住满了两位格格的家人。

三代人历经坎坷而终得团圆,载沣显得兴奋异常,虽然尽享天伦之乐,但也带来了经济上的困顿。

且不说醇亲王府早已今非昔比,仅仅一家人的三顿饭,便足以使载沣发愁不已。三家人虽然见天吃大厨房的窝头和熬白菜,但在她看来,比起四处流浪的苦日子,已属天大的福气。

王府新雇来一个老头儿充作厨子,在大厨房帮衬做饭,据说王府因经济困难,只是管此人一天三顿饭,而不再另付工钱,平时就跟她家一起在大厨房吃

饭。一次倾心交谈之中,韫龢感叹地对四格格说:

"四妹呀,得亏你患病先回了北平,否则临江那段艰难的日子,实在难熬啊。"

"谁说不是呀,这也算是命吧。"憨厚的韫娴,喃喃而语。

早先,韫龢曾将积蓄存入银行多年,后来赴英留学期间花了一个精光。如今,再加上旧币贬值,她成了名副其实的穷光蛋。

乍返回北平时,她手里只剩下三千块钱旧币。然而,大力被饿得哭叫着撕扯她胸前的衣服,她的奶水早就不够吃。无奈她咬了咬牙,在街上买了一个花卷,居然花了一千块。

她把半个花卷送到儿子嘴里,急不可耐的大力居然吃得噎住了嗓子。然后,她又把另一个花卷掰成几块分给其他三个女儿。

她到街上再一询问,买一个烧饼也需一千块钱。这时,她的口袋里只剩下两千块,仅够再买两个花卷。她这才明白,旧币贬得如此不值钱。

起初,搬进露玉轩之后,她去面谢父亲。载沣自知她生活困难,随即转过头,吩咐管家:

"先给二格格拿二十万块钱吧。"

"怎么给我这么多钱呀?"

她觉得实在太多。其实,父亲交给她的是"金圆券"。

当天,她上街买菜时才知道,手里的金圆券并不值钱,买一斤香蕉就差不多花光,这才傻了眼。

好心的表弟又送来一些应急钱,可没过几天又花光了①。二格格一家经济虽不宽裕,却也偶有好事从天而降。不久,她购买公债时中了奖,全家人仿佛久旱逢甘霖,欣喜若狂。然而,经济上只是稍稍缓解了几天。

刚住进北府那段日子,六格格已经结婚,七格格却正闲在家里没事儿,时常给她的几个孩子补习语文、数学等功课。每天早晨,她的三个孩子去七姨屋里补习,然后,由七姨带着去姥爷屋里请安。这似乎成了必不可少的功课。

---

① 1948年,韫龢回到北平后,因没地方居住,经父亲载沣允许,搬进原来小时候曾住过的地方——思谦堂的西厢房露玉轩。载沣吩咐说,韫龢用过的东西仍归其所有,于是她将大件木器卖了。那个硬木雕花小柜及两块汉玉因价格太低没卖。另外,还有两大樟木箱衣服和料子,是祖母在世时分给她的那一份——母亲的遗物。两箱衣物是她早年存在北平的,没带到伪满去,她在东北期间已被盗空,只剩下两只樟木箱,据说是一个佣人勾结外边人盗走的。后来,那两只樟木箱也被卖掉了——以上记载,源于韫龢——金欣如亲笔写于1990年1月20日的追记。

待七妹带三个女儿给父亲请安过后,韫龢再带着大力去给载沣请安。

那时,大力年纪尚小,还不会请安,载沣每当见到孩子,就马上变得高兴起来。他最喜欢逗小孩儿,总是不断地对韫龢说:

"让大力叫姥爷,让他叫姥爷……"

载沣抱不动大力,就把孩子搁在炕上,逗他四处爬着玩耍。

一天清晨,载沣让韫龢把全家人聚集到了一起:

"我今儿个,就是想把你们叫到一块堆儿,说说我的想法……"

"阿玛,您别急,先喝口水好不好?"韫龢劝父亲说。

"我不渴。"载沣客气地摆了摆手。

她无论如何也没想到,接着,载沣竟然主动提出:

"从今天起,府里过去的旧规矩一概免除。当然,新社会也不能不讲礼节,以后再也不用请安了,就改成鞠躬吧。"

从此,醇亲王府的旧礼教被彻底废除。

虽然,韫龢依然天天去给父亲载沣请安,不过礼节由磕头改成了鞠躬。她父亲挺开朗,随着时代进化,丝毫不守旧。

几个孩子,成为韫龢生活中的惟一慰藉。英才的性格俨然一个男孩子,好动、擅长体育,又喜欢绘画。她与孩子的交流成了惟一的家庭娱乐,而将来的出路,她连想也不敢想。

使她感到欣慰的是,几个孩子都很争气,英才不仅参加了欢迎解放军入城仪式,还经过短短时间补习,直接考取了"崇慈女中"。

此时,她给另外两个女孩儿改了名字,分别叫郑爽和郑洁。郑爽顺利考上高小,郑洁则考上了初小——小学,即她父亲载沣开办的竞业小学。

其实,载沣办校纯出于偶然。北平解放前,风传各王府将一律被"没收",醇亲王府的主人——载沣自然慌了手脚。忽然,她的四弟溥任一天看到报纸上报道,凡是学校的房子都不能强占,便跑去对父亲建议说:

"王府的那些房子,索性就改成学校吧。"

据说,本来国民党政府仍然要去"占",根本不信那儿改成了学校,结果派官员进去一瞅,见木匠正给学生制作桌椅板凳,便放弃了占用醇亲王府房产的念头。

竞业小学办得不错,对于家庭经济困难的学生,一律免收学杂费。她父亲载沣亲任董事长,还把一架地球仪捐给了学校。实际上,四弟担任校长,负责管理全部事务,她父亲无法下地,仅挂一个名义而已。

她深知，七格格积极要求进步，自己新起了名字——金志坚，当上了学校教员，后来跟一个姓李的女教师另创办了一所职业学校，依然当老师。显然，七格格是姊妹七人当中惟一"自由恋爱"的。其爱人是北京市四中教师，也是一名共产党员。结婚时，报纸上还刊登了俩人的新婚启示，这在当时算是一件新鲜事。

那天，王府的太监拿来当天的报纸给载沣和她看，载沣思想开明，并不觉得奇怪。她手指着报纸，对父亲说：

"七妹这么做，没什么不好啊。"

父亲笑了笑，并无丝毫指责之意。直到七妹婚后，她才见到七妹的丈夫——乔宏志，高高的个子，容貌端正。那天，七妹和丈夫来府里看望父亲载沣，在父亲居住的房间见了面，彼此问候，谈话客客气气，但也没有过多交谈。后来，她听说七妹夫带学生出去劳动时，偶犯心脏病而不幸早逝。

她父亲载沣平日住在花园里，外间是一个小戏台，平时没什么正经事，每天早晨起来，仍由太监跟在后头推着轮椅，去花园遛弯儿，一走就是几个小时。那时，醇亲王府的大管家张文治不在了，佣人也少多了。

她父亲屋里仅剩下一名女仆和两名太监，其中一名姓刘的太监，负责日常伺候她父亲，大伙儿给他起了一个外号叫"刘妈妈"，他脾气极好，从不多说少道，只是专心服侍载沣，做一些洗脸、倒茶，每日三餐端来饭菜这类杂事。另外的女仆，则负责协助他伺候载沣。

然而，载沣后来下半身瘫痪，无法下地，只能整天在炕上坐卧，无法下地行走。为活动身体，他非强迫自己每天坐着轮椅去院里转一圈儿，这成了他的惟一锻炼方式。

王府花园西边有一片空地，种植着不少老玉米和蔬菜。她父亲年轻时喜欢吃煮老玉米豆儿，暮年之后嚼不动，便改为吃玉米糕，她总主动亲手为父亲制作。往往，她提前把老玉米豆磨成浆状，再用老玉米叶包上在锅上蒸熟，每当父亲拿起老玉米糕时，总是喜滋滋地露出笑容。

在表情平静的背后，她父亲偶尔也会透出一丝惆怅，言语间流露出对两个儿子的思念之情：

"我现在老发愁，溥仪和溥杰至今没有任何音讯啊……"

她总是想方设法以其他事由，企图岔开父亲无法摆脱的愁绪，然而，却无法彻底解除他的内心忧虑。

虽然，婆婆时常接济她一些生活费用，她一家人还在载沣家里白吃白喝，仍勉强维系。她一家连同四格格、五格格家，十几口人统统吃住在北府，使载沣感到经济上不堪重负。

且说郑广元作为夫婿，虽然栖居北府，却不好意思在这里吃饭，暂由其父母垫一点儿钱，在外边单买，维持一日三餐。后来载沣得知，宽厚地嘱咐韫龢：

"你告诉广元，别不好意思，他是咱自家人嘛。"

按照载沣的吩咐，郑广元尽可以去醇亲王府的大厨房领取一日三餐。她听了，着实感到哭笑不得，无奈，只好照办就是了。

她一家人回归王府，毕竟居有定所，还吃到了久已不见的大米、白面和蔬菜。然而，由于付不起保姆工钱，韫龢只能让她们暂时回家，只剩下四个孩子跟随自己。

韫龢初到北平时，年过七旬的"傻妈"已不在北府，返回了西二旗老家。听说二格格返回北平，傻妈立时唤来侄子陪同前来看望。乍一见面，她吃惊地看到，傻妈的头发全部变白，双眼皆瞎。

眼看临近晌午，她一个劲儿劝傻妈留在家里吃饭，傻妈却婉言谢绝，深情地对她说：

"不介了，就让我摸摸你吧。"

可怜的傻妈虽然看不见，却依然一往情深地上下抚摸了一遍韫龢的脸部，又温柔地摸了摸她的双手。这时，韫龢问起傻妈：

"您摸着我，还是原来那样儿吗？"

"是，还是那样儿，一点儿都没变哪。"

此时，屡经辗转飘泊的韫龢，说话口音发生了不易察觉的微妙变化，哪知，傻妈竟然听了出来，不解地询问她：

"二格格，我觉得，你说话怎么有口音了呀？"

"哎，也许是在东北待久的原因吧。"

显然，看得出来傻妈生活穷困，去她家时只穿着一件破旧的蓝布褂。幸好，傻妈当年回到北平之后，用仅有的一千块钱在乡下买了一小块土地，才得以勉强养家糊口。可怜的是，其宝贝女儿患肺病故去，仅有的一个儿子也因肺病而死，家中只剩下老太太孤身一人。

然而，韫龢囊中羞涩，拿不出任何钱来资助老人。分手时，她眼瞧着傻妈缓缓步行出门，心中一阵酸楚。她与傻妈这次分别之后，再也没有听到其半点儿音讯。

韫龢回北平后，才打听到，从小伺候溥杰的齿儿妈——陈妈早已故去。伪满时期,陈妈在北平临死之际,让其子曾给她写来一封信,告知母亲身患重病,请求汇去一些钱治病。她当即寄去一部分钱,却也没挡住陈妈的病故。陈妈的儿子也在北平,女儿幼年被摔成了罗锅儿,解放前都还与她时有往来,当陈妈病逝之后,便断了联系。

比较起来,除贴身的几个妈妈以外,溥杰的乳母严嬷儿与她关系最亲密。严嬷儿高挑的个子,身宽体胖,不仅性格爽快,办事也挺利落,始终贴身伺候溥杰,一直到伪满垮台,才从东北沮丧地返回北平。

正当韫龢回北平不久,严嬷儿突然去世,其家人前来找到她,满以为像当年旧王府那样能讨上一点儿赏钱。哪知,韫龢生活窘迫,实在连一点儿钱也掏不出来,她不由长叹一声:

"哎呀,实在对不住啊,我这会儿什么也拿不出来啦。"

尔后,严嬷儿的家人又分别找到几位格格,想讨要一些丧葬资助,结果,谁也无钱可掏,皆因自家生活还没有半点儿着落。至此,严嬷儿的家人只好失望而去。

外人不知,此时的醇亲王府早已坐吃山空。载沣作为旧王府的主人,不仅经济窘迫,身体亦愈来愈糟。每天早晨起来,半身瘫痪的载沣换上短衣裳,只能在屋内南边靠窗户的大炕上,盘腿一坐。

由于载沣常年不动,造成腿部严重萎缩,双腿变得极细。因行动不便,即使冬天他也不穿长衣裳,而仅身穿一件小棉袄,夏天则穿一件小褂儿,衣着极简单。

一次,韫龢前去看望父亲时,载沣不禁忆起一九四三年吃年饭的情景。当时,载沣因侧福晋去世,心里十分难过。全家人闷闷不乐,一顿年饭吃得极不愉快。如今,几个女儿返回北平而两个儿子却渺无音讯,仍使他愁肠百结。

然而,当她提起二哥溥杰时,父亲则显得心情忧郁,更有意绝口不提溥仪的名字。这成了他父亲难以言表的一块心病。

韫龢去探望载沣时,每每听到父亲追忆起溥杰的日本妻子嵯峨浩,从东北辗转回北平时,前来醇亲王府看望的情形。其实,那次韫龢恰在父亲载沣身旁。身穿旗袍的嵯峨浩,走进屋之后,依然按照中国礼节跪下给载沣磕头,礼节完全跟韫龢一模一样。

往日身材丰满的嵯峨浩,此次见面却显得瘦弱不堪,精神倦怠。她说起中国话,明显带有浓重的日本发音,但她和父亲载沣都能听得懂。嵯峨浩的言语之中,除对长辈问候之外,格外透出对丈夫溥杰的无限思念之情。会面无疑陷入尴尬之中，注定无法深入交谈。

忆及嵯峨浩，载沣又不禁唏嘘，重提不知身处何方的溥杰，记挂起远在日本的儿媳妇的近况。他问起韫龢，她除一声长叹之外，任什么也说不出来，只是愁眉紧锁，双眼呆呆凝视着地面……

二 变卖醇亲王府

好不容易挨过严冬，春天渐暖，载沣的心情仿佛稍好一些。她父亲得知四儿子溥任的妻子怀了孕，成天企盼地说：

"最好能生下一个男孩儿。"

眼看到了阴历三月，听说溥任的妻子即将临盆，载沣躺卧在床上，总是不断地询问：

"生了吗？生的是男孩儿吧？"

事从人愿。载沣始终盼望得到一个孙子，就在溥任的孩子降生这一天，他从上午直溜溜儿地等候到下午，一连打发人询问好几次，仍未得到回音儿。

眼看天色将黑，正要吃晚饭时，载沣忽然见到溥任高兴地跑进屋内，不消问，瞅儿子高兴的样子就知道儿媳妇生了一个男孩儿。一追问，果然如此。

听说孙子平安降生，载沣显得高兴异常，当即迫不及待地亲笔书写了四个名字，让溥任从中挑选。

结果，父子俩一致相中了一个名字——"毓璋"[①]，事后，载沣还兴奋地专门请人镌刻一枚印章，上边书写着"花甲含饴"，留作纪念。以示其多年心情郁闷，而头一次这么高兴，虽然已过花甲之年，却似嘴里含着糖一样甜蜜。

韫龢为四弟高兴，更为眼前的生活发愁不已。从前，她身边始终有德妈在旁边，任何事都不用亲自动手，如今却要一切从头学起。四个孩子已上学，家务活儿过忙，便又找来一名保姆，负责操持一日三餐。

她在旁边用心地瞅着，渐渐学会了做普通家常菜。等孩子稍大一些，家里经济愈来愈拮据，她付不起保姆薪水，只得又含着泪水无奈地辞掉。

没有保姆指点，她开始摸索着学做家常饭。第一次蒸馒头时，她亲手发了一盆面，眼见酸得实在厉害，又不会使碱，只好找来街坊现教才蒸熟第一锅馒头。

[①] 弄璋之喜，语见《诗经·小雅》。

她父亲载沣眼看王府人口渐多,经济状况一天不如一天,犹豫再三之后,只好下决心变卖王府。据说,变卖醇亲王府前后,还经历过一番周折。

当载沣提出变卖醇亲王府之后,有人提出异议,认为这是"敌产",主张绝不能卖。此事层层请示,竟惊动了周恩来总理。经过详细了解,周恩来总理非常明确地指示:

"醇亲王府不能算'敌产',变卖是要算钱的。"

载沣闻讯,喜出望外,遂让溥任找来一名律师,最终,王府按照小米折算成现钱,变卖了一笔巨大款项。对此,载沣感到十分满意。这是一九五〇年。

此后,载沣分给每个子女一部分钱,让各自分别买房。于是,几个女儿带着家人散住在王府外边的普通民居。亦有例外,四子溥任及子女则留在了载沣的身边。

韫龢拿着手中的钱,先后租住过几处地方,最终在东城土儿胡同买了三间北屋以及一排狭窄的走廊——算东屋,院里还栽有一棵枣树,另外搭上一间破烂且面临坍塌的小南屋。

她简单修葺了破旧的房屋,又经过短短掇拾之后,带着孩子和丈夫暂先搬了进去。夫妇俩和四个孩子,居住在三间北房里,仅能容下一人的小东屋,临时当做厨房。韫龢嘱咐丈夫,让他亲手办理了过户手续。

站在院门口,她望着栖身的住所,微笑着长出了一口气。

初返京城那些日子,郑广元许久没找到合适工作,经人辗转介绍,才在石景山邮局找到一个专业对口的职业,尔后又调到北京邮局基建处担任工程师。全家人仅靠他的微薄薪水生活,经济仍极为拮据。

由于四个孩子年纪尚幼,韫龢一直没能参加工作,主要照顾孩子的起居和学习。她稍稍感到宽心的是,三个女儿住校,都成了少先队大队长,功课也都很好。仅大力上小学读书,在家里居住。顿时,她的时间变得宽裕起来。

为养家糊口,她买来一架缝纫机自学裁剪,想给人做衣服挣钱。哪知,头一次就把顾客——郑洁的同学家长的衣服裁错,最终只好给人家做了一身制服,算作赔偿。她打了退堂鼓,再也没能当上职业裁缝。

然而,大力见到别的同学身穿"海军服",不愿穿她从街上买来的三道蓝色条的仿制军装,偏向她讨要真正的海军服。于是,她亲手给他量身定做了一身。

周围街坊羡慕地看到,她家三个少先队大队长和一个"小海军"时常进进出出。她带着四个孩子去动物园游玩,大力穿着一身海军服,恰巧,一名海军

战士见到大力,像遇到知音似的,挥手唤他过去:

"小海军,你过来呀。"

大力感到意外,高兴地让海军叔叔拉着手,一起攀谈了好一阵子。她对三妹笑着谈起,刚返回京城时,见小孩儿戴着红领巾,还误以为是过去的童子军呢。

她带着孩子去看望载沣,总给父亲带来欣喜。载沣本来在东城魏家胡同购置了一幢旧房,因政府占用——这里离载涛住的西扬威胡同不远,载沣又在利普营胡同买了一所旧宅。搬家时,载沣因下身瘫痪,只能让佣人抬着搬进新家。

那幢房子原由一名德国人居住,独门独院,屋内布置得十分讲究,还装有暖气、抽水马桶。载沣在利普营胡同与四子溥任住在一起,度过了最后的岁月。

然而,她父亲变得话愈来愈少。去世前,载沣由刘老太监陪同,先后去几个女儿家轮流察看了一番。

载沣最先来到韫龢新迁居的帽儿胡同家里,她对父亲叨唠起了几次搬家的经历:

"您可不知道,回到北京之后,我这一家子可搬了不少次家。最先是在东煤厂胡同,房子虽然不错,但房租太贵了,住不起啊。只好又从东不压桥胡同搬来帽儿胡同,在这期间啊,我们还搬过好几个地方呢……"

载沣听了,频频点头,眼中流露出同情的目光。他拉着四个孙子辈儿的手,问长问短,显得异常亲热。走进她家,他各屋都要瞧一瞧,却不肯留下吃一顿午饭。

载沣的心情颇为兴奋,乘坐洋车①去几个女儿家里察看了一番,既不喝水也不吃饭,而是坦率地表白:

"今天,我就为了看望一下儿女们。"

当载沣来到几个女儿家里,仍无外乎询问同样的话:

"这儿住着还好吗?"

"好啊。谢谢老阿玛。"

这样,她父亲一家家挨家察看。由于载沣一向不擅辞令,只会说这些重复的套话。

---

① 洋车,即人力车,当时被称作洋车。

至于载沣的为人,她记得,周恩来总理对他有一个公正的评价:"小事糊涂,大事不糊涂。"

连周总理也清楚地知道,她父亲在溥仪赴伪满时,曾明确表示反对。当年,即使溥仪说出大天来,载沣就是死活不留在伪满定居。这倒也足以说明,周总理对载沣评价之客观。自然,也不难看出,载沣的确大事不糊涂。

然而,她见到晚年的载沣,颇易接受新思想,意识并不守旧。

解放以后,载沣将醇亲王府卖给国家,一九五○年又带头响应政府的号召,主动认购数千块钱"公债",还将醇亲王府的一些文物和古籍,无偿地捐献给北京大学。由此,载沣受到社会广泛好评……

当解放军进城之后,少数敌对势力仍暗地散布新社会不好、共产共妻等言论,载沣内心十分惧怕,见到报纸正面宣传之后,急于亲眼瞧一瞧京城发生了什么变化。于是,载沣便乘坐洋车去鼓楼附近转了一圈儿,返回家之后,载沣万分感慨地对她说:

"我看到街上的老百姓欢天喜地,都挺高兴嘛。"

三 父亲载沣病逝

孤独与载沣相伴。他成天孤零零地倚在炕上,盘腿而坐,两条腿渐趋萎缩,已不能独自行动。

其实,早在刚从伪满归来不久,她父亲载沣就曾一度病倒,开始只是发现腰腿发软。据她所知,父亲历来有这样一个毛病,每遇大事,载沣就顿时腰腿发软。当她母亲去世时,父亲腿软得走不动路,只能由两人搀架着行走,勉强才办妥丧事。

渐渐,载沣变得四肢无力,到后来竟然变得无法动窝。

载沣一生酷爱养猫,多年来喂养着一只猫,叫"大黄",反应十分灵敏,只要一唤其名字,它就马上跳上轮椅趴伏着,乖巧地双眼盯着载沣。

到后来,载沣下肢瘫痪得更加厉害,外出只能乘坐轮椅代步。他和家人都非常喜爱大黄,出行时,总是将它带在身边,这是她父亲终日的一个伴儿,也成了父亲晚年的一个"乐儿"。

眼见载沣日渐病重,大伙儿焦急万分。载洵特意在京城请来两位有名的大夫,一名是西医,一名是中医。虽然,她父亲历来不信医生,此时,却无法再拒绝六弟的一片好意,只好勉强答应。

谁也想不到,载沣临医生到来之前,居然意外提出一个条件:
"请两位大夫每星期各来两次,两人都得错开,尽量不要碰到一块儿。"
无奈,六叔只能同意他的要求,特意对两位医生前来诊治,做了特殊安排。
然而,两位医生诊断结果无二,一致认为载沣患了糖尿病和关节炎,而且此病由来已久,治愈的可能性几近于无。
载沣始终信奉"死生有命,富贵在天",往常即使患了病,也从不吃药或打针,只是预备一点儿小药,譬如"宝露丸"之类的中成药,供家人偶尔服用。
每逢府里的小孩儿患病,她父亲总吩咐"照例"该吃什么药。譬如谁着了凉或泻肚,就吃打食的"焦三鲜"。这在王府里,成了约定俗成的习惯,谁也不能违背。
载沣极为迷信这些小药,而不相信真正的西药。令人难以理解的是,凡是家人从外边买来的西药,他即吩咐一律埋掉,从不让服用。她年幼时若患病,载沣往往亲手摸摸她的额头,如果不发烧,大多总是说上一句套话:
"恐怕是吃多了吧……"
随后,载沣即开始所谓"食物疗法"——不让病孩儿吃饱饭,只喝老糊米稀饭。她觉得难吃极了,几个姊妹无一不惧怕。有时,载沣还让她喝几碗杏仁茶,或给一点儿白米稀粥,反正顿顿不离粥,直到病情痊愈为止。
她父亲信奉"宿命论",觉得人生自有定数,不是吃药打针能管用的。载沣碍于情面,不好意思拒绝医治,除了西医每天来给他打一针没法躲,对于买来的中、西药剂,仍无例外地统统扔掉。
大伙儿感到挺纳闷儿,为何载沣不吃药还派人去抓药?后来才知,他怕不抓药外人说闲话,所以,抓来中药也不吃。不久,见病情稍好一点儿,他便辞掉了两位医生。
父亲日益病重,她看得再清楚不过。载沣已经走不动路,整天坐着轮椅,仍照吃糖和咸食不误,且不加以限制。由于患糖尿病本来吃得挺多,可是载沣见病情没有明显恶化,竟然产生错觉,误以为身体有所恢复。
可是,过了不久,她就发现父亲开始双手发颤,竟无法拿起笔来撰写日记。这,成了载沣病情恶化的重要标志。
历经多年的坎坷生涯,载沣年迈体衰,头发皆白,成了年近古稀的老人。对于生死,他倒坦言不怕,只惦记着四散的子女。在载沣的心目中,对孩子始终格外心重。
当父亲生日那天,尽管不是"整寿",她仍带着全家人前去祝寿。虽然载

沣前不久已宣布废除王府的旧礼,她家的四个孩子,依然规规矩矩地向载沣请了跪安:

"姥爷吉祥。"

载沣晚年非常喜欢小孩儿,每逢见到儿孙辈便格外高兴,总是欣喜地抚摸着孩子的头,发出感叹:

"哎,又是一辈儿喽。"

静静坐在轮椅上的载沣,见到隔辈的小孩儿,显得分外亲热,招手唤英才过来,拉着她的手一起照相合影。英才带着妹妹和弟弟,站在载沣的轮椅旁边,被老人亲密地搂着一个个地拍摄了合影照片①。

当她和孩子离去时,载沣眼巴巴地望着一家人的背影,恋恋不舍。孩子们丝毫不知,这竟是与姥爷的最后一次欢聚。

在她看来,载沣的病逝,纯属偶然。社会上有人传说,载沣生活上小气,平时不舍得吃喝。其实,这多少有一些偏见。然而,载沣却因一次饱餐之后,犯了旧病,倒是真的。

一天,载涛邀请载沣去家里吃菊花火锅,载沣接到电话高兴极了,随即雇了一辆三轮车,在家人搀扶下,径奔西扬威胡同。

一贯讲究吃喝的载涛,亲手操持这顿菊花火锅——品种极为丰富,既有鱼片、鸡片,也有鹿肉、海参、鱿鱼、粉丝等,足足摆满了一张餐桌。载沣与载涛两家人齐聚一起,说说笑笑,高兴至极。

过了一会儿,火锅煮沸之后,载涛吩咐家人放进一些白菊花的花瓣儿——故此叫菊花火锅,又兴高采烈地招呼兄长:

"这能祛寒解毒,冬天吃最好不过啦。"

在她的眼里,七叔载涛平时格外讲究饮食,原料和佐料都挑选最新鲜的。这次,载沣和七弟全家人聚在一起显得极为热闹,吃着也觉得颇对口味。屋里热气腾腾,温度颇高,没过多久,载沣的脸上便淌下了汗水。

据她事后听七叔追述,载沣平生滴酒不沾,那天坐在餐桌旁却像喝醉酒似的,居然满脸通红。

多年来,她父亲载沣罕见如此高兴,也因近年兄弟间聚少离多,许久没一起品尝如此丰盛的午餐。往日,醇亲王府的饭菜做得过差,而七叔家里的菜肴格外考究,载沣面对美味佳肴,自然吃得有滋有味。

---

① 据韫龢回忆,这些照片在"文革"期间可惜均丢失。

岂料，载沣与七弟一家人聚餐，这竟是生平最后一次。

载沣饭后返家，突患"中风"。起初，病情症状有一点儿像感冒，而且不断咳嗽，哪知居然引发了尿毒症。

在此期间，家人请来医生先后两次抢救载沣。幸好，医生为载沣诊病时，载沣倒没像从前那么断然拒绝，因为他已经没有气力了。而惟一无法改变的，则仍是载沣一如既往地不肯服用任何药物。

当她前去看望时，一向脾气好得不能再好的载沣，凑上前主动跟她说话，尽力安慰她：

"我这病不要紧，你不要着急，过两天就好了。"

至此，载沣仍未察觉身体已急转直下。实际上，医生早已确诊，载沣患了重度糖尿病，且尿毒症的病情日渐加重。以致，她稍稍离得近一点儿，就闻得出来，载沣连呼吸都带有浓重的尿味儿。

那几天，韫龢心急如焚，一天实在忍不住了，便跪在父亲床头，反复哀求：

"阿玛，求您了，请您打针吧，我代孩子们求您了……"

然而，她父亲仍不肯听从她的劝告。

"求您了，阿玛打针吧，快点儿好吧。"

她长跪不起，不耐其烦地反复劝说。载沣躺在床上，见此，只好勉强睁开双眼，默默点了点头。

她喜出望外，马上吩咐守候在旁边的汪大夫立即为父亲注射了一剂药针。当时，床旁还伫立着另一名大夫，神情却显得颇为紧张。

此时，载沣的表情依然很平静，她和家人则焦急万分。那些日子里，载沣整天昏昏沉沉，甚至昼夜昏睡不醒。或许是回光返照，有一天，载沣忽然睁开双眼，打起精神，对周围的家人说：

"谁拿来报纸瞧瞧，看公债抽签中了没中？"

大伙儿连忙拿来报纸查阅。过了一会儿，载沣又睁眼问起守在床边的溥任：

"告诉我，谁中了，家里买的公债有没有中号的呀？……"

于是，家人纷纷告诉他报纸上登载的最新消息。偶尔，载沣感觉身体稍好一些，便躺卧在床上，挣扎着说：

"等过两天病好了，我还要雇辆三轮车遛弯儿去。"

见到载沣仍然惦记着出门，正守候在身旁的七格格，赶忙劝父亲：

"阿玛，现在路上正挖沟哪，路不好走。等道儿好走了，您再去吧。"

听到幼女的解释,载沣深信不疑,果真以为院外在挖沟。哪知,这是七格格善意的谎话。

眼看父亲载沣日趋病重,韫龢和全家人轮流值守在病床前。二月三日早晨,载沣迷迷糊糊地睁开双眼,见到溥任正在身边守候着,嘴唇微微动了动,想要说话,却没说出来,只是跟他轻轻握了几下手,便骤然离开人世。

这是一九五一年二月三日。载沣在北京东城区利普营家中病逝,享年六十八岁。

父亲载沣的病逝,使韫龢陷入了极度悲伤。她和家人为载沣买了一口上好棺材,随后将载沣土葬在北京西北郊的福田公墓。

初春,韫龢与郑广元带着四个孩子前去祭奠,将一束鲜花敬献在载沣墓前。

此时,百感交集的泪水,霎时模糊了她的双眼。

第贰拾肆章

迈入新社会

＊韫龢早先连厨房都没进过，更甭提做饭。返京之后，她遍学厨艺，先是跟保姆"蹭学"，居然能做家常饭菜，又跟一个卖馄饨的老太太学会了烙饼。

＊毛泽东主席看过《满宫残照记》之后，曾当面向章士钊打听，"那本书里的三格格，现在居住在哪里哟？……"

＊她与御医和宫女重逢，今非昔比的是，皆成了自食其力的劳动者。

图片说明：韫龢（右）与儿子大力合影

一 学会过平民日子

韫龢一家人迁居土儿胡同的一幢破旧的小院,成了京城的普通百姓。

她掏出卖掉王府分得的钱款,买了几间平房。孰料,女儿郑洁突患"肺结核",没钱哪儿行?她只得与丈夫商量,毅然卖掉房子,用这两千多块钱为女儿治病。

然而,卖主儿反倒成了无家可归者——她一家人实在无房可住,只能哀求买主儿,死活留下一间北房。这是一名日本人住过的狭窄小院,屋里倒有榻榻米和卫生间,她遂将床改成上下铺,全家人暂时凑合挤住,只是变成了按月交纳房租的住户。

好歹,两个女儿考上大学走了,只剩下郑洁一人住在东间小夹道里勉强安身。

此间,与她家同住院内的另一家房主的男人,是杂技团演员,时常出国演出。其年轻妻子姓隋,携男女两个小孩儿过日子。小隋属早婚,竟与郑爽同年,第三个小孩儿却即将临产,院里寂无他人。于是,韫龢急忙请来医生,不料医生先后来过三趟,小孩儿仍然没能安然降生。

正当孕妇丧失信心时,婴儿顺利分娩,小隋兴奋地对她说:

"小孩儿还没名字,怎么办?您就帮我给起一个名儿吧。"

"因为你家孩子都是'永'字辈,就叫'永亮'吧。"韫龢脱口而出。

"好呀,"小隋躺在床上,赞成地说,"这个名字不错。"

"要依我说呀,这是三请诸葛亮,永亮这才生下来。"她呵呵地笑着。

多年之后,韫龢一家搬往鼓楼西大街时,已在新华书店参加工作的永亮,仍提着点心盒子专程前去看望她:

"我的名字,还是您给我起的呢。"

"是呀,这一晃多少年过去,你都长大成人了。"

"我的哥哥还当上飞行员啦。"永亮高兴地告诉她。

她微笑着送走了年轻的老街坊。

此前,她的公公郑禹在伪满垮台之后返回北平。因其担任伪满市长时,曾批准日本关东军运送中国劳工赴日,结果,大多数中国人在日本惨遭迫害。自然,罪责难逃。郑禹在"镇反"①中被政府镇压。

当郑禹死后,家中只剩下婆婆孤身独守。她回京后,时常与郑广元前去看望婆婆,几个子女每月也贴补一些钱,接济老太太的生活。

她丈夫的胞弟原在北京供电局工作,因工作需要调至河北省保定市。婆婆不愿意跟随前去,只好留居北京。而韫龢家的房子已经卖掉,全家人只得迁至西老胡同,陪老婆婆住在一起。

这是一九五八年春夏之交。

每天,她早晚伴着婆婆聊天,还亲自下厨张罗一日三餐。婆婆尝过她做的菜肴,出乎意料地夸起她:

"没想到,你做菜还挺有两下子呀。"

其实,她这位王府格格早先连厨房都没进过,更甭提下厨做饭。在东北飘泊期间,她曾饱经锻炼,返京之后,她尤其不耻下问,四处遍学厨艺。她先是跟保姆沈妈"蹭学",居然能做一些简单的家常饭菜,又跟一个卖馄饨的街坊老太太学会了烙饼。

她照猫画虎地烹炸一条糖醋鲤鱼,亲手端上饭桌,竟又得到婆婆的赞赏:

"韫龢呀,真没想到,你做的这道糖醋鱼还真挺好吃。"

"谢谢您的鼓励,我还得努力。"

她的谦逊,使失去丈夫的婆婆颇受感动。她学着节俭过老百姓日子,瞧着食谱书的介绍"照方抓药"。她还向邻居学会了做"素什锦",家里人人爱吃。

制作素鸡腿时,她把炸面筋切成四瓣儿,先用油煸过,又放进料酒、糖和酱油,掺入一些木耳和香菇,然后放水焖炒。等到入味儿之后,洒上炒熟的芝麻,再放一点儿味精。全家人尝过之后,一致赞不绝口,老郑还竖起了大拇指:

"这比商店卖的还好吃,真叫香啊!"

她听了,心里乐滋滋的。深知,这不仅夸奖她做菜好,也是对她自食其力的肯定。

不久,小院里又搬进两家街坊,也是供电局职工家属。其中一家姓王的小孩儿,恰巧寄托在她所负责的托儿所。在那个年代,路不拾遗,夜不闭户,院内几家人平时不关门,也从没丢过任何东西,她总是微笑着说:

"现在,小孩儿捡到一分钱都交给警察叔叔,风气真不错啊。"

---

① 解放初期,为了巩固政权,人民政府所采取的镇压反革命的行动,简称"镇反"。

然而，一件痛心事始终萦绕在她心头。早在国民党时代，她祖父和祖母的坟茔曾被刨开，母亲葬在妙高峰的"宝顶"也被盗得乱七八糟，连尸骨也被扔弃。她返京之后，家族的人们几经商议，将她父亲载沣与母亲的尸骨，置办一口新棺材重新装殓，合葬在福田公墓。

重新入殓那天，她和郑广元带着几个妹妹和弟弟，很早便来到墓地，向父母的坟墓磕头敬拜。两位老人入土为安，她作为子女也算安了心。

此后，她由七妹陪同去了一趟妙高峰，祭奠祖父和祖母，又专程赴福田公墓祭奠父母。在点燃三炷焚香跪拜之际，她百感交集……

谁对父母有过好处，她一直惦念在心。解放之后，她一度住在父亲卖府分钱购买的北京东城区土儿胡同住宅。可巧，五舅离她住得挺近，仅隔一个胡同。

她记得母亲去世后，五舅曾多次去看望她的父亲载沣。那一次，五舅走进醇亲王府，载沣让她和一些晚辈站成一排，恭听五舅与其谈话。对于五舅的来访，她记忆犹新，始终念念不忘他对父母的关切之情。

她知五舅有三个女孩儿，尔后，五舅离婚又续弦，娶了一位身材高挑的北京老姑娘，可惜一直没生小孩儿。当她听说五舅病重，特意买了礼品前去探望，并对其家人深表慰问。

不久，五舅病逝，她又与郑广元特地前去悼念。五舅母从前家境富有，从没在社会上做过事，如今落魄得只剩下两间破屋，不好意思地隐居起来，跟一切亲戚和朋友都断绝了往来。这次韫龢前来特意探望，五舅母和家人感动不已，临别时将夫妇俩送出胡同很远。

早在她回京不久，溥仪当年在宫中的"伴读"——毓崇，打听到她家住址，就从北城专程前来看望。

"您好，二姑，"刚见面，毓崇便恭敬地称呼她。

"您也挺好吧。"

她连忙还礼，尊称毓崇为"您"。其实，毓崇远比她岁数大许多，只是她的辈分比他大。提起当年在宫中玩耍的往事，两人一阵咯咯笑个不止，仿佛又回到了昔日的童年。遗憾的是，此次会面过后没多久，她便听到毓崇病逝的消息。

偶然，她欣喜地意外见到了荣寿固伦公主的孙女，这个孙女比英才年纪还要大，一直跟随奶奶度日，虚岁十七岁结婚，解放后，参加了人民解放军。韫龢见到她身穿军装的威武英姿，十分羡慕地说：

"你这身打扮太漂亮啦,应该让爱新觉罗家族的人们都瞧瞧……"

"您不知道吧?七爷①的孙女,也参加了解放军。"

"这我怎么能不知道呢?"

她俩谈起爱新觉罗家族的变化,感慨万端,聊了许久才恋恋不舍地分手。

过了一些日子,她又欣然见到六妹夫妇来访。自幼起,六格格就对绘画艺术情有独钟,尤其擅画牡丹,解放后进入北京画院当上了画师,夫妇俩还合作绘制一幅巨型牡丹图赠送周恩来总理。

谈话之际,六格格遗憾地说,其实七妹也善绘丹青,只因当教师太忙,一直没时间从事绘画。

平时,三格格和六格格都不善言谈,待人谦和客气。相比较而言,姊妹当中,她与这两个妹妹家往来最多。

说起来,她与两个叔叔家往来却不算多,对于旧日皇亲国戚——尤其几位叔伯家交往更少。当她返京之后,未及见面,堂叔载润②便已去世,其子溥仲解放以后在一家银行工作,她只见过两三次,谈话时间也很短,不过寒暄几句而已。

至于载润的女儿,她只听说是一个知书达理的深闺格格③。然而直到临终,她也没见过。

二 毛主席托章士钊打听三格格

自打三格格回到北京,韫龢时常前去看望,一番长谈过后,对于曾发生在临江的龌龊,姊妹俩早已尽释前嫌。

她从心里感到喜悦,总算又恢复了一个能掏心窝话的"伴儿"。

三格格家住北兵马司胡同,她住土儿胡同,两家相隔不远。时常你来我往,彼此经常串门聊天。

其实,三格格韫颖早在东北辗转流浪期间,为安全起见,便擅自做主,将

---

① 七爷,即韫龢的七叔载涛。

② 载润,嘉庆皇帝第五子绵愉之孙,光绪十二年(公元1886年)袭贝勒。曾任正黄旗汉军都统、陆军贵胄学堂大臣、宗人府右宗正等。新中国成立后,被聘为北京市文史馆馆员。1963年逝世。

③ 载润的女儿,名叫金淑英,与笔者的母亲相熟识,亦同属北京市东城区东四八条居委会的街坊。生前曾时常来笔者家串门。二十世纪八十年代初,我采访韫龢时,她向我打听过金淑英的近况。

"号"蕊秀改成了名字。实际上,"爱新觉罗"译成汉语便是"金",自此,三格格改名叫金蕊秀。早在一九二三年,她与润麒完婚后,便一起赴日留学。

在此期间,韫颖与溥仪书信往来频繁。伪满垮台之际,这些信件被一个有心人——秦翰才偶获,遂编成了一本书——《满宫残照记》。

正因此书,三格格的名字——韫颖,被不少世人熟知。一天,韫龢偶尔去三格格家串门,三格格向她聊起,前几天经七叔载涛介绍,结识了住在东四八条胡同的章士钊。据三格格说,毛泽东主席无意间阅读过《满宫残照记》,曾不止一次当面向章士钊打听:

"那本书里的三格格,现在居住在哪里哟?"

"哦?哦……"

章士钊回答不出来,只知道她是溥仪的三妹,便千方百计四处打听她的下落,以便给毛泽东主席一个回信儿。

不久,章士钊偶然想起很早认识的"皇叔"载涛。参加全国政协会议时,他问起载涛,才得知三格格韫颖就住在北京。当时,三格格家居住交道口北兵马司胡同十号,在街道担任卫生组长兼治保委员。

章士钊亦曾读过风靡一时的《满宫残照记》,见到书里记述聪明又漂亮的三格格写给溥仪的信件,感到既好笑又有趣,便兴趣盎然地请载涛邀三格格与其见面。

一天上午,载涛把三格格韫颖带到东四八条的章士钊家里做客。章士钊初次看到她,显得异常高兴:

"我一直就很想见到你。以前,我从《满宫残照记》上,看到你和溥仪的通信很有意思,就把这本书呈送毛主席看了。"

"噢,原来是这样啊。"

三格格显得尤为惊讶,这才知那本书是章士钊推荐给毛泽东主席阅读的。

那天,章士钊力挽她和载涛一起在家里吃午饭,还招来夫人以及朱启钤夫妇、朱海北夫妇等京城名流作陪。

席间,章士钊好奇地问起载涛,三格格现在做什么工作。载涛是一个快性人,平素喜欢直来直去:

"让三格格自己说,好吧?"

韫颖听后,不好意思地对章士钊自我介绍说:

"我现在还没有参加正式工作,只是在街道当治保主任。"

"噢。没关系,我是随便问问。"

吃饭之际,章士钊兴奋地说起,觉得三格格很有才气,自己又跟毛主席十分熟悉,想向毛主席举荐她参加社会工作。午饭后,章士钊认真地对韫颖说:"抽时间你写个自传吧,我呈送毛主席。"

分手之际,章士钊还一再关切地叮嘱三格格,一定好好撰写"自传",写好后请她亲自送来,这关乎她将来的命运。

事后,三格格返回家,琢磨半天,仍不知究竟怎么写才好,就让二姐韫龢前来家里,商议如何提笔。韫龢告诉三妹,此前不久,她去七叔载涛家探望,还听载涛谈起,章士钊先生看过《满宫残照记》这本书之后,一再说:

"三格格写给溥仪的信,很天真,的确很有意思。"

"这个自传到底怎么写才合适呢?"三格格不禁向二姐诉起苦。"我真有点儿发愁了。"

"咳,你就如实写呗。"她对三妹说。

"二姐啊,我拿不准,在满洲国和溥仪那一段情况写不写?再有,在东北流浪那一段儿还写不写?……"

见三妹犹豫不定,韫龢想了想,帮她出了一个主意:

"你的大致经历,不用说也得写。你和溥仪的通信内容,书里都有了,不写人家也都知道了,简单写就行了。至于你一家在东北流浪那一段,谁都不太清楚。你还是尽量写得详细一些为好。"

"这么一说,我心里头倒清楚多了。"

多年来,三妹一直对二姐韫龢尊称"您",至死未变。起初,韫颖起草了一个"自传"初稿,篇幅颇长,写完之后,亲登二姐家门,请她帮助提出修改意见。

这一稿修改过后,韫颖又重新誊写了一遍。因自幼习字,三格格的书法颇有功底,便按照章士钊的要求,以楷书字体工工整整撰写了自幼至成年的简历,从醇亲王府念私塾一直写到解放以后参加街道工作。

在自传中,韫颖还如实叙述了一九四六年在吉林通化的那段艰苦日子。当时由于经济困难,她一家生活全靠邻居和八路军接济,当八路军给她家送来细粮时,她竟然说,我不要细粮,多给我点儿粗粮就行啦。那时,她的二儿子宗光身患骨结核病,由于根本无钱可治,结果落下终生残疾。

莫名其妙的是,在东北时有一名姓孙的中年男子,自称是解放军通讯员,时常给她送来一些钱,但大多是十块或二十块。他还欺骗三格格说,我带你去沈阳找丈夫,却又不让她带着孩子。三妹拿不定主意,连忙去找二姐商量,韫龢听后劝她说:

"这你可要考虑好了,别不稳妥。"

韫颖想来想去,犹豫地说,不带孩子可不行,于是没跟随那名中年男子走。过了一些日子,听街坊说,这名姓孙的男人竟是国民党特务,已被政府逮走,她庆幸没有上当。

在自传中,韫颖还提及一件往事,即从长春带出来的金银珠宝,在临江交给八路军负责人,剩下的摆摊儿时卖过极少量,此后便全部上交临江县政府。当时,县政府还给她开具了收条,最终不知下落。多年来,三格格一直为此心情郁闷。

尔后,溥仪在《我的前半生》一书中,只提及三格格在通化摆摊儿卖东西,而没写到她把珍贵物品上交临江县政府之事,这始终成了三格格的心病。她写完自传,又去请章士钊帮助指点,哪知老人看完后,有些不满意地说:

"你写得太简单了,这种纸也不行。我给你修改一下吧。"

三格格原本打算拿回家去重新誊改,见此,章士钊好心地说:

"你不用回家去了,等我在这儿修改完,你就在我家抄写吧。"

这样,当天从早晨开始,一直到下午三点多钟,章士钊总算改好了初稿。她看过之后,对于章老修改的部分内容,明确表示了不同意见。譬如,章士钊在自传中改成溥仪很聪明,记性也好,人名记得很清楚。对于这样的表述,她极不赞成,索性对章老直言不讳:

"我心里可没这么想,也不敢向毛主席说假话,您务必去掉。"

章士钊听后,像有点儿生气的样子,过了半晌,才对她心平气和地说:

"恕我直言,若依我平时的习惯,别人写的东西我从来不管修改,看在你是个女同志的份上,否则我就不管啦。"

"您还是管吧。"她瞧章士钊果然生了气,便撒娇似的央求起来。

韫颖终于说服老人,按照本意又改了过来。在自传中,她始终坚持写入溥仪记性并不好这类内容。无奈,章士钊只好依从三格格的"固执己见"。

然而,按照章士钊的要求,她的《自传》底稿必须放在章老的家里备案。经过这一老一少写了改、改了抄,先后几天,终于誊写完毕。

颇有意味的是,《自传》使用章士钊在旧时代保存的一种公文纸誊写,而且封面用花缎子精心装裱,看上去,极为考究。自传里还贴着三格格的两张历史旧照,一张是她结婚时的新婚照,另一张则是旗装相。

结稿那天,章士钊从头到尾字斟句酌地阅读了一遍,口气完全变了,出乎意料地夸奖她:

"你这篇自传,实实在在,写得很好哟。"

三格格听到此话,总算松了一口气,说:

"您太客气了,还不是您改得好嘛。"

正襟危坐的章士钊,站起身来,得意地笑了起来。

三格格返家之后,又找来二姐探讨。提及三妹与章士钊的争议时,韫龢好奇地询问她:

"三妹,你为什么非说溥仪记忆力不好呀?"

三格格马上举出了昔日亲历的例子,且振振有词:

"记得三十年代,我在日本时,溥仪曾写信告诉我,香蕉和白薯不能一块儿吃,因为有毒。不久,他又再次来信重复告诉我,听人说,香蕉和白薯一起吃有毒。从这件小事就可以看出来,溥仪记性并不算好。"

"那你也没必要跟老爷子掰扯呀。"韫龢笑着对三妹说。

"要是不争辩,章士钊先生就不修改了。我可不同意他写溥仪记忆力好又聪明之类的话。"三格格显然不赞成二姐的话,"那不是欺骗毛主席吗?"

她素知三妹的脾气,平时温顺,遇到较真问题却是倔强有余,便宽慰地说:

"三妹呀,反正你的'自传'写完了,就听好讯儿吧。"

果然,章士钊不久就把三格格的自传,转呈给毛主席。没想到,毛主席居然亲笔做了批示。过了一段时间,韫颖又一次去章士钊家拜望,老人显得异常高兴,说:

"你来看,毛主席来信了。"

说着,章士钊拿出毛主席的亲笔信给她看,信中的大意是,来信已收到,关于韫颖这件事已交代有关方面处理。

韫颖听到这个消息,马上兴奋地跑去告诉二姐。原来,三格格在信件末尾希望国家给自己安排一个合适的工作,看来有了希望。韫龢为之高兴,随即将此事告诉了全家人。

很快,又传来了新消息。一九六〇年,周总理第一次接见溥仪及爱新觉罗家族时,当面对三格格说:

"关于你的工作安排一事,是毛主席交给我的,我已经叫下边办去了……"

归途,三格格满怀感激之情,对韫龢说:

"毛主席和周总理日理万机,还在为我操心,真让人感动。如果没有章士钊先生推荐,中央领导怎么会知道我这个微不足道的人呢?"

约摸过了一年,三格格被安排在北京市东城区当上了一名政协专职委员。韫龢听说,颇为三妹高兴不已。

三 重逢御医和宫女

街道的普通居民,也许谁也不像韫龢这样——视"选民榜"为命根。

当住在土儿胡同的韫龢,见到街道墙上的选民榜上赫然写着自己的名字,立时笑得合不拢嘴。郑广元惟恐榜上没有自己,悄悄溜到墙角瞅了一眼,见到自己和妻子皆榜上有名,一溜儿小跑地返家告诉她,哪知,妻子早比他先获知了结果。

没几天,夫妻俩第一次拿到选民证,兴奋极了。投票选举那天,俩人一起拿着选票,走到街道的投票箱前,激动得像两个小孩儿。

她视自己为新社会一分子,平时街道开会,总是提前到场。居委会陈主任和赵主任,负责扫盲,成立了一个扫盲班,邀她参加而且聘为老师。她见到能发挥特长,笑逐颜开:

"我真没想到,这太好啦。"

陈主任单独在北兵马司胡同找了一间房子,还在墙壁钉上一块黑板。每次召集开会,大多是街道的家庭妇女参加,由韫龢负责读报兼教识字。这些妇女多数年岁较大,只有个别人基础不错,大部分人则感到吃力,韫龢一时急得够呛。

扫盲纯属义务。她一天不落每天去给妇女扫盲,一般都在下午,因为家庭妇女得做午饭,吃完饭再来学习。她家离北兵马司胡同挺近,过了马路就是。

平民生活中,"生老病死"这四字,须臾离不开诊病的医生。而早年的御医佟阔泉,则成了她返京之后打交道最多的老友。

清朝末年,宫中的太医院有四个最著名的御医,即张仲源、范一梅、赵文奎、佟阔泉(佟春海)的父亲佟文斌。

在韫龢看来,这四名御医的医术非常高超,堪称各怀绝技。张仲源、佟文斌和赵文奎均早已去世。人们见佟阔泉年轻,便叫他小佟儿,将过世的佟文斌叫做老佟。佟阔泉秉承其父医术,治病胆子大,人称"石膏佟",对患者施用石膏量大,往往一剂药便好。

自打佟阔泉从东北回到北京,一度居住在一幢独门独院的四合院里,且以家门口那间门房作为诊室,坐堂行医。患者大多是从前的熟人,人们赞赏他医术高明，又给他起了一个绰号叫"佟一剂"，也就是说，吃他一剂药，便大多痊愈。

后来，佟阔泉被积水潭医院聘为中医主任医师，直到五十年代末期仍然键在。

韫龢始终念念不忘伪满垮台前，佟阔泉曾为她开了一些特效丸药和药方带到乡下，乃至为英才所开医治感冒、消化以及祛内热的药方，在返京的坎坷途中，居然起到了药力以外的奇效。

为此，韫龢一直心存感激。偶然，她在街上邂逅佟阔泉，年迈的佟阔泉告诉她，如今，他不再在家里看病，已正式在积水潭医院任医师，医院为照顾他，只让他一天诊治十几名患者。临分手时，佟阔泉特意嘱咐她：

"二格格呀，如果哪天看病没挂上号，你可以直接到诊室找我去看病。"

"好吧，那我就提前谢谢您了。"

韫龢兴奋离去。果然有一天，她去积水潭医院看病没挂上号，遵嘱直接找到他的诊室，佟阔泉见到她异常高兴，随即递过"预约号"，让她补挂一个号，返回诊室看了病。临别，佟阔泉悄悄对她说：

"二格格，您往后要是再不方便呀，可以直接去我家。我在家里给您瞧病，好不好？"

"哟，那敢情太好了。"

佟阔泉恋恋不舍地送韫龢走出诊室，她握着他的手，感激万分。

她偶染小恙，果然去佟阔泉居住的厂桥大街的家里诊病，俩人又聊了许久，无外乎往日宫廷生活及新社会截然不同的变化。谈话之际，抚今追昔，俩人无不感慨万千。

不久，佟阔泉的妻子病逝之后，又娶了"续弦"，夫妇俩过得挺美满。她还专门去看望过新婚的"御医"夫妇。佟阔泉一再挽留韫龢在家里吃晚饭，她推让好半天才依依惜别。

几年后，她又到佟阔泉家去看望，才知九十多岁的佟阔泉老人，因患肺炎已溘然去世。不久，其妻也相继病逝。走出院门，她禁不住一阵叹息不止。

此前，她多次向他打听其他"御医"的下落，始终未果。其实，早在她幼年一次出疹子时，溥仪曾派几名御医先后前来醇亲王府为她诊病，由此，她便与"御医"结缘。

其中一名御医赵文奎，治病细致，给她留下了很深的印象。另外一名老御医张仲源，个子不高，胖瘦适中，也时常来给她的祖母看病，由于态度和善、医术高超，深得王府上下喜爱。

她因常在祖母身边相伴，与他们关系混得极熟悉。当初，她与几名御医短不了开个玩笑，时常被祖母斥为"没大没小"。

早在伪满时，她居住在长春西花园，可巧，张仲源正住在她家后院，经常为她和家人看病。他每次来给英才看病，且得先闲聊一阵儿，才号脉开药。后来，韫龢与他居然成了忘年之交，一直保持着往来。

她返京之后，听说赵文奎也回到了北京，然而，寻觅了许久，却始终没得到"御医"的任何消息。为此，她一直感到挺可惜，当年居住得如此之近，成天见面，竟没跟他学到一点儿中医知识。每每提及，她便感到遗憾不已。

人生难料。当她极力避讳醇亲王府二格格的身份时，竟与街道上一名早年的宫女相识。

她所在的街道，有一名治保主任，叫鲁淑敏，瞧上去眼睛似乎有点儿毛病，总是眯缝着双眼看人。鲁主任年过六旬，脸上深深的褶子，显然透出人世沧桑。俩人整天在一起开会，混熟之后，彼此无话不谈。

一次聊天时，鲁主任不经意间吐露了以往的身世——清末时，曾在宫内当过宫女。见韫龢面露疑惑，她便主动做了一番自我介绍：

"您不知道吧，我从前在宫内当过宫女。"

"真的吗？"

"这还能有假？"

实际上，鲁大姐早就听说韫龢是醇亲王的二女儿，但不清楚她亦在宫内生活过。韫龢一家人当时居住在东城区土儿胡同三十三号，而鲁大姐住在隔壁不远，由于两家离得很近，很快成了亲如家人的近邻。

听到这儿，韫龢好奇地问起，鲁大姐昔日在宫内生活的详情。鲁淑敏娓娓自我介绍说，她是一个祖居几辈的"老北京"，在内务府遴选秀女时，被偶然选入紫禁城，成了一名宫女，早年还曾侍奉过一位老太妃。

见她感兴趣，鲁淑敏又兴致勃勃追述起宫廷的经历和日常细节。提及宫内生活，韫龢似乎打开了记忆的闸门，也聊起当年在宫中的童年趣事。一时，俩人聊得津津乐道，直到暮色降临才分手。

此后，她俩不时谈起各自的童年，亦往往与紫禁城有关。而这些不易向外人所道的旧事，时常避着别人，也许正因为这一点，使她俩关系超乎寻常。

韫龢一家六口人，居住着里外两间小房，显得极狭窄。但毕竟比飘泊在东北强多了，她知足地和丈夫过着平静而清贫的日子。

瞧上去,鲁淑敏似乎比她年岁大很多,据说还是"老北京"。而在她看来,鲁老太太说话慢条斯理,长得不胖不瘦,个子跟自己差不多,外貌却实在不敢恭维。韫龢感到挺纳闷儿,半开玩笑地对丈夫说:

"你看,鲁大姐长得可不算漂亮,真不知道,她怎么被选进宫的?"

"哎,你可真幼稚。你在宫里没注意过,宫女可不一定漂亮。你在溥仪和婉容那儿看到的,都是百里挑一的呀。"

"看来,你没少琢磨宫女啊。"

郑广元听到妻子说到此处,不由大笑失声。由此,她也扭转了一个看法,被选进紫禁城的宫女不一定漂亮。在宫内生活的相同经历,使她和鲁大姐有了共同语言,成了无话不谈的密友。

街道上的活跃人物,除鲁大姐外还有一名矮小而干瘦的金老太太,也是满族籍街道委员,虽已年过七旬,仍精力过人。见面时,韫龢总是尊称她俩分别为金姐、鲁大格格。

难得的是,她俩都是慢性子,韫龢却是个急脾气,或许由于性格互补,彼此关系倒处得非常融洽。

韫龢得知,鲁大格格的女儿在外地工作,儿子年纪尚幼小。她见过其夫,是个做小生意的满族老头儿,身材矮胖,家庭经济并不宽裕,仅仅居住着一间小南屋。在一次聊天时,鲁大姐的丈夫感慨地轻声对她说:

"在从前,我可一直不敢说是满族,直到解放以后登记时才恢复的。"

"那敢情,我过去也不敢称自己是'爱新觉罗'嘛。"

对此,韫龢颇有同感。鲁大格格识字不多,时常找韫龢代写家信,寄给外地的女儿。直到许久,鲁大格格没来找她代写书信,才知其女儿竟英年早逝。俩人谈起这桩伤心事,鲁大格格禁不住又凄然泪下。

患难之中,她俩建立起了平民的友谊。有一次,鲁大姐患病,韫龢前去看望,嘘寒问暖,鲁大格格握着她的手,发自内心地说:

"我这么一个下等宫女,居然能和'皇上'的妹妹成了朋友。这在从前,是多咱连想也不敢想的啊。"

俩人关系相处愈来愈好,宛如一对亲姊妹。

深冬,天空飘洒着鹅毛大雪。韫龢步行去托儿所上早班,由于路滑不慎跌倒,右手被摔成骨折,丝毫不能动弹。

由于疼痛难忍,她被送进医院打石膏、绑夹板,返家静养。然而,她的手腕又鼓起一个包,多日没见好。鲁大姐闻讯,又急匆匆赶来:

"我认识一个骨科医生,也是离得不远的街坊,我去找他来。"

没过一会儿,鲁淑敏陪着那名骨科大夫来到她家诊治。骨科大夫检查之后,断然下了结论:

"必须把石膏拆掉,不能总这样绑着石膏,不然骨头长好就不能动了。您要相信我,今后我来给您天天按摩。"

"好啊,实际绑上石膏也挺难受。"

于是,韫龢咬着牙拆下了石膏。此后,骨科大夫每天来她家出诊,为其反复按摩,竟然迅速见效。她感谢地对家人说:

"鲁大姐确实帮了大忙,如若不然,我在后半生很可能落个小臂残疾。"

在鲁大姐极力张罗下,街道还成立了互助经济组织——"请会"。这是"老北京"流行的一种彼此拆兑现金的救济方式。几家凑在一起,每人掏一些钱,按照抓阄的先后次序,由一家先使用一个月钱,下个月再归另外一个家。若谁家急用钱,还可以先借用。这种"请会"的方式,居然解决了不少家庭的"燃眉之急"。对此,韫龢深有感触:

"我这算开了眼界。从前在王府里生活无忧无虑,哪儿懂这些事啊……"

第貳拾伍章

自食其力

＊她和老宫女，一道成了街道托儿所的创始人。第一次带着孩子们去景山公园游玩，刚走进公园大门，淘气的孩子撒腿就跑，瞬间跑向四方。她站在那儿，一时不知如何是好。

＊在街上邂逅老太监冯乐亭——冯伴儿，又意外见到其漂亮妻子和丈母娘。老太监紧闭房门，小心翼翼拿出保存多年的珍宝盒，让她随便挑几件，她尴尬地摆了摆手。

＊溥仪特赦后问起韫龢，"抚顺探监，你怎么没去？"她不好意思地掩面而笑，"照实说，我当时害怕进了监狱出不来，再把我扣在里面。"

图片说明：韫龢（左）与郑广元合影

一 创办托儿所

初返北京,她四顾茫然,似乎看不到任何出路。

谁一眼都看得出来,昔日王府的二格格,毫无生活能力,也难以撑起一家人的生计。

她发了憷。当时,正赶上"大炼钢铁",每家的铁锅、铁壶、铜锁、铜壶,大多捐出去炼了钢。她家里只剩下一把烧开水的铁壶。

一九六〇年,街道号召家庭妇女走出家门,口号十分响亮:

"我们也有两只手,不在城里吃闲饭。"

她感觉年岁太大,现学什么都晚了,眼见街道的妇女整天忙忙碌碌,她思虑再三,毅然决定走出家庭的小圈子,成为自食其力的劳动者。

街道居委会设在中老胡同,她住西老胡同。于是,她和街坊白手起家,在中老胡同办起一个托儿所。筹办之前,她推举离此不远的金老太太负责,无论死说活说,金老太太也不同意:

"我不愿意当托儿所负责人,平常看管的都是小孩儿,出点儿事可不是闹着玩儿的。"

"您老就帮着点儿得了,行吗?"

众口一词,金老太太见实在推托不掉,只得答应协助联系一些杂事,俨然成了编外人员。

于是,她和老宫女——街道治保主任鲁淑敏,一道成了街道托儿所的创始人。

起初,托儿所仅照看三个孩子,她和鲁大姐没有任何报酬,只是尽义务。眼瞧孩子愈来愈多,街道主任也不得不来"加盟"。

万事开头难。托儿所开始连桌椅板凳都没有,她从家里拿来饭桌充当课桌,又让每个小孩儿从家里拿来小板凳儿,她泰然自若地与这群小孩儿围坐在院内,玩起简单的游戏。

院内的西厢房,居住着一个老太太和儿媳妇。一家人白天上班,她叮嘱孩子不要随意闯进屋里,打搅人家生活。小孩儿要睡午觉,却没有床,她便把家里的木床搬到了托儿所。

起初,她根本不懂如何教育孩子,只是让大力拿来一些小人书,由小孩儿轮流翻阅。她还教稍大一点儿的孩子识字、写名字。

她微笑着给孩子讲故事,大多讲述苏联卫国战争期间发生的真人真事。她正给孩子们讲故事,不料,街道办事处突然前来检查。这些人似乎都知道她过去的历史,最初以为她在宣传什么封建迷信,闯进门之后,猛然从她手里夺过书来逐字查看。

原来,从她手中抢去的是一本苏联故事书——《我看见了什么》,讲述的是一名苏联儿童到莫斯科去看望祖母,一路上的所见所闻。街道负责人见她没讲封建迷信故事,这才放了心。这些人走了,什么也没说。

然而,她内心深受刺激,再也难以露出笑意。

她霍然转过头去,暗暗擦着泪水,努力不想让孩子们看到。她一度想"罢工"不干,又转念一想,这些孩子没人看,家长如何上班?她咬紧牙关,强撑着坚持下去。从心底里,她仍然希望得到新社会的真正承认。

街道主任出面借了两间房,露天托儿所总算搬入屋内。但头三个月,她没拿到一分钱工资,撑到第四个月,她虽然仅领到十块钱,却是劳动所获的报酬,她高兴至极,因为这是生平第一次。成了自食其力的劳动者,她既激动万分,又感到心里沉甸甸的,觉得十块钱得来不寻常,便悄悄与鲁大姐商量再三:

"我发了工资,咱们去买一张毛主席像吧。"

"哎,对了,买一幅毛主席像挂在屋里头,这倒是挺有意义。"

鲁淑敏极赞成这个想法。她不仅买回一幅毛泽东主席像,还捎来几件小玩具,亲手送给了翘首以盼的孩子们。这时,大大小小的孩子纷纷仰脸望着她,蹦跳着欢呼起来。

顿时,她激动得热泪盈眶。见此,鲁大姐赞许地说:

"你这么做,太好啦。你看这些孩子多高兴啊!"

望着欢乐的孩子,她绽开了笑容。实际上,她早盼着能有这一天,造福社会,依靠劳动养活自己,虽然年近半百才实现这一愿望,她却兴奋得连睡梦中都带着笑意。

谁也难以想到,仅因为她在屋里挂上毛主席像的原因,在东城区街道检查评比之中,她所在的托儿所被评为第一!

她将托儿所当成自己家,千方百计改善环境。她教导小孩儿饭前便后要洗手,又出主意让工人改装旧铁桶,焊上了水龙头,方便小孩儿洗手。她提倡注意个人清洁,发给每个小孩儿一块小毛巾、一只小水杯。她动脑筋,将几块木板拼成架子,又钉上挂钩儿,把孩子的水杯和毛巾挂上去,屋内打扫得窗明几净。

问题又出现了。小孩儿太多,又不认字,记不清用品的位置,竟随便乱抓。她灵机一动,在木头架上分别画上苹果、香蕉、鸭梨等各种水果,让每个小孩儿自认一种作为记号,各自使用毛巾和水碗,不许乱拿乱放,果然立时见效。

同时,她又给孩子们有针对性地讲述了一本苏联书——《一年级小学生》。这本书教诲一年级小学生如何努力学习,改变不良习惯,迅速产生了积极影响,从此,小孩儿改变了乱抓乱使的状况。人们不禁对她刮目相看:

"真没想到,二格格如此聪明哪……"

"这不是让小孩儿逼出来的吗?"

她不禁笑了起来。从此,她不仅有了工作信心,更产生了生活的自信。

陆续,托儿所发展到七十多个孩子,院里容不下如此之多,便迁到了不远的嵩祝寺胡同。

这些孩子大多数是劳动人民子弟。见到小孩儿衣服或鞋子脏了,她就拿起来刷洗干净,为给孩子的父母帮上一点儿忙而感到愉快,她变得一天到晚乐呵呵的。

在宽敞的大院里,托儿所占据着南房三间,北屋住着一个医生,东厢房腾出来给孩子熬粥、热饭。不久,由于孩子日益增多,只好又搬到捻儿胡同一个更大的院落。

韫龢当上了所长,工资涨至二十八块钱。她不仅负责发工资、财务支出,为小孩儿检查身体——每个小孩儿有一张诊病卡,还要对外应酬,经常去办事处开会等等,成天忙得不亦乐乎。

托儿所的保育人员增至四人,全部是女性,其中数韫龢年岁最大。除她以外,还有一名金老师,两名年轻姑娘——李老师和年仅二十岁的女团员杨老师,她细高挑儿的个子,干活儿麻利,但因出身不好,一直感到精神压抑。

这两名年轻姑娘聪明活泼,经常教孩子跳舞、唱歌。韫龢因不会跳舞,只能给孩子念报、读书,整个大院内,一派欢歌笑语。

她感到舒心的是,四位老师一向团结,从没闹过别扭。

那时,四处涂满《毛主席语录》,连窗户的玻璃上也写满油漆的标语。托儿所门口,赫然贴着一幅显眼的大字对联:

"听毛主席话,跟共产党走。"

皆因正规托儿所经常有各界人士去参观，所以一般不收残疾孩子，附近剩下的小孩儿，大多送到了她这个托儿所。

其中一个男孩儿脸上长着肿瘤，双眼被挤歪而偏在一边，但人挺聪明。还有一个全身瘫痪的男孩儿，一天到晚只能躺卧床上，需要母亲天天抱着来托儿所，根本无法坐稳椅子，只能在地上放一块木板，再铺上褥子，半躺半坐在上边，连去厕所也得大人抱着才行。

瘫痪孩子虽已年满七岁，小学校却婉拒不收，只好送来托儿所。她心里暗想，只当这俩孩子是亲生之子吧，咬牙收下了两个残疾孩子。

简陋的托儿所没有厨房，平时由孩子用小饭盒提来饭菜，她负责为孩子热饭吃。有时，孩子带来生米，她就为孩子熬一点儿米粥。

负责日托的老师一般不管洗衣裳，而由值夜班的负责。韫龢考虑到其他老师年轻，家里还有小孩儿需要照顾，而大力已上中学，家务事不多，她总是抢着值夜班。

中午炎热，她还要给孩子洗澡，让他们站在大澡盆里，手持喷水壶逐个冲洗干净，才能上床睡觉。

在严冬季节，她总是天刚蒙蒙亮，便抢先一步去托儿所生煤球炉，以使上班时，室内充满温暖。

因所内来了不少整托的孩子，她值夜班时，临时增加了一名"小脚儿"王老师，年龄比她大许多，久患血压高。有趣的是，王老太太名叫王钢琴，却从没摸过钢琴。俩人商定由王老师负责前半夜，韫龢值后半夜。等孩子睡觉之后，她就为孩子洗衣裳。王老太太手脚不太麻利，倒是挺负责，俩人相处和谐。

眼瞧其他托儿所分为大班、中班和小班，而她这个托儿所无法分班，无论年龄大小都照收不误，从三岁起一直到学龄前儿童，只能全部混杂一起。

没过多久，居然闹出了笑话。开始她没经验，第一次带着孩子去景山公园游玩，觉得异常轻松。哪知，刚走进公园大门，淘气的孩子撒腿就跑，一个东一个西，一群孩子瞬间跑向四面八方。

她焦急万分，使出吃奶的劲儿追上去，只拽住一个孩子，其他却找不到了。立时，这些孩子成了乱营的羊群。

此后，她再也不敢一人带着孩子去逛景山。若集体出门，她只好无奈地用一根绳儿串起来，让孩子一个个牵着绳儿走路，以免丢失。路人瞧她这样领着一群孩子，无不掩口而笑。

几名老师各负其责。年轻的杨老师，外貌颇端正，脾气随和，一直跟随她管理大班,教孩子念书、讲故事。李老师则在北屋里,负责小班同学。有时,孩子不听话,杨老师耐不住性子,往往跟孩子吵起来。一个年岁稍大的孩子,胡闹得不像话,受到杨老师批评之后,竟然脱下鞋底砸向杨老师的头。

她随即唤来淘气孩子,严厉批评一顿。有的孩子欺软怕硬,杨老师偶尔态度稍微硬一点儿,孩子就撅起嘴来。

为使师生关系更融洽,她还鼓励杨老师给孩子们表演木偶戏,有时,甚至亲自上台演出,小孩儿见到她的表演,兴奋得直拍手。她讲述两只小熊儿分饼的故事,绘声绘色,使这群小孩儿听得如痴如醉。

"两只小熊分饼不均,打起架来了。忽然,那边来了一只狡猾的狐狸,对其中一只小熊说,另外一半太大,我帮助你把那块饼咬下一口,大小不就差不多了吗?狐狸咬过一口之后,又说咬得太多了,把另一半也咬了一口。这样,咬着咬着,狐狸把饼儿全吃掉了……"

讲故事,居然成了韫龢的长项。她讲述"狼来了"的故事,那些小孩儿直溜溜地坐成一排,连眼睛都不眨。渐渐,她摸到了教育小孩儿的门道。

韫龢还和老师们想方设法,采用纸壳制作玩具。李老师心灵手巧,制作的一幢小纸房子极为逼真,用纸壳粘的小纸椅子也忒好看,她不断予以勉励。她以各种方式宣传"向雷锋叔叔学习",把雷锋的照片贴在纸盒里,教孩子用小灯泡放进半个乒乓球里,充当电灯照明。

一次,有个孩子忽然说腿痛,她一摸孩子额头很烫,正发烧。她想起早年曾看过一本德国拜耳药厂的书,书上讲过,脑膜炎的症状是发烧伴随腿痛,便联想到可能是脑膜炎,马上抱起孩子径奔医院。经过检查,果然确诊为脑膜炎,医生感慨地说:

"幸亏你们送来早,不然孩子的病就耽误啦!"

事后,孩子的家长来到幼儿园,感激地说:

"多亏幼儿园有金老师,要在家里就当感冒治啦!"

她擅动脑筋,从教小孩儿写名字开始识字,很快孩子们便学会了。继而,这些孩子陆续学会了书写家长的名字,她还因此受到家长赞许。

一个淘气的小男孩儿的母亲患病住院,脾气暴躁的哥哥负责接送弟弟去托儿所,见弟弟起床太晚,便揍了他一顿,连饭都没让吃。小弟弟哭泣着可怜兮兮地找到韫龢,她问起:

"哟,这是怎么回事呀?"

"哥哥送我来托儿所,因为起晚了,还没吃早饭呢。"

"这好办。"

韫龢说完,把他带到自己家里。实际上,她家里只有馒头和窝头,连一点儿咸菜都没有。孩子狼吞虎咽吃下馒头,又喝了一点儿开水,高兴地回到托儿所。她对李老师感慨地说:

"你看,关系变融洽了,近来这个淘气包儿多听老师的话啊。"

在她带领下,托儿所屡屡被评为"先进",她还几次带队交叉检查区内托儿所的卫生。托儿所迁到亮果厂。从西老胡同到那里,一般要乘坐公共汽车。而她不会骑车,总是徒步而行。街坊的一个小孩儿,也寄放在这个托儿所,一天忽然跑来,对她大声嚷着说:

"金老师,您赶快去看看,托儿所外头有一个死人。"

"哎哟,我可不敢去。"

"去吧,我跟您一块儿去。"

那个小孩儿拽她走近,才看到路上躺着一个成年男人,是被七路无轨电车轧死的。车轮从脸上轧过去,遍地血迹,嘴里的假牙也掉在了地上。据说,此人是主动钻进汽车底下,自杀身亡。

"真让人害怕呀。"

偶尔,她晚上下班路过那里,总是十分胆怯。她带着大力出门,儿子居然淘气地吓唬她:

"您看,那个死人还在马路上躺着哪。"

"你别胡说啦。"

然而,回家之后,她的脑袋连续疼了几天才见好。

数年之后的一天,她在路上遇见了旧日的街坊小孩儿,他已经长大成小伙子,参加了工作。俩人见了面,异常亲热地握着手,聊起往事,小伙子笑着告诉她,当年那件事居然成了托儿所的一句口头禅,惟有她不知道:

"格格老师没见过死人……"

二 邂逅老太监李长安

"你猜,我遇见谁了?"

只见郑广元迈进门,兴冲冲地对她说。她听了一愣,没搭茬儿,不知丈夫说的是哪路神仙。

"你想不到,我碰到了李长安。"

"真的,在哪儿见到的呀?"

她听后,十分惊诧。自从伪满洲国垮台,她再也没见过从小看着自己长大的这位老太监。郑广元慢条斯理地告诉她,上午去颐和园游玩,在公园门口无意间一抬头,居然见到了老太监李长安——他在颐和园门口摆了一个小摊儿,正在兜售香烟和零食。这时,郑广元不禁失声叫出了名字:

"哦,这不是李长安吗?"

李长安也一眼认出郑广元,顿时显得局促不安,轻轻摆了摆手,将郑广元拽到一边,便要请安,随即被郑广元一把拉住。过去每逢年节,李长安拜见郑广元,总要磕上三个头。如今,见面彼此握手,理所当然成了公民之间的平等礼节。顿时,李长安一行热泪淌落下来,低声叫道:

"额驸爷……"

底下的话还没说出口,老太监倒哽咽起来。世道变迁,使不同身世的俩人猝然见面,感慨不已,寒暄好一阵之后,才握手言别。临别之际,郑广元环顾四周,悄声嘱咐他:

"您以后可千万不要称我'额驸',甭讲究那些旧礼节,也千万别再请安了。"

李长安微微低着头,诺诺退身,直到郑广元走出老远,才转身而去。

归家之后,郑广元直言相陈。她听后,竟一时不知说什么才好。

偶然一天,韫龢在街上意外邂逅老太监冯乐亭——冯伴儿。这时,冯乐亭也看到了她,

韫龢(左三)和全家人去颐和园游玩

忙停下脚步,走过来冲她作了一个揖：

"二格格……"

冯乐亭并非京城人,个子不算太高,长着一副四方脸,因老家在农村,说话仍多少带点儿乡下口音,逢人便笑。

虽然,冯乐亭是一个太监,她却历来十分敬重其人品。当她才几岁,他就已经三十多岁了,至少比她大三十岁。他瞅韫龢领着大力一副落魄的模样,感觉挺可怜,分手时问清她的住址后,随即掏钱买上二斤羊肉片,送到她家中。

她一家人美美地吃了一顿涮羊肉。此后,冯乐亭又多次买点心等各种食物,拿来让她和家人解馋,却总是撂下东西就走,从不多待。当老太监走后,她深有感触地说：

"到多咱,咱全家人也忘不了他呀！"

数十年来,她与他彼此关系一直不错。伪满时,她每次从长春返回北平,仍忘不了给他捎回礼品,诸如茶壶茶碗这类上等瓷器。一次,她为他带回一套名贵烟具,令他十分感动：

"您知道,我从不吸烟,就权且当做念想儿吧。"

多年来,她曾赠送他不少稀罕物件。他从不多说感谢之类的话,只是默默记在了心里。

冯乐亭在她幼小时便与其结成"联盟",一起哄她祖母高兴,俩人关系默契,远胜于他人。从她幼年起,他总短不了为她买回一些小玩意儿或零食,直到她长大成人之后,他仍然时常给她买来一些风味小吃。

多年之后,连最末一个太监孙耀庭还不止一次提起,冯乐亭以及他与二格格的"特殊关系"。

别看冯乐亭是一个老太监,早在解放前便娶了一个年轻媳妇,置下什刹海后海十八号一幢四合院——紧邻聋哑学校,大门面对着碧波荡漾的后海。

也许正因此,他热情邀她来地处风景秀丽的家中做客。

在后海畔独门独户的四合院里,她意外地见到了冯乐亭的妻子及其丈母娘。没想到,他的妻子竟然漂亮得出奇,而且颇会接人待物。他和丈母娘还热情挽留她一起吃午饭。王府出身的格格,居然尝到了一顿许久未吃过的丰盛素餐。

应该说,冯乐亭家里比她想象中豪华得多,也使颇见过世面的她大开眼界。老太监的屋里是一水的黄花梨雕花家具——太师椅、条案、花架……不少家具嵌有名贵的玉石芯和雕贝儿。黄花梨条案上,还摆放着珍贵的古董钟表,不时发出滴滴答答的清脆响声。

她侧眼一打量,屋子犄角竖立着一座多宝阁,上边点缀着名贵的景泰蓝和"元窑"青花瓷瓶,一些珍品显然出自"大内"。其他诸如盆景、帽瓶、瓷秀墩等等,无一不是古色古香,透出独特的典雅风格。室内古朴的"宣德"熏炉,点燃着淡淡的熏香。

她吃过午饭,刚要离去,谁想,冯乐亭邀她来到一间密室,背转身去,紧闭房门,小心翼翼地拿出一个保存多年的珠宝盒,里边收藏着珍奇的古玩,还有一些红珊瑚、白珊瑚以及罕见的金银首饰。他打开珠宝盒,让她随便挑几件,她尴尬万分地摆了摆手。

"感谢您的好意,这我可不能拿……"

她从冯乐亭家走出之后,不禁低头沉思。无论在其家财万贯的豪宅,或目睹珠宝盒内的奇珍异宝,都使频历社会动荡洗礼、已近乎贫民的她,感到震惊不已……

"三年自然灾害"中,她又一次在街头与老太监冯乐亭偶遇。老人虽步履跚跚却显得格外兴奋,邀她随自己去京城西边的一座庙宇做客。顿时,她感到非常惊讶:

"您怎么不住在家里呀?"

立时,冯乐亭变得面色晦暗,长叹了一口气,垂头丧气地说:

"哎,一言难尽呀。"

他坦诚相告,缘因自己的太监身份,妻子在解放后始终不情愿跟随,再加上丈母娘在背后天天嘀咕,结果只能离婚了断。他不得不把后海畔的房产全部卖掉,钱款分给妻子和丈母娘一半,自己留下一半,又重新回到了从前住过的西城一座小庙里。

当她如约去那座小庙看望冯乐亭时,老太监高兴得简直像一个小孩儿,又是让座,又是沏茶倒水,极力挽留她吃饭,恨不得拿出所有最好的东西让她看,还挽起袖子亲手下厨。当时,许多太监都在这座庙里居住,见到偶然来了一个女人,纷纷走过来探头探脑。

冯乐亭倒落落大方,客客气气将她向所有太监郑重做了介绍:

"诸位有所不知吧?这就是皇上的妹妹——二格格韫龢。"

一时,冯乐亭居住的小屋前,门庭若市。一些老太监闻听"皇妹"驾到,随即抢着前来看望,庙内一时热闹非凡。

她感到,冯乐亭仍像幼时那么疼她,还亲手给她张罗了一顿丰盛的晚餐。

那时,粮食极紧张,每人都有定量,但老太监死活不要粮票。而她非给不可,可他最终也没肯要,反而打肿脸充胖子地说:

"您瞧,我一个人吃饱全家不饿,够吃的,粮票还有富余呢……"

她临走时,一群老太监挤在小庙门口送她,而冯乐亭伫立在最前边。此时,她的眼中噙满热泪。她缓步走出庙门,一步三回头。

三 怕被扣留不敢探监

"二姐在家吗?"

在刺骨的西北风中,三格格迈进二姐韫龢的家里。

她见三妹裹着长围脖,喜滋滋地坐在椅子上,没过一会儿,又变得心事重重,半晌没吭声。

"这次有什么事吧?"她小心翼翼地询问三妹。

"也不知是福是祸,"三格格叹了一口气。"七叔让我来跟您透个信儿。咱大哥和二哥不是关押在抚顺嘛,国家让七叔带着家人去探望他们。"

"这是好事嘛。"

"还让我们去看望一下我那口子,还有五妹夫……"

"都有哪些人一起去呀?"

"还有,"三格格迟疑着,"都知道您跟大哥关系好,想请您一起去探望。"

"这个……"她犹豫着,慢吞吞地说,"您和五妹的丈夫都在那儿,你俩去探望理所应当。这样吧,劳驾您跟七叔说一声,我就先甭去了吧。"

韫龢每逢格外客气时,对平辈的人也用"您",这次依然如此。三妹再了解二姐不过,听到二姐口中道出"您"字,便知她坚意已定,断然不会去抚顺战犯管理所。

这时,三格格透了实底,轻声告诉二姐,自己前来本是七叔的主意,看能否动员二格格一起去抚顺探监。

她仍然摇了摇头,半开玩笑地凑近三妹耳边,苦笑着说:

"我去了,可别关进监狱里头,不让回来呀。"

"哪儿能呀?我想不会的。"三格格的神态,也变得犹豫不定。

最终,韫颖失望地离去。韫龢心里仍然不踏实,她从七叔处好歹又打听到一些其他情况。此事源于一九五六年召开的全国政协会议。毛主席见到载涛,提起溥仪正关押在抚顺战犯管理所,关切地说:

"听说溥仪在那里改造得不错。你可以带着家属,去抚顺战犯管理所看他一趟嘛。"

当时,三格格的丈夫润麒和五格格的丈夫万嘉熙正与溥仪关押在一起。意外的是,临赴抚顺战犯管理所前夕,载涛带着三格格和五格格竟然受到北京市市长彭真的亲切接见。

听说东北气候寒冷,彭真市长特意指示发给三格格和五格格各一百块钱,让她俩定做一身棉衣服再去看望溥仪和她们的丈夫。临别时,彭真市长还关心地嘱咐说:

"东北那边天气太冷,你们要尽量穿暖和一些。"

三格格拿到钱之后,当天就去商店买来一件灯芯绒外衣和黑色灯芯绒长裤,又买了一件棉毛衫。韫龢见到三格格的一身打扮,赞赏不已,只是不敢再提起探监之事。

家族的人们听到政府的关怀,无不深受感动。她还听三妹说,彭真市长不止一次叮嘱:

"你们这是去看望亲属,买些点心带去吧,政府可以给钱。"

听到此话,三格格和五格格拿不定主意,便去找七叔载涛商量。载涛说得再明白不过:

"带去进嘴的东西可要慎重,责任太大了。"

最终,他们一致认为,带去爱新觉罗家族的一片心,这是最重要的。

本来,彭真市长让载涛带队去抚顺。但是,载涛认为由政府派人跟随心里才踏实。于是,彭真市长亲自指示,派北京市公安局丁科长陪同前往。

一九五六年三月九日,载涛带着三格格和五格格奔赴抚顺战犯管理所。

一行人抵达抚顺,住进接待苏联专家的招待所。看到崭新的豪华住宅,他们异常兴奋,当天即去抚顺战犯管理所,见到了所长。

"欢迎你们来所里看望。"

这时,载涛神情凝重地对所长说:

"是毛主席派我们来看望溥仪的。"

"我们知道。溥仪和溥杰改造、学习都很好。"所长欣然介绍说。

之后,所长遂把溥仪、溥杰、郭布罗·润麒、万嘉熙,以及几个侄子毓嶦、毓嵒、毓嶂等人找来,跟这一行人会面。

在此之前,对于如何称呼溥仪,姐俩曾商量过多次,一致认为叫"大哥"最好。所以,她俩见到溥仪走过来,便亲热地叫了一声:

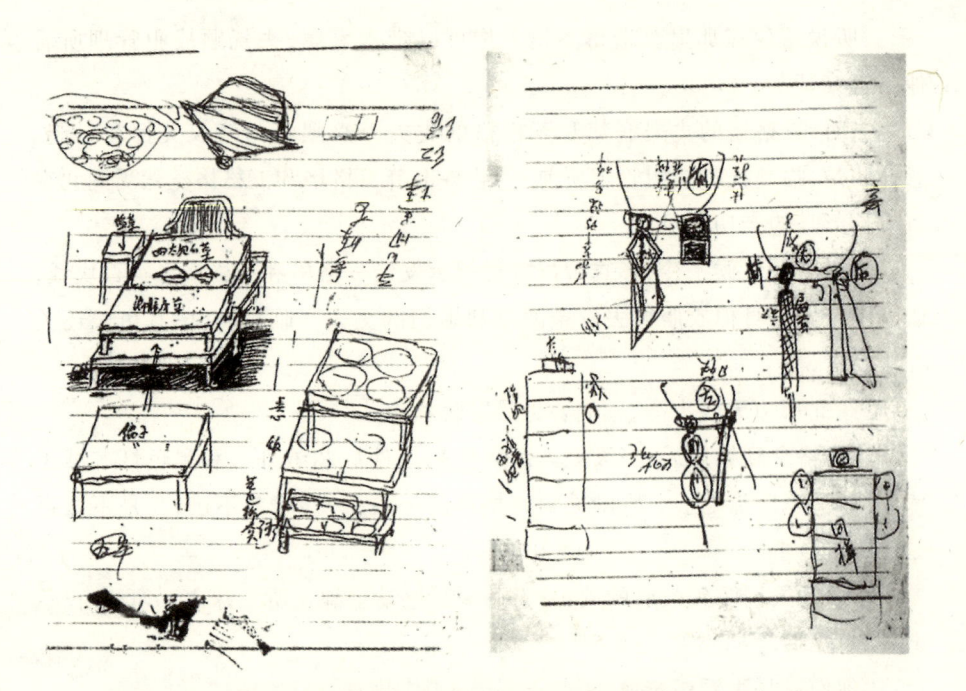

六十年代初,溥仪为撰写《我的前半生》而给李文达亲笔绘制的宫内"御膳"图

"大哥!"

"三妹、五妹……"溥仪见到三格格和五格格,也很激动,"从前,我好像就是一个人,现在有这么多弟弟、妹妹,感到真高兴啊。"

打这儿开始,她们将"皇上"的昔日称呼,改成了"大哥"。从这一天起,七叔对三格格和五格格提起溥仪时,也改口叫"大爷"[①]。从此,爱新觉罗家族的人们,竞相仿效,都在背后叫起这个新起的官称——"大爷"。

此时,溥仪见到北京来人身体不错,精神状态也挺好,开口说道:

"见到你们身体很健康,我也实在高兴啊。"

当见到家人之后,溥仪的三妹夫——郭布罗·润麒幽默地自我介绍说:

"我在抚顺战犯管理所,是病号的学习组长。"

载涛听后,连连点头:

"哎呀,不简单,当上组长了。"

接着,性格活泼的润麒,眉飞色舞地对妻子说:

"我们在管理所里,还自编自演活报剧呢。"

直到后来三格格才知,润麒在剧中扮演一个女主角格玛,当他在溜冰场上

[①] 大爷的"爷"字,北京话为阳平音。

遛冰时,人们纷纷过来好奇地观看。润麒心存感激地对妻子说:

"我患了血压高,领导让我单吃小灶,生病立刻有大夫医治,深夜生病时大夫也赶来,有的药当地没有,就派人到外地去买……"

此后,五格格的丈夫万嘉熙介绍了日本战犯的改造变化。一些日本战犯虽然中军国主义毒很深,但经过学习改造,也能认识到侵略者的罪恶,有的日本战犯被遣送回国上船时,还高呼"中国万岁"!

听到这些闻所未闻之事,载涛一行人感到耳目一新,彼此交换着欣喜的眼神。

有趣的是,在谈话中,溥仪倒是挺实在,听说彭真市长让他们从北京带点儿食品,而他们却没敢带,遗憾地说:

"咳,要是从北京带来点儿好吃的多好啊。"

所有人,包括抚顺战犯管理所的管理人员都笑了起来。

此后,当溥仪回到北京时,韫龢问起大哥,果真有此事吗?溥仪反倒不好意思地笑着说:

"是呀,当时在抚顺监狱里,真的很馋。"

的确,离别北京多年,怎能不想北京的小吃?三格格后来对二姐谈及会见时的插曲,还追忆起当年在日本的情景:

"回想起三十年前,我在日本一听说北京小吃,就不由得眉飞色舞。"

在三格格看来,溥仪在战犯管理所里的话显然是可以理解的。话说到此,溥仪却不理解地问起韫龢:

"你怎么没去?我一见到七叔就问起,二妹韫龢怎么没来呢?"

"这话我不好开口,既然大哥问我,只能照实说。我当时害怕进了监狱出不来,再把我扣在里面。"她不好意思地掩面而笑。

"你心眼儿可真多哟。"溥仪也笑了。

俩人四目相视,一起哈哈大笑。

过后,韫龢悄声地对溥仪说:

"大哥,您可为我保密呀。我这些话,您可千万甭对别人说呀。"

"好,好。"溥仪承诺道。

这时,韫龢挺后悔,当初没听彭真市长的话,本应该去抚顺探监才好。

三格格归来之后,告诉二姐,在抚顺战犯管理所,这一行人还参观了监狱的宿舍、食堂、图书馆、运动场,所到之处无不整洁干净。在抚顺战犯管理所食堂,三格格偶然见到一大桶对虾,问起才知,这原来是给在押犯人吃的,看来溥仪这些人伙食的确不错。

在返京的列车上,这一行人仍然议论不停。来抚顺之前忐忑不安,如今发生了截然转变,载涛一连感叹地念叨了几遍:

"真是没想到,没想到啊……"

这一行人更没想到的是,当载涛带着两个侄女从抚顺回京之后,彭真市长竟亲赴载涛家听取汇报。载涛让家人拿出最好的茶,请彭真市长品茗。载涛将在抚顺看望溥仪等人的经过,向彭真市长做了详细汇报。彭真市长听着,连连点头,还问起:

"东北气候冷吧?"

三格格和五格格一起感激地回答彭真市长:

"我们临走时买了棉衣裳,真的特别感谢彭真市长,您对我们考虑得太周到了。"

这时,彭真市长望着大家,和蔼地说:

"别感谢我,这是人民政府的心意。"

此前,三格格的大儿子宗弇忽然突发急性盲肠炎,彭真市长闻讯,立即派人送去一百块钱救济金,使全家人备受感动。韫龢去三妹家串门时,三格格又深有感触地说起此事:

"政府对爱新觉罗家族真是太关心啦。"

第贰拾陆章 『皇帝』特赦以后

* "你跟大舅比赛一下掰腕子，好不好？" 英才欣然应战，溥仪也捋起袖子。继而，溥仪又与大力打闹成一团，缠裹着在床上打滚。

* 溥仪对她说，"我在政协开会，总遇到侯宝林，每次见面都互相打招呼。侯先生跟溥杰关系也挺熟呢。"

* "溥仪先生，"毛主席握住溥仪的手，风趣地说。"你原来是我的顶头上司，我过去是你的臣民喏。"溥仪向二妹忆及受到毛主席宴请并合影留念，尤为激动不已。

图片说明：溥仪刚特赦回京时住在五妹家。图为五妹韫馨位于东城南官房前井胡同的住宅

一　溥仪与英才掰腕子

其实,载涛这一行人赴抚顺战犯管理所探望溥仪,只是一幕序曲。

一天傍晚,韫龢刚吃过晚饭,三妹韫颖兴奋地迈进家门:

"二姐,告诉您一个喜讯,润麒回来啦。"

"太好了,哪天让他来家里串门吧。"

韫龢喜上眉梢,热情地邀请三妹夫前来做客,三妹愉快地答应下来。

三格格乍回到北京时,拖家带口,生活极为窘迫,但幸亏有婆婆仲馨的旧房能暂住。因其婆婆没去伪满,未经飘泊离散的境遇,手里仍存留一些金银首饰,生活还算富裕。再加上三妹跟婆婆家凑合搭伙吃饭,至少暂时不用发愁。

三妹由于思想进步,成为街道积极分子,后来又当上了治保主任。此次三妹前来,还带来丈夫的问候。

事隔两年多,当一九五九年十二月底,溥仪被特赦返京前夕,韫龢正住在西老胡同。听到这个消息,她当时就激动地流下了热泪:

"政府真是说到哪儿就做到哪儿。连溥仪这样的战犯都特赦,真让人没想到啊。"

简直难以置信,她在清晨突然听到中央人民广播电台的播音:

"……溥仪被特赦……"

虽然,溥仪此前曾来过一封信。二哥溥杰也来信说,共产党并不是要毁灭你这个人,是要把你的思想改造过来。然而,溥仪特赦这一天的到来,仍显得突如其来。

随着确切消息传来,七叔载涛召集爱新觉罗家族议定,由提前"释放"的五妹夫万嘉熙和妻子及四弟溥任等人前去北京火车站迎接溥仪。

迈出北京火车站,溥仪一行人先到五妹家落脚。之后,溥仪与韫龢、郑广元、三妹夫润麒夫妇等人,又一起从什刹海西岸步行至七叔载涛家里——大佛寺东街西扬威胡同。

在七叔载涛家里,溥仪返京之后吃的第一顿饭,居然是热气腾腾的菜团子。这在爱新觉罗家族中广为传诵,竟然成了一段"啧啧"有声的佳话。

韫龢刚见到溥仪时,感慨交加,不由自主地流下了热泪。郑广元在旁边一个劲儿拽她的衣裳襟儿,她这才勉强止住泪水。

在七叔家吃午饭时,大伙儿异常高兴。饭后,在场的新觉罗家族成员,无论男女老少,簇拥着溥仪和辈分最大的载涛,一齐合影留念,所有人无不笑逐颜开。

溥仪刚特赦时,因五格格家的房子比较宽绰,便在那儿暂住了一段日子。

韫龢没想到,特赦之后的溥仪,竟成了她家的常客。

没过几天,溥仪随意溜达到她家串门。那次他心情特别高兴,手里居然拈着一根冰棍,笑呵呵地推门而进。

"哎哟,大哥,没想到您今天能来。"

韫龢见到溥仪来串门,走上前去一阵寒暄。她惊奇地见到,溥仪竟然在冬天啃着冰棍,而且兴高采烈地对她说:

"我可解放了,自由啦。"

看得出来,溥仪的情绪极度亢奋。她邀请大哥留在家里吃便饭,溥仪欣然接受,遂在她家里吃了一顿再普通不过的家常饭。她一边给他夹菜,一边询问:

"大哥,炒菜的滋味怎么样?"

"没想到,你还会做菜哪,从前什么都不会,现在做得蛮好吃嘛。"溥仪大为赞赏。

韫龢的婆婆见到溥仪,高兴得一时不知说什么才好。她的婆婆是南方人,从来不会请安,溥仪走上前主动跟老太太热情握手,彼此还寒暄了几句。她的婆婆难得与溥仪同桌就餐,总是向他问这问那,聊个不停。

她见溥仪与婆婆谈得彼此投机,心里十分惬意。饭间,溥仪还提起在狱中,曾收到英才来信,告知荣获北京市女子摩托车比赛第一名,他很为外甥女感到自豪。

她告诉溥仪,英才性格比较冲,从小就喜欢体育运动,活像一个假小子,所以女儿想学体育便没阻拦,结果女儿如愿考上了体育学院。她手指英才,对溥仪聊起女儿可能受自己影响,因她从小就十分喜欢体育。最初英才在学校练过击剑,由于击剑课停止,才又改学摩托车。

毕业之后,英才最初分配在哈尔滨体院摩托车队当教练,后来又改当自行车教练,还没毕业,就获得北京市女子摩托车比赛第一名。当时,她欣喜地给远在抚顺战犯管理所的溥仪写了一封信:

"告诉您一个好消息。大舅,我获得了北京市女子摩托车比赛第一名。"

溥仪见到来信,激动不已,兴奋地从抚顺回信说:

"我作为大舅,感到非常高兴和自豪。"

溥仪后来在撰写自传——《我的前半生》时,特意将此事写入书内。

"英才上学那些日子里,时常骑着摩托车回家。"她用手比划着,对溥仪说,"起先,我可不敢坐在她的跨斗里。"

在女儿一再盛邀之下,母亲才撑着胆子坐上摩托车。韫龢眼看女儿驾驶着摩托车,在北京街头风驰电掣般行驶,感到十分欣慰。

一九五六年"五一"节,韫龢的女儿英才骑着摩托车,行进在游行队伍之中

这时,溥仪高兴地唤过英才:

"英才,听说你挺有劲儿,是吗?"

"大舅不信吗?"英才反问起溥仪。

"那你跟大舅比赛一下掰腕子,好不好?"

"好啊。"英才欣然应战。

溥仪说着,也捋起了袖子。

"等我擦一下饭桌。"

韫龢随即三下五除二地擦好饭桌,兴奋地在一旁观战。于是,溥仪与英才在刚吃过饭的餐桌上,双眼圆瞪,脸对脸地对起阵来。

立时,屋内所有人,都被吸引到了饭桌旁边,静静地观战。开始时,只见溥仪与英才势均力敌,僵持不下。溥仪毕竟是成年人,以险胜赢得第一局之后,笑呵呵地说:

"大舅我,可是经过劳动锻炼的啊。"

"再来第二局。"显然,英才并不服气。

没准儿是溥仪有意谦让。在第二局中,英才竭尽全身气力,面红耳赤地扳回一局。然而,从第三局一开局,英才便陷入不利,虽然她力气不小,仍以败北告终。顿时,狭小的屋内响起了热烈掌声。

似乎，溥仪余兴未尽，啜了几口茶，又兴奋地唤过大力：

"大力啊，你的个子快赶上大舅了，看上去蛮有劲儿嘛。"

"当然喽，我每天锻炼身体。"大力自信地拍了拍胸脯。

"那好啊，你难道比大舅还有劲吗？"

溥仪没说完，就笑眯眯地咯吱起大力的腋下。大力也不示弱，也伸出双手咯吱起溥仪来了。这使韫龢吃了一惊，然而，她没能阻止这一老一少彼此打闹成一团，缠裹着在床上打滚。

虽然，最终仍是溥仪按住了大力，却累得大力满头大汗。她递上了洗好的手巾，溥仪微笑着擦抹脸上的汗水，手指着英才和大力，说：

"你们真是后生可畏啊，再过几年，大舅就不是你俩的对手喽。"

溥仪直到临走，依然显得兴致勃勃，她和全家人将笑呵呵的"皇上"送出院门。

"皇上"与英才掰腕子以及跟大力摔跤的故事，一时，在爱新觉罗家族传得尽人皆知，也使溥仪昔日冷酷的形象，在人们心目中发生了颠覆性的变化。

颇有意味的是，溥仪在又一次前来串门时，自嘲地向她讲述了刚返京时闹出的那些笑话：

"二妹，你可不知道，我最近净做错事。"

其实，这已人所共知。譬如，溥仪由溥俭陪同第一次乘坐公共汽车时，误以为前边的女售票员也是乘客，便客气地谦让人家先上，结果公共汽车开走了。他住在五妹家，早晨起来主动扫大街，归来竟然找不到家门。这样的真实故事，溥仪讲起来，总是咯咯笑个不停。溥仪对二妹说，这些事，他打算写入自传——《我的前半生》。

实际上，韫龢也有类似体验。有一次，她跟随溥仪出门办事，登上公共汽车，当车还没开动时，溥仪随意向门外啐了一口唾液，正巧有人从门口上车，几乎全部啐在那人身上。他愣了，却根本不懂道声对不起，只是一个劲儿歉意地憨笑个没完。

她也不由笑出了声儿，那个乘客也笑了，然而根本不知对面的老人竟是刚成为公民的溥仪。

起先，溥仪不识路，总让溥俭带着到她家串门。几趟过后，他便能独往独来，每隔几天，就去几个妹妹家轮流转一圈。后来他不仅学会认路，还能独自乘坐公共汽车，往返于弟弟和妹妹家之际。

往往，这倒成了溥仪自我炫耀之事。

二　陪溥仪观赏三妹演京戏

"皇上"大哥爱串门,不仅在于找乐儿,也成了韫龢一家人的乐趣。

她与三妹家距离很近,所以平时来往颇多,三妹几乎天天到她家聊天,不然,就是她去三妹家串门。大多时,溥仪来串门时两家都要走个遍。

一次,溥仪带着杜聿明、王耀武等四五名国民党战犯去她家串门。原来,溥仪无意间说起在二妹家与外甥女和外甥掰腕子、摔跤的趣事,这些人闲着无事,好奇地提出到二妹家瞧瞧,于是仓促成行。

溥仪走进家门,将这一行人逐一做了介绍。她显得十分拘谨,不知说什么才好,只是殷勤地沏茶倒水。那些国民党特赦战犯稍稍坐了一会儿,见英才和大力都不在家,便抱憾离去。事后,溥仪微笑着对她说:

"你怎么那样紧张啊,连话都不会说啦?"

"彼此不熟悉,"她笑了,"我跟他们实在没什么可说的嘛。"

她听溥仪缓缓说起,一些晚清遗老遗少前来叩拜的可笑之事。溥仪对于个别的糊涂虫,曾大声斥责说:

"你这不是来看我,是来害我呀……"

溥仪的愤愤态度,使来者惭愧不已,连声道歉,再次向溥仪深鞠一躬,算是认了错。

"过去的旧事不要提了,我们都是新中国的公民,要平等相待!"

倒是溥仪最后的两句话,使她对溥仪平和待人的态度,重新有了理解。

她听说欧美同学会内一家西餐厅新开张,一天傍晚,便与丈夫一起邀溥仪去那里品尝西餐。自然溥仪如约前往,落座之后,却信口说起:

"我许久没吃西餐,变得不太习惯了,还是吃中餐有滋有味。"

话虽这么说,溥仪却没少吃。每人一份的西餐,被他狼吞虎咽地吃了一个精光,她只好又单为溥仪添了两份甜点。

说起来,十分好笑,二格格的家,简直成了溥仪生活的"后勤部"。平时,他的衣裳不懂得叠好,脱下来就团得乱七八糟,随手一扔。溥仪素知,郑广元平时穿衣就比较考究,不仅能熨衣服,还会缝补。于是,凡遇出席大会之前,溥仪短不了火急火燎地抱来一团衣裳,让郑广元当即熨平,抄起就走,说是惟恐迟到。

一天,溥仪来到韫龢家,告诉她,刚从乳母的儿子家归来。此时,他的眼中透出一种复杂的神情。

据她所知，溥仪对乳母历来感情深厚。早年因宫中矛盾，乳母曾一度被逐出宫，溥仪始终惦念着她。当他出宫之后，刚在天津落下脚，就马上接去乳母。溥仪初抵伪满长春不久，又带去乳母，直到日本投降之际，她被一颗流弹打中而死去。溥仪得知，感到特别伤心。

特赦返京之后没几天，溥仪特意去乳母家看望其后人。这次，溥仪见到了乳母的儿子和孙子，听说孙子已参加工作，成了一名工人，遂对二妹感叹地说：

"要是乳母活着，那该多好呀……"

当溥杰特赦后，溥仪和杰二弟一起来到韫龢家做客。溥杰又笑问起溥仪与英才掰腕子的故事。正巧英才不在家，她便拿出一张英才的照片让二哥看。溥仪见英才的相片酷似其父郑广元，随口开起了玩笑：

"这不是广元梳着俩小辫儿吗？"

"不是，不是，"韫龢笑着说，"这是英才嘛。"

其实，这是溥仪成心逗笑。溥杰看过照片，也惊讶地对郑广元说：

"是呀，你们爷俩外貌真是太像啦。"

历来，溥仪对溥杰以及三个妹妹——韫瑛、韫龢和韫颖，总是直呼其名。直到出宫之后，仍如此称谓。

溥仪去三妹家串门，三格格乐呵呵地告诉溥仪，自己成了区政协委员，在东城区政协机关上班，还盛情邀大哥去办公室参观。

当时，东城区政协机关位于什锦花园胡同一座大四合院里，她陪着溥仪去机关参观，竟成了区政协的一大新闻，人们纷纷出来观看溥仪——当年的"皇上"究竟长得什么模样。

而溥仪满不在乎，在三妹的陪伴下，微笑着四处闲转悠，最后坐在三妹的办公室里，慢悠悠地品啜香茶。

交谈之中，三妹告诉他，区政协经常组织文娱活动，自己还参加了东城区政协京剧团。溥仪酷爱京剧，听说她们一会儿将在区政协彩排，便兴致勃勃跟随三妹一起去观看。

哪知，在众多排演者眼中，溥仪居然成了最引人注目的主角，不少人竟然忘记排戏，纷纷打量起昔日的"皇帝"。

事过没几天，溥仪拽上溥杰一起到工人俱乐部，观赏三妹登台参演的《四郎探母》。在戏中，著名京剧演员马连良的女儿马小曼扮铁镜公主，三格格和区政协委员李明儒饰演配角八姐、九妹，接着，他俩还观看了三妹参演的《凤还巢》和《大登殿》。

临登台之际，三格格告诉溥仪，起初自己不敢上台，一位京剧团姓恽的老演员一句句教她，还亲自拉胡琴带她唱，终于达到演出水平。当她第一次登上舞台时，往台底下一看，都是认识的熟人，心里直劲儿扑腾。但唱过几句，胆量就大了，终获演出成功。

依溥仪看来，三妹虽饰配角，表演却称得上惟妙惟肖，颇有大家闺秀之风。坐在台下，溥仪侧过头对溥杰说：

"真想不到，三妹演得还不错嘛。"

散戏之后，溥仪来到二妹家里，深深感叹三妹身上所发生的变化。当时他还未当上全国政协委员，对于三妹担任区政协委员感到尤为钦羡不已。

不久，溥仪被分配在北京植物园劳动，韫龢夫妇趁着孩子上学的空闲，乘坐公共汽车前去看望。

溥仪将她和郑广元迎进植物园，兴致勃勃地带着夫妇俩四处游逛，当走到一朵巨大的荷花前，他介绍说：

"甭看这片叶子，能坐上一个小孩儿哪。"

在植物园内，溥仪始终像小孩儿似的拽着二妹的手，直到吃过午饭，才让俩人离园回城。

她去植物园看望大哥不久，他便从北京植物园返城，调至全国政协文史资料委员会。她和郑广元去全国政协的单身宿舍探望，见到一对姓赵的老夫妇负责照顾溥仪的日常生活起居。

那时，国家因遭受"自然灾害"影响，各家粮食无不极为紧张，即使是亲戚，也很少彼此串门，溥仪自然识相，轻易不去弟弟和妹妹家吃"蹭饭"，只是聊一会儿就走。不仅如此，溥仪反而送过二妹油票——因溥仪是文史专员，享有特别优待的食用油票。在大哥影响下，溥杰也曾赠送她油票和粮票，支援她一家安渡难关。

她发现了一个奇怪现象。每次，溥仪总是去商店排队买来一大包糖，才肯到几个弟弟、妹妹家串门，这家瞧瞧、那家看看，施舍似的给每人发几块糖果，还时常兴奋地说：

"我从前是孤苦伶仃一个人，现在家里竟然有这么多弟弟、妹妹了。"

原来，溥仪见到家族子女出现了浮肿，竭力施以帮助。由于溥仪享有一些特别补助，所以一直没发生浮肿。有一次，她去全国政协机关看望大哥，眼看临近午饭时间，溥仪诚恳地留她吃饭，她非掏出粮票不可，这时，溥仪不高兴地说：

"难道咱俩不是亲兄妹吗？二妹呀，你就甭拿粮票啦。"

此时，她深深为大哥的真挚感动不已。

在"三年自然灾害"期间，她经常买来干白菜叶用白水煮，锅里虽无一点儿油星儿，家人仍吃得挺香。她家油票上的那点儿菜籽油，根本舍不得吃，至于每月半斤点心，她的婆婆大多给了孙子大力。

然而，令她忧心忡忡的是，除大力和婆婆以外，全家人患的浮肿病，始终没见好转。她和婆婆每月二十四斤粮食定量，而老太太节省下的粮食，亦全部留给了大力。

她不时去小姑家看望，也短不了到小叔子郑子罕①家嘘寒问暖，其妻子是日本人，一次从日本寄来很多罐头，分送给女儿和她家一部分。这可让她全家人解了馋，恰巧溥仪来串门，也尝到了肉罐头。

她因当上托儿所所长，每月能增发一点儿黄豆，还有一瓶蜂蜜似的棕色补品——磷脂，可以抹在馒头片上吃。有时街道还发给一些糖果，而一般老师不发，对此，她无可奈何。

她以"皇上"妹妹的身份，作为爱新觉罗家族代表，参加"三八"妇女节招待会，聆听了邓颖超的讲话。溥仪闻听，自然为之高兴。

另一次，全国政协召开中秋赏月会，她和三妹等几个姊妹由溥仪带领出席。众人围着圆桌而坐，一边喝茶一边磕着瓜子，观看文艺节目演出。

那天，溥仪由于几个妹妹围在身旁，感到格外兴奋。著名相声演员侯宝林说了一段《醉酒》，讲述一个醉鬼酒醉之后，人家让他顺着手电筒的光柱往上爬。他说，你甭蒙我，你的手电筒一灭，我就掉下来了……

看到这里，溥仪和大伙儿一起抚掌大笑，又扭过头对她说：

"这是我回到北京之后，第一次听相声哟。"

此后，韫龢看到报纸的报道，才知道侯宝林是满族人，后来才改成汉姓。她对大哥谈起时，溥仪笑着对她说：

"我在全国政协开会时，总遇到侯宝林。每次见面，侯先生都跟我主动打招呼，见到杰二弟也挺热情呢。"

在众人掌声欢迎之中，溥雪斋还欣然登台表演了古琴演奏，优雅的琴声在韫龢的脑海里，留下了弥深的印象。

此次，她在中秋赏月会上，还意外见到了九妹郑辉。谈起溥仪的新生，郑辉津津乐道，然而，偶提溥雪斋当年邀请她俩吃饭之事，她却轻轻摆了摆手，推

---

① "郑子罕"这个名字，据说是其祖父郑孝胥按照古人的名字起的。

说,不记得了。

到底是有意避讳,还是怕节外生枝?她着实感到纳闷儿①。

三 毛泽东和周恩来关怀溥仪兄弟

"周总理要接见你和溥仪。"

当溥杰被特赦返京不久,忽然接到了北京市委统战部的通知。

听到这一消息,溥杰旋风似的闯进二妹家里,兴奋地告诉她。他直言因长期拘禁在战犯管理所,内心紧张得直犯嘀咕,不知见到国家领导人说什么才好,所以匆匆找来。闻此,韫龢对杰二哥说:

"你还不赶快找一下大哥,和他商量一下嘛。"

溥杰果然按照二妹的提议,找到大哥。溥仪听了之后,语调轻松地对杰二弟说:

"周总理是一位平易近人的国家领导人,你不必有什么顾虑。我头一次去见周总理比你还紧张,周总理有一种魅力,使人不知不觉产生一家人的感觉,见面以后,你就知道啦。"

华灯初上,一辆卧车接溥仪兄弟俩驶入中南海西花厅②。

见到溥仪弟兄俩,周总理满面春风地迎过来握手。在畅谈之中,周总理直言不讳:

"你们俩要认识到,人民政府实行特赦,是赦人不赦罪……"

对此,溥仪和溥杰一个劲儿点头不已。

周总理与他俩交谈了许久,其中最多的话题,便是勉励他俩自食其力。这自然触动了兄弟俩的内心深处。

"溥仪,根据你的体会,是不是先从事一些轻微的体力劳动好呀?"

"是的,我在植物园劳动,感到缩短了我与社会的距离,"溥仪诚恳地说,"我通过劳动实践接触了社会,认识到了新中国公民的责任。"

"你说得很好,"周总理微笑着夸奖溥仪,"这说明你参加劳动收获很大。"

"说实在话,我还差得挺远。"

紧接着,周总理关切地问起溥仪的打算:

---

① 后来她经过询问才知,郑辉遗憾地患了老年痴呆症。
② 据记载,这次周恩来总理接见溥仪和溥杰的时间是:1961年1月30日。

"你以后愿意从事什么工作？"

"我想从事体力劳动，愿意当工人，好好改造自己。"溥仪小心翼翼地说。

"你算术怎么样？"周总理的问话出其不意。

"我可没学过算术。"溥仪的回答老老实实。

"工人看图可需要算术呀，"周总理直视着溥仪，"体力劳动不是你的长处，你说实话，究竟想从事什么工作？"

"对您说真话，我自幼喜欢医学，后来在抚顺管理所学过针灸，所以想学医。"

"噢，不要着急，你的工作要从长计议。"

这时，周总理又关切地问起溥杰的生活情况，以及回京之后的观感。望着周总理的诚挚目光，溥杰一五一十做了回答。此时，周总理又问起：

"你希望将来做什么工作合适呢？"

"我愿意做一个自食其力的劳动者，无论工厂农村我都愿意去。"

虽然，溥杰不假思索地回答。其实，这正是长期徘徊在他心头的难题——想做一个劳动者，又想从事喜欢的文化工作。

"你说说心里话吧。"

周总理似乎一眼看透了他的内心，此时，溥杰紧张的心情顿时松弛了大半。他经过思想斗争，索性倾吐了真实的想法：

"说实话，我想做些文艺和历史研究方面的工作。"

溥杰说完，心绪不安地望着周总理。

"你们相信，国家会有一个适当的安排。"周总理面对溥仪兄弟俩，爽朗地笑着说。

这次接见之后，溥仪当天来到二妹家，兴奋地对她和刚迈进门不久的三格格说：

"周总理的关怀简直无微不至，我真不知如何感激才好啊！"

一九六一年初的一天晚上，溥仪又兴冲冲地来到二妹家。

平时，她见溥仪的衣服总是穿得邋里邋遢，今天居然穿戴得异常整洁，于是好奇地问起溥仪。谁知，他竟激动地反问起她：

"你猜，我今天见到谁了吗？"

"我猜呀，你见着周总理了吧？"郑广元插嘴说。

"不是，我见过周总理好几回了。今天呀，我见到毛主席啦！……"溥仪压抑不住内心的激动，立时抬高了嗓门。

"真的吗?"二妹将信将疑。

"当然,"溥仪显得极为兴奋,"毛主席亲自接见我,还一起共进午餐。合影时,毛主席还把我拉过来,让我到前边来照相。"

溥仪激动地向二妹夫妇介绍说:

"今天我到你家来,就是为了告诉你们这个好消息。刚去见毛主席时,我一直在后边,没想到,毛主席把我拽到了前面来。"

"毛主席认识你?"韫龢问道。

"不认识嘛。毛主席紧紧握住我的手,风趣地说,溥仪先生,你原来是我的顶头上司,我过去是你的臣民喏。"

溥仪对意外受到毛主席接见及宴请,还一起合影留念,感到激动不已。述说之际,他又向二妹追忆起共餐的情形:

"跟毛主席在一起吃饭的还有程潜、王季范、仇鳌……"

溥仪对她说,受到毛主席接见的共有五位老人,韫龢却只记住了包括溥仪的四位老人。说到这儿,溥仪深情地回忆说:

"毛主席在吃饭时,净说笑话,逗得大家一个劲儿笑。通过这次我才知道,毛主席非常幽默。"

此后,溥仪仍时常对二妹说起,后半生最难忘之事,就是特赦之后居然受到毛泽东主席接见。对此,溥仪深有感慨:

"我知道历朝历代皇帝的结局,哪朝的皇帝也没这么善终啊……"

似乎成了习惯。每当溥仪来到她家里串门,丈夫总是热情招呼他坐下饮茶,然后,笑眯眯地唤妻子和溥仪一起聊天。此后,郑广元多次追问起溥仪受到毛主席接见的细节,又专门撰写了一篇《毛主席接见溥仪》的文章,亲自递交政协文史办公室。

谁知,三妹所在的区政协编印的《文史资料选辑》,抢先刊发了这篇文章,而引起一时轰动。

第贰拾柒章

二嫂归国和大哥新婚

*"二妹，在什么单位工作？"

"我在景山托儿所工作。"她见周总理平易近人，拘谨的感觉顿然消失。

*溥仪发自内心地说："一个国家总理，能关心我的婚事，这实在让人感动啊！"

*"老溥，你怎么连地也扫不干净呀。"婚后，溥仪不止一次受到妻子李淑贤的责备，却始终进步不大。

图片说明：溥杰妻子嵯峨浩归国，爱新觉罗家族合影。左三起为溥仪四妹韫娴、载涛夫人王乃文、溥杰、溥任、溥仪六妹韫娱、载涛、嵯峨浩、嫮生、溥杰的岳母嵯峨尚子、溥仪、溥仪三妹韫颖、二妹韫龢、嵯峨浩的妹妹町田干子、郑广元、润麒、溥仪六妹夫王力民

一 "七夕"之盼

对于溥仪和溥杰两位兄长的内心世界,韫龢了如指掌。

杰二哥近来心情忐忑,来她家"串门"次数渐多,见面便不免唠叨起远在东瀛的妻女。能否归国团聚,成了他终日挂念之事。

作为二妹,她亲眼目睹周总理对于大哥和二哥家庭生活的关怀。溥仪自特赦之后,周总理不仅多次提议为其物色对象,又亲自操持起溥杰与嵯峨浩的家庭团圆。

一九六一年二月三日,韫龢参加北京市委统战部廖沫沙部长召集的皇族座谈会,她和几个妹妹旗帜鲜明地主张,兄嫂应早日团圆。

散会之后,姐弟几人委托润麒夫妇和老万夫妇来到崇文门内旅馆——溥杰的临时居住地,商议以个人名义向嵯峨浩发信,诚邀母女早日归国。

其实,这正是溥杰心中酝酿已久的夙愿。

她素知,多年来,溥杰与嵯峨浩彼此信赖,早已建立深厚的夫妻感情。他自从伪满垮台,被押往苏联之后,妻子携次女嫮生在一九四七年重返日本。长女慧生一直住在祖母家里上学,一九五七年底,却因爱情纠葛,不幸在日本伊豆岛殉情。

鉴此,嵯峨浩以悲怆之情撰写了《流浪的王妃》,记述其在日本战败之后的飘泊生涯以及长女之死。这部书在日本连续再版七次,还被拍摄成电影而轰动一时。

她和妹妹们无不认为,当年特殊历史条件下的"政略婚姻",尽可以赋予崭新内容。在中日友好的前提下,溥杰与妻子早该破镜重圆,没有任何理由再让他俩天各一方。

嵯峨浩能否顺利归国,成了夫妻团聚的关键。

她早就听杰二哥倾诉过,当年在抚顺战犯管理内,溥杰就朝思暮想获释后,像一个普通老百姓那样过平静的日子。但他起初没给嵯峨浩写信,因在夫妇团聚问题上,执意反对者是大哥溥仪。

而且,她清楚地知道,溥仪历来对嵯峨浩颇不信任,认定她是日本人派来的特务,对于杰二弟娶其为妻,则更认为是犯了滔天大罪。

然而,溥杰内心矛盾重重,既深谙溥仪固执偏见的来由,又怨大哥不理解他与嵯峨浩之间的真挚爱情。但弟弟和妹妹对溥仪无可奈何,深恐写信邀嵯峨浩回国惹怒兄长,因而迟迟不敢动笔撰写这封邀请信。

正处于关键时刻,周总理竟然亲自出面调解家族矛盾,这是她决然没想到的。

那天正是旧历十二月二十七,"除夕"来临在即。下午两点多钟,韫龢正在托儿所张罗杂事,家里的保姆沈妈跑来急匆匆找到她:

"您赶快回家去吧,有一辆卧车接您来了,也不知去哪儿。"

她刚走进西老胡同,前来接她的北京市民政局科长关福禄,焦急地迎上前:

"您甭换衣裳了,赶紧去吧,三格格夫妇正坐在车里等您呢。"

"不换可不成,我无论如何也要去换一件衣裳。"

她连忙返回家,换上一身干净的列宁装。坐上车,她才听说这次是周总理接见溥仪和爱新觉罗家族成员。

韫龢激动万分地走进中南海。她惟恐第一次见到周总理时失礼,瞥见西花厅门口站立着两名工作人员,便抢上一步,神情略显紧张地询问:

"请问,见到周总理的时候,要行什么礼呀?"

"鞠一个躬就行了。"工作人员不由得笑了。

"周总理很严肃吧?"

"您见面就知道啦。"

她忐忑不安地走进会议室,一眼看到中央统战部副部长徐冰、北京市委统战部部长廖沫沙以及北京市民政局干部早已落座。周总理和夫人邓颖超正忙着招待爱新觉罗家族成员,服务员还沏上了清香四溢的碧螺春茶。几句开场白,周总理直截了当:

"今天请你们一起来过年,还想和你们商量一下溥杰的家庭问题。他出来了,夫人还在日本,要不要请夫人回国一家团聚呢?"

由于大家猝然未料,一时出现冷场。溥杰绝然没想到周总理为此事竟然请来所有家人,望着周总理的亲切面容,心里一直翻腾不停。事后,他对韫龢说:

"周总理对我一个有罪之人这么关怀,叫我如何报答呀?"

"溥仪……"周总理见众人难以启齿,点名让溥仪先发言。显然,大家密切注视着溥仪的态度。

不出所料,溥仪坦言不同意嵯峨浩归国,理由是痛恨日本帝国主义,提起日本人就心有余悸:

"依我看,溥杰和嵯峨浩这段日本人的'政略婚姻',不能再继续下去了。"

"那么,请其他人说说吧。"周总理转而请大家都说说心里话。

这时,她见四弟溥任拘谨地发了言:

"我的意见是欢迎二嫂回来和溥杰团聚,二哥夫妻是有感情的,不应当拆散他们。至于嵯峨浩长期生活在日本,我们大家可以帮助二嫂进步。"

紧接着发言的七格格韫欢,不慌不忙地说:

"我觉得让二嫂回国没关系,二哥被特赦了,也应该让二嫂回京夫妻团聚,这是人之常情。再说日本女子讲究从一而终,我们没有理由不让二嫂回来……"

随后,老万夫妇、润麒夫妇以及四格格都表示赞成嵯峨浩回国,连年迈的载涛也同意嵯峨浩归国团聚。

而她始终没敢吭声,因为溥仪事先去过她家,对此甚至上升到"立场"问题。而溥杰也多次找她,请求二妹在夫妻团聚上助一臂之力。面对两位兄长的分歧,她起初感到左右为难,索性一言不发。

后来,她见几个妹妹和妹夫陆续发言,都倾向支持二嫂归国,于是,便顺水推舟,表态赞成。

这时,在一旁倾听发言的邓颖超大姐插话说:

"大家肚子饿了吧,吃完饭再说吧。"

这次座谈会,从下午四点半开始,直到七点多,人们肚里饥肠辘辘。听到邓颖超的建议,周总理连忙说:

"咱们不说了,先吃饭吧,眼看到除夕了,咱们一起吃顿饺子过年吧。"

之后,周总理逐个关切地询问到场者的近况,风趣地宣布晚宴开始。

这一餐特殊的年饭,总共摆了两桌。就餐之前,周总理站起身来,高声地对大家说:

"今天临近大年三十,我请你们来一起过个年嘛……"

最后,这顿年饭端上了一道甜食——黏米粥,据说是友人送给周总理的,夫妇俩没舍得吃而端来让大家品尝。直到临结束时,周总理才通报最新情况,国家同意嵯峨浩回京与溥杰团聚,让爱新觉罗家族的人们做好思想准备。

她微笑着,与三妹交换着眼色。然而,隔壁餐桌上的溥仪,神情却显得复杂有加。

人们聚在小餐厅里吃年夜饭,周总理和邓大姐、七叔载涛以及溥仪兄弟俩围坐一桌。她与几个妹妹陪同徐冰、廖沫沙以及万嘉熙、润麒等人坐在另一桌。没过一会儿,邓大姐端来热气腾腾的饺子,每张餐桌上还摆上了一瓶茅台酒。

韫龢见周总理和邓大姐不断为人们夹菜、夹饺子,还劝大家尝尝茅台酒,便生平第一次沾了几滴茅台酒。席间,她见到周总理始终关心着溥仪的婚姻,而且对他说:

"你一个人没人照顾,应当找个对象,要有个家嘛。"

此时,邓大姐接着周总理的话茬儿,赞同地说:

"溥仪是得成立一个家,总得有人照顾嘛。"

"是,是。"

溥仪一言难尽,只是简单地回答说。然而,事后他来到二妹家里,一边品啜着茶水,一边发自内心地说:

"一个国家总理,能关心我的婚事,这实在让人感动啊!"

饭后稍事小憩,周总理又继续让大家讨论刚才的话题。最后意见趋于一致,都希望嵯峨浩归国,连溥仪也不再坚持反对。这时,周总理扬起手,下了结论:

"……我们把嵯峨浩接回来,来去自由嘛。"

她听了频频点头。在座的爱新觉罗家族,纷纷表示赞成周总理的意见。

在座谈过程中,惟有溥杰一直没说话。临结束时,周总理嘱咐溥杰亲笔写信邀请嵯峨浩回国,他感激地连连点头答应。

这次接见结束时,她跟随大家步出西花厅,天空已是群星闪烁。

当天晚上,溥杰回家之后当即挥笔给嵯峨浩书写了一封长信:

"我们现在有了恩人周总理,终于可以团聚了。你回来吧,弟弟和妹妹们也盼望着兄嫂团聚,我也盼望夫妻重逢。我已经等候十六年,即使等白了头,也要等你回来,把支离破碎的家庭重建成一个幸福美满的新家庭。等候你的答复……"

溥杰这封内含十几个"等"字的长信以及亲属的联名邀请信,由周总理派人带往日本亲交嵯峨浩。此前,周总理早已派鲁迅夫人许广平与她取得联系,因此,当这两封信递达嵯峨浩手里时,她已整装待发。

二　兄嫂团圆前后

牛郎与织女待渡银河的命运,牵动着周恩来总理的心。他在默默铺设着"相会"的鹊桥。

在韫龢看来,这再清楚不过了。一九六一年二月十二日,周总理与夫人邓颖超第二次接见爱新觉罗家族。那天恰值农历大年三十。

她和丈夫郑广元静静坐在中南海西花厅小餐厅里,凝视着她大哥溥仪和二哥溥杰,七叔载涛夫妇、三格格韫颖和郭布罗·润麒、五格格韫馨和万嘉熙、六格格韫娱和王力民,以及溥任夫妇等人。

此时,七格格的丈夫已去世,只有韫欢独自一人前来。遗憾的是,四格格韫娴因患病住院,也没能参加。

她见到,那天周总理邀请的陪客大多是满族人,如老舍夫妇、程砚秋夫人果素英,以至连日文翻译都是满族人。陪同周总理接见的仍是徐冰、廖沫沙等人。韫龢见到徐冰就感到很亲热,因其住家距她所居住的西老胡同仅隔一条马路之遥。

当韫龢刚进门时,周总理便走过来与她握手。她激动地流下热泪,居然忘记了鞠躬,周总理和蔼地问起:

"你是老二吧?"

"是啊,我在家里行二。"她十分惊诧周总理知道得如此清楚。

"你是满族人,我一眼就认出来了。"接着,周总理亲热地问起她,"二妹,你在什么单位工作呢?"

"我在景山托儿所工作。"她见周总理态度十分和蔼,拘谨的感觉顿然消失。

"噢,"周总理亲切地鼓励她,"听说,你们办的托儿所不错嘛。"

她坐下与三妹挨坐在一起,见到周总理神采奕奕,小声地对三妹说:

"你瞧,周总理精神多饱满,连一根白头发都没有。"

"是呀,周总理的相貌多端正啊。"

她俩正在低声议论之中,见到溥仪与周总理一番握手寒暄之后,静静地坐在一旁。见此,她不禁抬手擦了擦潮湿的双眼,又对三妹小声嘀咕说:

"周总理连一点儿架子都没有,多像久别的家人会面呀。"

"谁说不是啊。"

三妹不住地点头称是。

…………

她在随之举行的宴会上,注意到周总理艺术性地提及嵯峨浩即将归国时,在场者无不动容,尤其杰二哥眼中更是饱含激动的泪花。

宴会结束时,天色已黑。周总理接见后,她和三妹搭乘徐冰的卧车顺路返回家,途中,谈起杰二哥一家的离欢悲合,依然说个不停。

她目睹了鹊桥搭设的一幕幕情景——在周总理关怀下,一九六一年五月,嵯峨浩回到北京,陪同归来的还有其母嵯峨尚子、妹妹町田干子、二女儿嫮生等人。

六月十日上午,周总理亲切接见这一行人。地点仍在中南海西花厅。算来,这是周总理第三次接见爱新觉罗家族。这次,韫龢和郑广元依然和溥仪、溥杰以及嵯峨浩一行人,还有三格格韫颖和郭布罗·润麒,四格格金韫娴,五格格金韫馨和万嘉熙、六格格金韫娱和王力民、七妹金韫欢以及溥任夫妇等人参加了接见。

韫龢惊奇地见到,周总理与一行人足足交谈了五个多小时,竟毫无半点儿倦意。

事后,她激动地对三妹说,溥杰一家终获团圆,这使她感到了周总理超凡的人格魅力。

嵯峨浩返京之后,诚邀七叔载涛来家里吃饭,韫龢亦被邀请作陪。席间,嵯峨浩开玩笑地当着众人对溥杰"发号施令":

"拿赛,误差信拿赛。"

她完全听得懂,这句日语的大意,是不客气地指令溥杰唱戏。谁知,溥杰满不在乎,即使无人操琴,依然当场清唱了一段《空城计》。赢得众人一片掌声。见到溥杰对妻子百依百顺,家族便有人风传,溥杰惧内。

在她眼里,其实不然,二哥天生就是一个性格敦厚的老好人。

不久,韫龢读过嵯峨浩写的《流浪的王妃》,见书中忆及嵯峨浩在大栗子沟时,丢失许多金条、钱款及贵重物品。于是,心情不悦地前去对溥杰解释说,其实那些财物和贵重的东西归严桐江管,郑广元和毓崇仅负责安全,更是与己无关。

她见书里还提起东北流浪期间的是是非非,似乎对自己和丈夫颇有微词,又再次找到溥杰特意说明,在大栗子沟时,郑广元无意间得罪过嵯峨浩。听完二妹的解释,溥杰微笑着说:

"二妹啊,他们是他们,咱俩是咱俩。甭管过去那些事儿。咱兄妹的友谊照旧不变,他们爱怎么样就怎么样……"

韫龢见到嵯峨浩在书中记述,二格格为嵯峨浩保存的东西,莫名其妙地丢失,于是又郁闷地找到三格格询问:

"三妹,有这码事吗?"

"哪儿有这回事呀。"三格格倒是直言快语。

俩人交换意见之后,三妹答应适时向杰二哥解释清楚。

她没想到,不久,溥杰居然主动前来登门消除误会。俩人聊起往事,溥杰显得大咧咧:

"过去的事就让它过去吧,我跟你说个三妹的趣事……"

溥杰津津乐道地谈起,前不久,韫颖无意间摸到脑袋上长了一个疱,她说得扎针,便拿起缝衣针冲自己脑袋扎了下去。她听说后,哈哈大笑:

"谁的脑袋上没疱?再说医院打的针都是药针,这针也没消毒呀?"

听溥杰这么一说,全家人顿时哄笑起来,韫龢更是乐得前仰后合。

当年的烦恼和不快,早已抛在九霄云外。

三 大哥溥仪神速的新婚

韫龢眼瞧大哥溥仪的婚姻,陷入尴尬境地。

自从溥仪返京,爱新觉罗家族的近亲见他成天形只影单,不断为其介绍对象,虽先后见过几名女子,他都觉得不合适。

其中颇有意思的是,皇族一名老人虽然体弱多病,身边却有两个漂亮女儿,声言任由溥仪从中挑选。溥仪听过介绍,连面都没见,只是一再推托:

"不行,这可不行……"

"怎么不成呢?"介绍人不解。

"我不会照顾人,还得别人照顾我,"溥仪说,"我虽然在战犯管理所学会了补袜子,可仍然缺乏生活能力。"

"这姐俩儿当中任何一个,都可以照顾你呀。"

哪料,溥仪听说了详情,更是一口回绝,还找到二妹屡陈杂感。她十分理解溥仪,有意避开了这桩不可能的婚姻。她明知溥仪回京之后,反倒不再动手补袜子,便跟他开起了玩笑:

"那您过去补袜子,是装样子?"

听到二妹的玩笑话，溥仪并没生气，只是显得有点儿尴尬地支吾说：
"二妹，你可别这么说，这样说可不好啊。"
说来说去，溥仪的话题又扯到了婚姻上，提起润麒的大姨——"大格格"要请他吃饭，有意让女儿王敏彤与他再见一面，显然欲牵红绳。听到这儿，韫龢不禁笑了。
她情知这桩姻缘根本无望，但又不想一下戳穿，只是劝溥仪再去接触一下，哪怕去吃顿饭也算彼此给个面子。
大格格一家在东城区东四三条居住，自从伪满垮台前夕，王敏彤由母亲带着向溥仪"荐婚"未成，一直待字闺中。她素知王敏彤平时娇惯得厉害，在婚姻上始终高不攀低不就，所以一直未能成婚。
不久，韫龢去她家串门，顺便为溥仪摸底，正赶上王敏彤滑冰出外回来，端庄的脸庞冻得通红。她刚落座，只见王敏彤的母亲对她当面夸奖起女儿：
"您不知道，敏彤滑冰可棒了。"
之后，大格格又话里有话地念叨起敏彤的妹妹是医生，反倒先结了婚。不久，溥仪还由润麒陪同去大格格家吃饭，因为，大格格和婉容的母亲同样能烧一手好菜。那次，溥仪正在餐桌上吃着饭，大格格便为女儿王敏彤说起媒来，溥仪见势不妙，赶紧婉言告辞。
此后，溥仪来到二妹家，直爽地说：
"我本人刚特赦，要找一个资产阶级小姐怎么行啊？我看不合适。"
从此，溥仪再也不登门。压根儿没谱儿的婚事，彻底告吹。
在毛泽东主席和周总理夫妇的关怀下，一九六二年四月三十日晚，溥仪终与北京关厢医院的护士李淑贤顺利成婚。
婚前，溥仪特意来到二妹家，通知她和郑广元参加婚礼。那天，她在欧美同学会大厅里，眼见杜聿明等一些国民党特赦战犯纷纷参加了这次新婚典礼。据她所知，连两个陌生"媒人"也出席，场面异常热闹。她问过丈夫，有的人不仅他没见过，连溥仪也茫然不识。
她总开玩笑地说，溥仪每逢高兴总是哈哈傻乐。刚结婚那几天里，溥仪更是见人便憨笑不止。
岂料，溥仪婚后，便不再经常来她家，只是偶尔带李淑贤去她家串过门。她清楚地记得惟一的一次——李淑贤在她家里亲自下厨房做了一种鸡蛋角，即用热油把鸡蛋摊成小饼儿，再包进一些肉馅儿，不仅溥仪喜欢吃，连韫龢夫妇尝过之后，也赞不绝口。

她感到多少有点儿莫名其妙。自从溥仪新婚之后,竟然不再留韫龢在家里吃饭,即使她偶尔去他家串门,也往往识相地稍坐一会儿就走。

"二妹,我请你和广元到外边吃一顿饭吧。"

过后,溥仪单独来到她家,盛邀二妹夫妇去"来今雨轩"共进午餐。溥仪坐在熙熙攘攘的餐厅里,觉得新鲜极了,一边吃一边四处张望,还点了几杯冷饮。从前在京城多年,他连一次都没来过,更甭提在公共场所与老百姓一起就餐。

吃饭之际,溥仪还聊起了故宫的往事,尤其提起宫内御膳房所烹制的各式菜肴……

奇怪的是,她去溥仪家,多次见到大哥在院里微笑着站在一旁,好奇地瞧着邻居吃饭。李淑贤对她叨唠说,从前溥仪在全国政协宿舍就养成观看工友老赵夫妇吃饭的毛病,还时常喜滋滋地对妻子说:

"你瞧,街坊吃饭多香啊。"

院内邻居误以为溥仪嘴馋了,便做好菜肴端来,弄得妻子十分不好意思。李淑贤对前来串门的韫龢埋怨说:

"你瞅,溥仪总到人家饭桌旁瞅人吃饭,结果人家送菜来了。咳,溥仪这不是缺心眼儿吗?"

溥仪在旁边听着妻子与二妹的对话,却显得毫不在意,仍旧大咧咧地笑着。

一次,她带着儿子大力去参加全国政协举办的八月十五赏月晚会。一位全国政协领导人见到溥仪正与戴着眼镜的大力聊天,不由发起感慨:

"哎呀,现在孩子怎这么多戴眼镜的?"

听此,她对着三妹悄悄咬起耳朵:

"过去也不少呀,大哥和杰二哥不是也戴眼镜吗?"

听到这儿,溥仪搭了茬儿:

"是啊,小孩儿戴眼镜的愈来愈多,不注意可不行啊。"

正在这时,一位全国政协领导人抬眼看到坐在邻近的溥杰,便询问起来:

"你现在住哪儿呢?"

"父亲载沣曾经留给我一幢房子,现在被一家工厂占用着。"溥杰实话实说。

"有房子就好办,"全国政协领导人随即扭过头,对中央统战部的领导说,"请转告工厂,让他们把房子腾出来嘛。"

溥杰还诚实地告诉全国政协领导人，因为他一直没交房租，所以有一万多块钱仍存在银行。她知道，这是父亲载沣卖掉王府留给杰二哥的一笔钱。

不久，溥杰便搬进护国寺的寓所。此前，她随三妹夫妇等人，一起察看过装修的情形，这幢破旧的四合院经过修葺，变得焕然一新。

溥仪走进韫龢家品茶之际，对她说起，有一次，自己把刚发的工资全丢了，政协机关了解之后，全部补发了当月工资。对此，溥仪似乎感到了不安：

"全国政协对我太照顾了，可也不能过分特殊呀。"

"说实在话，哪儿有您这么办事的呀？以后再也不能这么马虎了。"

韫龢不止一次提醒大哥。其实，他不免心存愧意，每月工资拿到手，根本不懂得计划消费，不该买的也买，往往不到月底就花个精光。有一次，她跟随大哥去逛隆福寺，正走着，溥仪突然一掏口袋，说：

"哟，二妹你看，我的钱包怎么没了？"

她低头一瞅，大哥刚刚掏兜儿时不慎将钱包掉在了地上，立时笑得弯下了腰。

还有一次，她和丈夫与三妹夫妇一起陪溥仪去北海游玩，三妹夫润麒提议去划船，可笑的是，溥仪连连摆手，于是，这一行人只好在岸上逛游一会儿，便打道回府。

据她所知，溥仪每天写日记，连芝麻一点儿小事都不遗漏。譬如，溥仪颇信任郑广元，当溥仪夫妻随全国政协旅游团赴南方参观时，就让老郑去家里睡觉，同时照看门户。连这件小事，溥仪也认真写入了日记。老郑回到家里，对她说：

"溥仪家里简直四壁皆空，什么也没有呀，有什么值得看管的呀？"

"即使看守空屋，你也得去，这是对你的信任。"她对丈夫调侃地说。

果然，郑广元每天下班后，就骑着自行车去溥仪家里"当值"，连续一个多月，直到溥仪夫妇回京为止。

她婆家的保姆沈妈，是一位杭州老太太，长得细皮嫩肉，一口浓重的"吴侬软语"，不仅能做诗、绘画，还会烧一手苏杭菜。善良的韫龢，亲热地走过去帮她洗手，瞅见其双手异常白净细腻。

她得知沈妈擅做南方风味菜肴，便邀溥仪前来大块朵颐。溥仪由于饭菜可口，足足吃了两大碗米饭。她一家人，无不称道溥仪的饭量真大。其实，只有她深知溥仪的馋劲。

她从没见溥仪特赦后发过脾气。一次，她听大哥自述，他早晨在家里生火炉,弄得满屋都是烟,仍然没点着。于是,她教给了溥仪在实践中摸索出来的生火炉的窍门。

"老溥,你怎么连地也扫不干净呀。"

虽然,溥仪婚后不止一次受到妻子责备,却始终进步不大。在家里吃饭时,他曾因不小心,把满碗热汤洒在地上,由于烫着手,连饭碗也掉在地上摔碎。他见到二妹便自责手笨,却总也不见改进。

她最了解,溥仪最喜欢吃炸酱面,也爱吃玉米面团子。溥仪去韫龢家一般不喝酒,只有偶尔才抿一口,总是一个劲儿闷头吸烟。她问过溥仪多次才知,李淑贤不允许丈夫在家吸烟,所以,他将二妹家当成了"吸烟室"。

耐人寻味的是,溥仪在她家里,有时咯咯笑起来竟喘不上气,紧接着就是一阵抑制不住的放声大笑。

她隐隐觉得,溥仪似乎总像在缓解某种压力似的。

第贰拾捌章

『文革』中的皇族

*英才和男友，年龄相加超过六十六岁，才仓促成婚。

*岂料，托儿所竟有人贴出大字报，质问韫龢，"你解放前到英国干什么去了？"经反复审查，也没拿到她的所谓"英国间谍"证据。

*当韫龢在"文革"中，最后一次去看望溥仪时，他头脑非常清晰地说："我得的是绝症。"她一时无语。因为她早已知道了病情的真相。

图片说明："文革"期间全家合影。左起：郑广元、韫龢、郑爽、郑大力、郑英才、郑洁

一　子女的普通生活道路

傍晚,韫龢唤过丈夫,反复观赏着郑爽从广州寄来的贺年片,双眼变得湿润起来。

可能受遗传影响,郑爽自幼酷爱绘画,早在赴广州工作时,曾经给母亲寄回一帧亲手所绘的贺年片,这使她与丈夫感动不已。

在韫龢看来,若从绘画角度而言,郑广元的家人大多属无师自通。连丈夫的九妹郑辉,也嗜画如命。郑辉毕业于辅仁大学,曾师从此校任教的溥雪斋,研习绘画。当时,溥雪斋和溥俭、溥佺等人都在辅仁大学教书,溥雪斋为拉近乎,曾邀请她和九妹郑辉到家里吃饭。席间,有人向溥雪斋提起:

"郑辉是您溥老的学生啊。"

"是吗?我还真不知道。"溥雪斋居然不知道她是自己的学生。

"您的学生太多了。"大家笑了起来。

"你真是郑广元的九妹?"溥雪斋问起郑辉。

"您原来就问起过嘛,这还能有错?"

她代九妹回答溥雪斋,而且告诉他,解放以后,郑辉扬其所长,在二十七中担任美术教师,授业有成,时常来她家里做客。闻此,溥雪斋十分赞赏地对郑辉说:

"想必将来,你一定是桃李满天下呀。"

若依韫龢的眼光,爱新觉罗家族

韫龢欣喜的是两个女儿也已经成材。图为韫龢与女儿郑爽(右)、郑洁(左)在一起

溥字辈中,属溥雪斋学识渊博,不仅国学根底扎实,古琴造诣极深,书法和绘画亦颇有建树,尤以画马见长。

在长春时,有一天溥雪斋来到韫龢家做客。恰巧,英才也十分喜欢画马,即当场画了一匹洋马。溥雪斋挥毫而就一匹中国马,撂下笔便欣然告辞。

郑爽兴奋地拿起两幅画作,反复比照着观赏,突然冒出一句话:

"嗯,要依我看呀,大舅的画还没大姐画得好呢。"

"纯属乱说,怎么可能呢?"

韫龢因看惯了国画,而极少观赏西洋画,细细端详过英才笔下的洋马,觉得仍需"雕琢"。尽管如此,她仍然勉励子女掌握一技之长。

说起来,她的四个子女功课都不错,其中三个女儿都在女十一中上学,有的还当上了学生会主席。英才因一幅静物绘画——一双球鞋,被老师挑中参加画展,更激发了几个子女的绘画兴趣。

不知为何,她和全家人无一不喜欢小动物。郑洁上操时,时常偷偷把小白耗子搁在衣兜里。哪知,一天正在上课时,小白耗子忽然跳了出来,老师瞅见之后,严厉批评道:

"你一个女孩儿,怎么这么淘气?"

她低头把小白耗子搁进衣兜,从此上课不再玩儿小宠物。英才喂养过一只白猫,长着一对奇妙的鸳鸯眼——一白一蓝,深受全家人宠爱,也因此成了女儿们绘画临摹的"模特"。

她家虽曾一度经济拮据,却使子女养成了要强的性格。有时,郑洁上学带饭时家里没菜,只好抓走一把盐凑合。后来,女儿检查身体竟意外透视出肺结核,连吃一种西药"雷米封",单位也无法报销,韫龢急得团团转。郑洁终因患病,遗憾地没能赶上考大学。

当郑洁的病情尚未痊愈时,恰巧东郊农场招收家庭妇女当工人,她听到之后,马上报了名。农场领导看中她是高中生,字写得也很端正,当场拍板录取。

因工作忙碌,郑洁两个星期才能回家一次,由于没有地方居住,只好在化验室门后临时搭一块木板凑合睡觉。一九五八年,单位让她学习兽医,不久,郑洁当上化验员,还发明了一种医治猪瘟的药。

韫龢始终惦念着女儿,来到农场一看,却大吃一惊——餐桌上一笸箩馒头,上边趴满了苍蝇。她刚轰过一会儿,苍蝇又趴回馒头上。她感到十分心疼,难过地对女儿说:

"这么多苍蝇,哪儿轰得完哪?真难为女儿了。"

然而，郑洁得知大力在北大荒农场干活儿累，饭量大，一顿居然能吃下十五个糖包。郑洁工资虽仅三十多块，仍然惦念着比自己小十岁的大力，惟恐弟弟经济紧张，经常给大力寄去一些衣物。女儿怕母亲着急，一直没敢说出真相。

令人遗憾的是，郑洁婚后生下一个男孩儿，仅一岁多，郑洁便因病去世。

大女儿英才的婚姻，一度使她焦虑不安。英才和未婚夫丁酉生，是一道毕业的体院同学。一九六七年，英才带着学生从哈尔滨来北京比赛，丁酉生向她求婚，英才含蓄地说：

"我先考虑考虑吧。"

"咱俩儿加起来都六十六了，还考虑什么呀？"担任北京田径队教练的丁酉生，直言不讳。

韫龢听说之后，抿嘴笑个不停。的确，俩人相加已达六十六岁，远远超过适婚年龄。就这样，俩人低调成婚。

结婚仪式异常简单，她家连陪送的嫁妆都没有。夫妻俩不过用工资买回一张木床，屋里仅有一张桌子、两把椅子，简单得不能再简单。新婚夫妻在体育学院礼堂举行了简朴的典礼。

韫龢因身体不适，没能参加女儿的婚礼。这一对新婚夫妻身穿一身列宁装，彼此对鞠一躬，新婚仪式便告结束。

婚后的家庭，四壁皆空，只有床和桌椅这两样家具。婚后，英才的丈夫丁酉生，只好临时挤住在先农坛体育场宿舍。之后，英才陆续生下一个女孩儿和一个男孩儿——小兵和小强。

由于生活艰难，俩人做了分工，丁酉生带着小兵居住在北京，英才则带着小强暂住哈尔滨，直到七十年代，英才调回北京之后，才算圆了家庭团聚梦。

二 红卫兵抄家

她仿佛变得六神无主，又似乎丢了魂儿。

对世道的变化，她愈来愈难以理解。平静的日子被打破。街头的汽车载着高音喇叭，横冲直撞。满街筒的红卫兵，佩戴着红袖章纷纷闯入京城各户"抄家"。

"文化大革命"爆发之后，韫龢与许多人无奈地中断了来往。连自幼在一起的老太监冯乐亭，也不敢再轻易联系。

本来,被抄家前几天,街道居委会派人对她说:

"毛主席教导我们说,你们要自我革命。"

"我们不懂,怎么'自我革命'?那就干脆请红卫兵来吧。"韫龢出言爽快。

谁知,还没等她邀请,第二天,红卫兵不请自到。

那天早晨,地安门中学的一群学生,臂上佩戴着红卫兵袖章,大嚷大叫地闯进家门。领头的是一名高个男学生,大声呵斥地将她一家人,统统赶到屋外棚子底下罚站。

此时,郑广元上班走了,家里仅剩下她和婆婆。慌乱之中,她的婆婆被吓得掉了一只鞋,尴尬地光着一只脚,狼狈地站到棚子底下。

小个子红卫兵顺手抄起一个注射器,往婆媳俩身上滋水。旁边的大个子红卫兵见状,连忙劝阻:

"别介,要文斗不要武斗。"

无奈,小个子红卫兵停止了滋水,她也总算没受到殴打。

只是,红卫兵抄走了她婆婆身上带的钱包和两副耳环,还卷走了鸭绒被、羊皮袄。最可笑的是,一名红卫兵竟然把新买的塑料桶也顺手牵羊提走了。她暗想,幸亏事先将粮食藏在了缸里,便大声地说:

"你们可不许拿走粮票啊。"

果不出所料,当红卫兵一阵搜索过后,她发现粮票竟不见了踪影。

正巧,郑广元下班回家,一名红卫兵见到他身穿的黄色西服袖扣是黄色的,非认定是黄金制作的不可:

"这不是黄金的吗?"

"这是镀的色,可不是黄金哟。"韫龢紧张地辩解。

但是,红卫兵丝毫不相信,反而把黄色西服袖扣当成金扣,剪下抄走了。

一群红卫兵继续在她家里胡乱翻腾,忽然从抽屉里翻出一副墨镜,便厉声质问韫龢:

"这是你要流氓时戴的吧?"

"哎呀,不是啊,这是我女儿骑摩托车赛跑时用的。"她觉得实在好笑,自己如此大的年岁,耍哪门子流氓啊。

"骑摩托车赛跑?"那名红卫兵听后,"扑哧"乐了,"骑着摩托车怎么还能赛跑?"

"是呀。"她没听明白。

"老太太,你这儿露怯了吧?"一群红卫兵哄堂大笑。

"什么?"

"老太太,那叫摩托车赛。"

一名红卫兵随手将墨镜收进衣兜。过了一会儿,那群红卫兵又在屋里发现周总理接见爱新觉罗家族的合影照片,顿时愣住了。经过一番嘀咕之后,红卫兵居然蛮不讲理地用纸封上了照片的镜框:

"哼,你们还配跟周总理照相?"

没过几天,另一批红卫兵闯进来之后,揭开封条看到了镜框里的合影照片:

"这张合影照片必须拿走。"

无论她怎么解释,这些红卫兵非要没收照片。正在争执之中,小叔子郑子罕所在的保定供电局工人也前来抄家,街道治保主任鲁淑敏闻风,一溜儿小碎步跑来,在旁边一个劲儿说情:

"把她的棉衣裳留下吧,她还要穿着上班呢。"

年轻的红卫兵不管不顾,那些工人还算比较通情达理。经过好说歹说,红卫兵才勉强同意把冬天穿的"棉猴儿"扔弃到一边,她赶紧拾掇起来。

在她看来,这批工厂的红卫兵蛮懂事,见到学校的红卫兵正要没收照片,连忙劝解:

"别拿走了,这是她家人和周总理的合影,留下吧。"

这样,爱新觉罗家族与周总理的合影终于保存下来。

韫龢尤感可惜的是,她婆婆家八个福建大漆箱子,装满各式衣服,其中有不少珍贵的皮袄,都是老太太当年陪嫁的嫁妆;甚至,她从醇亲王府分到手,且留存多年的黄花梨雕花小柜和两块古汉玉,乃至婆婆的一对金耳环,也悉数被抄走。

此后不久,她在家里又找到几枚郑孝胥的印章,郑广元沮丧地说:

"咱们献给国家得了,留着也没什么用处。再说,可千万甭因这事惹祸。"

她家的梳妆台上有一面大镜子,镜面被抄走,只剩下了一个空镜框。连梳妆台上的两个小抽屉以及玉石面的书案也被掠走,家中所有古旧书籍都被扔出屋外:

"这些统统不能留下……"

于是,家里收藏的珍贵线装书都被抛进了垃圾站。她尤为叹惜的是,郑孝胥亲笔书写的《正气歌》,也被付之一炬,她的婆婆被吓得连连哀求:

"甭留着,赶紧烧了吧。"

她清楚地知道,这一幅郑孝胥手书《正气歌》,是其祖父亲赠郑广元的,在民国期间便价值一千块大洋。他连同旧照片一起烧掉了,因为一位街坊曾好心地提醒过:

"家里的旧照片可别留着。咱街道上有一家也是满族人,搜出来的旧照片被陈列在路旁,人被剃了阴阳头,在墙根底下罚站呢。"

那位街坊逐一指着她家从前的旧礼服,说:

"你们可快烧喽,自我革命呀。"

这样,她家的旧照片和旧礼服亦被付之一炬。

其中有一幅她视为最珍贵的照片——当年她从东北返京之后,带着孩子们去看望父亲,几个子女站在载沣身边,父亲满面笑容地搂着英才合影留念。这幅照片,韫龢实在舍不得烧,可又害怕,犹豫再三,才狠狠心地投入火中。

由于恐惧的心理,韫龢又在家里偷偷烧掉了剩下的历史旧照片,其中有一幅她与谭玉龄梳着满族两把头的合影照片,极为罕见,也遗憾地被烧毁。

没几天,三格格来到韫龢家里,告诉她,自己已主动把家里的旧物件上交全国政协。在一阵唏嘘声中,三妹对她哀叹说:

"章老①替我修改的一大卷'自传'草稿,在前些日子,也被我烧毁了……"

据说,四格格和五格格在"文革"中被吓得够呛,成天寝食不安。六格格还和丈夫上交了一部分旧画作。当时,几所学校的红卫兵,正要前去抄七格格家,家长听说之后,纷纷劝说子女:

"你们不准去,金老师人品多好呀,绝不能抄她家!"

当地安门中学红卫兵打算闯进七格格家,采取所谓"革命行动"时,被几名家长强行阻拦:

"金老师待学生这么好,你们怎么能去抄她家呢?"

可笑的是,在"文化大革命"中,溥毅斋②起初竟被误认是溥仪,遂被红卫兵抓了起来。她知道,溥毅斋画鸟别具一格,在长春时总去她家串门。她听说这对夫妇遭受红卫兵一顿毒打之后,愤然自杀。

在此期间,韫龢家总共被学校和工厂的红卫兵抄家两次。在抄家的过程

---

① 章老,即章士钊。
② 溥毅斋,1901年出生,1966年逝世。北京人,号松邻,满族皇室后裔。自幼专攻书画,精心临摹宋、元真迹,曾在荣宝斋等处挂笔单。多次举办个人画展。1952年加入中国画研究会,1958年聘为北京中国画院画师,作品多次入选全国美展。

中,鲁淑敏一直帮助韫龢一家人说好话。

郑广元的弟弟郑子罕,在"反右"时没受批判,而在"文化大革命"却受到了冲击。不久,郑子罕经受不住多方压力,忧郁地在保定自杀,一时闹得沸沸扬扬。她家在西老胡同的院里居住着三家人,其他两家也是供电局的家属,倒丝毫没事儿。

不久,保定供电局的工人红卫兵开着卡车又来抄家,家里实在没剩下什么有价值的东西。起初,工人红卫兵将抄家的东西开了一个清单,此次,又把学校红卫兵叫来,为的是让他们开启封条。

她家所居住的原是供电局房产,因郑子罕调到保定供电局,在抄家高潮中,单位专门派来了工人红卫兵。

那些工人红卫兵跑进屋里,七嘴八舌地逼问她家的保姆沈妈:

"她家待你好不好?你可要说真话。"

杭州老太太——沈妈,被吓得不知如何回答,只是简单地答了一句:

"对我挺好的。"

"你回去吧,别再伺候那个老太太了,"红卫兵对沈妈声色俱厉,"她是旧社会的剥削阶级分子。"

此时,她连雇一个保姆也成了"严重问题"。过去,婆婆一直雇沈妈负责做饭、打扫卫生,说起来可笑,最早她连一壶水何时煮开都不知道。

红卫兵要轰沈妈走,她却不愿意离开,哀求说:

"我不能走。老家的男人又娶了一个小老婆,我也没儿女,要走的话没地方住,我在这儿就算养老了。"

于是,红卫兵只好把沈妈留下来,但规定她不准再伺候老太太。理由是,让人伺候,就是剥削阶级作风。

韫龢只好接替沈妈做饭,做好再由沈妈给婆婆端过去。渐渐,沈妈又照旧去伺候老太太,依然一天管做三顿饭,端到老太太屋里去。然而,沈妈忽然被检查出身患肝癌,浑身浮肿,不久便去世。她重新担负起所有家务。

不久,市邮政局"革委会"①强迫历史上有问题的人,都去学唱"嚎歌"——"我是牛鬼蛇神……"谁知,召开群众大会时,头一个点名让郑广元站起来,领唱者唱一句,就让他跟着唱一句,他哪儿记得住呀?于是,当即受到严厉痛斥:

---

① "文化大革命"时各单位的权力机构,简称"革委会"。

"不行,必须重新唱!"

在紧张的气氛中,郑广元只勉强记住了头一句——"我是牛鬼蛇神",底下的词儿再也无法记清,至于音调儿则始终唱不准。

"重唱!"

郑广元从单位垂头丧气回到家,苦笑着对韫龢说:

"造反派非让我唱,我哪儿会呀?"

他被勒令一遍遍地唱,最终也没学会。

然而,她和全家人倒学会了《大海航行靠舵手》这首歌。"大海航行靠舵手,万物生长靠太阳。雨露滋润禾苗壮,干革命靠的是毛泽东思想……"当时,各单位职工都必须学会这首歌,否则就会被扣上吓人的反动"帽子"。

庆幸的是,韫龢例外没被扣减工资,依然是二十八块钱。除她之外,全家每人一月仅发十二块钱生活费,全家人一共六十六块钱,只能省吃俭用地过日子。

本来,大力被保送高中之后,功课始终不错。一九六六年,他高中刚毕业,

家人在北京火车站送大力去支援北大荒。左起:郑广元、郑大力、郑英才、郑洁

正要报考大学,不料"文化大革命"爆发,遂报名上山下乡,一去十二年。甫看他才二十岁,个子竟长到一米七九。在兵团农场时,大力毅然写给父母一封信,落款是"贫下中农的儿子",以示其彻底"革命"。

她和郑广元看了这封信的落款,半晌没言语。数年之后,大力和一位上海女知青周静子结婚,返京即顺利地登记北京户口,而妻子却无法办成,整日焦急不安,后来妻子在沪顶替父亲进厂工作。小孩儿降生后,大力考虑家庭团圆,只好放弃北京户口,入赘上海"泰山"家,成了上门女婿,此是后话。在"文革"中,俩人在东北倒也平安无事。

从前,小姑子郑丽都是修女,"文化大革命"中被迫还俗,跟母亲居住一起。韫龢担心女儿郑洁经受不住冲击。但女儿静静地承受着,居然咬牙"扛"了过去。

三 溥仪丢失与毛泽东的合影照片

怪事频生。

正值"文革"高潮之中,她一家人被造反派轰到鼓楼西大街居住。

理由非常奇怪。原来住在鼓楼西大街的是邮局一名造反派,借口邮局经常组织夜间游行,距离单位太远不好通知,故责令两家对调。

她和一家人遂搬进鼓楼西大街两间九平方米的房屋。其实,她返回北京后,先后住过东煤厂、东不压桥、帽儿胡同、土儿胡同,最终才定居西老胡同。而这里是最狭小的。

无奈,她和郑广元带着最小的女儿与婆婆及小姑子郑丽都挤住在这两间陋室内。而那名造反派则搬往她家在西老胡同的旧宅。

在此期间,发生了一个小插曲。她在伪满洲国时,曾雇用过一名十几岁的男孩子——马文州,平时仅负责收拾屋子或出外购物。"文化大革命"中,市邮局的造反派去东北外调,找到马文州逼问:

"过去,韫龢一家人对你好不好?"

"对我挺好呀。"

这名造反派返京后,对郑广元愤愤地说:

"我们见到马文州了,说你们在伪满洲国对他挺好,要不然的话,哼……"

原来,造反派打算找茬儿狠狠整郑广元夫妇一顿,没想到被马文州解了围。韫龢很受感动,深有感触地说:

"一个人平常要为人友善,不然的话,遇到非常时期就可能闹出乱子来。"

几年之后,马文州专程从东北赴京,前来看望她。相见时,她看到当年的小孩儿竟然变成了小老头儿。马文州初见韫龢时,也苦笑着说:

"哎哟,您咋这么老了?"

"你也老了嘛。"她不由笑了。

的确,岁月不饶人,俩人都变老了。然而,两心相印,时间未隔断往日的情谊。她不仅带他去天安门广场散步,还登上天安门城楼参观,几天之后,马文州高兴而返。

她没想到,意外的故事又发生了。一天早晨,托儿所竟然有人贴出大字报,质问她:

"你解放前到英国干什么去了?"

"我早已经交代过了,到英国是去陪先生念书,哪儿有什么别的意图啊?"

她无论怎么解释也没用,人们依然用疑惑的眼光望着她。经反复审查,也没查出韫龢的所谓"英国间谍"证据,此问题终于不了了之。

她听说,其他托儿所开始批斗头头儿,顿时害怕起来,主动要求"退位",又赶紧推荐一名共青团员接替自己担任所长:

"我出身不好,不能再当了。你是共青团员,就接任所长吧。"

"好吧,我就替您当所长,您甭害怕,没事儿。"她好言安慰韫龢。

托儿所总共四名老师,其中两名出身好的年轻人当上造反派,还时常敲锣打鼓外出"闹革命",只剩下她和出身不好的李老师承担起所有工作。她和为人老实的李老师,一起照顾着七十多个孩子,每天洗澡、睡午觉、洗换衣服……

然而,托儿所内有一对双胞胎小男孩儿,非常淘气。其中一个,在院子里一边四处疯跑,一边可着劲嚷叫:

"我爷爷是地主,我爷爷就是地主。"

这时,韫龢被吓坏了,赶紧劝他说:

"你可别这么瞎说,不然就招惹大事啦。"

正处于担惊受怕之中,一九六六年下半年,城区十三个大小托儿所合并,韫龢与其他职工一起调往东城区窗纱厂,成为一名五十五岁的大龄女工。

每天早晨上班前,她和所有工人必须站在毛主席像前"早请示、晚汇报",面对毛主席像宣誓:

"毛主席,我没迟到,保证今天好好工作……"

临下班之前,全体职工还要在毛主席像前汇报全天的工作。她生怕说错一句话,这成了最大的心理负担。

出身不好的李老师,也随她调到窗纱厂。她刚进厂时,全厂足有几百人。她最早负责打线轴这道工序,先要防止弄瞎线,快速接上纱头,否则织不好窗纱。起初,她在窗纱厂学会了织纱布,却不会打线轴。

刚上班时,别人一上午能打半筐,她才打四个,始终焦灼不安,渐渐这才线头不断,成为熟练工人。打线轴时,她要在车间里来回走个不停,从这头走到那头,午饭时仅休息半小时。厂长倒挺会说话,笑着对她说:

"你们一天走几十里地,对身体锻炼多好呀。"

走路成了她的基本功。"九大"开会,连夜游行,她半夜爬起床,与工人一起行走在游行队伍中,尽管累得腰酸腿痛,却觉得非常自豪。

她所在班组总共十几人。同组的赵大姐,比她大五岁,有点儿驼背,却比她体质好得多,论起体力活儿,她显然远远不及。她的师傅是组长,教过没几天,她竟成了技术快手,不久,俩人居然平分秋色。

她被评为二级工,工资从最初十八块钱涨到三十五块钱,不久又涨至四十五块,最后涨到二百多块钱。由于物价不算贵,用她的话来说,这些钱足够吃饭。她感到十分知足,时常笑着说:

"知足者常乐啊。"

因此,她时常乐得合不拢嘴。按照国家规定,韫龢从工厂退了休,每月退休金三百多块钱。她眼瞧窗纱厂搬到郊外,又改成汽车配件厂,嫌路途太远,就不再经常去厂里。

此后,她挖了八个月战备防空洞。领导让她和一个比她年岁还大的老人一起筛沙子,倒无意间锻炼了她的身体。晚年,她格外重情。没想到,她在西老胡同的街坊、年轻的李老师却突然病逝,这使她伤感不已。

"文化大革命"中,爱新觉罗家族的人们不敢彼此来往,韫龢却始终惦念着大哥溥仪。

她多次到西城东观音寺胡同的溥仪家中探望。在那里,她曾经遇见过著名泌尿科专家吴阶平。不久,她风闻溥仪病重,又马上急火火跑去协和医院,找到参与会诊的吴阶平,打听溥仪的病况:

"吴大夫,我大哥患的是什么病呀?"

"已经确诊是癌症——肾癌。"

韫龢听了,大吃一惊。

当时,溥仪仍住在东观音寺胡同家里。起初患病时,他还能勉强在院里走动,只是脸上逐渐消瘦下来。她和郑广元私下嘀咕,当年谭玉龄也是尿血不止,因当时只有中医,没有西医,直到去世,也没弄清她患了什么怪病。

就在溥仪刚刚住院那几天,韫龢时常去医院看望。医院条件倒是不错,病房外边还有一间小客厅。她见到,护士拿来菜单让溥仪订餐,他却好像对任何食物都失去了兴趣。此后不久,溥仪竟无法进食,只能勉强咽下一些牛奶,再喝点儿菜汤,以维持微弱的生命。

尔后,她得知溥仪搬进一个单间病房,起初以为其病情有所减轻,谁知因病重才挪到单间重点看护。那段时间,溥仪变得话很少,当她和郑广元一起前去探望时,关切地询问溥仪:

"大哥,您想吃点儿什么?"

溥仪只是微微地摇了摇头,什么也没说,仅从眼睛中透露出感激的目光。似乎,他再也无力说话。

韫龢看到,溥仪病逝之前,显得精神萎靡,总是呆呆地在病床上倚坐一会儿,断断续续地轻声叨唠几句不着边际的话,然后,便疲惫地躺倒昏睡。

当韫龢最后一次去看望大哥时,溥仪反而头脑异常清晰地对她说:

"我得的是绝症。"

她一时无语。因为她早已知道了病情的真相。

当溥仪乍病倒时,自知是绝症,只是不知患的什么确切病症罢了。岂料,溥仪病逝前夕,突然对韫龢说出了长长一段话:

"韫龢啊,我感到非常遗憾。其实,我倒不怕死,就是觉得受国家教育这些年,还没为人民做点儿好事,就得了病,觉得这一辈子挺遗憾……"

其实,溥仪这些遗言,跟对妻子李淑贤所说的大同小异。倒也足证,溥仪的话,发自肺腑。

有一件事,她始终替儿子感到忐忑不安。在"文革"高潮之中,大力曾带着北京五中的红卫兵去了她的二哥溥杰家,而她不止一次批评过大力。这成了她心中无法解开的一个愁结。

而大力返回家里,才发现不仅多年积攒的邮票悉数被其他红卫兵抄走,连手工制作的小飞机模型也不见了踪影。

另一拨儿五中学生则径奔溥仪家,却不是大力带去的。过后,溥仪痛心地告诉二妹,他与毛主席一起拍摄的合影,十分珍贵。可惜在"文革"高潮之中,被一群红卫兵抄走,便再没能找到,也不知最终下落……

溥仪不满地告诉她,那群红卫兵曾对他愤愤而言:

"你不配跟毛主席一起合影照相。"

据韫龢所知,溥仪把与毛主席的合影视作"护身符",没想到竟被抄走。他始终记在心里,耿耿于怀,亦不止一次对二妹念叨过。

对于溥仪的病情,周恩来总理非常重视,曾多次指示卫生部召集国内外著名的中医和西医会诊。其中,著名中医蒲辅周和西医泌尿科权威吴阶平屡次参加会诊并亲自医治。

溥仪告诉韫龢,他在住院期间还因患盲肠炎,动过一次小手术,直到尿血之后才知患了肾癌。他内心十分清楚,屡次对她说:

"我对医学有一点儿研究,反正心里明白,我得的是绝症。"

"赶明儿个,病好了再说吧。"韫龢耐心地劝慰他。

谁想,溥仪痛苦地摇摇头,表示这种病好不了。

韫龢心情异常难过。多年之后,她提起当时的会面,感到十分遗憾——溥仪仅给她留下临终一席话,却没能给她留下最后的笔迹。

果不出她所料,没过几天,溥仪便溘然病逝。

溥仪去世,是在人民医院住院处病房,当天,韫龢没去医院看望。第二天早晨,三妹韫颖派次子宗光前来送讯儿——溥仪在当天夜里已辞世。

她连忙前往人民医院。此时,溥仪的遗体已被送往太平间。韫龢看到三妹和其子宗光心情沉痛地守候在旁边。三妹告诉她,当溥仪被送进太平间之前,由宗光亲手为大舅穿上了寿衣。

翌日,溥仪被送往八宝山火化。那天,韫龢没能前去。她被巨大的悲伤击倒,双腿软得走不动一步路,只是双眼呆呆地朝着八宝山的方向凝望……

第貳拾玖章

劫後皇族

*韫龢一家从北京西城一座普通院落，搬到正义路邮局的宿舍大楼，与著名评剧演员马泰成了斜对门街坊。

　　*半个世纪后，她重游故宫，笑指储秀宫内的铜鹤和麒麟：
　　"你们看，小时候，我曾经骑在那上边照过相呢。"

　　*报纸即将刊登一幅毛泽东接见溥仪的照片，笔者请韫龢作最后鉴定。她拿过照片，当即明确表态：
　　"照片上的人物，不是我大哥溥仪。如果是我大哥溥仪，烧成灰我也认得呀！"
　　报纸当即决定撤版，从而避免一次讹误。

图片说明：八十年代，韫龢（左）和丈夫郑广元在鼓楼西大街甘水桥家中愉快地聊天

一　鼓楼西大街

家家有本难念的经。

好歹等到"文革"即将结束,她的婆婆却患上了半身不遂,瘫倒床上。

她的小姑子郑丽都,平时在家里伺候老太太,小姑子上班后,即由退休在家的韫龢接手。所幸,婆婆就住在隔壁,她时常过来帮助洗衣裳或做饭。

每天,她风雨无阻地给婆婆送上一日三餐,还经常端去老人喜欢的窝头和羊蝎子汤,直到一九七三年,老婆婆以八十九岁高龄在鼓楼西大街病逝。家里,只剩下了孤零零的郑丽都。

谁也没料到,不久,英才的丈夫丁酉生,又突患肝癌去世。英才毕业于北京体育学院,尔后又奉调哈尔滨体院当教练,为解决两地分居,七十年代才得以调回北京,在育才学校任教。

婚后,丁酉生一度在先农坛体校当田径教练,当他病逝时,其子小强年仅十一岁。

丈夫病逝之后,英才以微薄的工资抚育两个孩子。她舍不得吃,星期天只给孩子弄点儿有营养的饭,自己却总是凑合。她在体育训练中,摔裂了膝盖半月板,经常犯腿疼病,实在不得已才开刀动了手术。

英才一家先是居住在先农坛体育场,被亚运会纳为赛场后,单位迁到京郊大兴。英才退了休,被学院返聘,负责管理住校学生,天天坐班车从大兴穿城而过,工资却不算多,终日劳累不堪。

英才的丈夫丁酉生在世时,每月寄给无锡的老母亲赡养费,丈夫去世后,英才按月照寄不误,足显善良之心。韫龢和郑广元退休后,生活亦一度拮据,根本无法资助女儿。

在韫龢的眼里,郑家人手巧,小姑总是亲手裁剪、缝制衣服,毛衣也织得极好,还能用塑料细绳儿编织各种栩栩如生的小动物。

女儿郑爽从高中起,就学会了裁剪,连大衣都能亲手制作。韫龢总是说,自己打毛衣非看着书不可,而郑爽随便瞟一眼便可以编织出来。她觉得年岁已老,衣饰不能过于花哨,就将一件花旗袍送给郑爽:

"你就改成一件汗衫穿吧。"

"好啊。"

虽然郑爽答应得挺痛快,过了不少日子也没见穿上,她关切地问了几次:

"你的汗衫怎么还没改好?"

她见郑爽只笑不答,便追问女儿:

"你笑什么呀?"

女儿依然笑而不答。又过了一些日子,她再次询问女儿:

"你到底改好没有,放在哪儿呢?"

使韫龢好笑的是,郑爽撩起了裙子,她低头一看,原来,郑爽剪裁坏了,遂将旗袍改成了一条三角裤。

一九七六年七月二十八日,凌晨三点四十二分,韫龢正沉睡在梦中,忽然觉得屋顶剧烈晃动起来,慌忙从床上爬起,迅速带领几个子女跑到了屋外。幼

谈起坎坷往事,一家人感慨不已。图为左起:郑洁夫妇、郑大力、郑广元

一　鼓楼西大街

家家有本难念的经。

好歹等到"文革"即将结束，她的婆婆却患上了半身不遂，瘫倒床上。

她的小姑子郑丽都，平时在家里伺候老太太，小姑子上班后，即由退休在家的韫龢接手。所幸，婆婆就住在隔壁，她时常过来帮助洗衣裳或做饭。

每天，她风雨无阻地给婆婆送上一日三餐，还经常端去老人喜欢的窝头和羊蝎子汤，直到一九七三年，老婆婆以八十九岁高龄在鼓楼西大街病逝。家里，只剩下了孤零零的郑丽都。

谁也没料到，不久，英才的丈夫丁酉生，又突患肝癌去世。英才毕业于北京体育学院，尔后又奉调哈尔滨体院当教练，为解决两地分居，七十年代才得以调回北京，在育才学校任教。

婚后，丁酉生一度在先农坛体校当田径教练，当他病逝时，其子小强年仅十一岁。

丈夫病逝之后，英才以微薄的工资抚育两个孩子。她舍不得吃，星期天只给孩子弄点儿有营养的饭，自己却总是凑合。她在体育训练中，摔裂了膝盖半月板，经常犯腿疼病，实在不得已才开刀动了手术。

英才一家先是居住在先农坛体育场，被亚运会纳为赛场后，单位迁到京郊大兴。英才退了休，被学院返聘，负责管理住校学生，天天坐班车从大兴穿城而过，工资却不算多，终日劳累不堪。

英才的丈夫丁酉生在世时，每月寄给无锡的老母亲赡养费，丈夫去世后，英才按月照寄不误，足显善良之心。韫龢和郑广元退休后，生活亦一度拮据，根本无法资助女儿。

在韫龢的眼里，郑家人手巧，小姑总是亲手裁剪、缝制衣服，毛衣也织得极好，还能用塑料细绳儿编织各种栩栩如生的小动物。

女儿郑爽从高中起，就学会了裁剪，连大衣都能亲手制作。韫龢总是说，自己打毛衣非看着书不可，而郑爽随便瞟一眼便可以编织出来。她觉得年岁已老，衣饰不能过于花哨，就将一件花旗袍送给郑爽：

"你就改成一件汗衫穿吧。"

"好啊。"

虽然郑爽答应得挺痛快,过了不少日子也没见穿上,她关切地问了几次:

"你的汗衫怎么还没改好?"

她见郑爽只笑不答,便追问女儿:

"你笑什么呀?"

女儿依然笑而不答。又过了一些日子,她再次询问女儿:

"你到底改好没有,放在哪儿呢?"

使韫龢好笑的是,郑爽撩起了裙子,她低头一看,原来,郑爽剪裁坏了,遂将旗袍改成了一条三角裤。

一九七六年七月二十八日,凌晨三点四十二分,韫龢正沉睡在梦中,忽然觉得屋顶剧烈晃动起来,慌忙从床上爬起,迅速带领几个子女跑到了屋外。幼

谈起坎坷往事,一家人感慨不已。图为左起:郑洁夫妇、郑大力、郑广元

年时，她曾经历过轻微地震，总算多少有点儿经验。

在这次地震中，后院街坊的房子轰然倒塌，一名家长为保护女儿，腿竟然被砸断。庆幸的是，韫龢一家人毫发未伤。

满京城的百姓，全部迁往大街，各个街道和胡同里，到处搭起了地震棚。她家也在街上用塑料布搭成一个简易地震棚，棚顶仅用几根竹竿支撑着，晚上尽管虫叮蚊咬，全家人也只好挤在里边勉强入睡。

正值地震后期，郑洁突患急病，医院却拒不接收。情急之下，她千方百计将主治医师请来家中，缓解了女儿的病症。但不幸的是，转过年的一月初，郑洁终因医疗事故，过早去世。

正当韫龢酝酿搬家之际，曾同住西老胡同的金老太太忽然病逝，被安葬在京郊。她因故未能参加葬礼，却没忘送去"份子钱"，使金老太太的家人深受感动。

不久，鲁大姐突然病倒在床。韫龢闻讯，赶紧买了老太太平时爱吃而价格昂贵的香蕉送去。只见老太太静静地躺卧着，已无法下咽。此前，一名老中医前来看过，诊断不出有什么病，只说是衰老所致。鲁大姐望着老朋友，再也说不出一句话来，只是双眸透出感激的目光。

次日凌晨，老宫女——鲁淑敏，无疾而终。昔日王府的二格格，悲伤地前去祭奠，望着人去屋空的简陋小院，顿生无限感慨……

物是人非。一九八八年春，她一家人从北

一九八九年，溥杰去韫龢家中看望

京西城区一座普通院落——距从前她居住的醇亲王府仅一箭之地,搬到正义路邮局的宿舍大楼,谁想,竟与著名评剧演员马泰成了同一层楼的斜对门街坊。

刚搬来那天,她在电梯里巧遇马泰的妻子。

"听说您是溥杰的妹妹?"

"是啊,您是?……"

"我的先生马泰,跟您二哥溥杰很熟悉,经常在一起开会……"

"噢……"她听马泰的妻子这么说,再彼此一攀年龄,恰巧,马泰的妻子与她的次女郑爽是同年出生,彼此谈得更是投缘。

没过几天,马泰夫妇热情地来韫龢家认街坊。两家人聊得非常投机。她这才知,马泰的夫人是医院的护士,年过半百,已办理退休手续。此后,马泰的姑爷也时常到她家串门聊天。

她迁来许久,一些街坊才知韫龢竟是溥仪的妹妹——"皇妹"。楼上楼下的街坊,见到她格外热情。街道居委会主任逢年过节也时常前来看望,她与众多街坊相处融洽。

一次,马泰来她家串门时提出来,想通过她向溥杰求一幅书法,于是,韫龢当即打电话请二哥来一趟,在她家共进午餐。随后,溥杰当场为马泰挥毫而就一幅书法。久而久之,两家人成了贴心的街坊。

马泰退休之后,应邀当上一家公司顾问,出门时仍然车接车送。马泰一家人,总是客气地邀她顺路乘车,她一再表示领情,却一次也没搭过。

她因年事已高,一律谢绝媒体记者采访,还特意在住宅门口贴了一纸字条:

"本人身体不适,谢绝采访。"

同时,居委会主任还亲自叮嘱电梯工,一般人不允许上楼来访问,除非韫龢同意才行。这样,电梯工着实替她挡过不少"驾"。

虽然,她平日大多蜗居于室内,却依然执着地热爱生活。每天早晨,她仔细阅读过报纸,便戴上老花镜精心剪下实用的内容,贴在一个小本上。笔者好奇地翻阅过剪贴本,上面粘贴着不少生活小常识,诸如做饭或炒菜的技巧、治病的偏方,以至如何清洗羽绒服等小窍门。

当笔者对她说,自己的老母亲也有这样一个小本儿时,韫龢微笑着对我说:

"你拿来,让我也看看,交流一下嘛。"

说话之际,她仰起脸,慈祥地望着我,透出一种使人感到无比温暖的神情。

由于年迈体衰,她与溥杰兄妹之间虽走动不多,却经常互通电话问候。有意思的是,每逢韫龢给二哥打电话,溥杰拿起电话时,总是笑问:

"你是几妹呀?你是韫龢,还是三格格呀?我真的听不出来,你们姐儿几个说话怎么都是一个声调儿哪。"

实际上,韫龢和几个妹妹打来电话,不仅溥杰难以分辨,甚至连在溥杰家多年的步阿姨也听不出来,总是一再询问:

"您是几格格呀?"

如果她不特意说明,杰二哥根本听不出来是谁。久而久之,这竟成了爱新觉罗家族的一个笑话。

其实,细听起来,姊妹的语调略有差别——韫龢说话较快,三格格语速稍慢,而六格格和七格格说话的语调似乎更为缓慢。

"我们姊妹说话的语调,的确说不出来像谁。"

在韫龢看来,父亲载沣说话不紧不慢,只是时而有点儿结巴。母亲性格泼辣,语速并不太慢。溥杰倒时常开玩笑地提起,几个妹妹的语调到底像谁?其实,在外人看来,姊妹几人的语调颇具大家闺秀之风,显然与众不同。

韫龢当过几年幼儿园老师,可谓桃李满天下,退休之后,时常遇到往日教过的学生。一天,她逛街时感到肚子饿了,随意走进一家卖馄饨的小饭铺:

"给我来一碗馄饨。"

"金老师……"

忽然,里屋传来一声亲切的招呼,她抬眼一看,是早年曾经教过的一个女孩儿——聂金玲。

"哎哟,是你呀,小金铃啊……"

"您快坐,我给您先盛一碗馄饨。"

小金玲端来馄

韫龢在家中亲手用缝纫机做衣服

饨之后,又亲热地与她聊起天来。她足足坐了半晌,才依依不舍地离去。

不久,路上忽然迎面走来一位中年人,手扶着自行车把,亲热地叫了她一声：

"金老师。"

"哎呀,"她拍了拍脑门,"你叫什么名字来着？我认得你。"

她觉得似曾相识,只记得是当年幼儿园的学生,却怎么也想不起他的名字。

"我不是叫玉新吗？"他乐了。

"噢,我想起来了。如今,你在哪儿工作呀？"

"我在作家协会。"

"你成了作家啦？"

"我可不是作家,只是在那儿工作。"

"谢谢你还记得我。"

"我在您当所长的幼儿园度过童年,多咱也不能忘了您哪……"

桃李不言,下自成蹊。她在幼儿园的生涯,成了终生的财富,走到哪儿都难免遇到当年的孩子们。见到这些已长大成人的学生,她总是暖在心头。

二　半个多世纪后重游故宫

紫禁城内的梦幻般童年,铭刻在她内心记忆的深处,使她暮年无数次萌发重游故宫的念头。

半个世纪没迈进故宫,然而,故宫负责人帮她圆了这个梦。

那天早晨,韫龢应故宫之邀,欣然故地重游。

随她一同走进故宫的,还有马泰的夫人以及外孙小强等三人。这一行人乘坐故宫派来的卧车,直接驶入神武门。

她漫步在御花园,但见建筑依旧,游客熙熙攘攘。只不过,游人不再身穿长袍马褂,中外男女游客浓妆淡抹,一个个笑逐颜开。

韫龢因年老体弱,行走不了多远。一行人最先来到她幼年住过的储秀宫西配殿前,她兴奋地指着屋门,说：

"我从前小时候进宫时,就住在这里。"

她见到这座宫殿大门紧锁,于是,仅透过玻璃往配殿里望了望。随行的故宫工作人员急忙取来钥匙打开殿门,她连忙一再摆手劝阻：

第贰拾玖章 劫后皇族

韫龢（中坐者）重访故宫，在储秀宫前留影

"可别介，这么多游人瞧着咱们，显得太特殊了吧？"

故宫工作人员破例打开殿门，让她进去观看。在殿内，她静静观察着昔日的摆设，仿佛完全沉浸在童年的追忆之中。返回院内，她笑指储秀宫前的铜鹤、麒麟，细声慢语地回忆说：

"你们看，小时候，我曾经骑在那上边照过相呢。"

大家纷纷饶有兴趣地向她询问细情。她一边走一边介绍说：

"当年的照片大部分丢失了。前些日子，我在故宫画册里找到一幅，是大格格韫瑛骑在上边照的。可那本画册的说明写错了，说那是我。其实啊，那个女子不是我，而是我大姐。"

她仰望着储秀宫挑檐飞耸的大殿，又不禁追忆起当年留居宫内的种种轶事……

当初，每天早晨她和三妹梳洗之后，就去皇后婉容屋里串门，凑在"皇后"身旁瞅着她梳妆打扮。宫内有一名宫女很会梳头，婉容就召来身旁，专门为她梳头。

婉容并不喜欢循规蹈矩，有时在宫内头上只是随便梳一个齐鬏儿，而不是满族的两把头。"皇后"始终与唐怡莹关系很好，两人时常在一起比着打扮。若依韫龢看来，在这方面淑妃倒是略逊一筹：

"淑妃在穿着打扮方面不行，直到进宫很久也一直不会倒饬儿。"

她慢踱在储秀宫院里，微笑着回想起当年在此打秋千的往事。

她追忆说,回首当年,自己只是一个小女孩儿,如今已成了年逾八旬的老人。她手指着正殿廊下的铁环,动情地忆起当年的情景。起初,皇后婉容犹豫再三,才踏上秋千,却不敢往高处荡。三妹韫颖更是不敢踏上秋千,勉强坐上去,也只在矮处荡几下,就赶紧跳下来,伫立在一旁观看。

"当年,宫里的老妈妈也和我俩一起荡秋千。我比她们胆都大,一踏上去就荡得老高。那些胆小的宫女看得直眼晕,都被吓得闭上了眼睛……"

她呵呵地笑着回想起,皇后婉容有一个贴身的满族小宫女,叫瑞霞,是一个聪明漂亮的高个子女孩儿。除此,婉容还喜欢一名机灵的小太监——孙耀庭,他时常跟随婉容和瑞霞等人一起玩儿丢手绢的游戏,每当此时,彼此早已将上下尊卑忘得一干二净。

一名随行的故宫工作人员好奇地问起小宫女的下落,她说:"自从出宫之后,我再也没见到过瑞霞。溥仪跑到天津之后,她也没跟着去,可能在出宫时就被遣散了。"

随后,一行人慢步踱到长春宫——当年文绣居住的旧址。据她回忆,文绣在宫里并不开心,皇后没当上,当皇妃也得不到溥仪的宠爱,始终一副郁郁寡欢的神态。

"那时,我才十几岁,还都不懂事呢。回想起来,皇后和皇妃连故宫的大门都不能随便迈出去,也实在够憋闷……"

她慢步行走在故宫的甬道上,细细回味着当年的许多往事……

随后,她拄着拐杖缓步登上养心殿的台阶。迈入殿内,见到里面仍然是原来的宝座,她忆起,打五六岁起,祖母带着她进宫会亲,就经常跟随溥杰和大格格跑进养心殿玩耍。当她祖母留居长春宫时,她们经常来找溥仪玩儿,因没有大人跟随,兄妹几人乱跑乱闹,感觉说不出的兴奋。

在她童年的记忆里,始终没坐过养心殿内的金銮宝座。她坦言,只因皇帝宝座太高,总怕摔下来,所以一直没敢坐上去淘气,倒时常在炕上与溥仪和溥杰一起耍闹。

宫内还有一个外人所不知的习俗,即每到年根儿底下,几位老太妃和溥仪就向她和几个姐妹赠送"福寿字"红纸条幅。据说,这实际是由"如意馆"的画师提前打好底子,太妃再据此用毛笔描绘的。那些红纸条幅上往往写着"四季平安"等吉祥话,上下的"天地"裱得颇宽。

溥仪倒总是亲笔挥毫,一时兴起,还精心绘过一幅"判儿"——"钟馗",据说这幅画挂在屋里,可以"避邪"。所以,兄妹每人的屋里都挂有溥仪亲笔画的"钟馗图"及一幅御笔"墨宝"。

追忆至此,韫龢深有感触地说:

"这些绘画和书法作品要是留到现在,该是多好的纪念啊!那会儿,我根本不当一回事儿,早都扔掉了。"

谈到这儿,韫龢还感叹地说,父亲载沣的书法,譬如行书和楷书都非常漂亮,几个子女在这方面皆不如父亲。可是,她连父亲的一幅书法也没留下来,至今空余遗憾。

她畅游故宫返回家里,依然惦念着人们说她像大格格那茬儿,于是翻出《紫禁城人物画册》,找到那一幅照片,比照着对家人说:

"别人都说我像大格格,我瞧这张照片一点儿也不像呀?"

说着,她又照了照镜子,自言自语地说:

"我怎么瞅怎么不像,哪点儿也不像啊。"

当她跟一位老朋友肖嘉提及此事时,那位朋友笑着说:

"咳,您觉得不像,可在外人看来,您姐儿几个长得可像极了……"

过了没几天,她又拄着拐杖,与同行的三人逛了一趟颐和园。

她记得,小时候总爱跟着大人去颐和园游玩,尤其喜欢观赏各种绿树。此时,她放眼望去,觉得颐和园内一片绿树荫荫,景色确是美不胜收……

漫步在昆明湖畔,韫龢追忆起,当初她和三妹与溥仪、溥杰一起在这里淘气地玩过捉迷藏。她悄悄隐藏在一个偏僻角落,谁也不许蒙眼,让皇帝和"皇弟"寻找,看谁能先找到。她手指风景如画的古老园林,忆起当年的情景:

"颐和园这个地方可好藏啦,多宽敞的地方啊……"

她兴奋地谈起,当年婉容也和他们一起在颐和园玩过捉迷藏。溥仪与婉容在宫内寂寞无比,时常纠集几个小伙伴去宫外玩儿。她说,那时自己成了溥仪的玩伴儿,难怪大哥到伪满之后,又把她和三格格接去凑热闹。当溥仪与她和三妹重逢时,发自内心地说:

"我在内廷太闷得慌了,你和三妹来了还稍好一些……"

这一行人走出颐和园时,她感慨地说,由于那时年纪幼小,不懂世事,直到如今才明白,溥仪当年内心多么苦闷啊……

三 见证历史

她既是亲历者,也是历史的见证人。

见证历史的老人。韫龢在香港回归之日在天安门广场摄影留念

尤其当韫龢晚年时，经常有历史学者或研究人员前来咨询宫廷以及王府的昔日生活，她总是耐心地答疑解惑。因为询问的问题，大多是她所亲身经历的，这往往使她陷入往事的沉思……

她见到一名作家的书中，提到她父亲在世时称醇贤亲王，便善意地指出，祖父去世后才加一个"贤"字，在世时岂能加"谥号"？所以，她建议此书把"贤"字去掉，作家欣蒙指正，感激不尽。

九十年代末期，《光明日报》即将登载一幅毛泽东主席接见溥仪的照片。临上版之前，值班总编辑让记者拿来让笔者鉴定一下，以免贻笑大方。

我仔细核对的结果是，照片上的人物并非溥仪，只是侧脸有些相似而已。

前来笔者家中咨询的记者说，提供照片者，乃是著名摄影家吕厚民[①]，怎么能弄错呢？她想再找权威人士核实一下，于是，我即带她去见韫龢，当面请教。

即日晚间，在韫龢家里，老人拿过照片之后，当即明确表态：

"照片上的人物，不是我大哥溥仪。"

[①] 吕厚民，著名摄影家，长期担任毛泽东主席专职摄影师，曾任中国摄影家协会党组书记。

贾英华带着登门拜访的记者向韫龢（左）请教毛泽东主席接见溥仪照片真伪问题。韫龢马上做出结论，这不是我大哥溥仪！

"您再仔细看看嘛。"女记者显然仍不甘心。

"这肯定不是我大哥，"韫龢仔细端详一番过后，再次语气肯定地说，"如果是我大哥溥仪，烧成灰我也认得呀！……"

当晚，《光明日报》值班总编辑立即决定撤版。

此后《光明日报》上刊登了一篇文章——毛泽东接见溥仪照片今何在，遂被《文摘报》转载。

当我前去再次访问韫龢时，她听说这篇文章已发表，便对笔者语气凝重地说：

"这样做对，应该说实话啊。是（溥仪）就是，不是就不是嘛……"

迈入暮年，她对子女愈加格外情重。每逢有人夸赞她一家人多才多艺，她总感到由衷欣慰。

在生活中，韫龢总时常提起，自己从小就喜欢体育，英才这几个孩子难免受到影响。不仅郑广元擅长绘画，其弟还精通剪纸艺术。一位老人去她家串门，其弟仿照着老人的模样，当即巧妙地裁成了一幅剪纸。

她凑上去一瞧，老人的形象简直被刻画得惟妙惟肖，不禁发出"啧啧"感叹。几个子女喜爱绘画，且颇有天赋。郑爽早在上中学临考前，母亲以为她在温书复习，没想到，郑爽却偷偷把课本搁在一边，私下练起了绘画。

头一次，郑爽以自己戴着红领巾为模特，画了一幅《妈妈，看我的红领巾》，荣获北京市少年儿童美术比赛获一等奖，被意外刊登在《北京日报》副刊上。郑爽去报考美术学院附中时，校长见到这幅画作，竟一眼相中，面试之后，对郑爽微笑着说：

"我准备录取你啦。"

几年之后，郑爽从中央美术学院顺利毕业，又考取了研究生，此后，分配到广州美术学院担任版画系教师。仅从有利于绘画创作的角度，郑爽倒是愿意去广州工作：

"听说那里鲜花儿很多啊，四季如春……"

据韫龢所言，郑爽未见得十分刻苦，却对绘画悟性颇高。她的同学大多从事国画创作教学，惟有郑爽教授版画，且创作成果丰硕。

仅从外形观察，英才和郑洁颇像父亲郑广元，郑爽和大力倒是有点儿像母亲。郑爽的动作格外像二舅溥杰，而大力的动作却像大舅溥仪，其实，大力与溥仪接触并不算多。韫龢时常提起，大力有一幅照片，若从某个角度来看，外形简直酷似溥仪。

大力乍从东北兵团落实政策返京时，起初在粮食加工厂工作。夫妻俩感情不错，几乎几天通一封信。恰巧，有人想从上海对调回北京，郑广元遂建议：

"让大力对调吧，免得夫妻俩长期两地分居。"

韫龢听后，也极力表示赞成：

"好在咱家没什么负担，就让大力对调到上海去吧。"

但终归没能对调成功。他的妻子在家闲居半年，因其父退休，恰巧调回上海顶替进厂。大力的妻子生有一个男孩儿，因出生在边疆生产建设兵团，故起名郑疆，乳名"疆疆"，早已从大学计算机专业毕业，一家人生活美满。

她始终羡慕郑广元心灵手巧。一九七〇年，丈夫退休以后，空闲时开始绘制鸭蛋画，还挥毫画起山水风景绢画，所幸有人"识货"收购，不仅愉悦生活，也增加了收入。因郑广元是工程师，还时或有人找他绘制机械图纸，成天忙得不亦乐乎。

不过几年时间，外孙小强收集了整整一盒设计图纸，嫌太占地方，打算丢进垃圾堆。然而，郑广元始终没让扔。她笑了笑，不再说什么，深知丈夫是将此当做纪念留存下来的。

韫龢始终思念远在广东的女儿。一九八六年，正值鼓楼大街的住宅翻修，只能暂住英才家，小屋归外孙女小兵住，一间稍大的屋子则由郑广元夫妇和英才、小强勉强挤在一起。

那年，郑爽的儿子尚暾①在中央美术学院读书，恰巧暑假要返回广州探亲，韫龢提议说：

"那我去广州得了，免得这么多人挤在一起住。"

于是，她在尚暾陪伴下，启程赴广州看望郑爽。

---

① 暾，太阳刚升起来的意思。

她头一天抵达广州,住进郑爽家里,感觉闷热得要命,一宿没睡着,以为自己患了病。第二天早晨起来,郑爽忙过来关切地询问母亲:

"您是不是觉得气候特别热?"

"哎呀,这里的天气简直给了我一个下马威,是让我尝尝广州炎热的滋味。"

连续几天,她夜里热得睡不着觉,只好在

图为一九八六年,韫龢在广州女儿家抱着小猫"吵吵"

烫热的凉席上坐着打盹。秋天刚过,冬天即将来临,屋里却没有暖气,又冷又潮,连被窝里都是潮湿的,她感到实在难以忍受。

韫龢更不适应的是,她连一句广东话也听不懂。刚住下,她出门逛了一趟街回来,门卫用广东话叫她阿婆,她根本听不明白,问道:

"什么,这是叫谁呀?"

直到再次听到门卫叫她,才知道敢情在招呼自己。原来,宿舍的守门老大爷不认识韫龢,便认真地盘问起来:

"您来这儿找谁呀?"

"我找郑爽。"

"好的,"看门老大爷放她进门,由此认识了从北京来的老太太。其实,直到她离开广州,美术学院的街坊也不晓得她的"皇妹"身份。

她觉得,广州的车站和街道远不如北京干净整洁。不过,出租汽车倒不少,招手即来。她经常吃当地的鱼片粥,还好奇地观看了制作过程——粥熬热后再把生鱼片倒在锅里,吃起来居然一点儿也不腥。她每天吃鱼片粥,居然上了瘾。

她逐渐习惯了每天清晨去吃早茶。当地人用小车推着各种早餐,用小盘盛着四个虾米馅儿的烧麦,味道十分鲜美,最后还要上一道甜食。当地有一个

习惯,吃完饭须用中指敲两下桌子以示"谢意"。她见到当地卖的小肉包子,笑着对女儿说:

"当年在宫里,也没见过这么小的包子呀。"

她见一家三口的一顿早餐,居然花了七块多钱,感到很诧异:

"人们都说北京物价高,这里比起北京的物价,可也不算便宜哟。"

可能因天气炎热,她看到街上的店铺晚间大多不关门,很多卖东西的人都光着脚。她逛来逛去,觉得广州有一个地方最吸引她——自由市场,便在那里买了一条漂亮的围巾留作纪念。

渐渐,她听懂了一些粤语,上街买东西也学会了砍价。然而,她客居广东,也闹出不少笑话。有一次,她和郑爽逛公园,见园内树木繁茂,纳闷儿地说:

"这棵树怎么这样笔直呀?"

"那是电线杆子嘛。"郑爽听到母亲的话,一个劲儿笑个不停。

"哎,我都快成侯宝林相声里的人物了。"

原来,韫龢将掩映在树丛中的电线杆子,误看成了树木。

韫龢格外喜欢懂事又聪明的外孙子尚暾——在中央美术学院毕业后,返回广州工作,由于刻苦努力,颇有建树。

炎热的气温,使她实在难以忍受。仅在广州待了三个月,"十一"前夕,她重返北京。

熙熙春日,她静坐在南窗下,坦然微笑着与我漫聊着一生的坎坷经历。面前的瓷茶杯里,漾起一丝淡淡的清香……

窗外,阳光一片灿然。

尾　声

"谁言寸草心,报得三春晖。"

韫龢内心再清楚不过,溥仪与溥杰特赦,乃至爱新觉罗家族的新生,无不倾注了周恩来总理的无数心血。也正为此,爱新觉罗家族的人们始终关注着周总理。

早在"文革"后期,她从电视上见到周总理日益消瘦,面庞显现了老人斑,便和家人极为担心其健康。此后,她听说周总理患病入院,但在电视里又看到他在人大会堂做了《政府工作报告》,才放了心,误以为周总理病已痊愈。

谁料,一九七六年一月八日,韫龢惊闻周总理逝世,犹如天塌地陷,全家人顿时痛哭失声。

她马上给杰二哥打去电话,他接到电话时,已哭成了泪人。在电话中,她听到溥杰身旁的保姆也在号啕大哭。她继而给三妹打去电话才知,三妹和丈夫当天便给周总理遗孀邓颖超发出了慰问信。

当晚,她和郑广元在灯下含泪向邓颖超大姐挥笔写就慰问信,劝她节哀保重。第二天清晨,她刚走出家门,见街道上聚集了许多人,街道居委会负责人看到她,疑惑地走上前盘问:

"您上哪儿去呀?"

"我去邮局给周总理夫人寄一封慰问信。"

"是这样啊……"

尽管街道居委会负责人眼中透出猜度的目光,她仍毫不迟疑赶赴邮局寄出心中的悼念。

转过年,溥杰的二女儿嫮生来京探亲,特意带来全家人亲手制作的白花,敬献在周总理的遗像前,以表达无限崇敬和怀念之情。

她深知,溥杰对于周总理任命其文史专员的身份十分看重,直到病危住院之前,仍每星期去办公室一两次。其余时间则在家里静心整理文史资料,稍有余暇,他便挥毫泼墨,还在庭院内种植了一些花草。每当春暖花开时节,护国寺院内总是一派春意盎然的景象。

当初溥杰夫人嵯峨浩病逝之后,杰二哥曾找到韫龢诉说,有人前来提议:唐怡莹仍在香港生活,劝两人复婚。说到此,溥杰轻轻摆着手,平和地对二妹坦言:

"让我跟唐怡莹复婚?那不行,她比我还大三岁呢。再说,她如今也都七老八十了……"

这桩"复婚"之事,终归没能成为现实。

溥杰虽年近八旬,仍连续当选全国人大民族委员会副主任。他表示,要在有生之年努力做一些有意义的工作。见到溥杰峻挺飘逸的书法作品,短不了有人问起:

"二爷,您写的这是什么字体呢?"①

"依我看呀,什么书体也不是。"溥杰往往只是谦逊地笑笑而已。

依韫龢来看,溥杰对于其书法的自谦,并非没来头。此前,曾经有人评论"二爷"写的字是"瘦金体",溥杰却半开玩笑地说:

"您可甭这么说,'瘦金体'②可是亡国之君的字体哟。"

当溥杰赴济南视察期间,曾兴致勃勃做了一首《七律》——《用笔偶得》,借以说明他对书法的理解:

　　乘势挥毫异画眉,
　　标奇哗众恁谁欺。
　　腕头气力刚浑洒,
　　纸上临摹守破离。

　　心正自然酣笔韵,
　　形拘只得趁丰姿。
　　百川汇海良佳喻,
　　依样葫芦匪我思。

在韫龢看来,这首诗不仅表达了溥杰对其书法的自谦,也是他对书法艺术

---

① 据韫龢回忆,早年在醇亲王府初学书法时,溥杰不甚喜欢欧体,却偏爱赵老师写的褚体,而老师总偏偏让他习"虞体"(欧体,即古代书法家欧阳询的书法字体。褚体,系指古代大书法家褚遂良的书法字体。虞体,系指古代大书法家虞世南的书法。)于是,溥杰兼收并蓄,逐渐演变成了独具一格的书体。

② 瘦金体,是宋徽宗所创字体,字形纤瘦端正。因其被金兵所掠,北宋由此亡国,溥杰故戏称之"亡国之君"的字体。

认识的小结。

其实，溥杰之妻嵯峨浩的书法亦颇具水准，只是鲜为世人所知。有时，家里来了尊贵的客人，嵯峨浩便乘兴提笔挥毫，往往成为迎客一"景"。据韫龢回忆，嵯峨浩一直答应为她书写一幅书法，此后因患病卧床，拖至最终也没写成，遂成遗憾之事。

一次，韫龢与溥杰通电话时，偶然提及悔不当初应请大哥溥仪书写一幅"墨宝"留作纪念，可那时没当一回事。撂电话前，她仅顺便提了一句：

"二哥，您抽空儿给我写一幅字吧。"

谁料，溥杰随之来到韫龢家里，当即为她书写了一幅楷体书法作品。她喜出望外，装裱之后挂在屋内的南墙上，成了永久的念物。有时，她久久站在书法条幅前面，凝视着为她带来无限亲情的珍贵"翰墨"。

她在街上邂逅末代太监孙耀庭，聊起往事，才知冯乐亭在"文化大革命"前便已悄然去世。对此，她居然没听到半点儿消息，每当回想起来就深感遗憾。

当溥仪去世十五年后，一九八二年五月二十九日，全国政协重新召开了溥仪追悼会。韫龢和几个妹妹一起前去参加，在路上，她感叹地对三妹说：

"大哥溥仪要是能再多活几年，那该多好啊！"

祖国的改革开放，吸引了不少"皇亲国戚"从海外归来。

春夏之交，英才的七姑从法国归国探亲，见到英才一直跑前跑后奔波，便转身对韫龢说：

"如果英才移民英国，取得国籍应该没问题，她当年就出生在英国嘛。"

"尊重她的选择吧。"

韫龢并没强求英才非如何不可。因未申报，英才始终没移民英国。而郑子罕的女儿曾在京从事绘画，后来赴美从事广告设计，颇有长进。所以，七姑对于英才未能去英国留学，尤感可惜。

七姑临走时，英才恰逢患病，咳嗽不停，仍执意代母亲将七姑送上飞机。韫龢见此，劝英才说：

"你咳嗽还没好，就甭去送七姑啦。"

"七姑第一次归国，我还是去送送吧，"英才诚恳地说。

于是，英才搀扶着七姑赴机场送行，因飞机误点，她们在机场耽搁多时。谁知归来之后，英才咳嗽加重，却被医院误诊为感冒，越治越发烧，转至友谊医院之后，意外检查出血液显现癌细胞。韫龢闻之，痛心疾首。

经过化疗，英才的头发全部掉光。出院之后，她挽留英才在家里养病。然而,女儿病情日趋严重。一九九二年,英才病逝于友谊医院,年仅虚岁六十。

听到英才去世的消息,头发皆白且年逾古稀的郑丽都匆忙赶来——她早已结婚,其丈夫精通多国文字。在这一天,郑丽都劝慰了韫龢不少宽心话。

然而,初次体验白发人送黑发人的韫龢,一夜之间,似乎变得苍老了许多。从此,她骤减社会往来。惟恐客人来访过多,她一般闭门谢客。

对于末代皇族的现实生活,国内外不少人甚感兴趣,时常有记者前来采访。于是,她亲笔在一张纸条上书写留言,贴在大门上:

"本人因身体欠佳,谢绝采访。"

但仍有一些中外记者时常"破门而入"。其中一名英国记者还特意带来中文翻译,恳求她:

"我不会占用您过多时间。怕您累,只问几个简单问题,可以吗?"

"如果仅是一两个问题,我还可以回答,如果过多,我的身体受不了。"她实在不忍心轰赶记者出门。

"过去在宫里,是不是好多人不喜欢庄士敦?"英国记者单刀直入,首先问起溥仪的"洋师傅"。

"不是。只是一些太监不太喜欢他。"

"那你们皇族喜欢庄士敦吗?"

"大哥溥仪、二哥溥杰和我们几个姊妹,都比较喜欢他。庄士敦还给我们每人起了一个英文名字。"韫龢的记忆,仿佛又闪回到昔日的宫内。

"您说这个例子,我就明白了。"

"电影《末代皇帝》放映后,我和家族的人们还聊起过庄士敦当年在宫中的往事……"

此后,英国记者又接着询问起,她当年陪同丈夫郑广元留学英国的详情:

"您当年住在英国什么地方?"

"住在庄士敦的家里,就是伦敦郊区——丘嘎顿。"

"现在那里已经扩建了,有机会还想请您再去看看。"英国记者客气地发出邀请。

"现在,我出远道太费劲了。"她苦笑着说。

"对于前不久溥仪的骨灰盒[①]迁往西陵附近的事儿,您有什么看法?"英国

[①] 末代皇帝溥仪骨灰盒上的题字,系本书作者贾英华捉刀题写——详见《末代皇帝的后半生》记述。

记者又转换了一个话题。

"我倒听说这事儿了,因为身体不好,没细打听。"显然,她有意回避了这个社会敏感话题。

"您一生中,感到最有意思的是什么事情?"

"我经常对朋友谈起,那是刚回北京参加工作的经历。自食其力,这使我一生都感到自豪。"

于是,韫龢娓娓向记者追忆起后半生初涉劳动的生活。她从小娇生惯养,多半辈子离不开佣人伺候,后半生却每天一大早就起床上班,变成了自食其力的劳动者,这是何等不易呀!

在所有问题中,她对此回答得时间最长。韫龢的真实感受,使英国记者满意而归。因为,他亲眼目睹了昔日"皇妹"成为普通公民的奇迹。

在她一生中,关系始终密切者,非溥仪和溥杰莫属。当溥仪病逝后,二哥溥杰自然成了她的贴心人。一九九三年初春,溥杰病重入院,临走时,特意嘱咐家里的保姆步阿姨:

"我到医院治病,别告诉韫龢她们,省得这姐儿几个总惦念。你好好在家给我喂这几只猫得了,我去几天就回来。"

据韫龢所知,起初,溥杰住院前几天还算不错。三月中旬一天夜里,他忽然感到肚子疼痛得厉害,经过透视检查,腹腔意外发现一个肿瘤,在进一步诊断之中,又检查出多种疾病。于是,医院邀请北京顶尖级医生集体会诊。

事实证明,溥杰的病情正进一步恶化。

当韫龢再次前去探望时,眼瞅二哥躺卧在病床上,浑身皮肤瘙痒,腿肿得一碰便流脓水,感到十分痛心。她走近病床,溥杰轻轻拉着她的手,声音虚弱地说:

"说实话,我愿意您来看我,可是又怕您累得慌。"

多年来,她和二哥彼此都称"您",而从来不说"你"。溥杰温情脉脉地询问她:

"二妹,您坐什么车来的?"

"我坐三轮车来的,不累。"她的双眼立时变得潮湿了。

溥杰紧紧握住她的手,头脑仍算清楚,尔后竟渐渐糊涂起来。她感到鼻尖一阵酸楚,望着眼睛半睁半闭的溥杰,心情极难受:

"二哥,您休息吧。"

此时,溥杰依然紧握着她的手,好半天也不舍得松开。陆续,韫龢又去医院探望过多次。但溥杰的病情始终不见好转。

一九九四年初春,溥杰再次因病情加重而住院治疗。她又前去看望,溥杰睁着双眼躺在病床上,神志却有些模糊,似乎已不认识人了。她看到二哥连一句话都说不出来的痛苦样子,轻步走到病房外,悄声对郑广元说:

"一个病人若到了只剩下一口气时,就别勉强抢救了,省得受罪啊……"

说完此话,她难过得扭过了头,凄然泪下。

她素知,溥杰晚年时,跟六叔载洵一样,也养了一大群猫,既有人家送的,也有捡来的野猫。这些猫成了她二哥相伴的朋友,其中一只猫叫大黄,是溥杰最喜欢的。她每当去二哥家看望时,大黄时常跑到她跟前摇头摆尾。

她听说,奇怪的是,溥杰刚陷入昏迷那几天,不知怎么大黄忽然没了踪影。有人议论说:

"这是不祥之兆啊。"

果然不久,溥杰溘然长逝。

她听到这个消息,心情极为沉痛,身体竟像彻底垮了似的,以致没能参加二哥的遗体告别仪式。此后,七格格前来看望韫龢,告诉她:

"护国寺那幢住宅,二哥的女儿献给了国家,现在有一个阿姨在照看房子。"

"那些猫呢?"她想起二哥临终前,仍然惦念着家里那些猫。

"哎,二哥逝世后,家里养的猫都跑光了。"七格格不由叹了一口气。

韫龢倒不迷信,认为很可能由于没有人喂,所以猫才全部跑掉……

当溥杰的遗体火化之后,溥杰的二女儿嫮生与丈夫以及四个子女前来探望韫龢,这使她感到由衷欣慰。她认为,二哥不在了,其后代应为中日友谊继续做出努力,这是中日两国人民友好的缩影。

溥杰的女儿嫮生俯身告诉她,溥杰的

直到暮年,韫龢(右)仍时常与郑广元忆及往事骨灰在中国撒了一半,另一半则由自己带去日本。嫮生后来又专程赴中国签署书面文件,将溥杰的护国寺住宅全部捐赠国家。临别时,韫龢诚恳地寄希望于嫮生和家人:

"你们今后多来中国走亲,促进中日人民友好……"

谁料,一九九四年三月,她的丈夫郑广元病逝——多年前,他作为工程师退休于北京市邮政局基建处。丈夫去世之后,家里只剩下韫龢一个人,感到十分孤单。此后,她便与外孙子小强住在一起。

暮年,韫龢时常忆起长辈以及兄弟姐妹乃至早已病逝的大格格韫瑛。她说,早年祖母曾给每人买来一套《芥子园画谱》,让兄妹几人学习绘画。起先,大格格画得最出色。而韫龢自谦说,因没刻苦学过,所以,绘画水平鲜有提高。

多年来,三妹韫颖在姊妹中与她交往最频繁。韫龢自感虽年事已高,老毛病却还像幼年那样,依旧未改。当年,三格格总拿槐树虫子吓唬她,她如今洗菜时,若发现菜虫子,仍然会吓一跳。三格格是北京市东城区政协委员,其丈夫郭布罗·润麒返京后,在中国科学院法学所当编译,几度当选全国政协委员,于二〇〇七年在北京病逝。

四妹韫娴与五妹韫馨性格极相似,都比较内向。四格格是退休工人,二

韫龢在家中养了一只小龟解闷儿

○○三年去世。其丈夫赵琪璠，自台湾归来被政府安排在北京市民委工作，业已因病去世。

她的五妹韫馨，原是一家饭铺的退休职工，因教育有方，三子一女都是大学毕业生，连孙女也早已大学毕业。最初，五妹夫万嘉熙与润麒同是北京编译社翻译，在"文革"中不幸病逝。五格格虽患甲状腺机能亢进，身体不算好，在一九九八年去世前，仍专程前来看望韫龢，使她颇受感动。

六妹韫娱，是七姊妹中惟一的专业画家，她与丈夫王爱兰、儿子王昭在北京画院曾任专职画师。六格格长得略比七格格矮一点，性格相仿，说话都是蔫蔫的，细声细气，见人总爱笑。岂料，六格格在一九八二年便因患癌症去世。

其夫王力民与爱新觉罗家族交往不多，只是与七格格往来密切一些。王力民曾向周总理赠送国画，周总理让邓颖超回赠其毛笔和砚台①。他擅画兰花，其子远赴日本从事绘画，也颇有一定名气。六妹去世数年后，其夫王力民亦病逝于北京。

年纪最小的七格格金志坚，倒是短不了来家里看望韫龢。她比七妹大整

韫龢（左）在家中与七妹金志坚（中）、女儿郑爽相聚

---

① 八十年代中期，王力民又亲自到中南海北门，托笔者将一幅国画转交邓颖超。之后，他又多次写信，希望成为中央文史馆馆员，曾让我将信件和画作转交中央文史馆。

整十岁,七格格解放后一直从事教育工作,还曾被选为北京市崇文区政协委员,成了社会上的大忙人,退休后仍在区政协工作。

七格格的丈夫乔宏志,原是北京四中教员,一次带领学生出校劳动,在半路突犯心脏病去世。七格格生有一女两子,都已工作。七格格绘画颇有功力,只因教师工作太忙,而没空闲从事绘画,不幸于二〇〇五年因病去世。

她的四弟金友之,解放后一直在北京担任小学教员,早已退休在家,颐养天年。

韫龢回想起当年的青春年华,自嘲地说,自己和三格格当初都算高个子,连溥杰的妻子唐怡莹都比她俩个子矮。年轻时,她和三妹曾经跟溥杰比过个子,三人差不多一般高。

"哎,如今自己老了,都抽缩成这样了……"

叹息之际,她仍顽强地与病魔抗争。眼见韫龢身体渐趋羸弱,亦无法外出锻炼,我建议其研习书法以强身,又为她送去毛笔和墨汁,让她尝试着练字。

她欣然采纳这个建议。没想到,由于多年没动毛笔,她第一次在报纸上练字,写出来的字大小不一,有的字竟然歪歪扭扭。她甚感不满意,对练字能否

九十年代,恭亲王奕訢之孙、侄子毓嶦(左三)和妻子(左一)来看望韫龢(左二)

韫龢多次追忆溥仪特赦后邀请她和郑广元到"来今雨轩"共进午餐的往事。图为九十年代,韫龢(右一)和外孙和外孙女等在家中聚餐

坚持,产生了犹豫。笔者一再劝她下决心,将此作为健体的锻炼方式,也借此留下一些墨宝。

"好吧,我慢慢练着看。"

不久,韫龢又让我送去一些字帖和笔者的书法习作,供其借鉴。之后,韫龢老人用旧报纸练了一些时日,书法有了明显恢复和长进。

然而,她的身体渐感衰弱,时常患感冒,多日不见好转。在她一再要求下,保姆用轮椅推着她去老街坊家串门,哪知下车才走几步,便气喘吁吁。

偶有亲朋好友来到家里拜访,她总是高兴异常,像个小孩似的。但,她大多是在默默中度过的。只有极少数街坊,才晓知她过去的身世,昔日的老友依然惦念着她,短不了前来看望。

托儿所那名出身不好的"女团员"老师,已年过六旬,至今犹记得她当年的关照,还带着长大的女儿前来家里探望。毕业于辅仁大学的郑辉,虽年逾八旬,仍屡派儿媳妇前来问寒问暖。

二〇〇一年五月三日下午,我偕妻女去她家拜望,谈及曾用录音机录下她的近百盘口述回忆,尚在整理之中,老人心事重重地说:

"何时才能整理成书呢?"

她虽畏葸生命的逝去,以致多次谈及"死"的话题。然而,她依然惦念着笔者正在撰写的那部书。她艰难地一笔一画为仍未问世的"末代皇妹",亲笔书写下了珍贵的《序》。

  我是溥仪的胞妹。自从八十年代初,贾英华采访我之后,一直保持了多年交往。一九九五年六月,他开始按提纲录下我一生的回忆,加以考证,撰写成书。这是我们双方的共同愿望。随着溥仪、溥杰先后去世,我成了末代王朝和(醇)王府衰落最年长的见证人。

  我的真实经历和这本书,如果使世人能够了解一段历史沧桑,就是完成了我的一个心愿。特亲笔作序。

她亲笔写下的落款是:"九十一岁金欣如。"

之后,她颤颤巍巍找出一枚领工资所用的私人名章,拿在手里,用嘴哈了哈气,小心翼翼地盖在"序"的落款处,以示郑重。

她有心将一生的坎坷经历,留之于世。然而,她在生命的最后时日,心情显然并不舒畅。当我又一次前去拜访,向她请教回忆录当中的一些疑问时,她待了好一会儿,才从卧室缓慢地挪蹭出来。她弯腰驼背,行走极其困难,甚至走到客厅,也需一步步移动半天才行。事先通电话时,她叮嘱我去她家之前,务必要先通一个电话才好。

事后笔者才知,她须提前精心梳理一番才肯会见客人,她微笑着说,这是尊重对方。显然,直到生命之火熄灭前夕,她骨子里仍然透出一种与众不同的"贵"气。

她无力地静坐在沙发上。因其臀部仅剩下皮包骨头,稍坐一会儿便感到疼痛,只好在身下放置一个充气的橡胶圈儿,以减缓疼痛感。极端消瘦的病体,使她说话变得十分微弱。

"这样勉强活着,真是生不如死哟。"

她不由发出内心的悲叹。然而,笔者对面端坐的她,依然衣着整洁,头发梳理得一丝不乱,脸上露着浅浅的笑意,待人仍礼而宾之,极为客气。笔者见老人身虚体弱,劝她躺在床上交谈,她执意不肯,而轻声慢语地对我说:

"那哪儿成啊?不能怠慢客人,也不能让人瞧不起啊。"

声调轻弱却铿锵的话语,使在座的笔者和妻女,深受感染。

聊天之际,韫龢禁不住谈起对人生长寿的看法:

"老人若能活到一百岁,当然是好事儿。但要身体好,活着才有意义。如

一九九二年,韫龢(左三)与郑广元(左二)和外孙尚暾夫妇合影

韫龢(左二)和新婚的外孙女等人

果一天到晚总是不死不活地躺在床上,那纯粹是活受罪。"

说完,她又苦笑着补充说:"这我不赞成。"

临别之际,她走路已显得极为艰难,仍执意送笔者一行来到屋门口,她说,这是礼节。

归途,笔者一家人议论起了"富贵"的话题。富者,不一定贵;贵者,也不一定富。富贵兼得者,世间罕矣。然而,最难得是,历经大富大贵的末代帝王之家的"金枝玉叶",虽已离富远去,却依然保持着难得的"贵"气,这倒足以令人深思醒世。

然而,颇使人警世的是,她家客厅南墙上悬挂着一幅真品古画,竟然发生了意外"故事"。多年以来,笔者每到她家,总是驻足古画前,欣赏不已。她在世的最后时日,无疑是在省吃俭用中度过的。听说,她在经济极为拮据时,曾屡欲出让这幅古画,不料竟被小人所诓骗,使她饱受最后一次心灵打击。内中细节她没有详述,只是感叹地对笔者说:

"没办法啊,人心不古。"

这幅古画,是她对人生世态炎凉的最后一次体验。

二〇〇二年二月十六日,凌晨两点,爱新觉罗·韫龢病逝于家中。享年九十一岁。

如今,韫龢的大女儿英才和三女儿郑洁,均已英年早逝。二女儿郑爽前些年已从广东美术学院退休,在广州安享晚年。韫龢的独子大力,亦从华东师范大学教师的岗位上退休,与妻子共度美满的暮年时光。

"皇妹"韫龢的几个子女都先后有了下一代。英才的女儿小兵和儿子小强,以及郑洁的儿子小粟都已长大成人,参加了工作。小兵已婚,仍在业余体育学校担任田径教练。小强娶了贤惠的妻子,而且生下一个儿子。小粟已结婚,大力和郑爽的子女,也结婚有了下一代。

在平日的生活中,韫龢的子女和下一代几乎从不提及皇族的身世。人们从他们身上也无法察觉爱新觉罗家族昔日的显赫。正如她生前所希冀的那样,他们都成了自食其力的劳动者,也已融入普通百姓的人流之中。

或许,读者在街头偶然与陌不相识的他们擦肩而过,还可能见到,爱新觉罗后裔行走匆匆而忙碌的身影……

后　记

雪飞风扫,欣迓春来早。

《末代皇妹韫龢》杀青付梓,终于了却我一桩心事。确切说,这是我撰写的"末代皇族纪实系列"人物的第七部书。

这是一部"迟到"的书。

二〇一一年阴历十月初四,是末代皇帝溥仪的胞妹——爱新觉罗·韫龢,诞辰一百周年。这年十月十日,也是"辛亥革命"一百周年。

她是溥仪的二妹,自然是钟鸣鼎食的醇亲王府的"金枝玉叶"。她自幼出入紫禁城,也是与同治皇帝的妃子敬懿太妃、庄和太妃、荣惠太妃以及光绪皇帝的妃子端康(瑾妃)太妃暨逊帝溥仪和皇后婉容、淑妃文绣等人,在逊清宫廷一起生活过的"亲历之人"。她真实的回忆,显系珍贵的第一手史料。

由于溥仪的大妹韫瑛早夭,随着溥仪和溥杰及几个妹妹相继过世,她遂成了宫廷暨醇亲王府落幕最年长的历史见证人。

客观地看,她的妹妹和弟弟虽然也曾有过宫内和王府生活的经历,但毕竟年幼,远不如她洞悉内情。鉴于她与溥仪是一奶同胞(同父、同母),在溥仪一生中,她是姊妹中与之关系最密切者——直至溥仪逝世前,仍对他有着不可忽视的影响。

也许正为此,一些人形容她是颇具男人气概的干练女人。一些书中,亦曾不准确地将她描写成替溥仪四处打探消息并在幕后屡出主意的"心腹"。也有人说,她曾为溥仪在伪满洲国秘密张罗"皇妃"以抗衡日本人。还有人传说,她在伪满垮台后,偶与流落东北的溥杰之妻嵯峨浩因资财发生龃龉,终至断绝关系。甚至还有人说,她的儿子带红卫兵抄了爱新觉罗家族的家……这些种种扑朔迷离的说法,为韫龢抹上了一层神秘色彩。

绝非虚言,如实记述她的一生,不仅可以从中窥视逊清宫廷和醇亲王府的生活细节,也可以获知溥仪和爱新觉罗家族百年沧桑的一页侧影。

她作为溥仪的二妹,曾亲历末代皇帝出宫、潜离王府、寓居天津,又追随其赴长春,洞悉伪满傀儡政权诸多内幕。在溥仪支持下,她曾陪丈夫留学英国,居住在溥仪的洋师傅——庄士敦家里,深悉《紫禁城的黄昏》一书撰写始末。伪满垮台之后,她与丈夫携子女飘泊于冰天雪地的东北,成了名副其实的"流浪皇妹",饱尝世态炎凉。

新中国成立前夕,她一家历经坎坷返京,成了自食其力的普通劳动者——这使特赦后的溥仪羡叹不已。她与爱新觉罗家族的人们,包括末代皇帝溥仪在内,时常挂在嘴边的是一句口头禅:我成了自食其力的劳动者。

她从尊贵无比的"皇妹",成为新中国托儿所的普通保育员、所长,继而又走进窗纱厂当了一名普通工人,直至退休。然而,她和家人在"文革"中遭受冲击,却难能可贵地保持了一种坚忍达观的心态。

毫不讳言,依据韫龢的原始回忆,且经考证所撰写的这部书,或可对于溥仪的《我的前半生》有所弥补,也予笔者所续写的《末代皇帝的后半生》有所佐证。换言之,这部书对了解溥仪真实的一生,或许具有不可替代的史料价值。

似应说明,即使这部书中个别史实,如"进宫会亲"以及周恩来总理接见爱新觉罗家族等内容,在拙作《末代皇弟溥杰传》等书中亦有所涉及,但韫龢老人的追忆,自有其独特的角度、更细腻的忆述及不同的说法。这绝非简单重复的内容,兹存录备考,亦应是不可多得的史料,姑算作一则历史注角吧。

以何体例动笔?我曾考虑再三。韫龢女士是我多年的忘年老友,从当初我撰写《末代皇帝的后半生》时,就得到过她的无私襄助。经过数年努力,我陆续录下她回忆一生的专业影像以及近百小时录音。如今,这些都成了珍贵的文物史料。

毫不讳言,本书初稿是以韫龢老人自述的第一人称撰写的。当她去世后,囿于此种写法的局限,且已无法再请其审阅书稿,我本着文责自负,遂改用第三人称撰写此书。其重要原因,即使此书更具客观性,还可引录或考据其他史料以佐证,也更禁得起历史推敲。

转瞬间,算来,我与韫龢女士相识三十年矣。与其交往之际,她忆及所历往事时,不知多少次感慨地对我说:

"那真是恍如隔世啊……"

真实再现历史,无疑是最具价值的。依据独家史料,以朴实的文笔且不加虚构地撰写成书,使读者感受其真实的一生以及亲历的那一幕真实历史,正如韫龢女士亲笔作序写到的,是韫龢老人和我的共同心愿。

记得,二十世纪八十年代初,我寻访鼓楼西大街马路北边那座小院且与之初识时,她仍未褪去"文革"刚结束的心头阴霾。她虽值暮年,依然精神矍铄地和丈夫郑广元一起,与我每每畅谈至夜。

当我在昏暗的街灯下,以疾驰的速度骑着自行车返归京城东南角——八王坟的路上,脑海浮现的总是她谈及宫内和醇亲王府为人罕知的轶事,以及溥仪一生且不为外人所知的"秘辛",乃至后半生中,溥仪特赦后与她重逢的惊喜……

然而,最使我感慨万端的是,她大起大落的坎坷人生。在灯下,她倾情追溯的不仅是反差极大的蹉跎经历,从她饱经沧桑的神情中,透出的亦是人生彻悟的真诚。

她那淡淡忧郁而诚挚的眼神,至今仍时时晃动眼前……

三十多年前,我正为撰写《末代皇帝的后半生》而多方寻访历史知情人。然而,采访三百多名身世各异的历史人物之后,我依然觉得她是一位有着不平凡经历的独特人物、颇值得留下记载的"末代"皇族。她的"末代皇妹"身份,她从至尊至贵到一贫如洗的跌宕人生,无疑会给后人留下无言的启迪。

人生无百年。这是实话。人生百年有几人?她在世上活了九十一年。她所经历的正是中国历史上最重要的二十世纪初至二十一世纪初——恰值中国发生最伟大变革的百年巨变。她独特的个人经历,显然从某一特定角度,折射了中国百年沧桑。

纵观世界,上一世纪中国最伟大的历史演变,首推"辛亥革命"——"宣统皇帝"逊位,终结了数千年封建帝制。这在人类史上,显然具有划时代的意义。如今,末代皇帝溥仪不仅成为上一世纪独特的历史人文符号,也是引起全世界历史学者广泛关注的热门人物。解析他的一生,对于研究百年来历史进程,无疑颇具不同寻常的历史价值。

韫龢是末代皇帝的胞妹,又是他一生中最亲近信赖的人物。她对溥仪了解之深、之透,鲜有比肩者。她的脑海里,存载着许多历史细节和历史未解之谜。

甚至可以说,她所知道的某些历史真相,至今仍没有对外透露,而注定成了历史的遗憾。

前后想来,只能说是缘分。"末代"的缘分,使韫龢成了我书中的主角,也使我有幸成为这部书的捉刀者。想来，或许冥冥之中，有一只"上苍"之手在缜密安排，也未可知。不然，这些"末代人物"何以一一成为我身旁的忘年之交，又进而一个个成了我书中的主角？

忆及九十年代初，由于许久未看望韫龢，我第一次找到她迁居的新家。哪知，敲了半天门，竟没人开门，我遂找到楼底的居委会。于是，街道负责人让开电梯的姑娘，给韫龢老人传递一个口信儿，说有一位贾先生要去她家看望。因保姆有口音转述不清，韫龢没听懂又亲去询问，才弄清楚。她言出诚恳，如果贾先生来最好提前打个招呼，否则猛不丁没准备。

只为不留下过多遗憾，我从九十年代初开始，断断续续用了数年，与她倾心访谈同时用录音机客观录制了她近百小时的历史追忆以及历史辨朵。谈话之际，她有时拖着病体，勉强挣扎着从病榻爬起，噙含泪水，追忆起跌宕起伏的人生之旅。

为撰写此书，她抱病按照我拟写的提纲做了断断续续回忆，使我感动莫名。为答谢她，我以小时付酬，作为对她并不富裕生活的一点儿补贴。她病逝前两年，考虑到她病中生活艰难，我又拿去一些报偿，聊表对老人的一点儿情意。

其间，她以年近九旬高龄，阅读了不少有关文史书籍，详细指正哪些记载是不对的，哪些细节不确，以至纠正某些故宫历史照片说明中的张冠李戴。因她毕竟是那段历史中人物，她的"亲历"，尤具文史价值。回忆往事时，韫龢不止一次对我说：

"有时，我在夜里想起往事就爬起床，用小纸片记上几句，不然就忘了。"

自然，她也频历思想斗争乃至亲友的不同歧见。在我长达数年的劝说下，她终于同意对其回忆录音、录像。她有了"历史知情者说"的勇气。

在回忆过程中，她亦有思想反复，有时反倒失去了和盘托出的自信。或许缘因我那几部"末代皇帝系列丛书"，如《末代皇帝最后一次婚姻解密》，在国内外引起轰动乃至引发争议，她产生了些许顾虑。我的真实想法是，不怕有争议，只怕没依据——在考证之后秉笔写史，为历史留下哪怕一点儿相对真实的史料，也绝不妄加想象或虚构。而这并不被所有人，准确地说未被个别人理解。为圣者讳，为亲者讳，仍成了历史研究的桎梏而仅非俗人之见。

坦言之，客观披露历史真相，又不超越民法隐私权的界定，这成了对我

"戴着镣铐跳舞"的高难度技巧的考验。

囿于各方面局限,对于一时难以全部披露的历史内幕,我力求客观。目前,我即使有勇气也不宜披露某些历史人物的全部隐情,因一些当事人家属不同意发表,只好假以时日,暂付阙如。

在她生命的最后日子里,经过我不止一次劝导,韫龢老人忽然对书法有了兴趣,数次打电话催促我拿去书法习作——"我想学学……"说到做到,她居然连续多日练起书法,还让我前去观摩,直到她因颤抖而拿不动毛笔为止。

尤其值得提到的是,在二〇〇〇年——正值世纪之交,老人愈发对这部书的出版感到急迫,隔不了几天就会打来电话询问此书的写作进度。还数次催促我前去,让我取走她找出的历史照片以及她与家人的合影。

一次,适值她的二女儿——著名版画家郑爽返京,经当面询问老母亲慨然同意,不仅将她家中保存的旧照片,甚至连墙上镜框里的历史旧照也悉数摘下,交我复制后"完璧归赵"。这是本书珍贵照片的来源之一,亦足以说明,老人对此书出版的殷殷期望。

在彼此数不清的电话交谈中,韫龢老人对我有过无数次答疑解惑。直至她躺卧病榻,仍然惦念着这部尚未问世的书稿。这使我感到一种压力,当然也是动力。我虽力争当韫龢在世时出版这部凝结了老人心血的文史著作——这始终是她和我的共同宿愿。

然而,因《末代皇帝最后一次婚姻解密》引发的名誉权官司,使"末代皇妹"这部书稿搁浅。虽然,这场缠身数年的官司以我胜诉而告结束,却终因老人病逝而没能如愿见到此书问世,遂留下深深的遗憾。这始终使我感到内疚和不安。

如今,我藉此书以告慰韫龢老人在天之灵。在此,亦诚挚地感谢她一家人对我的鼎力支持,尤其是她的二女儿郑爽和独子郑大力及外孙丁强,逐字审阅并修改书稿,订正了不少讹误,郑爽女士还亲笔为此书作序。没有他们的鼎力襄助,此书无法完成,面世更无从谈起。感谢韫龢女士生前留下大量珍贵历史照片,为此书写作提供了宝贵资料和线索。同时亦感谢多年好友——故宫博物院林京先生一如既往,为此书翻拍了部分历史照片。

二〇一一年,是"辛亥革命"一百周年,翌年亦是末代皇帝——溥仪"逊位"一百周年。谨以此书暨"末代皇帝系列"丛书,作为中国百年历史沧桑巨变的缩影,侧记于世。

  是为后记。

二〇〇二年三月十九日,初稿于农业大学

二〇〇三年六月第二稿

二〇〇八年六月第三稿

二〇〇九年十二月十二日第七稿

二〇一〇年九月九日夜十二点五分,第十稿

二〇一〇年九月十七日二十点七分,第十一稿

附 录

韫龢简历

1911年　十月十日（阴历八月十九日），辛亥革命爆发。
　　　　十一月二十四日（阴历十月初四），韫龢出生于北京什刹海北岸的醇亲王府。
1912年　二月十二日（阴历一九一一年十二月二十五日），其兄长"宣统皇帝"溥仪逊位。
　　　　九月十一日，韫龢的父亲载沣会见孙中山。
1916年　六月六日，袁世凯称"帝"失败后病逝。
1917年　七月一日至七月十二日，张勋拥戴溥仪复辟失败。
　　　　六月二十六日（阴历五月初八），韫龢随祖母第一次进宫会亲。
1921年　庄和太妃病逝。
　　　　九月三十日，溥仪生母瓜尔佳氏自杀身亡。
1923年　九月十二日，张勋病逝。
1924年　十一月五日（阴历十月初九）下午四点十分，溥仪被逐出宫，暂居北府。
　　　　韫龢去日本公使馆看望溥仪。
1925年　一月，韫龢的父亲载沣赠送孙中山一席酒宴。
　　　　春夏之交，大姐韫瑛病逝于天津。
　　　　五月三十日（阴历四月十五日），韫龢的祖母刘佳氏逝世。
1926年　随父亲载沣，全家搬入北京西什库教堂半年左右。
1928年　载沣全家迁往天津英租界十三号路一六六号。
1929年　初，溥仪离开张园移住静园。

1930 年	迁往天津。郑孝胥的儿子郑垂教授韫龢和三格格韫颖英文。
1931 年	初,韫龢与郑广元订婚。
	十一月十日夜,溥仪离开天津静园赴东北。
	十一月二十六日,皇后婉容随其师傅陈曾寿、哥哥润良和侍卫吴昌明、侍女春英、吉田夫人以及女扮男装的川岛芳子一行人,在塘沽秘密登上"长山丸"号日本船,潜往东北长春"新京"。
1932 年	三月九日,参加溥仪就任伪满洲国"执政"仪式。
	四月十八日,韫龢在长春与郑广元结婚。
	八月十五日,润麒暑假归国,与溥仪三妹韫颖结婚。
	初冬,韫龢陪同丈夫郑广元赴英国留学,第一次在英国度过圣诞节。
1933 年	二月十五日,长女英才出生,分娩时遇难产。
1934 年	三月一日,溥仪就任伪满洲国"皇帝",年号"康德"。
	时在英国的韫龢和郑广元以及庄士敦,分别向溥仪发去贺电。
	春节后,偕留英毕业后的郑广元,带着不满两岁的英才,告别庄士敦。
	三月一日(途经加拿大、美国),韫龢一家人抵达日本,住在三妹韫颖家里并与溥杰重逢。
	五月,韫龢一家人返回中国后,住进长春伪皇宫的西花园。
	三月,庄士敦所著《紫禁城的黄昏》出版。
	七月,载沣到达东北长春。
	八月,载沣返回京城。
1936 年	六月十二日,四妹韫娴与赵琪璠,在新京军人会馆举行婚礼。
	八月,次女郑爽出生。
	十月二十八日,五妹韫馨与万嘉熙,在新京军人会馆举行婚礼。
1937 年	六月二十八日,长春发生"护军事件"。
	年底,偕郑广元赴日留学,一家六口抵达日本。
	十二月,韫龢幼女郑洁出生。
1938 年	韫龢一家人从日本返回中国长春。
	庄士敦病逝。
1939 年	夏,天津突发大水。醇亲王印掉落水中,只丢失印匣。
1942 年	二月十九日,载沣六十大寿。
1942 年	七月二十八日,阴历六月初八,载沣侧福晋邓佳氏去世。

| 1945 年 | 八月十八日,溥仪作为伪满洲国"康德皇帝"在大栗子沟,颁布《退位诏书》。
八月二十日,伪"满洲帝国"垮台。
全家从大栗子沟迁到临江。
十一月,搬进临江县城公寓。
| 1947 年 | 二月二十四日,儿子大力在临江出生。
韫龢一家人在东北流浪——从临江到通化,在新滨居住半年多。
| 1948 年 | 春,步行到达抚顺。
又从抚顺乘火车抵沈阳。
初夏,韫龢一家人坐飞机返回北平。住进醇亲王府内韫龢幼年所居住的房屋。
| 1950 年 | 醇亲王府卖给卫生部。
| 1951 年 | 二月三日,父亲载沣在利普营家中病逝。
| 1953 年 | 初,溥仪等人转移至哈尔滨道里战犯管理所。
| 1956 年 | 三月,因担心入狱,未同意与载涛等人赴抚顺战犯管理所看望溥仪。
| 1958 年 | 春夏之交,卖掉西老胡同的住房,搬到婆婆家居住。
| 1959 年 | 十二月底,大哥溥仪被特赦返京。
| 1960 年 | 在街道创办托儿所。
| 1961 年 | 一月三十日(旧历十二月二十七日),与爱新觉罗家族一起受到周总理接见。
二月三日,韫龢参加北京市委统战部廖沫沙部长召集的家族座谈会,商议溥杰与嵯峨浩团聚问题。
二月十二日(农历大年三十),与爱新觉罗家族一起受到周总理第二次接见。
六月十日上午,在中南海西花厅,与爱新觉罗家族一起受到周总理第三次接见。
| 1962 年 | 四月底,大哥溥仪与李淑贤结婚。
| 1964 年 | 春,韫龢让郑广元在全国政协组织文史专员到南方参观时,为溥仪看家。
| 1966 年 | 在"文革"中,一共被学校和工厂红卫兵抄家两次。
"文革"高潮之中,韫龢一家人被造反派轰到鼓楼西大街居住。
下半年,北京市城区十三个托儿所合并,与其他人一起调往窗纱厂。

1967 年	十月十七日,溥仪病逝于北京人民医院。
1970 年	初春,韫龢应故宫之邀,故地重游紫禁城。
	夏,丈夫郑广元从北京市邮政局基建处退休。
	秋,韫龢退休。
1973 年	冬,婆婆病逝于鼓楼西大街。
1975 年	春,二哥溥杰偕妻乘坐飞机,赴日探亲。
1977 年	一月三十一日,三女儿郑洁病逝于北京第六医院。时年三十九岁。
1978 年	七月,溥杰和嵯峨浩次女婿生来中国探亲。
1980 年	五月,国家在全国政协礼堂重新召开溥仪追悼会。韫龢和几个妹妹一起参加。
1986 年	韫龢赴广州看望次女郑爽。
1988 年	夏,一家从北京西城区鼓楼西大街迁至正义路北京邮局宿舍楼。
1992 年	长女英才病逝于北京友谊医院,时年五十九岁。
1994 年	三月,丈夫郑广元去世。
1995 年	春,韫龢开始接受贾英华采访并录音。
2001 年	五月三日,韫龢为贾英华撰写的《末代皇妹韫龢》亲笔题写"序"。
2002 年	二月十六日,凌晨两点,爱新觉罗·韫龢病逝于北京。